权威 · 前沿 · 原创

皮书系列为

“十二五”“十三五”国家重点图书出版规划项目

人力资源市场蓝皮书

BLUE BOOK OF
HUMAN RESOURCE MARKET

中国人力资源市场分析报告（2019）

ANALYSIS REPORT ON CHINA HUMAN RESOURCE MARKET (2019)

主　编／余兴安
副主编／田永坡

社会科学文献出版社
SOCIAL SCIENCES ACADEMIC PRESS (CHINA)

图书在版编目（CIP）数据

中国人力资源市场分析报告 . 2019 / 余兴安主编
. -- 北京：社会科学文献出版社，2019. 11
（人力资源市场蓝皮书）
ISBN 978 - 7 - 5201 - 5659 - 2

Ⅰ. ①中… Ⅱ. ①余… Ⅲ. ①劳动力市场 - 研究报告
- 中国 - 2019 Ⅳ. ①F249. 212

中国版本图书馆 CIP 数据核字（2019）第 222527 号

人力资源市场蓝皮书
中国人力资源市场分析报告（2019）

主　　编 / 余兴安
副 主 编 / 田永坡

出 版 人 / 谢寿光
责任编辑 / 张　超

出　　版 / 社会科学文献出版社 · 皮书出版分社（010）59367127
地址：北京市北三环中路甲 29 号院华龙大厦　邮编：100029
网址：www. ssap. com. cn
发　　行 / 市场营销中心（010）59367081　59367083
印　　装 / 天津千鹤文化传播有限公司

规　　格 / 开　本：787mm × 1092mm　1/16
印　张：30. 75　字　数：462 千字
版　　次 / 2019 年 11 月第 1 版　2019 年 11 月第 1 次印刷
书　　号 / ISBN 978 - 7 - 5201 - 5659 - 2
定　　价 / 158. 00 元

《中国人力资源市场分析报告（2019）》
编写组

主　编　余兴安

副主编　田永坡

编撰者　（按姓氏笔画排列）

丁录雷　王　瑱　王加文　王军宏　王建芳
王晓辉　石丹淅　田永坡　付晓薇　邢明强
朱心杰　朱庆阳　朱君健　刘　娜　刘　猛
刘　霞　刘肖鲁　刘京晶　刘智英　江　淳
许　锋　孙　远　苏永华　杜　成　杨　燕
杨伟国　何珺子　汪艳彦　张　龙　陈　君
陈　巍　陈梅花　林　凡　林　彤　郑永新
郑怡玮　赵　洁　赵　奭　夏　鸣　夏轶伟
徐　锋　殷邦泽　郭旭林　常　濛　康　敏
程　远　谢　晨　赖德胜　廉宏彬　管立军
薛　驰　薛延波

编　务　王晓辉　柏玉林　王　伊　王秋蕾

主要编撰者简介

余兴安　全国政协委员，中国人事科学研究院院长，研究员。历任中国人事科学研究院研究室主任、人事部人才流动开发司副司长、人力资源和社会保障部人力资源市场司副司长、山东省日照市副市长。兼任国际行政科学学会副主席、中国人才研究会常务副会长、中国行政管理学会副会长等。主要从事行政管理体制改革、人事制度改革与人才资源开发等研究。

田永坡　中国人事科学研究院人力资源市场与流动管理研究室主任，博士、研究员，“万人计划”青年拔尖人才获得者。主要研究领域为教育与劳动力市场、公共就业和劳动力市场政策。先后主持国家级、省部级等课题50余项，在《经济研究》等发表论文数篇，出版专著《劳动力市场发展及测量》《工作搜寻与失业研究》，部分成果被《新华文摘》、人大复印报刊资料等全文或者部分摘转。

中国人事科学研究院简介

中国人事科学研究院（简称“人科院”）隶属于中华人民共和国人力资源和社会保障部，是我国干部人事改革、人才资源开发、人力资源管理和公共行政学研究的唯一国家级专业研究机构，是中央人才工作协调小组办公室命名的“人才理论研究基地”。

人科院肇端于1982年6月国家劳动人事部成立的人才资源研究所、1984年11月成立的行政管理科学研究所及1988年9月国家人事部成立的国家公务员研究所，在经多次机构改革与职能调整后，于1994年7月正式成立。历经三十余年的发展，人科院积累了丰富的科研资源，培养了一支素质优良的科研队伍，形成了较完备的学术研究体系，产生了一大批具有较大影响力的科研成果，发挥了应有的参谋智囊作用，同时也成为全国人事与人才科学研究的合作交流中心。王通讯、吴江等知名学者曾先后担任院长之职，现任院长为全国政协委员余兴安研究员。

多年来，人科院围绕大局、服务中心，研究领域涉及行政管理体制改革、人才队伍建设、公务员制度、事业单位人事制度改革、企业人力资源管理、收入分配制度改革、就业与创业、人才流动与人力资源服务业发展等多方面。曾参与《公务员法》《事业单位人事管理条例》《国家中长期人才发展规划纲要》等重大政策法规的调研与起草，推动了相关领域诸多重大、关键性改革事业的发展。人科院每年承担中央单位和各省市下达或委托的数十项课题研究任务，出版十余部著作，发表百余篇学术论文，并编辑出版《中国人事科学》（月刊）、《国际行政科学评论》（季刊）、《中国人力资源发展报告》（年度出版）、《中国事业单位发展报告》（年度出版）、《中国人力资源市场分析报告》（年度出版）、《中国企业人力资源发展报告》（年度出版)、《中国人事科学研究报告》（年度出版）等学术期刊和年度报告。

人科院是我国在国际行政科学学术交流与科研合作领域的重要组织与牵头单位，是国际行政科学学会（IIAS)、东部地区行政组织（EROPA）及亚洲公共行政网络（AGPA）的中国秘书处所在地。通过多年努力，人科院在国际行政科学研究领域的作用与地位不断提升，2016 年承办了国际行政科学学会（IIAS）联合大会，余兴安院长当选为国际行政科学学会副主席。

人科院注重与国家部委、地方政府、高等院校和科研院所的交流与合作，积极搭建学术交流平台，成立了“全国人事与人才科研合作网”，建立了十余家科研基地，每年举办多场有一定规模的学术研讨会，组织科研协作攻关。还与中国人民大学、首都经济贸易大学等院校联合招收硕士、博士研究生，设有公共管理学科博士后工作站。

摘　要

本书以国家统计局、人力资源和社会保障部、相关部门、知名高校及人力资源服务机构等统计和调查数据为基础，对人力资源市场供给与需求、就业与失业、薪酬、人力资源服务等方面进行了系统分析，主要内容包括如下部分。

人力资源的供给与需求。市场总体求职人数在不断减少。与上年同期相比，2014～2018 年市场总体求职人数的同比增速基本在 0 以下；在当年季度环比增速上，2014～2018 年，市场总体求职人数变化呈现季节性特点，在第一季度有所增加，其他三个季度有所减少。人力资源市场需求略有上升。与上年同期相比，2014～2018 年市场总体求职人数的同比增速大致呈“先负后正”特点，即自 2014 年至 2016 年呈下降趋势且增速基本在 0 以下，而 2017 年至 2018 年增速回升至 0 以上，这说明近两年来人力资源市场需求略有回升。从当年的季度环比上看，市场需求人数在第一季度有所增加，其他三个季度有所减少。

人力资源的供需匹配。总体来看，人力资源市场供求关系比较稳定，需求大于供给。从市场总体供求匹配看，近 5 年来岗位空缺与求职人数比值总体呈上升趋势，最低比值也在 1.05。就业结构进一步优化。农村劳动力逐渐向城市转移，自 2014 年开始，城乡就业人数占比出现逆转，城镇就业人数超过了乡村就业人数；在三次产业分布上，第一产业和第二产业就业人员继续向第三产业转移，保持“三二一”分布格局；在行业分布上，有 11 个行业城镇就业人数年平均增长率为正，有 8 个行业城镇就业人数年平均增长率为负。其中，金融业，租赁和商务服务业，信息传输、计算机服务和软件业，房地产业的就业人数增长较快，就业人数年平均增长率在 4%～7%；

城镇就业中国有单位和集体单位的就业人数在逐渐减少，而股份有限公司、私营企业、个体就业人员逐年增加，港澳台及外商投资企业就业人员逐渐减少。

劳动者收入。2014 ~2018 年，城镇单位就业人员的平均工资稳步上升，但平均工资年增长率围绕 10% 波动。分行业来看，行业间年平均工资差距较大，不同行业年平均工资增速也存在一定差异。具体来说，年平均工资最高的行业是信息传输、计算机服务和软件业及金融业；科学研究、技术服务和地质勘查业的年平均工资在 2017 年首次突破 10 万元。从年平均工资增速看，公共管理和社会组织，教育，卫生、社会保障和社会福利业，信息传输、计算机服务和软件业，文化、体育和娱乐业的年平均工资增长速度较快。分单位性质来看，国有单位、股份有限公司和外商投资单位的就业人员平均工资相对较高，其中外商投资单位平均工资最高；而国有单位、股份合作单位、港澳台商投资单位、外商投资单位的就业人员平均工资增长率相对较高。

2018 年值得注意的九大变化在 2019 年内持续发展。从 2018 年的人力资源市场变化看，有九个特点值得注意：一是工作经验缺乏短板成为求职者面临的普遍性问题，需要重视；二是求职择业最看重职业发展空间，求职偏好更趋理性；三是部分区域需求萎缩，但人力资源市场仍处于“供不应求”状态；四是技术进步加速需求升级，数字技术人才短缺加剧；五是灵活用工呈现增长之势，专科毕业生最爱“自己单干”；六是现场招聘与网络招聘此消彼长，信息技术在人力资源匹配活动中的作用日益凸显；七是人力资源服务获得长足发展，在劳动者流动和就业中发挥着越来越重要的作用；八是居民收入保持较快增长，多数行业薪酬增长率跑赢国内生产总值；九是“读书有用”，学历越高收入越高。

Abstract

Based on the statistics and survey of the National Bureau of Statistics, the Ministry of Human Resources and Social Security, relevant organizations, well – known universities and human resources service institutions, this report gives a systematic analysis on the supply and demand of human resources market, employment and unemployment, salary, human resources service and other related issues as follows.

Supply and demand of human resources. The total number of job seekers in the market keeps decreasing. The year – on – year growth rate of the total number of job seekers during 2014 to 2018 is roughly below 0; for the quarter on quarter growth rate of the current year, during 2014 to 2018, the change of the total number of job seekers in the market presents seasonal characteristics, with an increase in the first quarter and a decrease in the other three quarters. The market demand for human resources has increased slightly. The year – on – year growth rate of the total number of job seekers from 2014 to 2018 is generally from negative number to positive one. It means that from 2014 to 2016, the growth rate shows a downward trend, which is basically below 0. From 2017 to 2018, the growth rate rebounds to above 0, which shows that the demand of human resources market has picked up slightly in recent two years. For the quarter on quarter growth rate of the current year, the number of jobs in demand increased in the first quarter and decreased in the other three quarters.

Human resources supply and demand matching. On the whole, the supply – demand relationship of human resources market is relatively stable, and the demand is greater than the supply. From the perspective of market supply and demand matching, the ratio of job vacancies to job seekers has been on the rise in the past five years, with the lowest ratio at 1.05. The structure of employment is further optimized. In terms of employment structure, rural labor force is gradually transferred to the city. Since 2014, the proportion of urban and rural employment has been reversed, and the number of urban employees has exceeded the number of rural employed. In terms of the distribution of the three industries, the employment of the primary and second industries continue to transfer to the tertiary industry, maintaining the "primary – second – tertieary" distribution pattern. In terms of sectors distribution, 11 sectors witnesses positive annual average growth rate of urban employment, while 8 sectors negative. Among them, the number of employees in financial sector, leasing and business service industry, information transmission industry, computer service industry, software industry and real estate industry has increased rapidly, with an average annual growth rate of about 4 – 7%; the number of urban employed persons in state – owned and collective – owned enterprises is gradually decreasing, while the number of that in joint stock companies, private enterprises and of self – employed persons is increasing year by year. The number of employed persons in Hong Kong, Macao, Taiwan and foreign invested enterprises is gradually decreasing.

Income of workers. From 2014 to 2018, the average salary of urban employees rose steadily, but the average annual growth rate of salary fluctuated around 10%. Among different sectors and industries, there is a big gap in terms of the average annual salary as well as some differences in terms of the average annual salary growth rate. Specifically, industries with the highest average annual salary are information transmission, computer service, software industry and financial industry; the average annual salary in fields of scientific research, technical service and geological exploration industry exceeded 100, 000 yuan for the first time in 2017. From the perspective of average annual salary growth, the growth rate in fields of public management and social organizations, education, health care, social security and social welfare, information transmission, computer service and software, culture, sports and entertainment industry is relatively fast. The average salary of employees in state – owned enterprises, joint stock limited companies and foreign – invested companies is relatively high, among which the average salary of employees in foreign – invested companies is the highest; while the average salary growth rate of employees in state – owned enterprises, joint – stock companies, Hong Kong, Macao, and Taiwan invested companies and foreign – invested companies is relatively high.

The year 2018 presents nine notable changes and will continue in 2019. From the perspective of human resources market changes in 2018, there are nine characteristics worthy of attention: first, the lack of work experience has become a common problem faced by job seekers; second, career development has become the biggest concern and job seekers are more rational than ever; third, demand in certain regions shrinks, but the human resources market is still in the state of "supply exceeding demand"; fourth, the technological progress accelerates the demand upgrading, and the shortage of digital technology talents keeps increasing; fifth, flexible employment is on the rise, and college graduates prefer to "work for oneself"; sixth, on – site recruitment and online recruitment keeps competing with each other, and the role of information technology in human resource matching is increasingly prominent; seventh, human resource services have made great progress, and play an increasingly important role in labor mobility and employment; eighth, the income of residents has maintained a rapid growth, and the salary growth rate of most industries has outpaced that of GDP; ninth, education matters, and the higher the education level, the higher the income.

目 录

Ⅰ 总报告

Ⅱ 总体分析篇

Ⅲ 区域人力资源市场

Ⅳ 薪酬状况

Ⅴ 人力资源服务

皮书数据库阅读**使用指南**

CONTENTS

I General Report

II General Analysis

Ⅲ Regional Human Resources Market

Ⅳ Salary Status

V Human Resources Service

总 报 告

General Report

B.1

中国人力资源市场发展状况分析

田永坡　王晓辉　刘　娜　郭旭林*

摘　要： 本文使用宏观统计、区域和部分代表性城市的调查数据，对我国的人力资源市场状况作了分析，主要包括：第一，从求职人员类别、区域、行业需求、用人单位类别、岗位的技术等级等角度，分析了人力资源市场的需求和供给状况；第二，从城乡、就业类型、产业、区域等角度，对人力资源供需匹配状况做了分析；第三，从行业、单位性质、区域等角度，分析了劳动者收入状况；第四，对2018年人力资源市场值得注意的九大特点进行了总结和分析。

* 田永坡，博士，中国人事科学研究院人力资源市场与流动管理研究室主任、研究员，主要研究领域为劳动力市场、就业、人力资源服务业；王晓辉，博士，中国人事科学研究院人力资源市场与流动管理研究室助理研究员，主要研究领域为人力资源市场；刘娜，上海电机学院副教授，主要研究领域为人力资源管理；郭旭林，中国政法大学研究生，主要研究领域为经济学。

关键词： 人力资源市场 供需 收入 就业

本报告以国家统计局、人力资源和社会保障部（简称“人社部”）相关研究机构以及人力资源服务机构数据为基础，从人力资源市场供给与需求、就业与失业和劳动者收入等方面，对我国人力资源市场运行的整体特点和新变化进行宏观分析。

一 中国人力资源市场发展环境分析

（一）经济环境

近年来，我国经济发展进入了增速换挡期，由过去的高速增长转为中高速增长，并将步入高质量发展新阶段。我国的经济总量逐步提高，据国家统计局数据，从2014年的64.1万亿元，增加到2018年的90万亿元，增长了40.4%。从增长速度看，2011年开始我国经济增速步入个位数增长，并呈现逐年下降趋势，从2012年的7.7%下降到2018年的6.6%（见图1）。

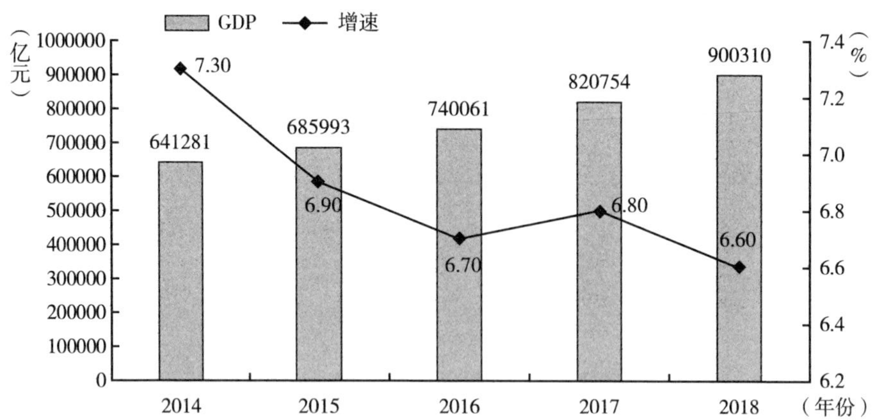

图1 2014～2018年中国GDP和增速

资料来源：国家统计局《中华人民共和国2018年国民经济和社会发展统计公报》。

我国经济结构调整成效显现，产业结构中第一产业在国民经济中占比逐年下降，第二产业趋于稳定，而第三产业比重稳步提升。据国家统计局数据，我国第三产业增加值占 GDP 比重，2012 年首次超过第二产业，服务业增加值占比 45.5%；并于 2015 年服务业增加值占比首次过半，达到 50.5%；2018 年进一步提高，服务业增加值占比达 52.2%（见表 1）。

表 1　2014～2018 年三次产业增加值占国内生产总值比重

单位：%

时间	第一产业增加值	第二产业增加值	第三产业增加值
2014 年	8.7	43.3	48
2015 年	8.4	41.1	50.5
2016 年	8.1	40.1	51.8
2017 年	7.6	40.5	51.9
2018 年	7.2	40.7	52.2

资料来源：国家统计局《中华人民共和国 2018 年国民经济和社会发展统计公报》。

（二）技术环境

我国经济增长方式也发生了转变。国家实施创新驱动战略，经济发展将从要素驱动、投资驱动转向创新驱动，将更多依靠人力资本质量和技术进步。当前技术进步中，最为典型的是互联网、移动终端、大数据、云计算、O2O（Online To Offline，线上到线下）等信息技术和网络技术的快速发展，使互联网在生产要素配置中的优化和集成作用充分发挥。

我国实施网络强国战略、国家大数据战略、“互联网 +”行动计划，促进了互联网、大数据与经济社会融合发展。人力资源服务与新一代信息技术的深入融合，主要体现在提高经营效率、创新产品和服务模式、加强机构品牌建设等方面。国家信息中心信息化研究部等联合发布的《中国分享经济发展报告 2016》的数据显示，2015 年中国分享经济领域参与提供服务者约为5000万人，约占劳动人口总数的5.5%，预计未来5年分享经济年均增长速度在40%左右。[①]

（三）人力资源状况

近年我国实行了全面放开“两孩”的生育政策，众多家庭积极响应，但是受多年来计划生育政策、平均寿命延长等因素影响，人力资源的总量和增速依然呈双下降趋势。

第一，近年来劳动年龄人口在总量和占总人口的比例中依然处于双下降通道。据国家统计局数据，2014年至2018年，我国劳动年龄人口的绝对数量和占总人口的比例都处于下降的趋势。2018年，我国劳动年龄人口（16~59岁，含不满60周岁）89729万人，比2014年末减少1854万人；2018年占总人口比例为64.3%，比2014年末下降了2.7个百分点（见图2）。

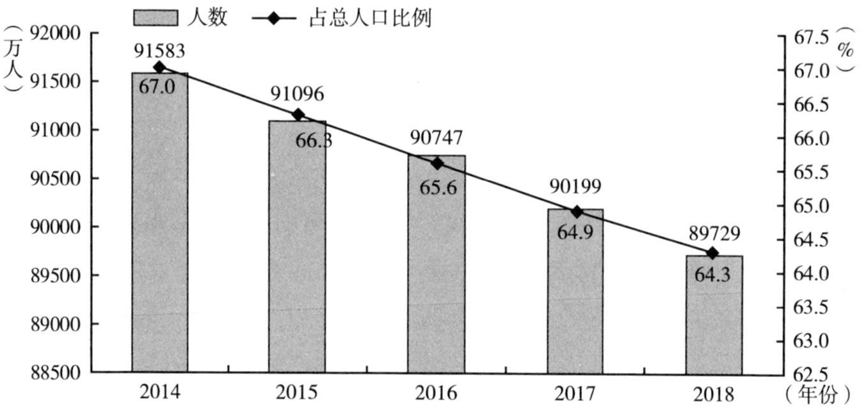

图2　2014~2018年我国劳动年龄人口数量与比重

资料来源：2015~2018年《中国统计年鉴》，国家统计局《中华人民共和国2018年国民经济和社会发展统计公报》。

---

① 张成刚：《就业发展的未来趋势，新就业形态的概念及影响分析》，《中国人力资源开发》2016年第19期。

第二，虽然我国人口总量逐年扩大，但老龄人口在规模和占比方面依然呈双升状态，人口老龄化程度逐年加深。据国家统计局数据，65 岁及以上人口占比，2014 年至 2018 年每年约提高 0.45 个百分点，2018 年占比达 11.9%（见表 2）。

表 2　2014 ~ 2018 年中国人口老龄化状况

单位：万人，%

时间	年末总人口	65 岁及以上人口	65 岁及以上人口占比
2014 年	136782	13815	10.1
2015 年	137462	14386	10.5
2016 年	138271	15003	10.8
2017 年	139008	15831	11.4
2018 年	139538	16658	11.9

资料来源：2015 ~ 2018 年《中国统计年鉴》，国家统计局《中华人民共和国 2018 年国民经济和社会发展统计公报》。

第三，劳动者素质总体不断提高。从人口受教育状况看，普通高等教育毕业生人数逐年提高，从 2014 年的 727 万人增加到 2018 年的 820 万人（见图 3）。从人均受教育水平看，也比以前有所提高，据中山大学发布的《中国劳动力动态调查：2017 年报告》，我国劳动力受教育程度以中等教育为

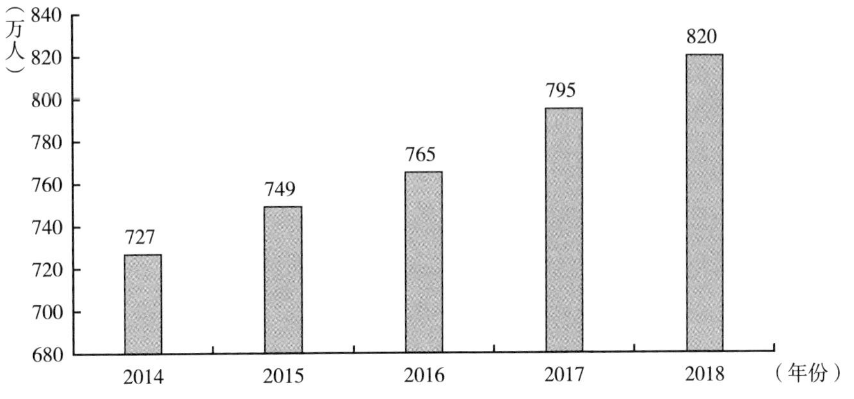

图 3　2014 ~ 2018 年我国高校毕业生人数

资料来源：2015 ~ 2018 年《中国统计年鉴》，国家统计局《中华人民共和国 2018 年国民经济和社会发展统计公报》。

主，平均受教育年限为 9.02 年；劳动力获得专业技术资格证书的比例为 13.24%，高于 2014 年的 11.75%。

第四，劳动力市场保持着较高流动性。比如，近年来我国流动人口总量虽然略有下降，但外出农民工总量提高。根据国家统计局数据，我国流动人口从 2014 年的 2.53 亿人，下降到 2018 年的 2.41 亿人，下降了 4.7%；外出农民工从 2014 年的 1.68 亿人增加到 2018 年的 1.73 亿人，增长了 3.0%。据人力资源和社会保障部统计，2018 年全国各类人力资源服务机构共帮助约 2.28 亿人次实现就业和流动，同比增长 12.5%。

二　人力资源市场供给与需求状况分析

由于缺乏全国全口径的人力资源动态变化的供需数据，我们以全国 100 多个大中型城市①的人力资源市场监测数据为代表进行人力资源市场供需状况分析。根据 2014 ~2018 年人力资源和社会保障部对人力资源市场的监测数据，我们对我国 100 多个大中型城市的人力资源市场供需状况进行了分析，结果如下。

（一）人力资源市场供给

1. 总体来看，与上年同期相比，市场求职人数略有下降；在当年的季度环比上，市场求职人数在第一季度出现较高正增长，其他三个季度出现较低增长甚至负增长

与上年同期相比，2014 ~2018 年市场总体求职人数的同比增速基本在 0 以下，这说明近年来市场总体求职人数在不断减少。

2014 ~2018 年，市场总体求职人数的当年环比增速呈季节性特点。每一年的第一季度环比增速较高，最高达到 30.40%（2018 年第一季度），最

① 每个季度参加汇总的城市总数不一致，如 2018 年第四季度全国共有 102 个城市上报了季度数据；2018 年第三季度全国共有 104 个城市上报了季度数据，其中，哈密、广州、北京、铜川、乌鲁木齐、渭南、辽源、长春、通化、佛山、深圳、厦门、宁波、杭州等 14 个城市的数据未参加全国数据汇总。

低也有 11.60%（2015 年第一季度），而第二、三、四季度的环比增速不断下降，且多为负增长，第四季度环比增速最低，最低低至 -17.20%（2017 年第四季度）。总体而言，除第一季度环比增速为正之外，其他三个季度总体为负增长，这说明市场求职人数变化具有较强的季节性特点（见图 4 和图 5）。

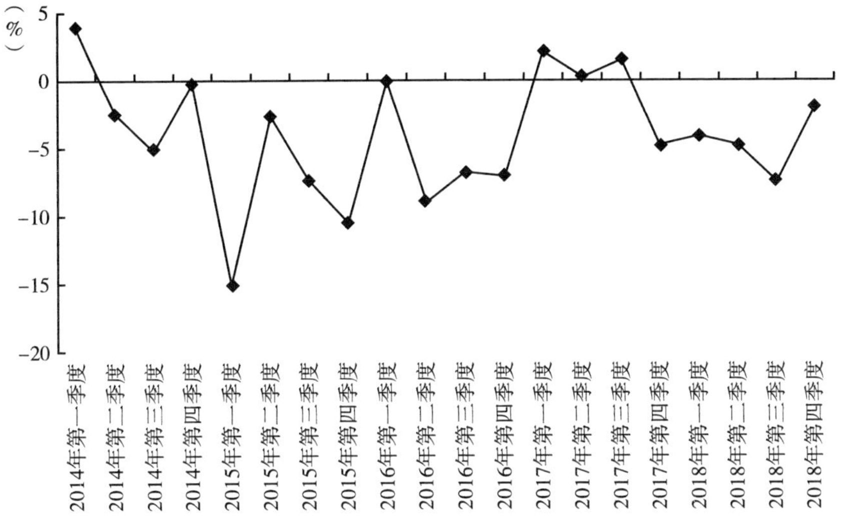

图 4　市场总体求职人数的同比增速变化（与上年同期相比）

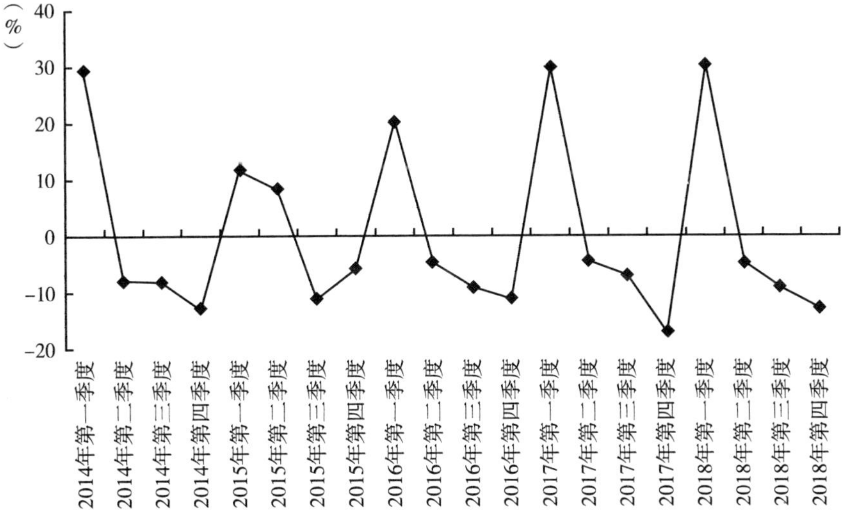

图 5　市场求职人数的当年环比增速

2. 从区域看，与上年同期相比，东部、中部和西部人力资源市场供给均略有下降；在当年的季度环比上，东部、中部和西部人力资源市场供给的环比增速均呈季节性变化，即第一季度出现较高的正增长（除2015年东部第一季度外），其他三个季度都出现较低的正增长或者负增长

与上年同期相比，东部、中部和西部人力资源市场供给的同比增速大多数季度均在0以下，这说明人力资源市场供给略有下降，特别是2017年第四季度以来东部和西部地区增速下降最快，中部地区也略有下降（见图6）。

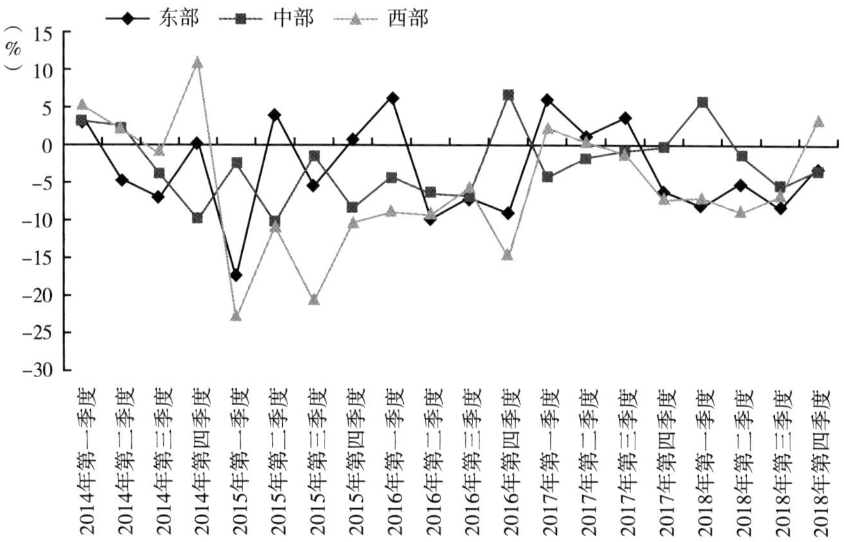

图6　区域市场求职人数的同比增速变化（与上年同期相比）

2014～2018年东部、中部和西部市场总体供给的当年环比增速呈季节性变化的特点，即第一季度出现较高的正增长（除2015年东部第一季度外），其他三个季度都出现较低的正增长或者负增长。其中，中部和西部的每一年第一季度的环比增速变化高于东部地区，这说明中部和西部地区每个季度人才供给的变动幅度较高，相对而言东部地区每个季度人才供给变化程度较为稳定（见图7）。

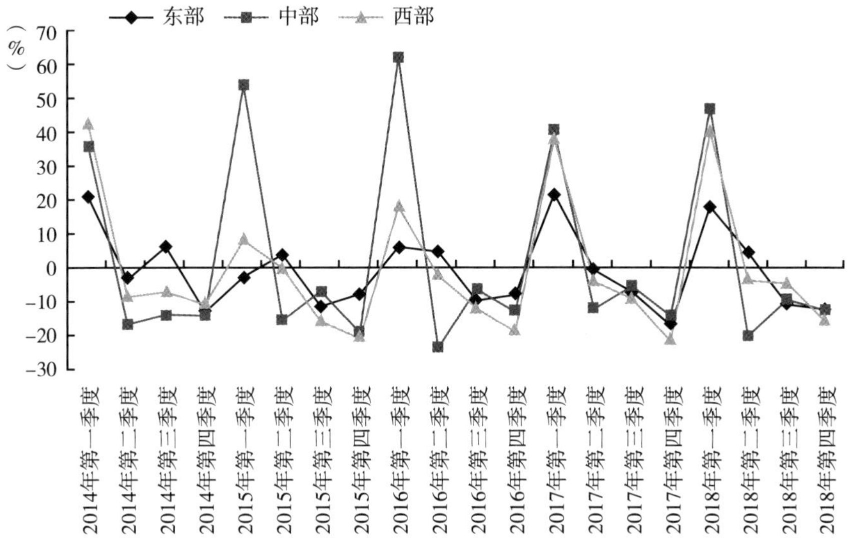

图 7　区域市场求职人数的当年环比增速变化

3. 从求职者的技术等级构成看，求职人员中具有一定技术等级或专业技术职称占比略有下降

总体上看，求职者中具有一定技术等级或专业技术职称的总占比略有下降，同时也呈季节性特点，即每一年的第一季度较低，第四季度较高；五年平均统计数据显示，54.31%的市场求职人员具有一定技术等级或专业技术职称，其中，具有一定技术等级的占34.89%，具有一定专业技术职称的占19.43%；市场求职人员中具有一定技术等级的占比在整体上有所下降，从2014年第二、三季度的40%左右下降至2018年的35%左右，而具有一定专业技术职称的占比基本稳定在20%左右（见图8和图9）。

（二）人力资源市场需求分析

1. 总体来看，与上年同期相比，近年来人力资源市场需求略有上升；在当年的季度环比上，市场需求人数在第一季度有所增加，其他三个季度有所减少

与上年同期相比，2014～2018年市场总体需求的同比增速大致呈

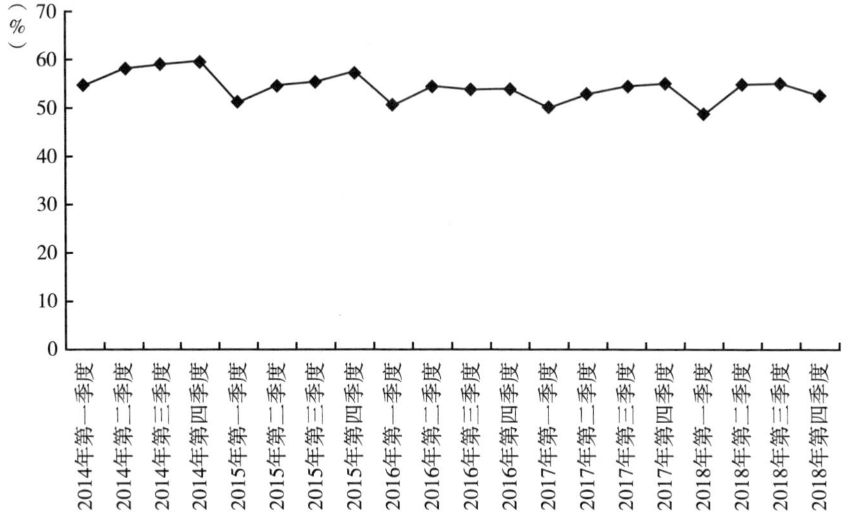

图 8　求职者中具有一定技术等级和专业技术职称的总占比

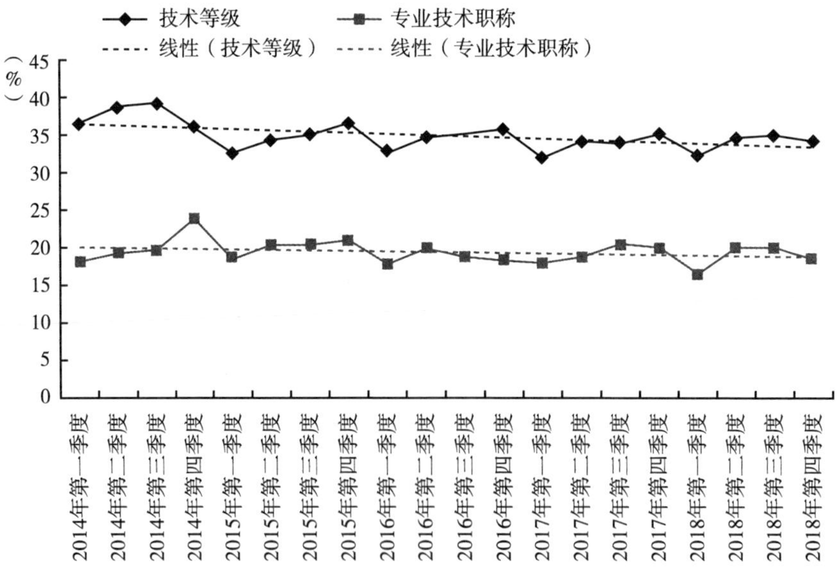

图 9　求职者中具有技术等级或专业技术职称的占比

“先负后正”特点，即自2014年至2016年呈下降趋势且增速基本在0以下，而2017年至2018年增速回升至0以上，这说明近两年来人力资源市场需求略有回升（见图10）。

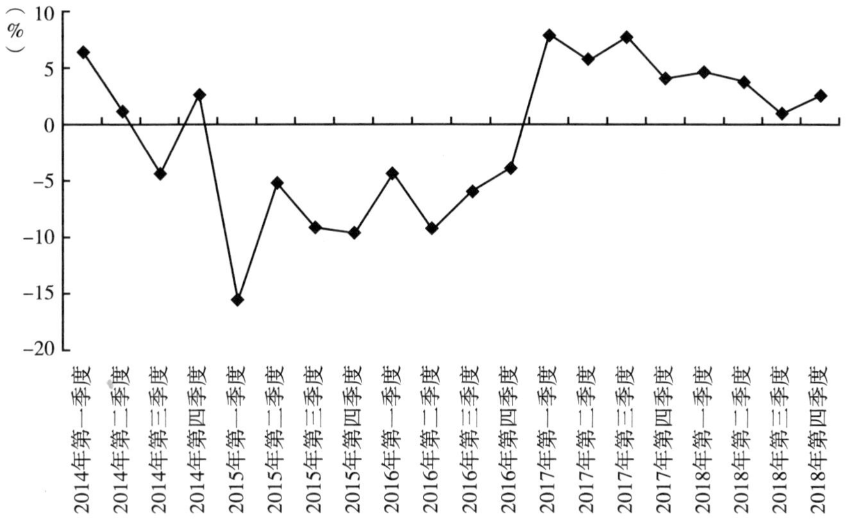

图10　市场总体需求同比增速变化（与上年同期相比）

2014~2018年市场需求人数在当年季度变化特点呈现为：除2015年第一、二季度外，其他年度的市场需求人数在第一季度均有所增加，其他三个季度均有所减少，即每一年第一季度的环比增速具有较高的正增长，最高达到31.10%（2014年第一季度），而第二、三、四季度的环比增速不断下降，且均为负增长，第四季度环比增速最低，最低低至-12.00%（2017年第四季度）。总体而言，除第一季度环比增速为正之外，其他三个季度均为负，这充分反映了人力资源市场需求较强的季节性特点（见图11）。

2. 从区域看，与上年同期相比，东部、中部和西部人力资源市场需求呈现阶段性特点，自2017年开始需求增速基本呈现正增长趋势；在当年的季度环比上，东部、中部和西部人力资源市场需求的环比增速均呈季节性变化

与上年同期相比，近年来东部、中部和西部人力资源市场需求均有所上升。2017年之前东部、中部和西部人力资源市场需求与上年的同比增速大

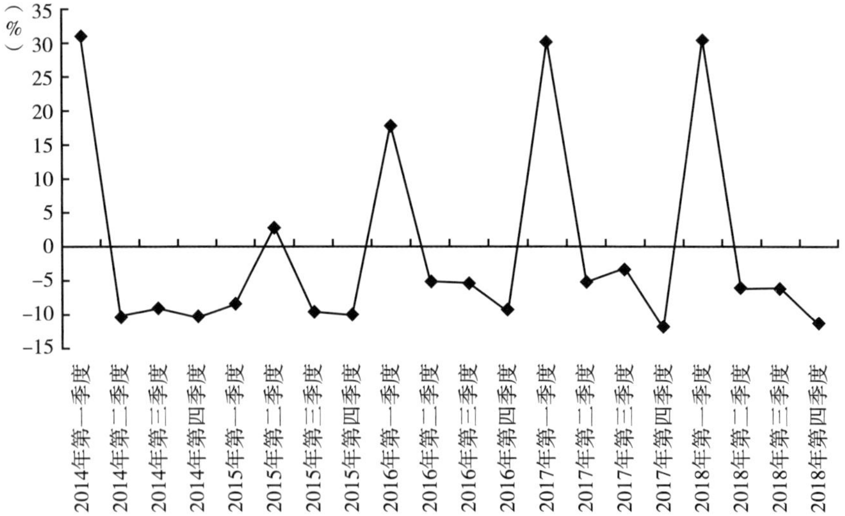

图 11　市场总体需求的当年环比增速变化

多数季度出现负增长，但是自 2017 年第一季度至 2018 年第四季度基本回升至正增长，仅有部分负增长，这说明近年来东部、中部和西部人力资源市场需求有所上升（见图 12）。

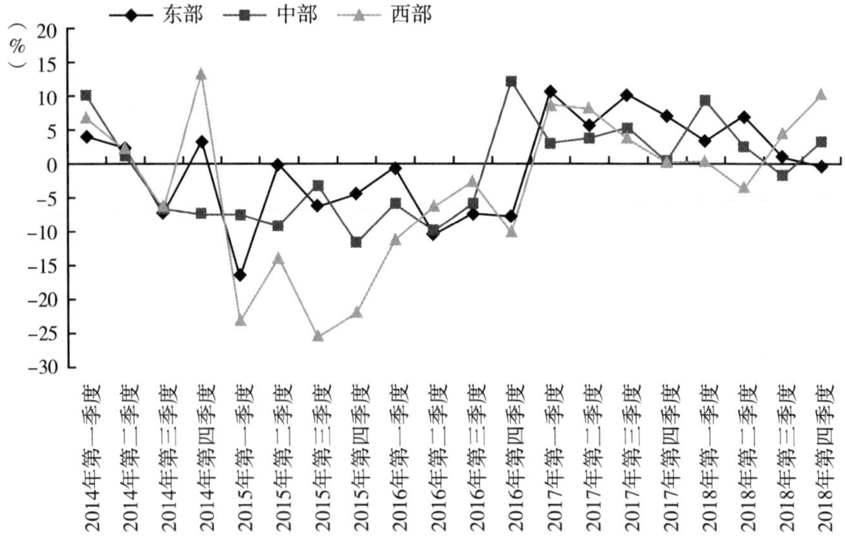

图 12　区域市场需求的同比增速变化（与上年同期相比）

2014～2018年东部、中部和西部市场总体需求的当年环比增速呈季节性变化的特点，即第一季度出现较高的正增长（除2015年东、西部外），其他三个季度出现较低增长或负增长。其中，中部和西部的每一年第一季度的环比增速变化高于东部地区，这说明中部和西部地区每个季度人才需求的变动幅度较大，而东部地区每个季度人才需求变化程度较为稳定（见图13）。

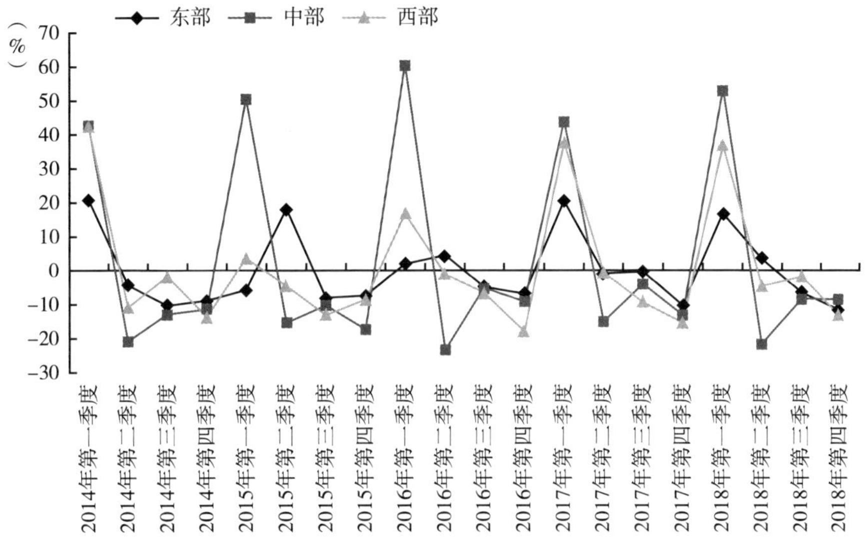

图13　区域市场需求的当年环比增速变化

3. 按技术等级来看，对具有一定技术等级或职称的人才需求较大

从需求看，五年平均统计数据显示，对技术等级或职称有明确要求的占总需求人数的54.60%，其中对技术等级有要求的平均占34.58%，对职称有要求的平均占20.02%；主要集中在初级技能人员、中级技能人员和技术员、工程师，其所占比重合计超过50%；从对技术等级和职称需求占比来看，近五年来均较为稳定，对技术等级的需求占比稳定在35%左右，对职称有需求的占比稳定在20%左右（见图14和图15）。

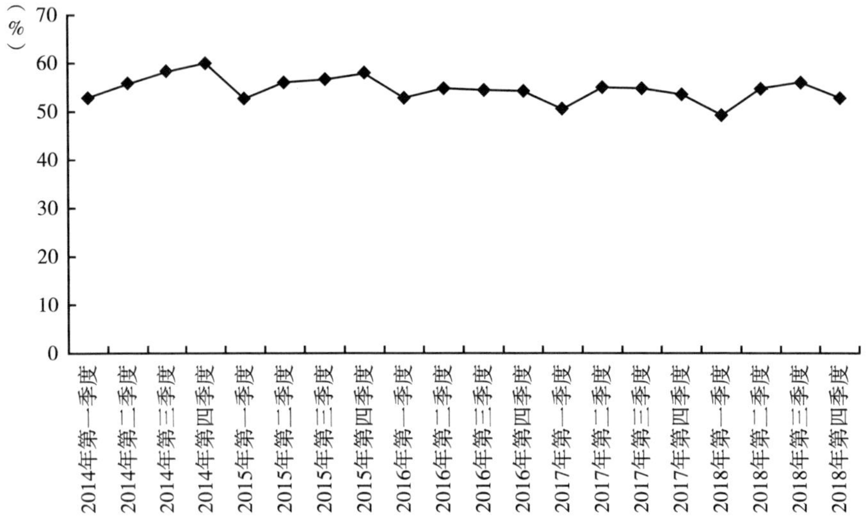

图 14　市场对具有技术等级和专业技术职称要求的总占比

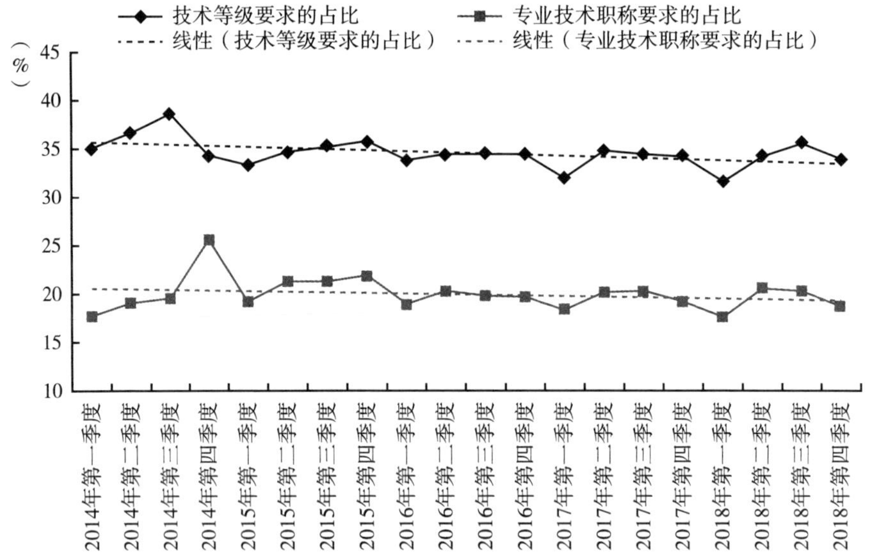

图 15　市场对具有技术等级和专业技术职称要求的分别占比

4. 从行业需求来看，五年来八成以上的用人需求都集中在制造业，居民服务和其他服务业，批发和零售业，住宿和餐饮业，租赁和商务服务业，建筑业，信息传输、计算机服务和软件业；其中，制造业、居民服务和其他服务业、批发和零售业、住宿和餐饮业的用人需求略有下降，租赁和商务服务业，建筑业，信息传输、计算机服务和软件业的用人需求略有上升

83.24%的企业用人需求集中在制造业，批发和零售业，住宿和餐饮业，居民服务和其他服务业，租赁和商务服务业，建筑业，信息传输、计算机服务和软件业，以上各行业的用人需求比重分别为34.33%、13.48%、10.54%、9.61%、6.70%、4.21%、4.61%（见图16）。

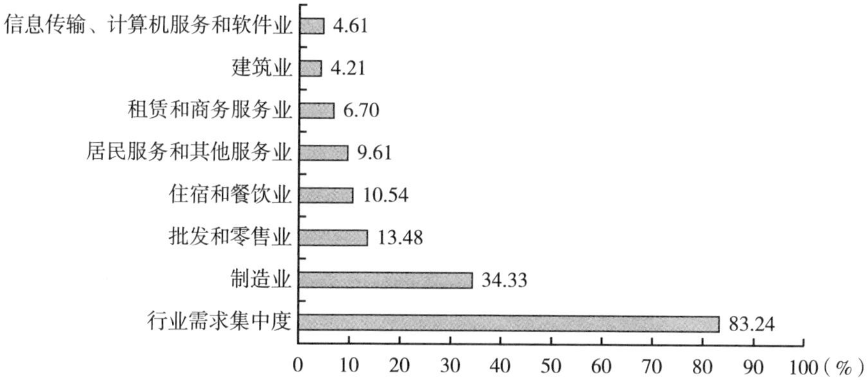

图16 2014~2018年各行业用人需求平均占比

注：行业需求集中度数据是2014~2018年五年数据平均所得；各行业用人需求比重因2014年缺失，有效统计数据为2015~2018年。

近年来，各主要行业用人需求占比出现不同变化。其中，制造业2015年至2017年从35.25%下降到33.83%，而2018年略有回升，为34.15%；批发和零售业、住宿和餐饮业、居民服务和其他服务业用人需求占比都出现不同程度的下降；租赁和商务服务业用人需求占比稳中有升，特别是2018年用人需求占比出现大幅上升；建筑业，信息传输、计算机服务和软件业用人需求占比都略有上升（见图17）。

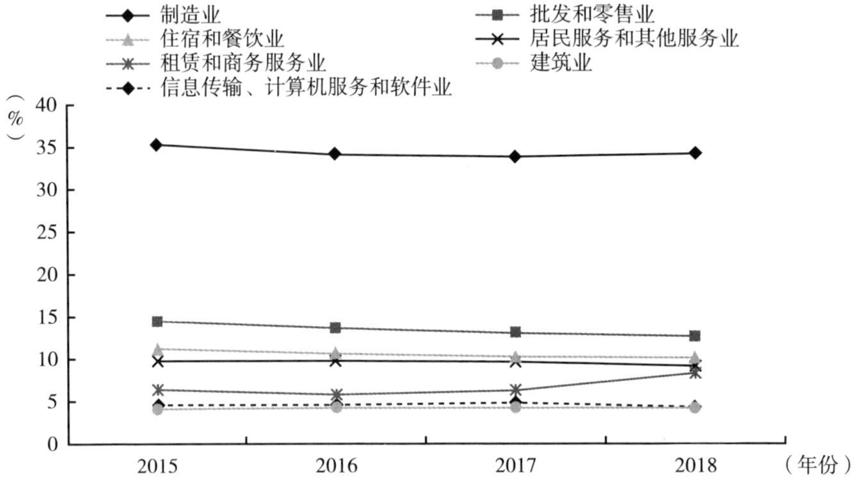

图 17　2015～2018 年主要行业用人需求占比变化

三　人力资源市场供求匹配情况

就业是人力资源市场供需匹配的结果，也是人力资源市场运行状况最为关键指标之一，这里以全国就业数据为基础，分析人力资源市场供给与需求匹配状况。

（一）全国就业总体状况

近年全国就业总人数基本维持稳定。从年末全国就业人员总量看，2014 年为 77253 万人，2015 年为 77451 万人，2016 年为 77603 万人，2017 年为 77640 万人，2018 年略微下降，为 77586 万人。

1. 按城乡分就业状况

分城乡来看，随着我国城镇化稳步推进，乡村就业者逐渐向城市转移，城镇就业人数逐年增加，乡村就业人数逐年递减；自 2014 年开始，城乡就业人数占比出现逆转，城镇就业人数超过了乡村就业人数。2014 年城镇就业人数为 39310 万人，2015 年为 40410 万人，2016 年为 41428 万人，2017

年为42462万人，2018年增加到43419万人；2014年乡村就业人数为37943万人，2015年为37041万人，2016年为36175万人，2017年为35178万人，2018年减少到34167万人（见表3）。

表3　2014～2018年全国城乡就业人员数量

单位：万人

时间	就业人员	城镇就业人员	乡村就业人员
2014年	77253	39310	37943
2015年	77451	40410	37041
2016年	77603	41428	36175
2017年	77640	42462	35178
2018年	77586	43419	34167

资料来源：2015～2018年《中国统计年鉴》，人力资源和社会保障部《2018年度人力资源和社会保障事业发展统计公报》。

2.按经济类型分就业状况

从就业类型来看，城镇就业中国有单位和集体单位的就业人数在逐渐减少，而股份有限公司、私营企业、个体就业人员逐年增加，港澳台及外商投资企业就业人员逐渐减少。具体来看，国有单位城镇就业人员从2014年的6312万人降低到2017年的6064万人；集体单位城镇就业人员从2014年的537万人降低到2017年的406万人；股份有限公司城镇就业人员从2014年的1751万人增加到2017年的1846万人；私营企业城镇就业人员从2014年的9857万人增加到2017年的13327万人；港澳台商投资单位城镇就业人员从2014年的1393万人降低到2017年的1290万人；外商投资单位城镇就业人员从2014年的1562万人降低到2017年的1291万人；个体城镇就业人员从2014年的7009万人增加到2017年的9348万人。这种变化的原因可能是，随着市场经济改革的不断深化，城镇就业中以国有企业和集体企业为代表的公有制经济占比稍有下降，而股份有限公司、私营企业和个体等就业增长较为迅速（见表4）。

表 4　2014～2017 年主要经济类型的就业人员数量

单位：万人

时间	2014 年	2015 年	2016 年	2017 年
城镇就业人员总量	39310	40410	41428	42462
国有单位城镇就业人员	6312	6208	6170	6064
集体单位城镇就业人员	537	481	453	406
股份有限公司城镇就业人员	1751	1798	1824	1846
私营企业城镇就业人员	9857	11180	12083	13327
港澳台商投资单位城镇就业人员	1393	1344	1305	1290
外商投资单位城镇就业人员	1562	1446	1361	1291
个体城镇就业人员	7009	7800	8627	9348

资料来源：2015～2018 年《中国统计年鉴》。

3. 按三次产业分就业状况

按三次产业分，第一产业和第二产业就业人员向第三产业转移，已形成"三二一"分布格局。具体来看，第一产业就业人数逐年下降，第一产业就业人数从 2014 年的 22790 万人降低到 2018 年的 20258 万人；占比从 2014 年的 29.5% 下降到 2018 年的 26.1%。第二产业就业人数呈缓慢下降趋势，从 2014 年的 23099 万人降低到 2018 年的 21391 万人；2014 年第二产业就业人数占比为 29.9%，2018 年下降为 27.6%。第三产业就业人数逐年上升，从 2014 年的 31364 万人降低到 2018 年的 35938 万人；第三产业就业人数占比从 2014 年的 40.6% 上升到 2018 年的 46.3%（见表 5 和表 6）。

表 5　按三次产业分就业人员人数

单位：万人

时间	就业人员总量	第一产业就业人员	第二产业就业人员	第三产业就业人员
2014 年	77253	22790	23099	31364
2015 年	77451	21919	22693	32839
2016 年	77603	21496	22350	33757
2017 年	77640	20944	21824	34872
2018 年	77586	20258	21391	35938

资料来源：2015～2018 年《中国统计年鉴》，人力资源和社会保障部《2018 年度人力资源和社会保障事业发展统计公报》。

表 6 按三次产业分就业人员所占比例

单位：%

时间	第一产业就业人员	第二产业就业人员	第三产业就业人员
2014 年	29.5	29.9	40.6
2015 年	28.3	29.3	42.4
2016 年	27.7	28.8	43.5
2017 年	27.0	28.1	44.9
2018 年	26.1	27.6	46.3

资料来源：2015～2019 年《中国统计年鉴》。

4. 按国民经济行业分就业状况

从国民经济行业分就业人数看，2014～2017 年，在制造业、建筑业、教育业、公共管理和社会组织中就业的城镇劳动者占比较高；从变化情况来看，有 11 个行业城镇就业人数年平均增长率为正，有 8 个行业城镇就业人数年平均增长率为负。其中，金融业，租赁和商务服务业，信息传输、计算机服务和软件业，房地产业的就业人数增加较快，就业人数年平均增长率在 4%～7%（见表 7）。

表 7 2014～2017 年分行业城镇就业人数与年均增长率

单位：万人，%

时间	2014 年	2015 年	2016 年	2017 年	平均年增长率
农、林、牧、渔业城镇单位就业人员	284.6	270	263.2	255.4	-3.5
采矿业城镇单位就业人员	596.5	545.8	490.9	455.4	-8.0
制造业城镇单位就业人员	5243.1	5068.7	4893.8	4635.5	-3.1
电力、燃气及水生产和供应业城镇单位就业人员	403.7	396	387.6	377	-1.7
建筑业城镇单位就业人员	2921.2	2796	2724.7	2643.2	-2.5
交通运输、仓储及邮政业城镇单位就业人员	861.4	854.4	849.5	843.9	-0.1
信息传输、计算机服务和软件业城镇单位就业人员	336.3	349.9	364.1	395.4	4.9

续表

时间	2014 年	2015 年	2016 年	2017 年	平均年增长率
批发和零售业城镇单位就业人员	888.6	883.3	875	842.8	-1.4
住宿和餐饮业城镇单位就业人员	289.3	276.1	269.7	265.9	-3.3
金融业城镇单位就业人员	566.3	606.8	665.2	688.8	6.4
房地产业城镇单位就业人员	402.2	417.3	431.7	444.8	4.5
租赁和商务服务业城镇单位就业人员	449.4	474	488.4	522.6	5.5
科学研究、技术服务和地质勘查业城镇单位就业人员	408	410.6	419.6	420.4	2.1
水利、环境和公共设施管理业城镇单位就业人员	269.1	273.3	269.6	268.5	0.9
居民服务和其他服务业城镇单位就业人员	75.4	75.2	75.4	78.2	2.0
教育业城镇单位就业人员	1727.3	1736.5	1729.2	1730.4	0.6
卫生、社会保障和社会福利业城镇单位就业人员	810.4	841.6	867	897.9	3.9
文化、体育和娱乐业城镇单位就业人员	145.5	149.1	150.8	152.2	0.9
公共管理和社会组织城镇单位就业人员	1599.3	1637.8	1672.6	1725.6	2.4

资料来源：2015～2018 年《中国统计年鉴》，人力资源和社会保障部《2018 年度人力资源和社会保障事业发展统计公报》。

（二）全国总体失业状况分析

我们主要以城镇失业人员的登记情况来反映全国总体失业情况。2014 年至 2018 年全国城镇登记失业人数先增后减，但失业率逐年下降，一直处于低位。2018 年城镇调查失业率稳定在 5% 左右的较低水平。

从城镇登记失业人数看，整体而言，2014～2018 年，全国城镇登记失业人数处于窄幅区间波动。其中 2014 年为 952 万人，2015 年为 966 万人，

2016 年为 982 万人，2017 年 972 万人，2018 年减少到 974 万人（见表 8）。

从城镇登记失业率看，随着城镇就业人数总体增加，失业率较为稳定，近 5 年全国城镇登记失业率处于下降趋势。城镇登记失业率从 2014 年的 4.09%，下降到 2018 年的 3.8%。与世界其他国家相比，这一失业率相对较低，但由于城镇登记失业人数和失业率存在低估，真实的失业率可能高于这个水平。

表 8　2014～2018 年城镇登记失业率情况

时间	城镇登记失业人数（万人）	城镇登记失业率（%）
2014 年	952	4.09
2015 年	966	4.05
2016 年	982	4.02
2017 年	972	3.90
2018 年	974	3.80

资料来源：2015～2018 年《中国统计年鉴》；人力资源和社会保障部《2018 年度人力资源和社会保障事业发展统计公报》。

（三）人力资源市场供求匹配情况

根据人力资源和社会保障部对全国 100 多个城市公共就业服务机构登记招聘和登记求职信息的监测数据，我们对人力资源供给与需求匹配进行了分析，结果如下。

1. 人力资源市场供求总体状况

从市场总体来看，近 5 年来岗位空缺与求职人数比值①总体呈上升趋势，且比值都保持在 1.05 及以上，说明人力资源市场需求略大于供给。特别是 2016 年第二季度以来，岗位空缺与求职人数比值快速上升，2017 年第四季度首次超过 1.2（为 1.22），2018 年第四季度已经上升至 1.27，这说明

① 岗位空缺与求职人数的比值 = 需求人数/求职人数，表明市场中每个求职者所对应的岗位空缺数。如 0.8 表示 10 个求职者竞争 8 个岗位。

近年来人力资源市场需求与供给的缺口不断扩大，特别是2018年以来岗位空缺数不断增加（见图18）。

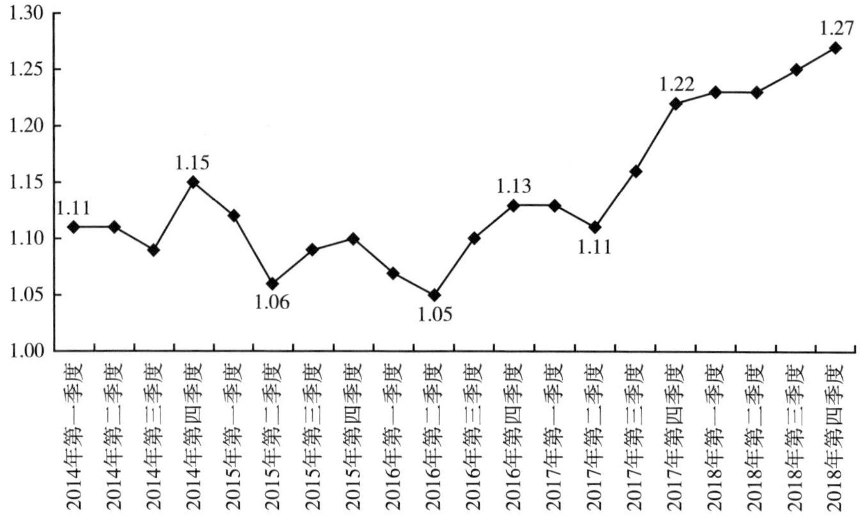

图18　2014～2018年岗位空缺与求职人数的比值变化

2. 按地区分人力资源供求匹配状况

分区域来看，东部、中部、西部地区岗位空缺与求职人数比值近五年来都大于1，且总体上该比值呈上升趋势，说明市场需求略大于市场供给。同时，随着近五年来经济结构的调整，人力资源市场也发生调整，中部和西部地区用人需求不断扩大，总体上看，2014～2018年西部地区岗位空缺与求职人数比值远高于东部和中部地区，特别是2016年第一季度之后与东部、中部的比值之间的差不断扩大；中部地区在2014～2017年高于东部地区，但在2018年略低于东部地区，这说明中部地区对人才供给匹配情况比西部地区要好；东部地区人才供给匹配情况较中部和西部地区都较好，但在2017年第四季度以来岗位空缺与求职人数比值开始略高于中部地区且均超过1.2，2018年第四季度已高达1.27，这说明东部地区人才供给匹配情况近年来也不容乐观。

从东部、中部、西部地区人力资源市场变化看，人力资源市场岗位空缺和求职人数的比值，东部地区在1.02以上，中部地区在1.06以上，西部地区在 1.08 以上。一方面，这说明在我国人力资源市场上需求略大于供给，另一方面说明在人才供给匹配方面，东部地区情况较好（见图 19 至图 22）。

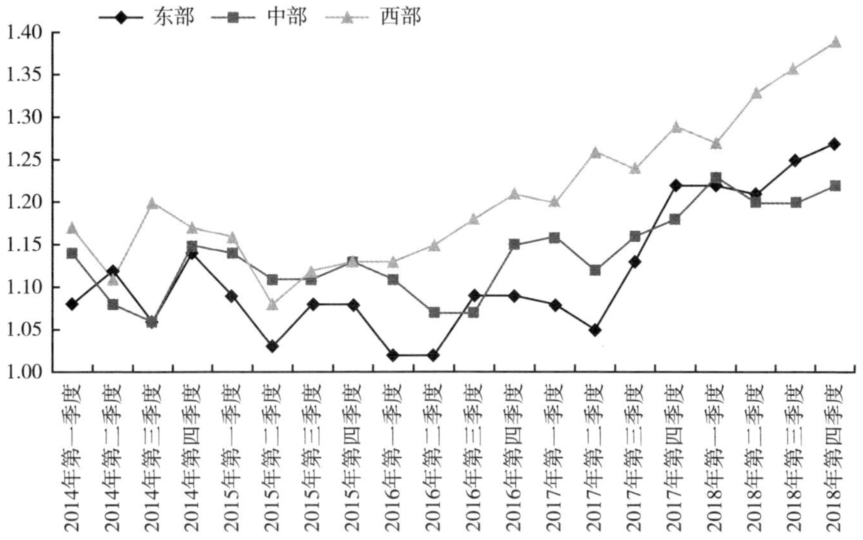

图 19　东部、中部、西部岗位空缺与求职人数比值

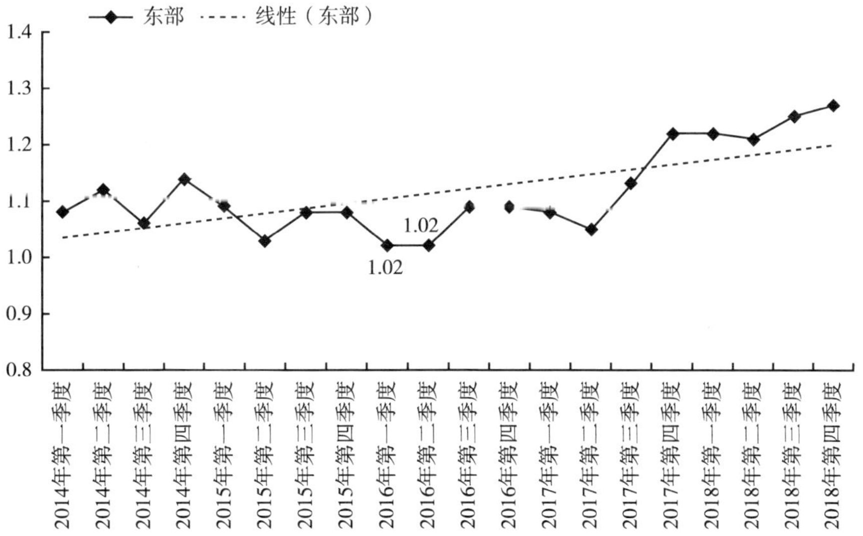

图 20　东部岗位空缺与求职人数比值

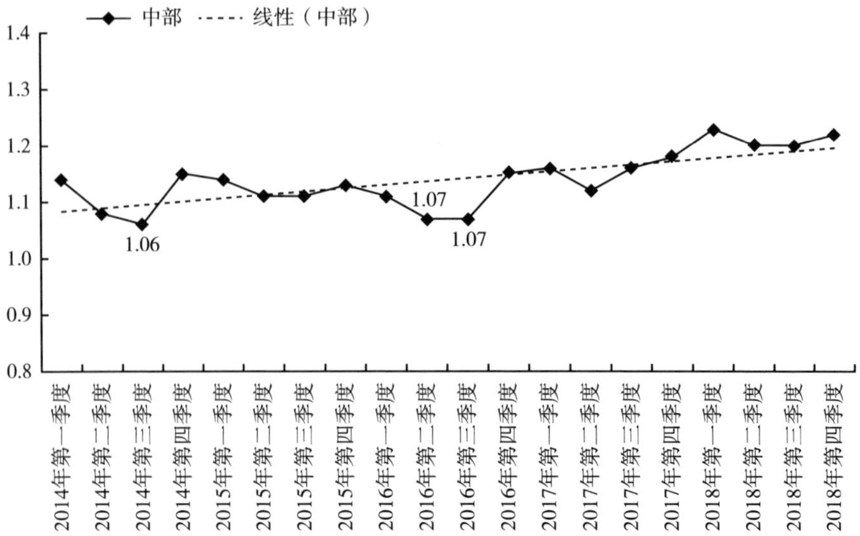

图 21　中部岗位空缺与求职人数比值

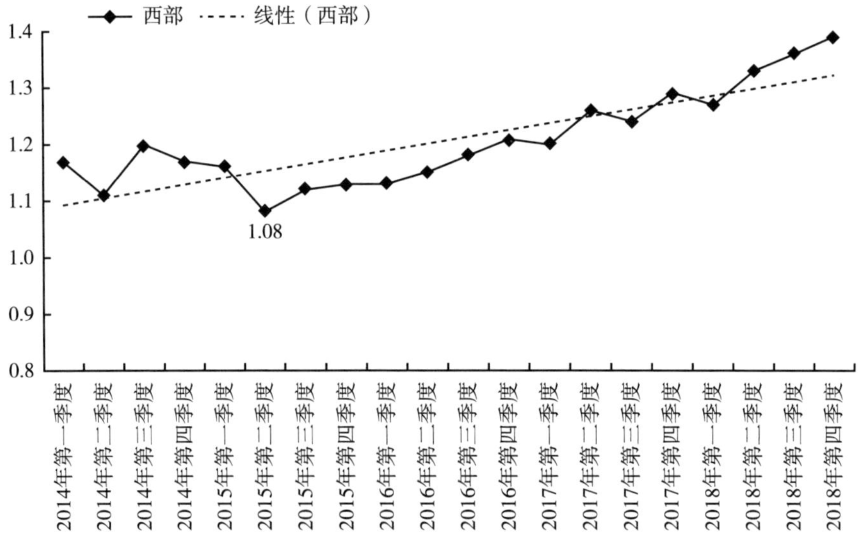

图 22　西部岗位空缺与求职人数比值

3. 按技术等级分人力资源供求匹配状况

从技术等级或职称来看，2014～2018 年各技术等级和职称的岗位空缺与求职人数的比值均大于 1，这说明人力资源市场对具有技术等级和职称的人才需求大于供给。其中，技师、高级技师、高级工程师和高级技能人员的岗位空缺与求职人数的比值较大，五年平均比值分别为 2.02、1.98、2.11 和 2.13。

从技师、高级技师、高级工程师和高级技能人员的岗位空缺与求职人数的比值变化来看，整体上都有扩大的趋势。技师、高级技师、高级工程师的比值在 2014 年都在 1.6 以上，2018 年高级技师、高级工程师和高级技能人员的比值更是在 2.0 以上，这说明近年来人力资源市场对具有一定技术等级和职称的人才需求缺口在不断扩大（见图 23 和图 24）。

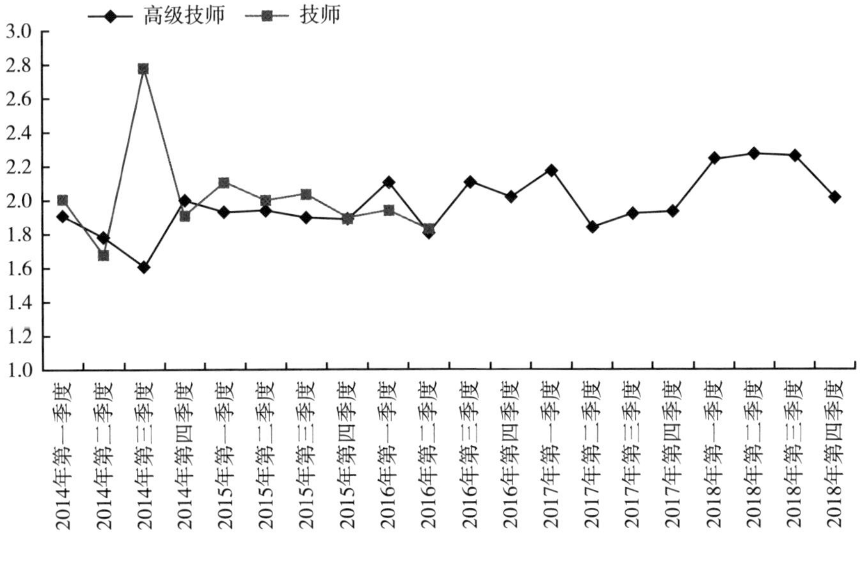

图 23　2014～2018 年技师与高级技师岗位空缺与求职人数的比值

注：技师的数据范围为 2014 年第一季度至 2016 年第二季度。

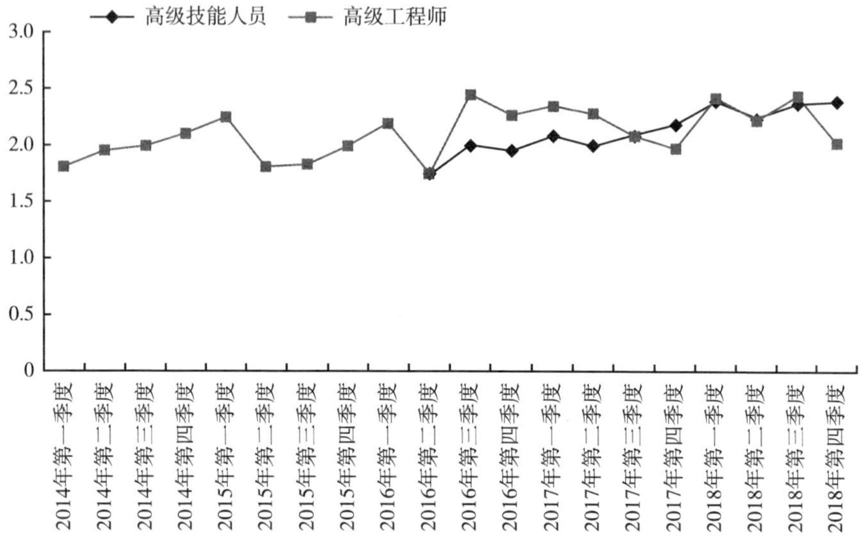

图 24　2014～2018 年高技能人员和高级工程师岗位空缺与求职人数比值

注：高级技能人员该比值数据为 2016 年第二季度至 2018 年第四季度。

四　劳动者收入状况

由于工资收入数据可获得性，我们对城镇就业人员平均工资状况作分析。具体分析结果如下。

（一）城镇就业人员平均工资总体状况

总体来看，城镇单位就业人员的平均工资稳步上升，但平均工资年增长率围绕 10% 波动。2014 年我国城镇单位就业人员平均工资为 56360 元，工资增长率为 9.5%；2015 年城镇单位就业人员平均工资为 62029 元，工资增长率为 10.1%；2016 年城镇单位就业人员平均工资为 67569 元，工资增长率为 8.9%；2017 年城镇单位就业人员平均工资为 74318 元，工资增长率为 10%；2018 年城镇单位就业人员平均工资为 82461 元，工资增长率为 11%。城镇就业人员年平均工资 2018 年比 2014 年约增长了 46.3%。平均工资增速自2016年后开始提高，2018年工资增速比2014年提高了1.5个百分点（见图25）。

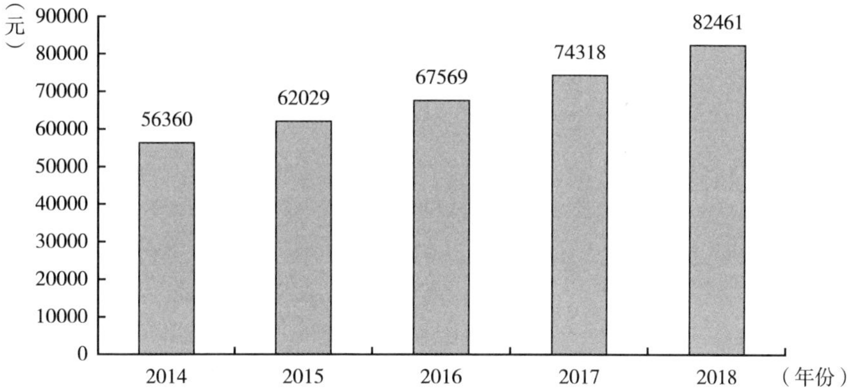

图25　城镇单位就业人员平均工资

资料来源：2015～2018年《中国统计年鉴》；2018年数据来源于《2018年城镇单位就业人员平均工资较快增长》，http://www.stats.gov.cn/tjsj/sjjd/201905/t20190514_1664731.html。

（二）按行业分城镇就业人员平均工资状况

分行业来看，行业间年平均工资差距较大，高低倍率接近4，不同行业年平均工资增速也存在一定差异。具体来说，年平均工资最高的行业是信息传输、计算机服务和软件业及金融业；科学研究、技术服务和地质勘查业的年平均工资，2017年首次突破10万元，达107815元。信息传输、计算机服务和软件业从业者年收入达到133150元，金融业从业者年收入达到122851元；农、林、牧、渔业从业者收入最低，2017年年收入仅有36504元。最高收入行业的年收入相当于最低收入行业的3.6倍（见表9）。

从年平均工资增速看，公共管理和社会组织，教育，卫生、社会保障和社会福利业，信息传输、计算机服务和软件业，文化、体育和娱乐业的年平均工资增长速度较快，年平均增长率超过10%。

表 9　按行业分城镇单位就业人员年平均工资

单位：元，%

行业	2014 年	2015 年	2016 年	2017 年	平均年增长率
农、林、牧、渔业	28356	31947	33612	36504	9.1
采矿业	61677	59404	60544	69500	3.9
制造业	51369	55324	59470	64452	8.6
电力、燃气及水生产和供应业	73339	78886	83863	90348	7.7
建筑业	45804	48886	52082	55568	7.2
交通运输、仓储和邮政业	63416	68822	73650	80225	8.5
信息传输、计算机服务和软件业	100845	112042	122478	133150	10.0
批发和零售业	55838	60328	65061	71201	9.1
住宿和餐饮业	37264	40806	43382	45751	7.7
金融业	108273	114777	117418	122851	5.4
房地产业	55568	60244	65497	69277	7.9
租赁和商务服务业	67131	72489	76782	81393	6.8
科学研究、技术服务和地质勘查业	82259	89410	96638	107815	8.9
水利、环境和公共设施管理业	39198	43528	47750	52229	9.7
居民服务和其他服务业	41882	44802	47577	50552	7.1
教育	56580	66592	74498	83412	12.6
卫生、社会保障和社会福利业	63267	71624	80026	89648	11.5
文化、体育和娱乐业	64375	72764	79875	87803	10.3
公共管理和社会组织	53110	62323	70959	80372	13.1

资料来源：2015~2018 年《中国统计年鉴》。

（三）按单位性质分城镇就业人员平均工资状况

分单位性质来看，国有单位、股份有限公司和外商投资单位的就业人员平均工资相对较高，其中外商投资单位就业人员平均工资最高；而国有单位、股份合作单位、港澳台商投资单位、外商投资单位的就业人员平均工资增长率相对较高。具体来看，2017 年，外商投资单位就业人员平均工资为 90064 元，股份有限公司就业人员平均工资为 85028 元，国有单位就业人员平均工资为 81114 元。从 2014 年至 2017 年的平均工资增长率来看，国有单位、股份合作单位、港澳台商投资单位的平均工资增长率超过10%；国有单位就业人员平均工资增长率最高，达到11.4%（见表10）。

表10 按登记注册类型分城镇单位就业人员年平均工资

单位：元，%

类型	2014年	2015年	2016年	2017年	平均年增长率
国有单位就业人员平均工资	57296	65296	72538	81114	11.4
集体单位就业人员平均工资	42742	46607	50527	55243	9.2
股份合作单位就业人员平均工资	54806	60369	65962	71871	10.3
联营单位就业人员平均工资	49078	50733	53455	61467	8.8
有限责任公司就业人员平均工资	50942	54481	58490	63895	8.1
股份有限公司就业人员平均工资	67421	72644	78285	85028	8.6
其他单位就业人员平均工资	42224	46945	49759	54417	9.2
港澳台商投资单位就业人员平均工资	55935	62017	67506	73016	10.0
外商投资单位就业人员平均工资	69826	76302	82902	90064	9.3

资料来源：2015~2018年《中国统计年鉴》。

五 2018年人力资源市场的新变化

（一）工作经验缺乏的问题日益突出，或成为求职者和用人单位面临的“常态”

随着越来越多的企业把创新作为发展第一驱动力与竞争力，找到具备合适技术的创新型人才比以前更加重要。但从人才获取的角度看，一方面是市场没有与之相匹配的人才储备，另一方面，教育与市场脱节，使企业在寻找合适的人才上举步维艰。

针对上海2018届高校毕业生的调查显示，48.8%的高校毕业生表示，在求职过程中面临的最大困难是“缺乏实践经验”，明显高于其他各类困难；认为最大困难是“自身能力与单位需求不符”的毕业生约占29.8%，然后是“缺乏社会关系”的约占26.0%。值得注意的是，这种现象正在从毕业生这一群体向整个人力资源市场蔓延。万宝盛华2018年度人才短缺调查显示，近五成中国大陆雇主表示缺乏有经验者为难以填补职位空缺的主要原因。其中，大型企业与中型企业分别有43%与51%的雇主表示缺乏有经验者是他们面临的最大挑战。

（二）求职择业最看重职业发展空间，求职偏好更趋理性

随着经济发展水平的提高、“90后”进入劳动力市场以及劳动者劳动观念的变化，求职选择也出现明显变化，与过去追求相对单一的经济目标相比，高校毕业生在择业的时候，求职择业价值理念也呈现多元化的特点，职业发展空间成为其追求的第一要素。针对以“95后”为主的2018届上海高校毕业生的调查结果表明，在求职择业的过程中，62.8%的毕业生最关心的因素是职业发展空间；对于薪酬福利的关注度位居其后，约占62.6%。在关系到就业质量的诸多因素之中，上海高校毕业生对于企业规模、企业知名度等方面的关注则相对较低，均在8%以下。从这个角度来看，“95后”在步入职场之初、面临职业选择的时候相当务实，且具有一定的前瞻性，目光长远，是“可爱、可信、可为的一代”，而并不像有些网络舆论所担心的那样“玩世不恭，缺乏责任意识”。

（三）部分区域需求萎缩，但人力资源市场仍处于“供不应求”状态

受经济发展、劳动参与率等多种因素的影响，一些地区的人力资源市场需求总量出现下降，但求职人数下降更快，求人倍率居高不下。以昆山人力资源市场的数据为例，2018年全年求人倍率全年均高于供需平衡线水平，市场一直处于“供不应求”状态。1月，由于供需双方均大幅走低，求人倍

率达3.29，2月开始，随着供需市场一定程度的回暖，求人倍率出现明显回落，招聘旺季3月达到1.58，为全年最低值。但是，从6月开始，求人倍率逐渐上升并高位运行，9月更是达到3.24，仅次于1月水平。成都人才市场的统计数据也显示，2018年，成都人才市场共有16841家次招聘单位入场招聘，同比减少1174家次，减幅6.5%；提供需求岗位56.2万个次，同比减少4.2万个次，减幅7.0%；通过中国成都人才市场现场招聘会和成都人才网求职的各类人才46.5万人次，同比减少6.0万人次，减幅11.4%，与需求呈同步放缓态势。

（四）技术进步加速需求升级，数字技术人才短缺加剧

以云计算、大数据、物联网、智能终端等为基础的数字新业态蓬勃发展，催生了与日俱增的数字技术人才需求。具备创新，能应对数字技术变革速度的开发实施类人才成为热需。中国信息通信研究院数据显示，数字经济吸纳就业能力显著提升，2018年我国数字经济领域就业岗位为1.91亿个，占当年总就业人数的24.6%，同比增长11.5%，显著高于同期全国总就业规模增速。成都人才市场的统计数据显示，2018年的岗位需求构成中，信息传输、计算机服务和软件业占比18.4%，同比下降2.5个百分点，仍居需求首位。教育、房地产业以13.9%、13.3%的占比分列第二、三位。

在创新力量的驱动下，数字技术的推陈出新，也在加剧岗位的新旧交替，旧职位在淘汰消失的同时，新的职业、工作岗位和工作类型也会源源不断地创造出来，弥补消失的工作数量。在人才的需求上，职位的技术含量在不断提升。万宝盛华人才短缺调查显示，曾位列2012年中国大陆雇主最难找到合适员工第三位的工人（主要以体力劳动为主），2015年下滑至第五位，2016年则退出前五。而技术人员一直位列近年来前五大难以填补的职位，工程师则从2014年的第五位攀升至2018年的第三位。

（五）灵活用工呈现增长之势，专科毕业生最爱“自己单干”

根据中瑞方胜在2019年对北京地区企业灵活用工的调查，短期性用工、

间歇性用工模式是灵活用工的主要形式，主要以项目外包、岗位外包的业务模式实现。互联网、泛娱乐、智能制造、零售行业对灵活用工的需求最为旺盛，占到需求量的68.8%，北京地区企业在未来6个月内有意愿采用灵活用工计划的企业合计占比达48%。随着产业结构及新兴行业的持续走强，灵活用工市场总量及需求将有可能持续提升，市场活跃程度将不断增强。在上海市2018届高校毕业生中，共有4695人选择了灵活就业，占就业总人数的5.1%。其中，专科学历的高校毕业生中，选择灵活就业的比重是8.1%，本科及以上学历的高校毕业生则仅有3.4%。

（六）现场招聘与网络招聘此消彼长，信息技术在人力资源匹配活动中的作用日益凸显

随着信息技术的发展及其对人力资源市场影响的加剧，网络招聘迅猛发展。根据人社部的统计数字，2018年，各类人力资源服务机构通过网络发布岗位招聘信息达到了3.60亿条，比2016年增加26.32%；通过网络发布求职信息达到了7.29亿条，比2016年增加23.14%。现场招聘会提供岗位招聘信息则从2016年的1.01亿条增加至2018年的1.14亿条，增长了12.87%，远低于网络招聘的增长速度。

昆山人力资源市场的统计数据也证实了这一点。2018年，在春节效应的影响下，1月和3月现场招聘参会单位数出现明显增长，增幅分别为287.22%和49.63%，12月同比基本持平，其余各月招聘单位数均呈现不同程度下滑，全年参会热情降幅达19.46%。

（七）人力资源服务获得长足发展，在劳动者流动和就业中发挥着越来越重要的作用

随着人力资源服务体系的进一步完善，市场配置人力资源决定性作用凸显。根据人社部的统计，2018年全国各类人力资源服务机构为3669万家次用人单位提供了人力资源服务，比2016年增加了30.11%；共帮助约2.28亿人次实现就业和流动，比2016年增加了28.81%。

（八）居民收入保持较快增长，多数行业薪酬增长率跑赢国内生产总值增速

统计数据显示，2018 年，居民收入保持较快增长。根据国家统计局的数据，城镇单位就业人员平均工资为 82461 元，工资增长率为 11%，远高于国内生产总值增长率。从近四年的平均工资增速看，公共管理和社会组织，教育，卫生、社会保障和社会福利业，信息传输、计算机服务和软件业，文化、体育和娱乐业的年平均工资增长速度较快，年平均增长率超过 10%。调查数据显示，一些高新技术领域的薪酬涨幅较快，而金融领域则变化不大甚至下降，但依然有竞争力。人工智能和车联网领域，机器学习、计算机视觉、语音识别、NLP、深度学习岗位薪酬增幅均在 30% 以上。金融行业的固薪没有明显涨幅，但奖金比例较往年有明显下降，行业薪酬依然具有竞争力。

（九）“读书有用”，学历越高收入越高

2018 年，全国高校毕业生人数达到 820 万人，毕业生的起薪也保持了较快增长，而且毕业生的学历越高，其平均月薪也越高。根据对上海地区的调查，2018 届上海高校毕业生中，大专、高职学历毕业生的起薪月均 4484 元，与上届毕业生相比增长了 10.2%；本科学历毕业生的起薪月均 5307 元，与上届毕业生相比增长了 10.7%，硕士及以上学历毕业生的起薪月均为 8967 元，与上届毕业生相比增长了 12.1%。对北京地区的调查也支持这一规律，数据显示，在北京地区，2018 届博士毕业生月均起薪水平为 11054 元，而高职/高专毕业生月均起薪水平为 4521 元。

在一些高技术和知识密集产业，教育水平和毕业生起薪的这种正相关关系更加明显。北京人才服务中心的调查显示，在信息技术服务业，博士研究生学历的平均起点薪酬为月均 21076 元，硕士研究生为月均 12720 元，本科生为月均 7332 元，高职/高专生为月均 5549 元，起薪水平随着学历的上升显著提升，并且高学历与低学历之间的薪酬差距较大，博士毕业生起薪水平

是高职/高专毕业生的近 4 倍。科学技术服务业也是如此，博士研究生学历的平均起点薪酬为月均 12282 元，硕士研究生为月均 7390 元，本科生为月均 5418 元，高职/高专生为月均 4436 元，起薪水平随着学历的上升显著提升。

六　小结

根据对 2014 ~2018 年我国人力资源市场的统计分析，我们发现，近 5 年来我国人力资源市场供需、收入的变化呈现以下趋势。

（一）人力资源市场供求匹配

数据分析显示，2014 ~2018 年，人力资源市场求职人数略有下降，市场需求略有上升，岗位空缺与求职人数比值总体呈上升趋势，且比值都保持在 1.05 以上。具体如下。

（1）市场总体求职人数在不断减少。与上一年同期相比，2014 ~2018 年市场总体求职人数的同比增速基本在 0 以下；在当年季度环比增速上，2014 ~2018 年，市场总体求职人数变化呈现季节性特点，在第一季度有所增加，其他三个季度有所减少。

（2）人力资源市场需求略有上升。与上一年同期相比，2014 ~2018 年市场总体需求的同比增速大致呈“先负后正”特点，即自 2014 年至 2016 年呈下降趋势且增速基本在 0 以下，而 2017 年至 2018 年增速回升至 0 以上，这说明近两年来人力资源市场需求略有回升。在当年的季度环比上，市场需求人数在第一季度有所增加，其他三个季度有所减少。

（3）供求关系比较稳定，需求大于供给。从市场总体供求匹配看，近 5 年来岗位空缺与求职人数比值总体呈上升趋势，最低比值也在 1.05。

（4）就业的结构进一步优化。在就业结构上，农村劳动力逐渐向城市转移，自 2014 年开始，城乡就业人数占比出现逆转，城镇就业人数超过了乡村就业人数；在三次产业分布上，第一产业和第二产业就业人员继续向第三产业转移，保持“三二一”分布格局；在行业分布上，有 11 个行业城镇就业人数年平均增长率为正，有 8 个行业城镇就业人数年平均增长率为负。其中，金融业，租赁和商务服务业，信息传输、计算机服务和软件业，房地产业的就业人数增加较快，就业人数年平均增长率在 4% ~7%；城镇就业中国有单位和集体单位的就业人数在逐渐减少，而股份有限公司、私营企业、个体就业人员逐年增加，港澳台及外商投资企业就业人员逐渐减少。

（二）劳动者收入

总体来看，2014 ~2018 年，城镇单位就业人员的平均工资稳步上升，但平均工资年增长率围绕 10% 波动。

分行业来看，行业间年平均工资差距较大，不同行业年平均工资增速也存在一定差异。具体来说，年平均工资最高的行业是信息传输、计算机服务和软件业及金融业；科学研究、技术服务和地质勘查业的年平均工资，2017 年首次突破 10 万元。从年平均工资增速看，公共管理和社会组织，教育，卫生、社会保障和社会福利业，信息传输、计算机服务和软件业，文化、体育和娱乐业的年平均工资增长速度较快，年平均增长率超过 10%。

分单位性质来看，国有单位、股份有限公司和外商投资单位的就业人员平均工资相对较高，其中外商投资单位就业人员平均工资最高；而国有单位、股份合作单位、港澳台商投资单位、外商投资单位的就业人员平均工资增长率相对较高。

（三）2018年的呈现值得注意的九大变化

从 2018 年的人力资源市场变化看，有九个特点值得注意：一是工作经验缺乏短板由毕业生向整个人力资源市场蔓延，成为求职者面临的“常态”；二是求职择业最看重职业发展空间，求职偏好更趋理性；三是部分区域需求萎缩，但人力资源市场仍处于“供不应求”状态；四是技术进步加速需求升级，数字技术人才短缺加剧；五是灵活用工呈现增长之势，专科毕业生最爱“自己单干”；六是现场招聘与网络招聘此消彼长，信息技术在人力资源匹配活动中的作用日益凸显；七是人力资源服务获得长足发展，在劳动者流动和就业中发挥着越来越重要的作用；八是居民收入保持较快增长，多数行业薪酬增长率跑赢国内生产总值；九是“读书有用”，学历越高收入越高。

总体分析篇

General Analysis

B.2

新时代劳动力市场新特征与宏观调控新取向

赖德胜　石丹淅*

摘　要： 经济下行阶段劳动力市场的平衡性、充分性和稳定性更加复杂化是不同国家或地区经济社会发展过程中典型化事实。基于中国劳动力市场不平衡、不充分、不稳定的经验分析，文章构建了以区间调控为中心的中国特色劳动力市场宏观调控体系，并指出加强中国情境化的劳动力市场定向调控、相机调控和精准调控，三管齐下，综合治理，是新时代推动实现更高质量和更充分就业、助力决胜全面建成小康社会的战略选择。

* 赖德胜，经济学博士，教育部长江学者特聘教授，中共中央党校（国家行政学院）教授，主要研究领域为教育经济学、劳动经济学；石丹淅，管理学博士，三峡大学法学与公共管理学院副教授，主要研究领域为教育经济学。

关键词： 劳动力市场 区间调控 定向调控 相机调控 精准调控

一 问题的提出

党的十九大报告提出，“就业是最大的民生……要坚持就业优先战略和积极就业政策……推动实现更高质量和更充分就业”。新时期，做好就业工作，不仅是当前经济工作的重点任务，也是推进供给侧结构改革和实现高质量发展的关键所在。[①] 然而，伴随当前经济周期性下行压力与结构转型因素相交织，一些长期积累的深层次就业问题逐渐暴露，导致我国就业领域面临结构性矛盾；[②] 此外，人口结构、新技术革命、贸易争端等因素多维动态影响，也进一步加速了我国劳动力市场的不平衡性、不充分性、不稳定性，抬升了劳动力市场运行风险，反过来又制约了经济社会高质量发展，最终影响人民获得感、幸福感和安全感实现。[③] 为此，精准研判劳动力市场变动趋势，积极创新和完善劳动力市场宏观调控，对经济社会和谐发展、更高质量就业促进等意义重大。

二 劳动力市场发展新特征

新时代，我国劳动力市场的不平衡、不充分、不稳定将更加突出，诱使劳动力市场复杂性、不确定性和风险性增加，对推动实现更高质量和更充分就业带来新的挑战。

---

① 莫荣、陈云、曹佳：《高质量发展阶段我国就业形势与展望》，《中国劳动保障报》2019 年 8 月 7 日。

② 陈建伟、赖德胜：《周期性与结构性因素交织下就业结构性矛盾及其政策应对》，《中国特色社会主义研究》2019 年第 1 期。

③ 赖德胜、石丹淅：《新时代劳动力市场的宏观调控与实践路径》，《求是学刊》2018 年第 6 期。

（一）劳动力市场平衡性更加复杂

1. 劳动力供需不平衡日益突出

劳动力市场平衡性关系经济发展全局，而劳动力供需是劳动力市场平衡性模型的核心变量。① 近年来我国劳动力供给一直处于持续下降态势，这无疑加大了劳动力市场的不平衡性。比如，来自国家统计局发布的2018年主要经济社会数据表明，16～59周岁的劳动年龄人口为89729万人，比2017年减少了470万，占总人口的比重为64.3%。2012年以来，我国劳动年龄人口以每年三四百万的速度逐年递减，2012～2018年共计减少了2814万人。劳动力供给持续减少一方面使得人口红利逐渐消失，潜在增长率下降，另一方面也加速了部分地区和行业面临招工难问题，尤其是更难招录到青年劳动力。人口结构变化还体现在老年人口及其占总人口的比例双双保持上升态势。国家统计局发布的2018年主要经济社会数据同时显示，60岁及以上老龄人口由2011年18499万人（占总人口比重14.32%）增至2018年24949万人（占总人口比重17.9%），其中，65岁及以上老龄人口由2011年12288万人（占总人口比重9.12%）增至2018年16658万人（占总人口比重11.9%）。有预测显示，预计到2050年，我国老年人口将达峰值4.87亿，占总人口的34.9%。②

与劳动力供给持续减少形成鲜明对比的是，我国劳动力市场需求端则保持旺盛态势。如《2018年度人力资源和社会保障事业发展统计公报》表明，2012～2018年我国累计新增城镇就业人员数量9236万人。③《2018年第四季度中国就业市场景气报告》显示，2018年第四季度CIER指数为2.38，且具有显著的行业、职业、区域、城市特征。④

---

① 赖德胜、高春雷、孟大虎、王琦：《中国劳动力市场平衡性特征分析》，《中国劳动》2019年第2期。

② 李泓冰：《“抱团养老”呼唤更多帮扶》，《人民日报》2018年5月31日。

③《2018年度人力资源和社会保障事业发展统计公报》，中华人民共和国人力资源和社会保障部网站，2019年6月11日。

④ 中国人民大学中国就业研究所：《2018年第四季度中国就业市场景气报告——基于智联招聘大数据的分析与预测》2019年1月19日。

2. 劳动力区域配置不平衡日益显著

一方面体现在劳动力资源在城乡之间配置不平衡。如《2018 年农民工监测调查报告》显示,① 2018 年农民工总量为 28836 万人，比 2017 年增加 184 万人，增长 0.6%；外出农民工 17266 万人，比 2017 年增加 81 万人。外出农民工平均年龄为 35.2 岁，比 2017 年提高 0.9 岁，其中 40 岁及以下所占比重为 69.9%，50 岁以上所占比重为 11.1%，比 2017 年提高 1.9 个百分点。外出农民工中拥有大专及以上文化程度的占比 13.8%，比 2017 年提高 0.3 个百分点。单向度的人才流动使得农村“空心化”趋势加重，城乡之间各类人才基尼系数差距显著。尽管近年来不断有“城归”群体和外出农民工返乡，但农村人才总量与质量依然匮乏，成为制约实施乡村振兴战略的最大瓶颈。

另一方面体现为不同区域之间劳动力市场平衡性差异显著。如有研究测算显示,② 2007～2016 年十年间，在观测的广东、江苏、上海、浙江、山东、福建、河南、安徽、江西、陕西、重庆等 11 个省份中，粤、苏、沪、浙等四省的劳动力市场平衡性指数较高，且 2012 年至 2016 年这五年的数据呈现小幅波动或者上升趋势，而中西部地区劳动力市场平衡性指数较低。总体上体现出越是经济发达地区，劳动力资源配置越平衡的态势。

3. 就业形态分布不平衡

新技术革命带来了新经济新就业，平台型就业等新业态快速涌现。《阿里巴巴零售电商平台就业吸纳与带动能力研究（2017 年度）》报告显示，2017 年阿里巴巴零售生态创造就业机会总量达 3681 万。其中，平台产生了 1405 万个交易型就业机会。零售业上游的研发设计、生产制造，下游的快递物流、售后服务等环节产生了 2276 万个带动型就业机会。《中国共享经济发展年度报告（2019）》则预测显示，到 2020 年，共享经济领域提供服务者人数有望超过 1 亿人，全职人员约 2000 万人，新就业直接间接就业效应

① 国家统计局：《2018 年农民工监测调查报告》，2019 年 4 月 29 日。

② 赖德胜、高春雷、孟大虎、王琦：《中国劳动力市场平衡性特征分析》，《中国劳动》2019 年第 2 期。

总计约占全部就业的17%。尽管如此，工资性就业仍是当前我国主要就业形态。如麦可思研究院发布的《2018年中国大学生就业报告》显示，2017届中国大学生毕业工资性就业比例为77.1%。智联招聘发布了《2018年大学生就业力报告》也进一步证实了这一研判，[①] 报告显示，79.89%的2018届大学毕业生仍然将工资性就业作为主要就业意向。与此同时，“慢就业”现象[②]也逐渐显现。如《智联招聘2018年大学生求职指南》表明，在2018届毕业生中，6.99%的毕业生选择慢就业。“慢就业”实质上是经济社会转型过程中劳动力市场不能有效衔接外部经济环境快速变化、无法及时协同变革的现实体现。[③]

（二）劳动力市场充分性更加复杂

1. 市场机制还未完全形成

改革开放40年来，劳动力市场的发育和改革促进了就业扩大和劳动力重新配置，成为推动我国经济社会发展的重要动力。[④] 然而，由于种种因素，我国还没真正建成一个稳定、高效的劳动力市场，使得一些劳动力资源配置不充分现象依然存在，影响了劳动力市场潜能释放。深化关键领域改革是建成稳定、高效的劳动力市场的关键。其中，加快劳动力市场机制建设是推进劳动力市场领域深化关键领域改革的突破口。劳动力市场机制还未形成的主要原因在于劳动力市场存在制度性分割，且这种制度性分割又进一步促进劳动力资源的不充分配置，继而引发非充分就业问题。有研究通过测评劳动力市场成熟度来进一步探究劳动力市场制度性分割问题，研究结果显示，[⑤] 2000～2014年，我国劳动力市场成熟度呈现一种正金字塔形的结构，成熟度均值由2000年的32.99分增至2014年34.26分，呈现上升趋势，但

---

① 罗旭：《2018年大学生就业有何新动向》，《光明日报》2018年7月1日。

② 慢就业是一种新现象，主要是指大学生毕业后既不打算马上就业，也不打算继续深造，而是暂时选择游学、支教、创业考察，慢慢考虑人生道路的现象。

③ 《大学生“慢就业”折射中国社会转型趋势》，新华思客网，2018年7月6日。

④ 都阳：《加快建设稳定高效的劳动力市场》，《经济日报》2018年11月1日。

⑤ 田永坡：《中国劳动力市场的成熟度测度：2000～2014》，《改革》2016年第10期。

数值总体偏低。分地区看，经济越发达的省份劳动力市场成熟度水平越高。由东向西属于较高级类型的省份逐渐减少，属于较低级类型的省份逐渐增多。劳动力市场成熟度排名靠前的省份集中在东部地区，排名靠后的省份集中在中西部地区和东北地区，劳动力市场东西条块分割特点明显，这阻碍了劳动力市场机制的发挥。

2. 就业质量整体不高

就业质量是一个多层次多维度的综合性概念。具体体现出宏观、中观、微观意涵。[①] 国际劳工组织（ILO）发布的《世界就业与社会展望：2019 年趋势》（*World Employment and Social Outlook*：*Trends 2019*）报告指出，无论如何度量，低质量的就业依然是全球劳动力市场的主要挑战，就业不等同于体面的工作。我国未来就业形势将在较长一段时期内呈现就业总量高位承压，结构矛盾常态常新，总体局势稳中有忧、稳中存变的基本态势。劳动力总量供给趋减、人口老龄化进程加速、宏观经济不确定性增加以及新业态发展等都将给就业带来新的挑战和机遇，进而影响我国总体就业质量提升。以高校毕业生就业质量状况为例分析，有研究使用麦可思公司大规模抽样调查数据和德尔菲法就业指数构建法测算的就业质量结果显示，2010 ~ 2015 届高校毕业生就业质量指数处在 66% ~ 68% 区间，就业质量总体水平偏低。[②]《2018 中国大学生就业质量研究》也证实了这一研判，该报告显示，2017 届本科毕业生就业率为 87.03%，尽管比 2016 届（85.76%）高出 1.27 个百分点，但 2017 届毕业生薪酬满意度（37.72%）依然偏低，说明就业质量有待进一步提升。

（三）劳动力市场稳定性更加复杂

1. 科技进步增加了就业风险性

以移动互联网、物联网、云计算等技术为代表的现代信息技术不仅重塑

① 赖德胜、石丹淅：《我国就业质量状况研究：基于问卷数据的分析》，《中国经济问题》2013 年第 5 期。

② 汪昕宇、莫荣、马永堂：《我国高校毕业生就业质量分析》，《中国劳动》2018 年第 4 期。

了经济社会发展格局，显著改变了人们生产生活方式，也对劳动力市场产生深刻影响。科技革新对就业的影响既有创造效应，也有替代效应，且两种效应正在我国劳动力市场上叠加显现。如2015年深圳国际高新技术成果交易会上一款名为AGV的搬运机器人，每年能给使用者节省12600元的人力成本，却让3名搬运工、1名运输车司机失去原有岗位。机器替代人工并非中国独有。如美国白宫2016年的研究显示，机器人取代时薪低于20美元以下岗位的概率为83%，介于20～40美元区间岗位的取代概率为31%，而超过40美元岗位的仅为4%。[①] 欧洲则有2/3的中产阶级职位成为技术的牺牲品。[②]

2. 贸易争端加剧了就业市场不稳定性

一方面，贸易摩擦对外贸导向型企业会产生直接影响，由关税增加带来的运营成本提升可能导致部分企业在短期内出现经营困难从而减少用工，另一方面，贸易摩擦的持续发展，可能导致全球价值链的重构，部分跨国企业会在全球范围内进行业务调整，给原来的就业市场带来冲击。实质上看，中美贸易摩擦是一场“就业战”，特朗普政府和我国（以及其他国家）争夺的是优质就业岗位（即好工作）。特朗普政府提出的恢复美国制造业辉煌的口号，其根本旨在增加美国就业岗位，使“美国再次强大”。因此，希冀通过提高关税或其他贸易制裁从中国抢回失去的就业岗位。研究显示，按照特朗普要求中国初步削减中美贸易1000亿美元的贸易顺差，中国的就业岗位将会丧失580多万个，城镇登记失业率则有可能上升2.5～3.3个百分点。[③] 实际上，无论具体数值为多少，都值得注意的是，国际贸易争端，尤其是单边贸易战，无疑增加了中国就业市场不稳定性。

此外，伴随我国“三去一降一补”供给侧结构性改革深入推进，钢铁、

① 周文斌：《机器人应用对人力资源管理的影响研究》，《南京大学学报》（哲学·人文科学·社会科学版）2017年第6期。

② 李长安：《经济新常态下我国的就业形势与政策选择》，《北京工商大学学报》（社会科学版）2016年第6期。

③ 李长安：《中美贸易摩擦对就业的影响及对策》，《中国劳动关系学院学报》2018年第3期。

煤炭、水泥、电解铝、平板玻璃、船舶和炼油等新旧产能转换将会陆续释放2700万人。而化解过剩产能所涉及企业大部分为劳动密集型行业，转岗人员素质通常都滞后于新岗位需求，所以供给侧结构性改革在就业毁灭与就业创造过程中对就业市场形成的冲击，最终需要较长时间才能复衡，因而在一定时期内会给失业人员和转岗人员带来就业压力，使就业结构性矛盾凸显并持续更长时间，继而显著提升了就业市场的不稳定。

三　新时代劳动力市场宏观调控的新取向

就业是最大的民生。伴随劳动力市场凸显的复杂性、不确定性和风险性，就业领域不少两难多难抉择将更加明显。面对这样的局面，保持战略定力，不搞“大水漫灌”式就业强刺激，而是主动适应、引领劳动力市场的新常态，集中精力促进劳动力市场化改革，是新时代推动实现更高质量和更充分就业的战略选择。鉴于此，政府善用宏观调控这一主要经济职能，不断创新和完善劳动力市场宏观调控，明确就业工作区间调控思想，积极加强劳动力市场定向调控、相机调控和精准调控，变得尤为紧迫而重要。

由图1可知，区间调控是新时代政府对劳动力市场宏观调控体系的中心。政府通过设置“合理区间”来调控劳动力市场，是跳出劳动力市场本身、基于经济社会发展全盘考虑后的战略选择，是政府针对就业领域新的主要矛盾和关键问题主动有所为的集中体现，是党和政府以新思维和新方略推动实现劳动力市场的统一、高效、有序的中国方案。

新时期，党和政府对劳动力市场区间调控的下限为稳定和扩大就业，目的在于保持就业基本盘和经济社会稳定，因此，可进一步将区间调控的下限理解为“好就业”（或称“有业就”）。对劳动力市场区间调控的上限或者理想目标是实现更高质量和更充分就业，更多地体现的是“就好业”政策期望。“就好业”和“好就业”成为中国经济发展新阶段政府治理劳动力区间调控的重心，也是着力推进劳动力市场定向调控、相机调控和精准调控的根本指引。

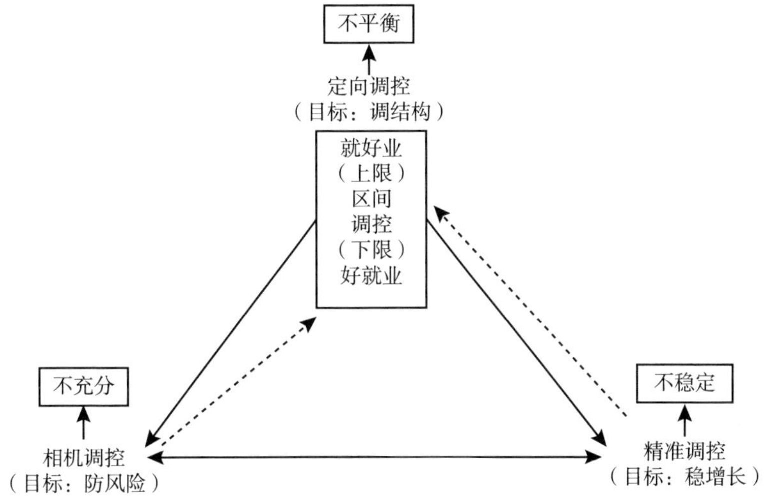

图 1　新时代劳动力市场宏观调控的实践路径

（一）劳动力市场宏观调控中的定向调控

定向调控是劳动力市场区间调控的重要组成部分，其重点是针对就业区间内出现的不同情景，匹配不同的对策措施，精准发力、定向施策，更多依靠市场力量和运用改革办法，进行“喷灌”“滴灌”，不搞“大水漫灌”。通过制定差异化、个性化的劳动力市场调控政策，使预调微调和必要的“先手棋”更加有的放矢，体现了对劳动力市场宏观调控深处着力的更高要求。劳动力市场定向调控的特点为前瞻预调、积极出策，其目的在于调整劳动力市场结构，改变劳动力市场的不平衡性，主要措施在于调控“靶点”，及时防范，补齐短板，促进劳动力市场统一、高效、有序运行。

具体而言，对于劳动力供需波动或失衡问题，一方面，政府需加强对人口结构转型变化趋势研究，尤其是对劳动年龄人口供需的预测与研判，并着眼于克服宏观调控政策的时滞效应，对研策和出策须做出前瞻性预判，选择好就业政策出台时机，微调为主，适时采取对应措施，做到防患于未然。另一方面，政府需稳步实施职业技能培训和老年人口开发与利用的就业促进政策。推行职业技能培训和释放老年人口生产价值的调控人口与就业政策目标十分明确，旨在挖掘社会可能蕴藏的劳动力资源，以缓解劳动力供给持续减少趋势。

对于劳动力资源区域配置失衡问题，首先是要继续深化户籍制度改革，给“户口松绑”，稳步推行居民户口登记制度，取消招聘、待遇设定时身份因素限制或歧视。其次是健全各行业相协调的工资增长机制，主动减轻中低收入劳动者税负，严格控制垄断性行业巨额红利和高管年薪。再次是着力改革现有的社会保障体制，增强社会保障的公平性、可持续性和流动性，消除重点群体保障过度和保障不足问题，尽早建成合理兼顾各类劳动者的社会保障待遇确定机制、正常调整机制和转移接续机制。最后是借助“互联网+”建立共享式就业公共服务平台，切实为高校毕业生、城市能人、返乡群体、退役军人等基层就业创业提供全方位政策支持。

对于就业形态不平衡问题，一则需要借助更加积极的就业创业政策，纵深推进商事制度改革，为自雇创业“清障搭台”，着力提升劳动力市场中自雇创业比重。二则通过精细化的就业促进政策，为平台型就业等新就业形式提供厚实的安全就业保障，巩固工资性就业效能，最终形成高效治理非自愿性失业等问题的长效机制。

（二）劳动力市场宏观调控中的相机调控

劳动力市场相机调控是指政府根据就业市场情况和各类就业调适措施的特点，灵活机动地决定和选择当前究竟采取哪一种或哪几种就业策略。劳动力市场相机调控的特点为适时微调、灵活施策，其目的在于防范劳动力市场系统性风险，调节劳动力市场的不充分性，为实现充分而有质量就业提供良好的政策保障与政策预期。劳动力市场相机调控重心是微调，即根据当前劳动力市场变化，及时制定灵活的、具体的就业政策预案和项目准备，选择好就业政策意图与就业政策时点，增量改革，力图及时化解劳动力市场运行风险。劳动力市场相机调控将是对劳动力市场定向调控实施中的一种再平衡。

具体而言，针对劳动力市场机制还未完全形成的相机调控思路为，通过政策微调、灵活施策，重点构建统一的劳动力市场规则，破除部门行业和区域垄断与保护主义；建立畅通的劳动力市场信息传递机制，清除劳动力市场信息不完全、不对称、竞争不充分的政策阻滞；建立工资收入决定机制，使市场机制而非行政力量、传统制度、身份出身等在决定劳动力资源配置和使用中的决定作用。

对于就业质量不高问题，劳动力市场相机调控的主要策略在于，首先应加强对新时代高质量就业的评价体系的理论研究。传统的、国际的就业质量评价体系不能够较好测量灵活就业、平台就业等新就业质量状况，为此需在国际经验比较基础上，重构适合中国情境化的就业质量评价指标体系。其次是重视职业教育和职业技能培训，为劳动力增能和赋能，提升其可雇佣能力和创业力。此外，应改善劳动者权益保护立法和职业安全劳动条件，打造普惠性公共就业服务，促进更多劳动力体面就业和充分就业。

（三）劳动力市场宏观调控中的精准调控

劳动力市场精准调控更多地瞄准解决就业领域的“有效性”问题，以有为政府、有效市场模式支撑“中国就业奇迹”。劳动力市场精准调控的特点在于分类瞄准、稳定用策、精准发力，其最终目的在于稳定就业增长。

为更好应对科技进步、国际争端、供给侧结构性改革等带来的劳动力市场不稳定，政府需要织密制度网、打好政策组合拳以便更好适应劳动力市场变化，促进稳定就业。首先是为抵御科技进步对典型群体就业替代，应强化对新生代农民工、高校毕业生、退役军人、化解产能过剩转岗人员等就业力、职业精神的塑造与提升，如分别制定不同就业群体的职业技能培训方案，为适应这些群体就业发展需要而加强职业教育、高等教育供给侧结构性改革，为建立一支真正的知识型、技能型、创新型劳动者大军营造良好的政策和制度氛围。其次是政府需对科技产业进行统筹规划，如在积极推进《机器人产业发展规划（2016～2020年）》、《国务院关于印发新一代人工智能发展规划的通知》（国发〔2017〕35号）等过程中，需要相关配套预案精准干预，使得就业市场转换更加平缓。再次是应加强完善和创新国际贸易争端解决机制，如设立独立的、专门的国际贸易争端解决机构，增强及时、高效处理国际贸易争端能力，尽早更好规避国际贸易争端对劳动力市场负面传导效应。建立以仲裁为主、政治外交手段为辅的争端解决机制，通过战略贸易协定明确制定仲裁、仲裁程序、时限、裁决规则与执行等具体操作规定，将调解、调停等政治外交手段置于仲裁或其他法律手段之前应用，有效化解贸易就业战风险。又次是需稳步做好精准就业扶贫。在精准帮扶基础上，结合产业扶贫、电商扶贫等举措，重点推进扶贫车间建设，创设就业扶贫公益性岗位，支持一批能人返乡下乡创业，带动当地贫困劳动力就业。① 最后是精细推进供给侧结构性改革，加强经济政策、产业政策与就业政策衔接，强化经济增长对更好更多就业岗位的带动作用。

四　结论与启示

经济下行阶段劳动力市场的平衡性、充分性和稳定性更加复杂化是不同国家或地区经济社会发展过程中典型化事实，因此不必惊慌或过分渲染。但仅仅简单套用、机械移植他国经验模式治理之策也的确无法解决中国就业现实问题。主动完善和创新中国情境下的劳动力市场宏观调控理论，才是有效治理中国劳动力市场实践困境的关键所在。本研究认为，加强中国特色的劳动力市场定向调控、相机调控和精准调控，三管齐下，综合治理，是新时代推动实现更高质量和更充分就业、助力决胜全面建成小康社会的战略选择。

在中国劳动力市场宏观调控体系中，区间调控为政府宏观调控劳动力市场体系的中心，定向调控、相机调控和精准调控则分别构成了劳动力市场宏观调控体系的三个极点，三者各有特点，功能不同，但它们之间是相互支撑、闭合相连、动态机动的，协同影响着政府对劳动力市场调控的绩效以及劳动力市场的灵活稳定性。因此，切忌单一施策，单独调控，而应多种调控手段并用，综合干预与治理，才能更好地激发整体效益和倍增效应。此外，

① 石丹淅：《中西部地区农民工返乡创业质量及其影响因素》，《教育经济评论》2017 年第 6 期。

考虑到时间维度，区间调控的上、下限（即“好就业”和“就好业”）的内涵与外延将会随着市场化改革纵深推进而在时序上呈现泛化态势，所以在坚持实施就业优先政策指引下，加大研策、出策、施策、评策，及时丰富经济发展新阶段下定向调控、相机调控、精准调控的理论思想、内容与体系，是新时代高质量治理劳动力市场、丰富全球劳动力市场治理理论、助力中国梦的必然课题。

B.3
中国劳动力市场网络招聘需求分析

杨伟国　何珺子　管立军*

摘　要： 随着数字经济和大数据时代的盛行，网络招聘在工作搜寻中的地位日趋重要。本研究以全网发布的所有招聘信息为研究对象，以招聘人数和平均薪酬两个最基本的指标为出发点，从所在区域、行业类别、职业类型、企业性质、企业规模、学历要求、工作经验等多个细分维度进行深入分析，以探求中国劳动力市场的运行规律。研究发现：我国劳动力市场需求旺盛，区位优势引致招聘需求。对于互联网和软件开发等新兴行业和热门职业的人才需求量大，特别是高学历、具有丰富工作经验的专业化人才。同时，小微企业发展态势良好，为就业市场贡献了新动能。

关键词： 网络招聘　劳动力需求　大数据

数据时代的到来不仅改变了人们的工作方式，也改变了人们找工作的方式。网络招聘使企业和求职者的信息更加透明和对称，也提高了整个劳动力市场的匹配效率。根据人社部的最新统计数据，截至 2018 年底，全国各类人力资源服务机构举办现场招聘会（交流会）23.48 万场，

---

* 杨伟国，教授，博士生导师，中国人民大学劳动人事学院院长，主要研究领域为就业理论与政策、数字经济与工作市场、人力资本服务、战略人力资源审计、战略人力资本管理等；何珺子，博士，北京市工会干部学院讲师，主要研究领域为劳动经济学、人力资本与创新创业；管立军，中国人民大学商学院 MBA，佰职科技创始人兼 CEO。

现场招聘会提供岗位招聘信息 1.14 亿条，通过网络发布岗位招聘信息 3.60 亿条，是现场提供招聘信息数量的 3 倍有余。而通过网络发布的求职信息多达 7.29 亿条，同比增长 16.29%，足可以见，互联网在劳动力招聘市场占据了绝对优势。正如图 1 显示的 2011 年以来我国互联网招聘市场规模走势图，网络招聘市场规模呈现逐年递增态势，2011 年我国互联网招聘市场规模仅为 17.2 亿元，到 2017 年上升至 64 亿元，2018 年则达到了 80 亿元。①

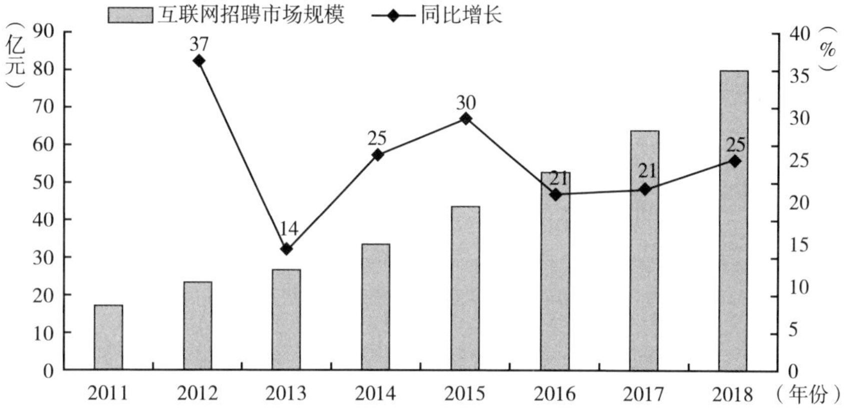

图 1　2011～2018 年中国互联网招聘市场规模及变化趋势

随着互联网与招聘行业深度融合，未来招聘网站会更加专注于行业细分、人群细分的垂直招聘，招聘企业也已将定位、社交、点评、实时通信等元素融入其中。而运用大数据等新技术，结合平台优势，优化招聘求职过程，将会成为未来的新趋势。那么在求职过程中，尤其是企业发布在招聘网站的各种信息条目就汇集成了研究网络招聘的海量数据信息资产，这个数据资产因其覆盖多样性和算法科学性，具有其他数据库无法比拟的特征。一方面因为该数据库实现了实时监控，可以获取全网发布的招聘需求信息，所以信息量最大、覆盖面最全。另一方面，该数

① https://www.qianzhan.com/analyst/detail/220/181221-431edd11.html.

据库的构建采用人工智能、自然语言处理和深度学习技术，比常见的网络爬虫大大提高了精准度和精确性，所以是真正的能够为决策做出支撑的数据库。这也为科学、客观地研究劳动力市场的行为和运行规律提供了坚实的数据支撑。

目前文献中基于网络招聘的研究数量较少，大致可以分为两类，一是针对劳动力市场总体情况的。比如 Kuhn Peter 和 Shen Kailing 通过分析中国网络招聘中职位需求信息研究用人单位的性别歧视。宋齐明基于近 1.4 万条网络招聘信息探求本科生应该具备的通用性能力。二是针对特定岗位的。比如张俊峰、魏瑞斌以国内四家招聘网站为数据来源，分析数据类岗位招聘需求特征。古扬、吕斌基于智联招聘网站上信息分析师的招聘数据，分析社会组织对信息分析师岗位的需求结构。谢添轩、魏争基于前程无忧和智联招聘的数据，分析互联网金融职位的岗位特征。

本研究运用人工智能、自然语言处理和深度学习技术对全网发布的所有招聘信息做到了实时监测和全部覆盖，数据的处理也更加科学精准，所以数据量级和精准程度远远超过以往文献，从而能够得到更为全面、准确的分析和判断。通过研究网络招聘需求，可以全方位、分层次、多维度地挖掘我国劳动力市场网络招聘的需求情况，帮助我们了解我国劳动力市场的总体状况、各层级结构和运行规律。

一　研究方法和数据

本研究的数据由佰职科技公司提供，它们通过独创的求职领域全网搜索引擎，对网络招聘信息进行全网搜索，再将深度学习技术、自然语言处理技术和人工智能相结合，对数据进行智能分类和标准化处理，以进行大数据统计和分析。其数据源来自全国各招聘网站、企业官网以及大学校园发布的招聘职位信息数据，数据覆盖招聘网站 413 家（智联招聘、前程无忧、中华英才等），求职 BBS 论坛 2135 家（应届生求职 BBS、高校就业指导中心官网等），公司官网 1221 家（招聘量比较大的部分中国 500 强公司），时间范围涵盖2017年1月到2018年12月。从这些网站得到的数据要通过机器学习和人工智能技术进行汇总整理，整理工作主要包括招聘信息的结构化、缺失、杂乱和冗余四个方面的问题。具体来说，要对重复数据进行归一处理，并删除部分无效数据和异常数据。通过智能相似度匹配算法，去除重复的职位信息，如同一公司的同一岗位在多个网站发布，以及同一公司的同一岗位在多个网站某段时间的重复发布，类似的招聘信息数据只计算一次。同时使用深度语义解析模型，对虚假、无效职位数据进行过滤，诸如描述过于夸大的职位、信息虚假的职位、遭到大量用户举报的职位等招聘信息数据都将被删除。目前的统计信息中，重复和无效职位信息过滤比例已达66.2%。此外，对发布的招聘信息中，需求在30人以上的招聘信息也进行了人工过滤。

二　全国劳动力市场网络招聘需求状况

（一）需求概况

2018年全国劳动力市场网络招聘的需求总人数为24419万人，与2017年的总需求人数28101万人相比减少了13.11%，与2018年末77586万人的就业人员和2017年末77640万人的就业人员相比，[①] 占比分别为31.47%和36.19%，说明劳动力市场整体需求比较旺盛。图2显示的是全国分月度的网络招聘需求人数总体情况。整体来说呈波浪式状态，2017年6月、2017年11月、2018年5月、2018年11月是需求高峰月份，平均需求量可以达到3100万人，2017年1月和2018年2月是低谷时段，平均需求量约为1100万人。需求旺季时网络招聘需求人数的月度平均增幅为22.71%，淡季时的月度平均降幅为12.35%（见图2）。

① 数据来源于2017年、2018年国民经济和社会发展统计公报，http：//www.stats.gov.cn/tjsj/tjgb/ndtjgb/。

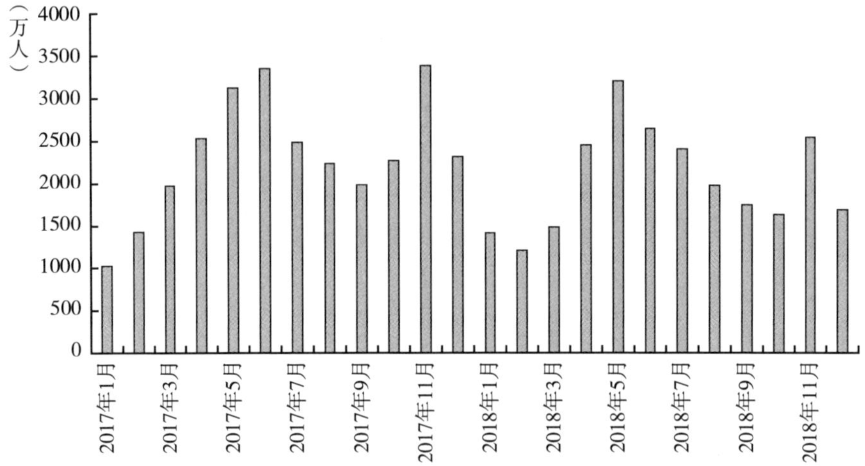

图 2　全国劳动力市场网络招聘需求人数

（二）全国分地区需求情况

1. 分区域需求情况

从分区域的网络招聘需求人数可以看出①，东部和中部地区占据了绝大部分的招聘需求份额，虽然 2018 年全国招聘人数的需求量下降了 13.11%，东部地区的占比却从 2017 年的 51.74% 上升到 58.25%，而其他三个区域的份额都呈下降趋势，中部地区下降幅度最大，下降了 3.11 个百分点，其次是东北地区，下降了 2.14 个百分点。这说明东部地区仍以其优越的地理位置、完善的资源配置、充裕的就业岗位吸引着大量劳动者（见图 3）。

2. 分省份需求情况

2018 年全国各省份劳动力市场网络招聘需求如图 4 所示。其中，广东省以 4066 万人位居榜首，其次是江苏、北京、上海、浙江、山东，这六个

① 按照国家统计局的划分标准，本研究将北京、天津、上海、河北、江苏、浙江、福建、山东、广东、海南划分为东部地区；黑龙江、吉林、辽宁划分为东北部地区；内蒙古、山西、安徽、江西、河南、湖北、湖南、广西、四川、重庆、贵州、云南、陕西划分为中部地区；甘肃、青海、宁夏、新疆、西藏划分为西部地区。

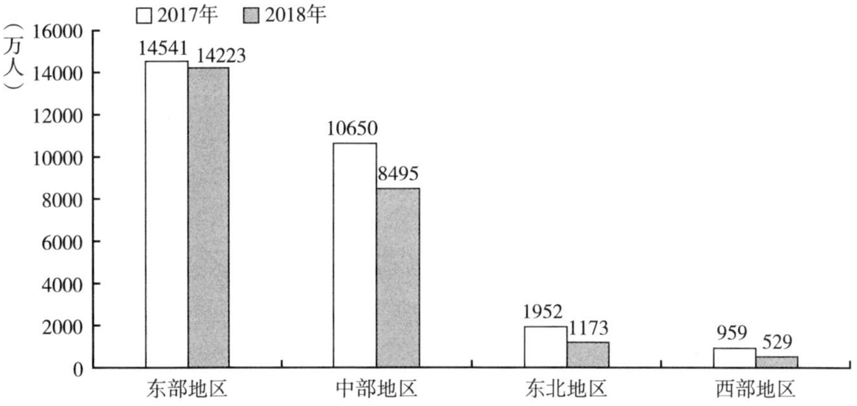

图3　分区域网络招聘需求人数

省份占据了2018年网络招聘需求人数一半的份额。需求量最少的五个省份是新疆、海南、青海、宁夏和西藏。与2017年相比，需求量最少的省份没有变化，排名靠前的省份中上海以16.39%的增幅超越河南挺进前五位。

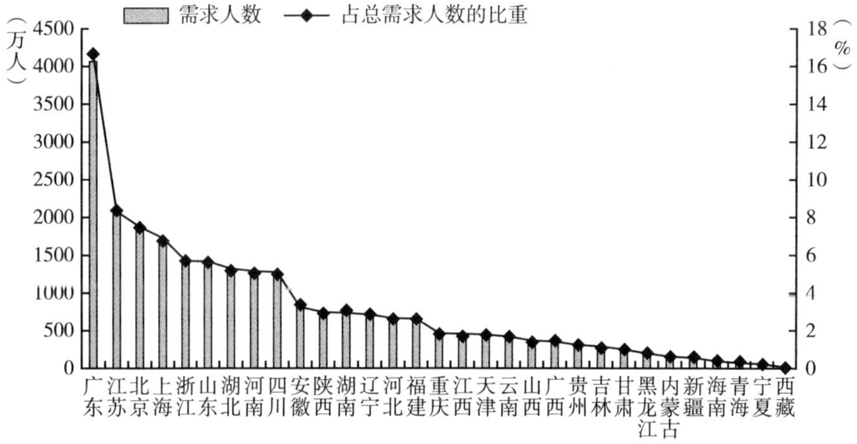

图4　分省份网络招聘需求人数及占总需求人数的比重

3. 分城市需求情况

2018年北京和上海的网络招聘需求量较2017年有所上升，广州和深圳略有下降。但这四个一线城市2018年全年的招聘需求量占全国的比例较

2017 年提升了 3.96 个百分点，占比达到 26.32%，这充分说明一线城市劳动力市场的活跃程度（见图 5）。

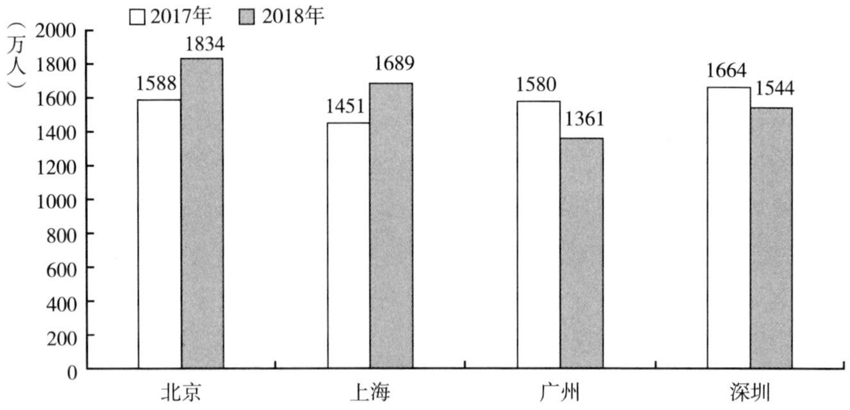

图 5　一线城市网络招聘需求人数

综观 2019 年新发布的 15 个新一线城市，[①] 武汉的招聘需求人数总量连续两年位居第一，东莞的需求增速最快，比 2017 年增长 13.14%，重庆、青岛、昆明和宁波的需求人数也有约 9% 的增长（见图 6）。

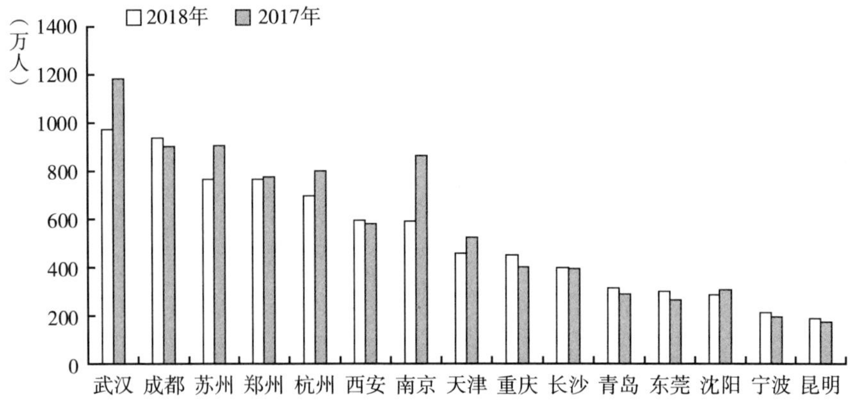

图 6　新一线城市网络招聘需求人数

① 数据来源于新一线城市研究所发布的《2019 城市商业魅力排行榜》。

（三）分行业类别需求情况

从各行业的劳动力需求人数来看，2018 年排名前十位的行业分别是互联网、房地产建筑、教育培训、咨询财会法律人力、酒店餐饮、医疗保健、基金证券、中介服务、零售批发和软件，这十个行业占据了整个网络招聘需求的一半，互联网行业最多，占比达到 11.22%（见图 7）。

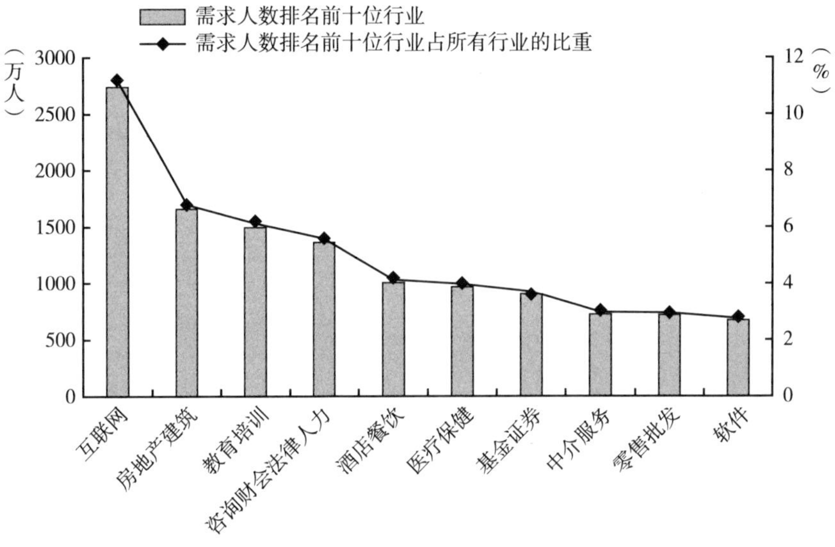

图 7　网络招聘需求人数排名前十位行业及行业占比

2018 年排名后十位的行业分别是石油化工、租赁服务、印刷造纸、奢侈品礼品、信托、办公用品、学术科研、政府非营利组织、检验认证、航空航天（见图 8）。

（四）分职业类型需求情况

在各种职业中，2018 年网络招聘需求人数最多的是销售，需求人数为 3075 万人，其次是技工操作工 2603 万人，再次是酒店商超娱乐从业者 1218 万人，具体排名如图 9 所示。

相应地，招聘需求人数排名后十位的职业是环保从业者、翻译、农林牧渔从业者、硬件开发、IT 项目管理、能源矿产从业者、化工从业者、公务员/科研人员、信托从业者和社会工作者（见图 10）。

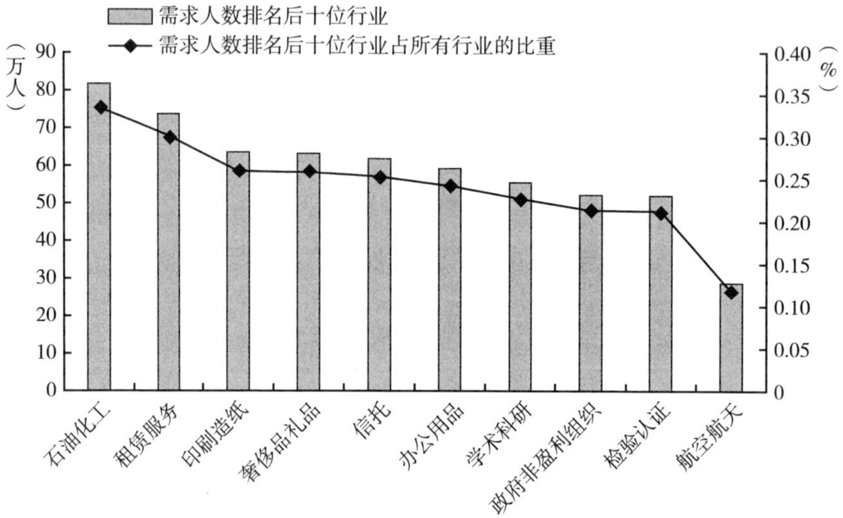

图 8　网络招聘需求人数排名后十位行业及行业占比

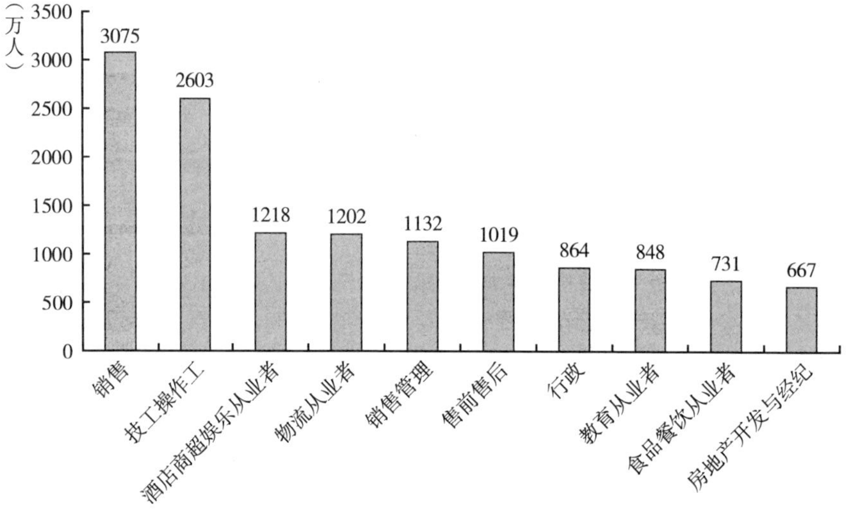

图 9　网络招聘需求人数排名前十位职业

（五）分企业性质需求情况

按照全网发布招聘需求的企业性质，我们将其分为四类：国有企业、外资企业、民营企业和其他，其他包括事业单位、非营利组织和创业公司。从图 11 可以看出，民营企业的需求量最大，份额高达 85%。其次是外资企业和国有企业。

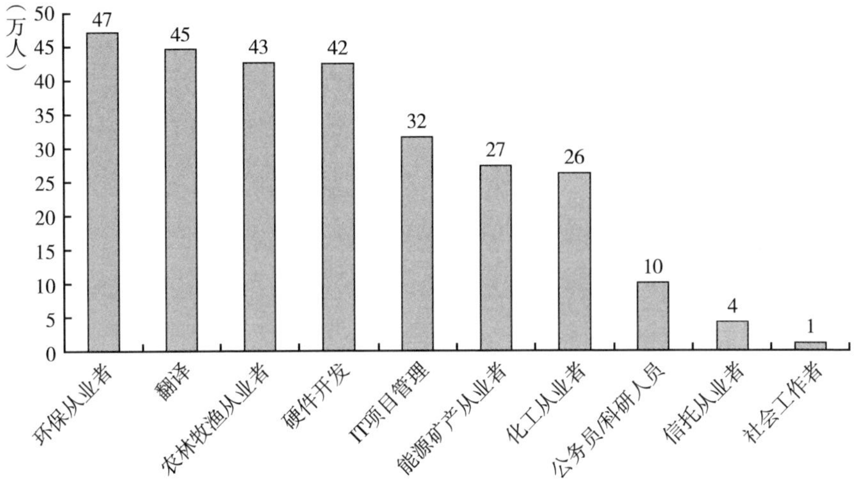

图 10　网络招聘需求人数排名后十位职业

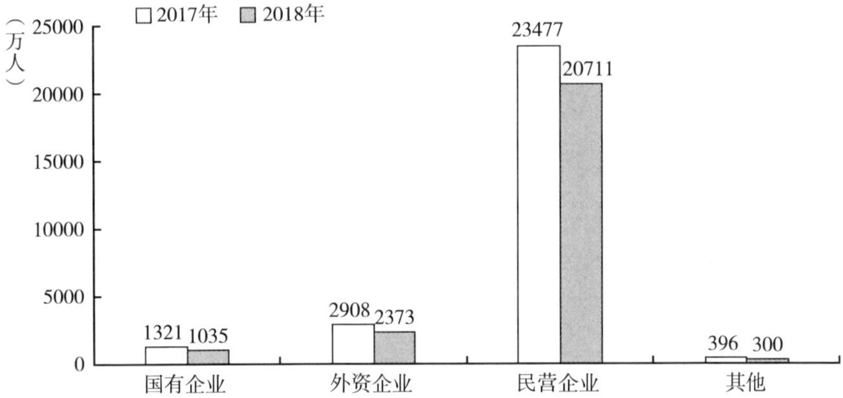

图 11　分企业性质的网络招聘需求人数

（六）分企业规模需求情况

分企业规模来看，① 微型企业 2018 年网络招聘需求总量为 12464 万人，

① 参考国家统计局发布的《统计上大中小微型企业划分办法（2017）》，该研究将小于 100 人的企业定义为微型企业，101～500 人的企业定义为小型企业，501～1000 人的企业定义为中型企业，超过 1000 人的企业定义为大型企业。

小型企业的招聘需求为5709万人，大型企业为4324万人，中型企业最少，为1923万人。各类企业的招聘需求人数与2017年相比均有所下降，微型企业占全国网络招聘总量比例却有所提升，为51.04%，较2017年的45.53%提高了5.51个百分点，其他规模企业的占比都呈缩减态势，中型和小型企业分别下降1.83个和3.04个百分点（见图12）。

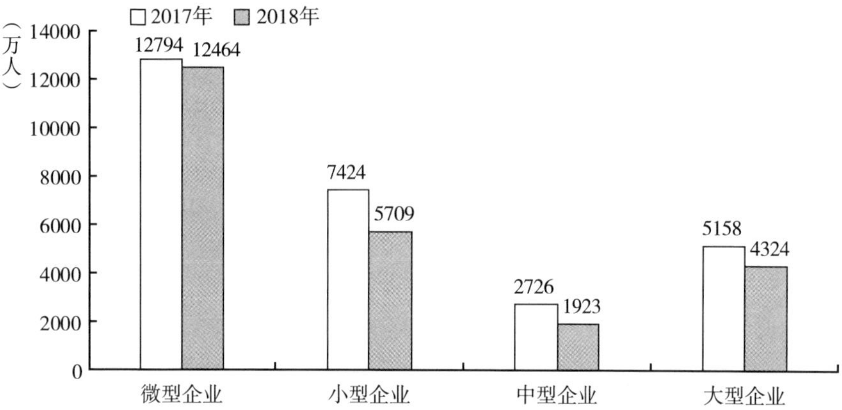

图12　分企业规模的网络招聘需求人数

（七）分学历要求需求情况

按照用人单位对学历的要求，2018年大专学历需求总量最多，为12043万人，但是较之于2017年，本科和博士学历的需求量增加迅速，尤其是博士生需求量从2017年的18万人增加到32万人，增幅高达74.18%，本科生的需求量仅增加5.27%，硕士生和大专生的需求量略有下降，分别下降1.17%和5.74%，大专以下学历的需求量下降最多，为28.86%。从结构上看，2018年，各学段（大专以下、大专、本科、硕士、博士）占总体劳动力需求的比例依次为32.09%、49.32%、17.85%、0.61%和0.13%，除了大专以下的相对占比是在下降以外，其余学历层次的相对比例都在增长，说明整个劳动力市场对于劳动者的素质和技能要求都在提升（见图13）。

从四个一线城市的绝对需求来看，2018年网络招聘对大专学历的需求人数

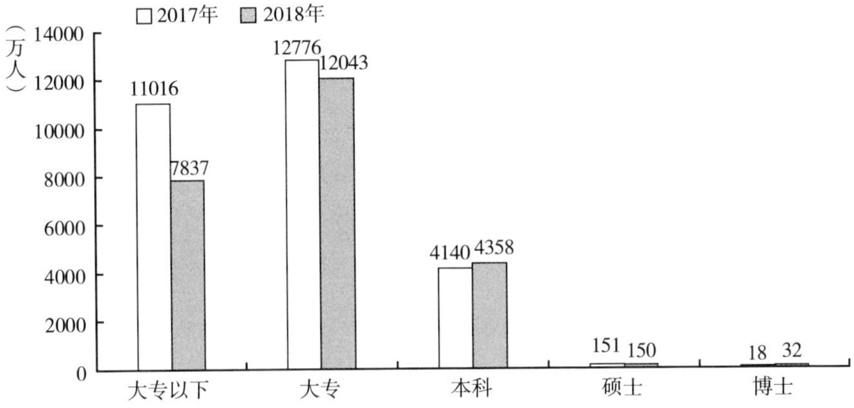

图 13　分学历要求的网络招聘需求人数

最多，平均需求量达到 705 万人，其次是大专以下学历，平均为 462 万人。但是对比各学历层次相对比例的变化可以发现，一线城市对大专以下学历的需求人数都是减少的，北京下降幅度最大，为 31.6%，广州下降幅度最小，也达到了 16.43%。北京对大专学历的需求人数也比上年减少 9.22%，而其他三个城市均为增加趋势。对本科和硕士学历需求增量最多的城市为北京和上海，分别为 50.74%、38.03%和 46.42%、38%。对博士需求量增幅最多的城市为上海，高达 61.20%，其次是广州 53.06%，深圳 35.34%，北京 26.13%（见图 14）。

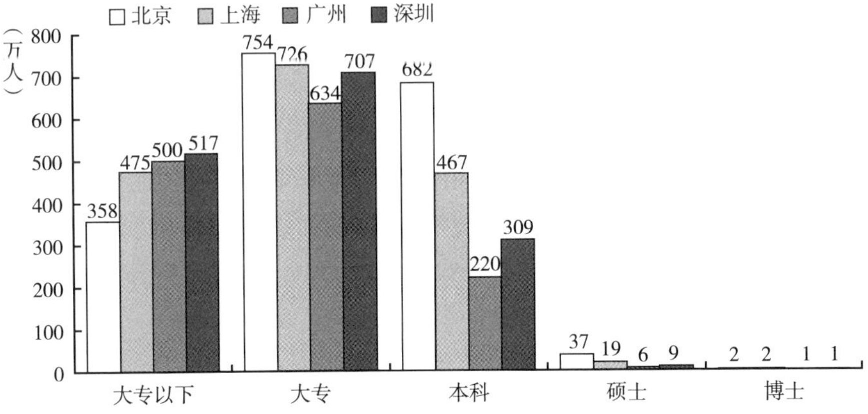

图 14　2018 年四个一线城市分学历要求的网络招聘需求人数

（八）分工作经验需求情况

相比2017年，网络招聘需求对于工作经验的变化不大，需求人数最多的是对工作经验无限制，占所有需求量的60%左右，其次是要求工作经验1～3年，占比约27%，工作经验5～10年的需求量为784万人，工作10年以上的需求量最少，为103万人（见图15）。

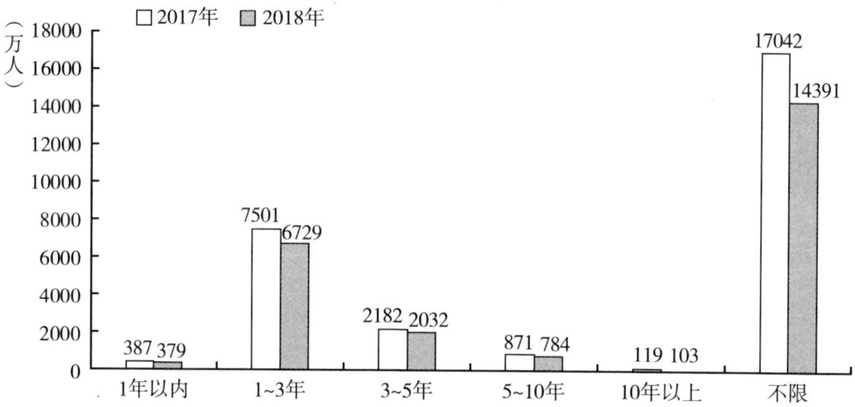

图15　分工作经验的网络招聘需求人数

三　全国劳动力市场网络招聘薪酬情况

（一）分地区薪酬情况

1. 分省份薪酬情况

依照各企业在招聘简章中所发布的薪酬上限、薪酬下限和有效职位数计算得到全国各省份网络招聘发布的岗位平均薪酬，如表1所示，北京、上海和西藏居前三位，这与2017年全国城镇非私营单位就业人员月平均工资的排名是相同的。① 平均薪酬较低的省份有黑龙江、辽宁、山西，其职工平均

① 《中国统计年鉴2018》中的“表4－15 按行业分城镇非私营单位就业人员平均工资”，由年度平均工资除以12得到月度平均工资。

工资也相应较低。与2017年的招聘薪酬均值比较来看，各个省份都有所增长，平均增幅18%。增速较快的省份有黑龙江、宁夏、广西，薪酬平均增速达28%以上，增速最慢的省份有天津、河南、西藏，也保持了11%的增速。

表1　全国各省网络招聘岗位平均薪酬与职工平均月工资

单位：元

网络招聘岗位月平均薪酬（2018年）		城镇就业人员平均月工资（2017年）	
省份	平均薪酬	省份	平均工资
北京	11317	北京	10975
上海	10368	上海	10816
西藏	8474	西藏	9068
浙江	8175	天津	7878
广东	7552	浙江	6729
江苏	6703	广东	6599
海南	6649	江苏	6522
新疆	6643	青海	6308
福建	6630	贵州	5983
青海	6582	重庆	5907
四川	6479	宁夏	5858
贵州	6470	四川	5785
重庆	6434	云南	5759
湖北	6378	山东	5673
宁夏	6262	新疆	5661
湖南	6168	海南	5644
广西	6064	福建	5618
天津	6053	内蒙古	5557
云南	6042	湖北	5493
安徽	6032	陕西	5432
江西	5952	安徽	5429
内蒙古	5891	广西	5318
河南	5877	湖南	5308
甘肃	5820	甘肃	5281
山东	5794	河北	5253
陕西	5678	吉林	5121

续表

网络招聘岗位月平均薪酬(2018年)		城镇就业人员平均月工资(2017年)	
省份	平均薪酬	省份	平均工资
黑龙江	5632	江西	5119
河北	5560	辽宁	5096
辽宁	5258	山西	5005
吉林	5211	黑龙江	4672
山西	5145	河南	4625

2. 分城市薪酬情况

从四个一线城市整体来看，平均薪酬呈现逐步增长的态势，2018年北京、上海、广州、深圳网络招聘的月均薪酬为11317元、10368元、7176元和8445元，同比增长18.99%、19.19%、14.51%和16.56%（见图16）。

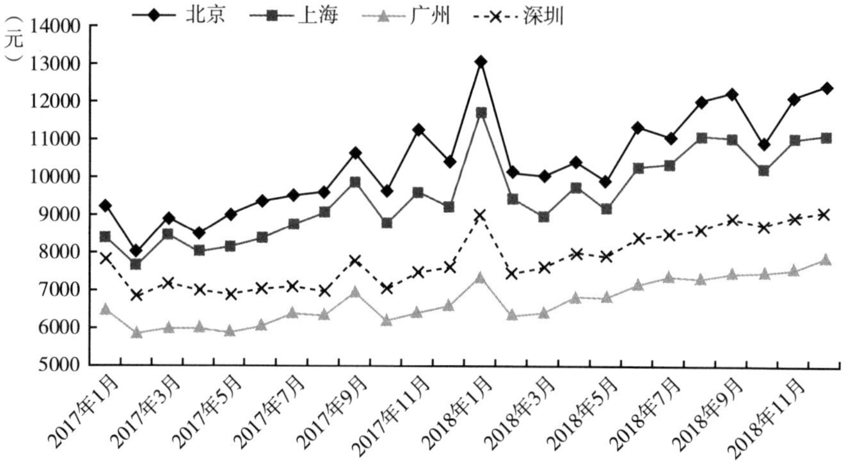

图16　四个一线城市网络招聘平均薪酬

在15个新一线城市中，杭州、重庆、南京、苏州、宁波的平均薪酬较高，青岛、西安、沈阳的平均薪酬较低。重庆增速最快，高达40.08%，从2017年的第7位跃至2018年的第2位（见图17）。

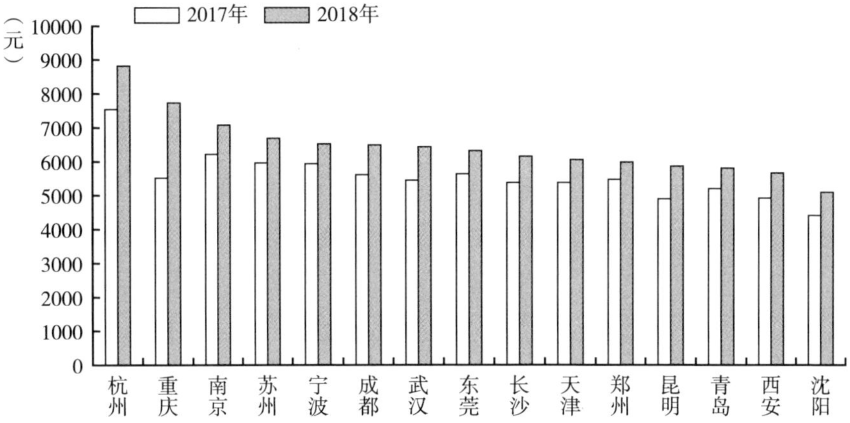

图 17　新一线城市网络招聘平均薪酬

（二）分行业类别薪酬情况

具体到各个行业的平均薪酬如表 2 所示，银行业以 10893 元的平均薪酬居首位，其次是游戏行业 9871 元，基金证券行业 9594 元。而平均薪酬最低的行业是酒店餐饮仅为 5442 元。但是较之于 2017 年的平均薪酬，只有四个行业的平均薪酬呈现下降态势，尤以银行业的下降幅度最大，为 23.14%，保险业下降 12.52%，信托行业下降 7.29%，汽车行业下降 2.08%。而平均薪酬增速最快的行业是体育休闲，为 48.63%，其次是外包服务 41.01%、软件业 32.86% 和 IT 服务 30.10%。

表 2　2018 年网络招聘月平均薪酬排名前十位和后十位的行业

单位：元

网络招聘月平均薪酬排名前十位的行业		网络招聘月平均薪酬排名后十位的行业	
行业	平均薪酬	行业	平均薪酬
银行	10893	机电设备	6031
游戏	9871	贸易进出口	5971
基金证券	9594	快消品	5938
保险	8775	房地产服务	5881
中介服务	8645	农林牧渔	5832

续表

网络招聘月平均薪酬排名前十位的行业		网络招聘月平均薪酬排名后十位的行业	
行业	平均薪酬	行业	平均薪酬
外包服务	8438	制造业	5705
硬件	8390	零售批发	5632
互联网	8242	办公用品	5494
软件	8189	印刷造纸	5444
学术科研	8144	酒店餐饮	5442

（三）分职业类型薪酬情况

从职业类型来看，高级管理者的平均月薪最高，为 25055 元，其次是 IT 项目管理、汽车制造、软件开发、项目管理、信托从业者、硬件开发、证券从业者、IT 测试和律师法务。平均薪酬最低的十个职业是售前售后、交通运输从业者、管培生、物流从业者、技工操作工、社会工作者、酒店商超娱乐从业者、食品餐饮从业者、行政和家政从业者（见图 18 和图 19）。

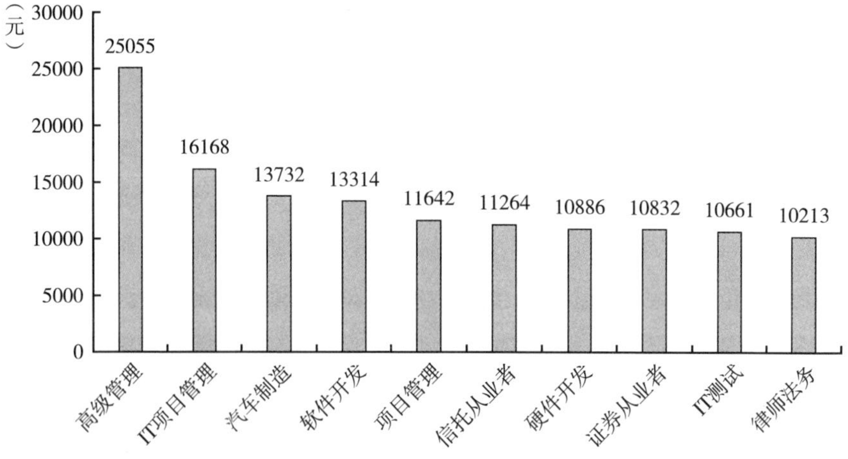

图 18　2018 年网络招聘平均薪酬排名前十位职业

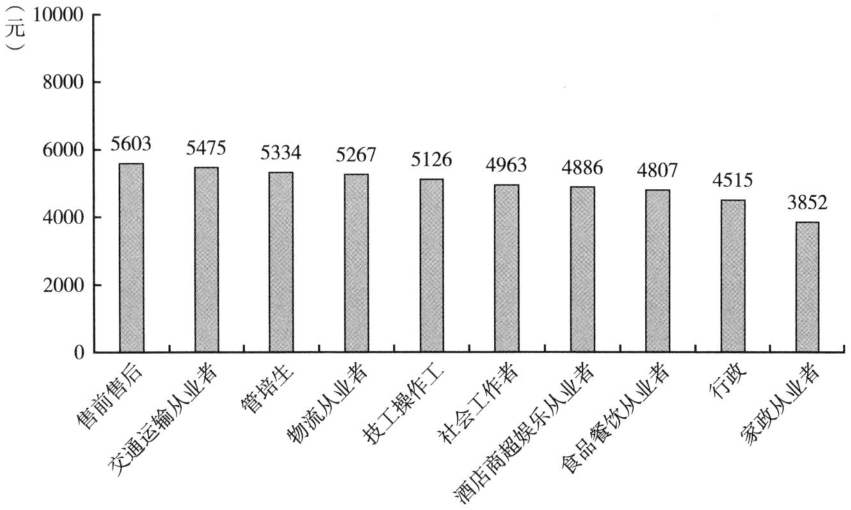

图 19　2018 年网络招聘平均薪酬排名后十位职业

（四）分企业性质薪酬情况

从企业性质来看，国有企业平均薪酬最高，2018 年为 7211 元，但是增幅最慢，只有 3.21%，类似地，外资企业平均薪酬虽然较高，但增幅也较慢，为 6.08%。创业公司虽然平均薪酬相对较低，但是增幅最快，为 24.07%（见图 20）。

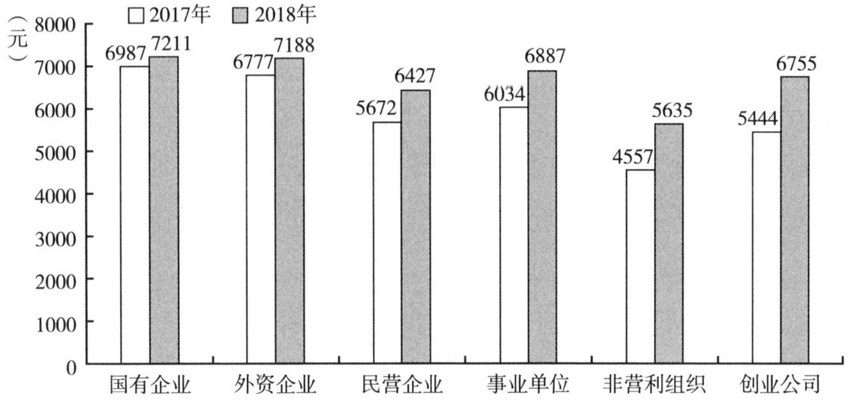

图 20　分企业性质的网络招聘平均薪酬

（五）分企业规模薪酬情况

从企业规模来看，2018 年网络招聘平均薪酬在 1 万人以上的大企业最高，为 9534 元，其次是 1000～10000 人的企业为 9169 元，20～100 人的小企业平均薪酬最低为 6627 元。较之于 2017 年，500～1000 人的企业平均薪酬增幅最大，为 31.74%，100～500 人的企业增幅为 28.61%，20～100 人的企业增幅 25.05%，小于 20 人的企业增幅为 22.71%，而 1 万人以上的大企业增幅最慢，只有 8.55%（见图 21）。

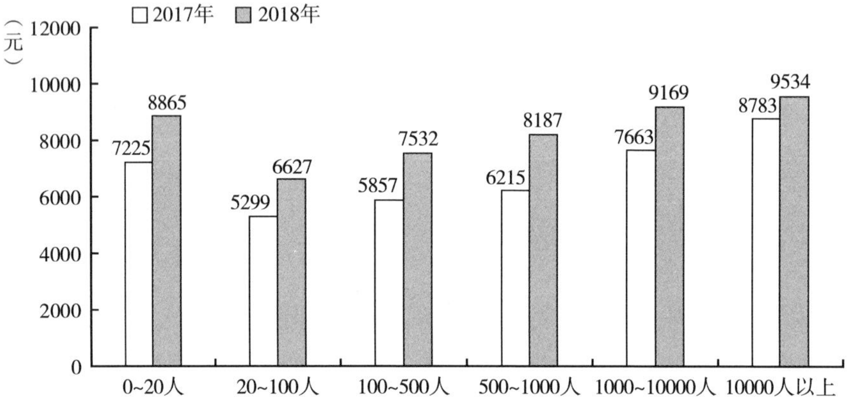

图 21　分企业规模的网络招聘平均薪酬

（六）分学历要求薪酬情况

从学历要求来看，随着学历的增高，平均薪酬也会逐渐增加，2018 年大专以下的平均薪酬最低为 5334 元，大专学历为 6501 元，本科学历为 11518 元，博士学历最高，为 23012 元（见图 22）。

对比四个一线城市的网络招聘平均薪酬可以看出，对于大专以下、大专和博士学历，上海的平均薪酬最高，分别为 6244 元、8192 元和 30103 元；对于本科学历，北京的平均薪酬最高，为 15637 元；对于硕士学历，深圳的平均薪酬最高，为 23406 元。与 2017 年相比，大专以下学历的平均月薪增幅在广

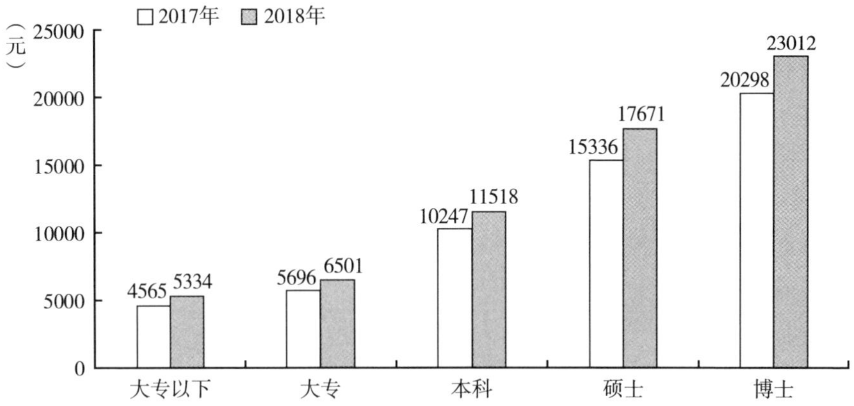

图22　分学历要求的网络招聘平均薪酬

州和上海较高，约为18.11%，大专学历平均月薪在上海和深圳增幅较高，约为16.77%，本科和硕士学历平均月薪在上海和北京增幅较大，约为8.36%和13.15%，博士学历平均月薪在广州增幅最大，为29.31%（见图23）。

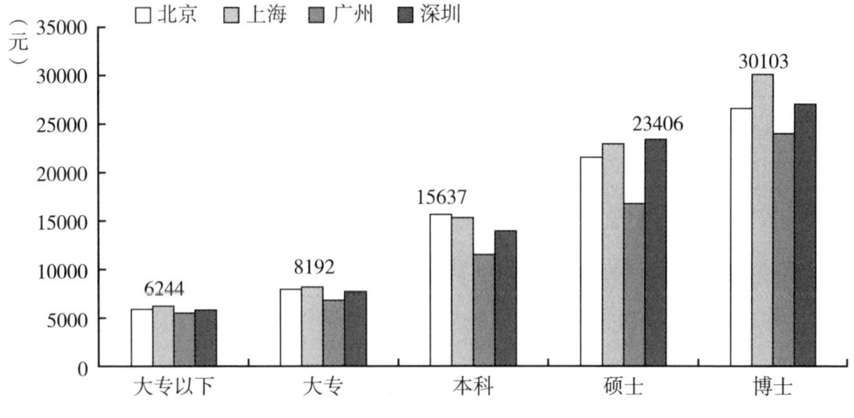

图23　2018年四个一线城市分学历要求的网络招聘平均薪酬

（七）分工作经验薪酬情况

从工作经验来看，随着工作年限的增加，平均薪酬也随之上升。2018年，工作1年以内的平均薪酬最少，为5149元，工作3~5年则平均薪酬达到10191元，在工作5年之后，平均薪酬到达17753元。仅与2017年比较，工作经验每增加一年，所带来的收入回报率在10年以上从业者身上最为明显，高达18.41%，然后依次是16.51%、16.15%、15.18%，对于工作年限1年以内的从业者只有7.59%（见图24）。

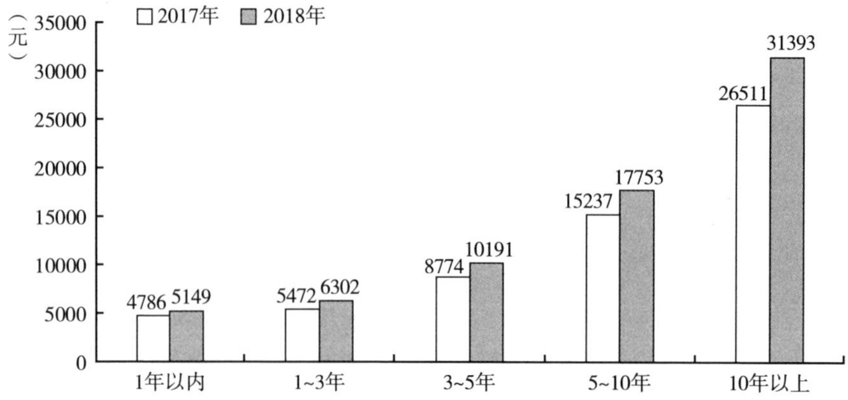

图24　分工作经验的网络招聘平均薪酬

四　研究结论和展望

本研究从劳动力需求方的视角，以所有招聘网站发布的招聘信息为数据来源，以网络招聘职位所需要的招聘人数和平均薪酬为主线对海量大数据进行分析。得到的结论有以下三点。

（一）劳动力市场需求旺盛，区位优势引致招聘需求

2018年全国劳动力市场网络招聘的需求总人数为24419万人，占到2018年末77586万就业人员的比重为31.47%，显示出劳动力市场整体需求旺盛。2017年6月、2017年11月、2018年5月、2018年11月是需求高峰月份，平均需求量可以达到3100万人，2017年1月和2018年2月是低谷时段，平均需求量约为1100万人。需求旺季时月度需求人数的平均增幅为

22.71%，淡季时的月度平均降幅为12.35%。东部地区和一线城市的网络招聘需求人数分别占到了总量的58.25%和26.32%，说明优越的区位优势和良好的就业环境吸引了大量的求职者。

（二）新兴市场需求量大，行业细分需要专业化人才

互联网企业占据了招聘企业最大的市场份额，软件开发、硬件开发、IT项目管理和IT测试跻身十大高薪职业，说明这些新兴市场的需求较大，人才需求也存在一定的缺口。正是这种行业缺口导致市场对人才的要求也相应提高，不仅对高学历人才的需求量增加，工作年限相对较长的专业从业者也更受青睐。

（三）小型企业前景良好，活跃市场激发就业动能

与传统大中型企业相比，小型企业网络招聘需求人数呈扩张态势，相对薪酬仍然偏低但上升空间较大。小型企业的存在有效地激发了就业市场的潜力，为推动就业增长带来新动能。

从网络招聘的动态大数据中，我们已经看到劳动力市场的需求方正在对未来的行业、职业乃至人才类型进行自动分层和筛选。随着新业态、新经济的到来，劳动力市场也正经历着被数字化、技术平台化和共享化的过程。杰里米·里夫金（Jeremy Rifkin）在《零边际社会成本》一书中描述了未来将会是一种物联网、合作共享的新经济形态，并提出未来的生产将会是订单式生产，所有工作的开端都直接来源于需求端。随着数据时代在人力资源服务业的快速融合，未来劳动力市场的需求端将会成为一个动态的数字端、一条绵延的数据链。这条数据链不仅反映了整个劳动力市场的需求状况，更为重要的是蕴藏在其中的需求数据将会作为一种新的生产要素投入再生产。当信息开始体现价值或者说数字能够产生价值的时候，就说明劳动力、资本等要素结构和配置方式将会对生产力产生变革式的影响。如何最大限度地释放这些需求数据，和劳动力供给端形成无缝对接，抑或是如何更好地读懂这些数据，探寻其背后劳动力市场规律和运行机制，都将是未来研究的重点。

参考文献

Kuhn P., Shen K., "Gender Discrimination in Job Ads: Evidence from China", *Quarterly Journal of Economics* 128 (1), 2013, pp. 287 - 336.

宋齐明:《劳动力市场需要什么样的本科毕业生——基于近1.4万条招聘信息的量化分析》,《中国高教研究》2018年第3期。

张俊峰、魏瑞斌:《国内招聘类网站的数据类岗位人才需求特征挖掘》,《情报杂志》2018年第6期。

古扬、吕斌:《国内信息分析师职业需求结构研究——基于招聘网站信息的挖掘分析》,《情报探索》2018年第7期。

谢添轩、魏争:《中国互联网金融职位特征与人才需求研究——基于招聘网站数据的内容分析》,《江苏科技信息》2017年第18期。

张车伟主编《中国人口与劳动问题报告No.18》,社会科学文献出版社,2017。

B.4

数字化时代的中国大陆人才需求趋势

杨　燕*

摘　要： 中国的数字经济蓬勃兴起，人才需求呈现新的趋势，服务业的就业吸纳能力持续增强；高新产业集中区域人才需求抢眼；创新型大企业产业升级，较其他规模的企业在人才填补上挑战更大；在此背景下，技术创新将继续加剧数字型人才短缺，缺乏有经验者成为企业面临的挑战之一。展望未来，数字化新技术的渗透与应用将颠覆传统的工作方式与内容，加快新旧岗位的更替速度，促进灵活工作形式的兴起，企业将变为创新孵化平台，人机协作将成为职场的主要表现。因此，解决人才矛盾、强化人才管理与开发，需要企业及社会制定全面而富有远见的战略。

关键词： 数字化　创新力　技能升级

在全球持续鼓励创新的科技时代，科技正在以一种无法预估的速度推动商业发展。从“中国制造”到“中国智造”，中国经过数十年的快速发展，已经跻身创新型国家行列，随着各行各业不断拓宽数字技术的应用范围，技术红利正在替代人口红利，改变着人才需求，改变着人们的工作理念和方式，以及企业与员工之间的关系。随着机器人和人工智能（AI）等创新科

* 杨燕，万宝盛华大中华股份有限公司（人力资源公司）市场部研究员，主要研究方向为国内雇佣趋势变化及人才短缺问题。

技的发展，这些影响还将持续。

下面将结合 2014 年至 2018 年万宝盛华雇佣前景调查与万宝盛华人才短缺调查结果，总结与分析数字化时代中国大陆人才需求的特征，展望未来趋势变化与应对策略。

万宝盛华雇佣前景调查每个季度都进行一次，以调查下一季度雇主在增加还是减少员工方面的意向。该调查覆盖全球 59000 多家各类企业，历时已经 57 年。从 2005 年第二季度开始，中国大陆地区也加入了这个调查，受访对象为中国大陆地区 4200 多家各类企业的人力资源负责人。本文将重点借鉴其中国大陆地区的数据进行分析解读。万宝盛华人才短缺调查，覆盖全球 43 个国家或地区，其中 1900 多家企业样本来自中国大陆，已连续开展 12 次，主要目的在于了解当前的人才市场中，填补职位空缺的困难程度、难以填补的职位、人才短缺的原因及应对人才短缺的策略。

一　人才需求特征

数字化浪潮席卷中国，渗透至各行各业，为中国经济带来了巨大的转型机遇与可持续发展的动力。国家统计局数据显示，2016 年至 2018 年中国 GDP 增速在 6.7%[①]上下浮动，经济处于维稳态势。《中国数字经济发展与就业白皮书（2019 年）》显示，2018 年中国数字经济规模已达 31.3 万亿元，占 GDP 比重为 34.8%。

从万宝盛华雇佣前景调查发现，人才需求与经济增速步调基本一致，净雇佣前景指数在 6%（季节性调整之后）上下浮动（见图 1）。

整体而言，数字化发展驱动了中国的经济发展，带动了就业。《中国数字经济发展与就业白皮书（2019 年）》显示，2018 年中国数字经济领域提

① 中华人民共和国国家统计局：《中华人民共和国 2016 年国民经济和社会发展统计公报》，http://www.stats.gov.cn/tjsj/zxfb/201901/t20190122_1646082.html。

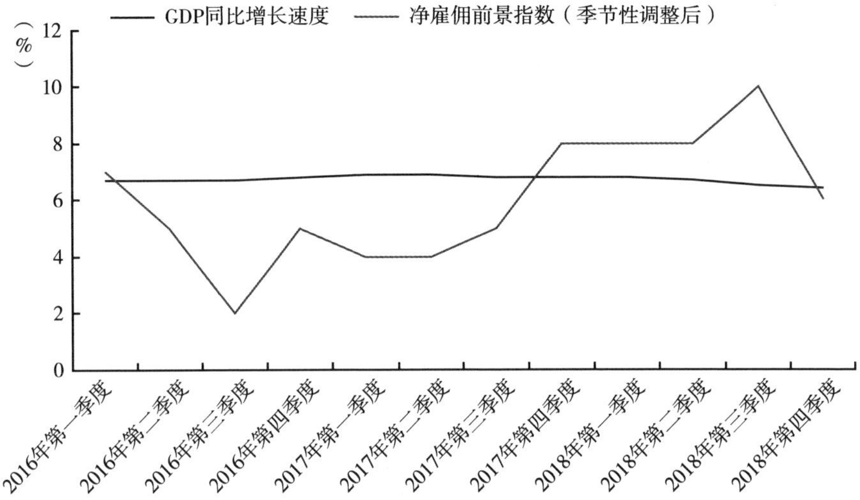

图 1　2016～2018 年中国大陆经济增长与人才需求趋势

注：净雇佣前景指数是指所有接受调查的企业中，期望在下季度增加员工人数的雇主比例减去期望减少员工人数的雇主比例之差。季节性调整是统计学上的一种数据处理方法。这一调整可去除一年中因季节性因素影响而产生的波动，如天气变化，公共节假日等。排除季节性因素的影响使劳动力市场趋势分析更准确。

资料来源：中华人民共和国国家统计局、万宝盛华雇佣前景调查。

供的就业岗位为 1.91 亿个，占当年总就业人数的 24.6%，同比增长 11.5%，明显高于同期全国就业总规模增速。这些明显的进展，与中国政府采取的一系列政策与措施密不可分。如在 2014 年，国务院印发了《关于加快发展生产性服务业促进产业结构调整升级的指导意见》，引导企业分离和外包非核心业务，向价值链高端延伸，加快生产制造与信息技术服务融合。① 这些政策推动了服务业的产业结构调整与升级。

短短几年内，数字经济蓬勃兴起，成绩斐然。2018 年信息传输、软件和信息技术服务业高速增长，比上年增长 37.0%，增速比上年提高 6.8 个百分点，拉动总指数增长 3.0 个百分点，是服务业实现平稳较快增长的重要

① 国务院：《关于加快发展生产性服务业促进产业结构调整升级的指导意见》（国发〔2014〕26 号），http：//www. gov. cn/zhengce/content/2014 -08/06/content_ 8955. htm。

动力。①

中国快速步入数字化时代，从 2016 ~2018 年中国大陆人才需求的整体来看，行业特征与区域特征十分明显，主要呈现下面一些特点。

（一）服务业人才需求强劲

2016 年至 2018 年人才需求的最大亮点归功于产业结构升级，尤其是服务业的就业吸纳能力持续增强。万宝盛华雇佣前景调查发现，服务业人才需求较制造业增加明显。其中，2018 年第三季度服务业的雇佣预期最强劲，净雇佣前景指数为 13%，明显高于其他行业，高于制造业 2 个百分点（见图2）。

在此过程中，伴随着传统制造业的升级、数字自动化技术在制造业领域的应用与融合，制造业从 2016 年第三季度至 2018 年第三季度，净雇佣前景指数也保持了稳健的增长态势。

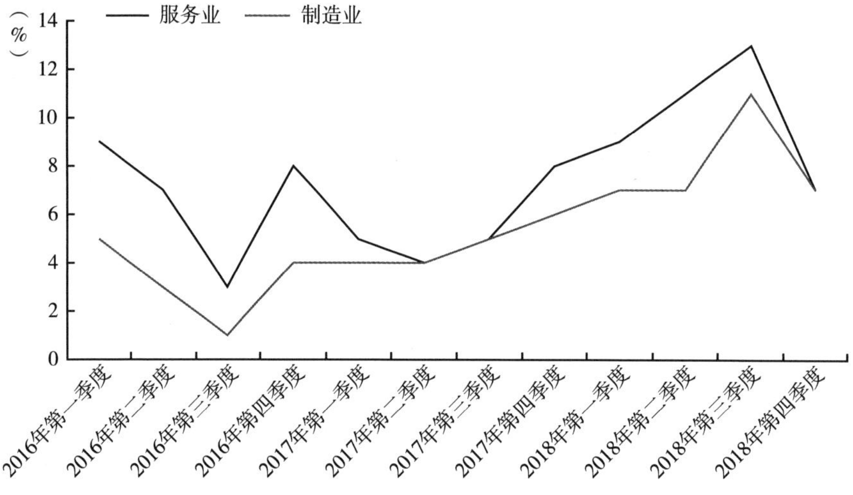

图 2　中国大陆服务业与制造业 2016 ~2018 年净雇佣前景指数

注：净雇佣前景指数（季节性调整后）。

资料来源：万宝盛华雇佣前景调查。

① 中华人民共和国国家统计局：《杜希双：服务业稳定运行　新动能发展壮大》，http：//www. gov. cn/zhengce/content/2014 -08/06/content_ 8955. htm。

（二）高新产业集中区域人才需求抢眼

经季度性调整后，参与万宝盛华雇佣前景调查的4个区域和5个城市中，北京、深圳、广州、华南区的雇主雇佣前景表现较为积极。其中，2018年第四季度深圳雇佣预期最强劲，净雇佣前景指数为8%（季节性调整之后），较其他城市与区域，广州2018年前三个季度均表现亮眼（见表1）。

表1　2018年中国大陆9个城市和区域雇佣前景

单位：%

地区	第一季度	第二季度	第三季度	第四季度
华北区	8	6	11	7
北京	9	8	12	7
华南区	10	10	11	7
广州	11	9	12	6
深圳	8	10	10	8
华东区	7	9	9	7
上海	5	8	9	8
华中/华西区	9	6	9	7
成都	8	5	7	6

注：净雇佣前景指数（季节性调整后）；华北区包括北京、天津、大连、青岛；华东区包括上海、南京、苏州、杭州；华南区包括广州、深圳、厦门、长沙；华中及华西区包括成都、重庆、西安、武汉。

资料来源：万宝盛华雇佣前景调查。

这得益于中国政府持续推进的市场开放，珠三角城市群、“一带一路”、京津冀一体化、长江经济带、粤港澳大湾区战略发展规划，以及北京、广州、深圳在高新技术产业的前沿政策优势。

广州、深圳作为珠三角城市群中代表性的经济发达城市，随着“一带一路”“粤港澳大湾区”的策略推进，具有得天独厚的优势。广州作为中国智能制造中心，智能制造产能资源高度汇聚；深圳作为中国的科技创新中心，是众多高科技公司的总部聚集地。两城的产业结构与“一带一路”沿线国家互补性强，加之广州、深圳地处粤港澳大湾区核心，拥有港口、航空等物流优势，这些均加码了当地的经济发展，未来会形成以广州、深圳、香港为核心的国际性湾区，成为全球四大湾区之一，发展空间不可限量。

数据显示，2018 年，深圳是全国唯一的工业增加值突破 9000 亿元的城市，连续两年居全国大中城市首位。①

值得一提的是，深交所贴近高科技、创新型、成长型企业的发展，大力推进创业板改革，为就业市场注入了新的活力。

（三）大企业，大挑战

万宝盛华雇佣前景调查显示，在商业模式创新上，大型企业发展速度虽有所放缓，但它们的投资热情依旧不减。它们升级生产技术与商业模式，增加研发投入，保有了旺盛的创新型及技术型的人才需求。从走势上来看，大型企业的净雇佣前景指数虽有波动，但 2018 年始终保持在两位数（见表 2）。

表 2　2018 年中国大陆四大规模企业雇佣前景

单位：%

企业类型	第一季度	第二季度	第三季度	第四季度
微型企业(少于 10 人)	1	1	3	2
小型企业(10 ~ 49 人)	8	11	15	8
中型企业(50 ~ 249 人)	12	11	18	13
大型企业(250 人及其以上)	21	13	26	20

注：净雇佣前景指数（季节性调整后）。

资料来源：万宝盛华雇佣前景调查。

这一走势与中国当前的经济发展结构相吻合。自从“大众创业、万众创新”提出以来，高技术产业和战略性新兴产业蓬勃发展，在电子商务、数字化物流、通信技术等领域，涌现了一大批快速成长的创新型企业。在越来越多的数字化应用领域，中国已从纯粹的追随者转变成主要的技术创新者。全世界 262 家“独角兽”（估值超过 10 亿美元的私营初创企业）中有

① 《深圳去年规模以上工业增加值达 9109.5 亿》，http://wb.sznews.com/PC/content/201902/02/content_562753.html。

1/3 是中国企业，占全球“独角兽”总估值的43%。[①]

在2018年《财富》世界500强榜单中，120家中国企业入围排行榜，已经非常接近美国的126家，值得一提的是，民营企业与高科技巨头，如京东、阿里巴巴与腾讯跃升最快。这些高科技技术企业在全球化的网络布局与研发科技的投入，加速了科技成果的孵化、应用与普及，促进了传统企业的转型升级，不仅为市场创造了新的创新技术领域内的就业岗位，还升级了职位对人才的资质要求。相关统计数据显示，民营经济近年来表现亮眼，已成为带动就业的重要力量，新增就业90%在民营企业。[②]

然而，大企业伴随着大挑战，万宝盛华2018年度人才短缺调查显示，在中国大陆，大型企业填补职位空缺最困难，27%的雇主面临人才短缺的挑战，分别高于中型企业与小型企业10个百分点与13个百分点。

（四）数字技术人才短缺加剧

在中国大陆，随着“人口红利”消失，“机器换人”风潮兴起。大范围的自动化应用引发了人们对大规模失业的担忧。然而，这一担忧主要来自最先受到影响的那些利用简单的技术就可实现自动化的行业与岗位，尤其是常规中等技能岗位的需求减少。乐观的是，新技术的出现，也将源源不断地创造新的岗位与职业，增加新的职位空缺。

以云计算、大数据、物联网、智能终端等为基础的数字新业态蓬勃发展，催生了与日俱增的数字技术人才需求。具备创新，能应对数字技术变革速度的开发实施类人才成为热需。中国信息通信研究院数据显示，数字经济的就业吸纳能力显著提升，2018年我国数字经济领域就业岗位为1.91亿个，占当年总就业人数的24.6%，同比增长11.5%，显著高于同期全国总就业规模增速。[③]

---

① 《外媒盛赞中国以创新驱动经济发展：已成全球创新领跑者》，http：//www. mofcom. gov. cn/article/tongjiziliao/dgzz/201608/20160801383063. shtml。

② 《民营企业对新增就业贡献率达90%》，http：//baijiahao. baidu. com/s? id = 1581893740274237299&wfr = spider&for = pc。

③ 《〈中国数字经济发展与就业白皮书（2019年）〉显示：我国数字经济规模占GDP比重超三成》，http：//finance. people. com. cn/n1/2019/0418/c1004 - 31037803. html。

在此趋势下，万宝盛华2018年度人才短缺调查显示，中国大陆人才短缺程度略有上升，13%的雇主面临人才短缺困扰，比2016年上升了3个百分点。新兴技术的涌现不断地催生新的岗位需求与人才短缺，如随着5G技术的应用，5G研发、5G测试、5G产品与支持以及网络优化等众多岗位面临人才短缺。

在创新力量的驱动下，数字技术的推陈出新，也在加剧岗位的新旧交替，旧职位在被淘汰消失的同时，新的职业、工作岗位和工作类型也会源源不断地创造出来，弥补消失的工作数量。在人才的需求上，职位的技术含量在不断地提升。万宝盛华人才短缺调查显示，曾位列2012年中国大陆雇主最难找到合适员工第三位的工人（主要以体力劳动为主），2015年下滑至第五位，2016年则退出前五。而技术人员一直位列近年来前五大难以填补的职位，工程师则从2014年的第五位攀升至2018年的第三位（见表3）。

表3　2012～2018年中国大陆雇主最难找到合适员工的前五大职位

年份	2012	2013	2014	2015	2016	2018
1	技术人员	技术人员	技术工匠	技术人员	销售代表	销售代表
2	销售代表	销售代表	销售代表	销售代表	技术人员	技术人员
3	工人	管理层/高级管理人员	销售经理	销售经理	管理层/高级管理人员	工程师
4	管理层/高级管理人员	销售经理	技术人员	管理层/高级管理人员	工程师	技术工匠
5	工程师	生产作业操作工/机器操作人员	工程师	工人	技术工匠	专职人员

注：表格数据按填补难度排列；技术工匠的种类很广，这些工匠必须有特殊的技能，这些技能需要通过一段时间的实际操作才能获得。技术工匠包括：烘焙师、厨师、电工、木工、焊工、泥瓦工/砖匠、管道工、水暖工、橱柜制造工、石匠、皮匠等，这类职位大多与建筑行业相关。技术人员通常与工程/技术、生产/运营或维修保养类职位相关。

资料来源：万宝盛华人才短缺调查。

（五）缺乏有经验者为常态

与此同时，技术创新让一切变得越来越快，加速产业、企业与产品的新陈代谢。耗费心血打造出来的爆款产品，企业只有很少的时间去争夺客户注意力，面临随时被超越的风险。Innosight 企业发布的《2018 企业寿命预测：颠覆性创新正在加速》① 报告显示：标普 500 平均上榜时间从 1964 年的 33 年缩短至 2016 年的 24 年，预计到 2027 年将进一步缩短至 12 年。

随着越来越多的企业把创新作为发展第一驱动力与竞争力，找到具备合适技术的创新型人才比以前更加重要。探索未知领域将成为领军企业长久的发展策略与方向。然而，要想保持市场领军地位，同时也面临很大的人才挑战。一方面是市场没有与之相匹配的人才储备，另一方面是教育与市场的严重脱节，使企业在寻找合适的人才上举步维艰。

万宝盛华 2018 年度人才短缺调查报告显示，中国大陆被调查企业中近五成雇主表示缺乏有经验者为劳动者难以填补职位空缺的主要原因。其中，大型企业与中型企业分别有 43% 与 51% 的雇主表示缺乏有经验者是他们面临的最大挑战。

如今的中国已是全球数字经济领域的领先者，也是全球消费领域数字技术的主要投资国以及领先的技术应用国，对于位于行业塔尖的领军企业及寻求突破的创新型企业而言，挑战未知领域的发展，需要高精尖的、更广视野的优秀人才，对人才的专业度及综合能力有着更高标准的要求，缺乏有经验者将成为其发展的常态。

二　数字化时代职场展望

近几年，人工智能正在开启新一轮的数字化技术升级，在中国的发展可谓遍地开花。从重构信任体系的区块链技术到物联网领域的边缘计算与云计算协同互动，不断地影响并改变着职场。放眼未来，数字化新技术在各个领域的渗透率将进一步提高，将颠覆传统的工作方式与内容。

（一）新旧岗位更替速度加快

数字经济强劲的上升势头，使高科技产品的产品周期不断缩短，除了数字

① Innosight, "2018 Corporate Longevity Forecast: Creative Destruction is Accelerating", https: //www. innosight. com/wp - content/uploads/2017/11/Innosight - Corporate - Longevity - 2018. pdf.

人才需求的数量增加外，市场对数字人才的创新和学习能力提出了更高的要求。

智能技术的升级及应用范围的扩大，将加速重复性工作被汰旧换新，同时为应对快速变化的环境，岗位的工作内容也将不断被更新，融入更多有关技术、自动化、数字化应用的成分。

（二）灵活工作形式将兴起

对于企业而言，快速变化的外部环境逼迫企业构建敏捷组织，采取灵活多样的用工形式，给予快速反馈。同时，人才结构的变化也在促进新兴的就业形式出现。

随着新生代数字原住民主导职场，习惯数字化生活的他们在优渥的物质条件下长大，受到良好教育，是追求自主性和创新精神的一类群体，对工作有着更高标准的追求，对工作时间、地点、方式的追求也将更加多元化及个性化。

与此同时，技术的不断进步，促进了生产效率的提高，降低了对工作时长的要求，促进了零工经济的发展。物质生活水平的提升，增强了人们对赋闲时间的追求，促进了人们就业观念发生改变，提高了多样化用工方式的接受度。

因此，未来职场除了岗位职责内容持续发生改变外，传统就业结构也将由更灵活和适应性更强的模式加以补充，薪酬和工作时间安排以及合同类型将更加多样化。例如远程办公、灵活的工作时间以及各种各样的薪酬安排和合同，将打破传统周工作40小时、朝九晚五的工作模式。

（三）企业将变为创新孵化平台

阿里研究院发布的《数字经济2.0》报告则预测："共享平台+企业/个人"的经济组织方式在未来20年将获得突破性进展。报告预测，20年后，八小时工作制将被打破，中国高达4亿的劳动力将通过网络自我雇佣和自由就业。① 在这样的趋势下，个人创新价值的崛起，将加速传统的雇佣关系的

① 阿里研究院：《数字经济2.0报告发布，全球十大平台经济体中国占据三席》，http://www.aliresearch.com/Blog/Article/detail/id/21210.html。

消失，组织变为开放性的平台，分包模块化的任务由多元化的工作者来完成。

（四）人机协作将成主要表现

随着各种职业逐渐实现自动化、数字化，人们需要与机器或越来越多的系统软件共事。人机协作将成为未来职场的主要表现，找到最佳的技术和人之间的组合将是塑造未来工作的一个关键。IDC 报告指出，到 2020 年，随着人工智能技术成熟及在中国政府行业的应用加深，超过 15% 的政务初级工作将被替代，人员将释放到更复杂、更特殊的工作内容上。

（五）软性技能将主导就业

尽管数字化技术对硬性技能的需求不断上升，但也有充分证据表明软性社交技能的需求也在上升。伴随着无人银行、无人超市、无人驾驶……无人工厂的出现，越来越多体力、流程化的工作被替代，感知与人际交互、创造力较强的工种将占据主导职位。同时，随物质型消费向服务型消费升级，由财富收入增加驱动而产生的新型消费，将加速服务型工作的增长，并创造出更多个性化与多样化的职位，如宠物美容师等职位。

三　应对人才短缺的策略

2018 年度人才短缺调查显示，中国大陆的雇主采取了一系列措施应对人才短缺。近 1/3 的中国大陆雇主（28%）通过提高薪资解决人才短缺问题，这是目前解决该问题最常用的策略。其次较为流行的策略为提高员工技能（26%），采用这一措施的企业比例较 2016 年上升了 5 个百分点。当技术不断地被新技术替代，雇主意识到雇员将要学习的内容变得比他们已有的知识更重要。雇主更加重视提高员工技能，以应对人才短缺。

企业的做法主要表现为熟悉企业文化与价值观的现有员工，提供额外的员工培训与发展，提高他们的硬性技能如任务相关的资格认证、IT 技能、语言应用/数字计算能力，以及软性技能如专业精神、积极性、人际交往能力，灵活性/适应能力。

然而，解决人才矛盾，并非不可能，但这些远远不够。无论是政府还是企业，都需要采取全面而富有远见的战略途径进行人才管理，包括从规划、招聘一直到培训、发展以及备用，需要建立一个可持续的人才库，进行开发与利用。

随着机器人和人工智能（AI）的创新发展，未来数字自动化影响还将持续。赢在数字化时代，可从培养、招聘、外借与转职四个方面采取有效的人才策略：建立自己的人才库，招聘核心技能人才，借助外部人才库资源，转职接近技能的员工，弥补现有短缺技能。

培养：投资于员工的学习与发展，建立自己的人才梯队。更好的人才分析、心理测验、绩效预测与人工智能意味着雇主可以前所未有地规划与提升现有与潜在的人才资源。持续学习可谓一举两得，雇主必须重视：帮助个人做更好的职业规划决策与可持续就业，为企业发展他们所需要的关键人才。组织通过辨别未来发展潜力，驱动学习型文化，加速培训项目推进，这将是数字化时代成功的关键。

招聘：面向外部市场，发现不能在所需时间内进行内部培养的优秀人才。在人才紧俏的劳动力市场，雇主必须通过展示强大的雇主品牌、清晰的战略目标与富有吸引力的企业文化去吸引优秀人才。否则，他们需要提供更高的薪酬、福利与津贴。雇主需要了解，候选人也是消费者。为了吸引与保持优秀睿智的人才，HR 必须是一名营销大师。

外借：企业根据自身的发展及人力成本预算，可适当地开拓组织外的人才社群，包含兼职人员、自由职业者、合同工与临时工，补充现有技能。传统的人力资源职能往往聚焦于企业内部的长期员工，然而当企业需要补充现有的技能，填补短期项目所需的职位空缺，或者快速配置专家而企业内部没有时，可以通过外借的方式，包括合同工、短期工的方式。

随着就业观念的改变，越来越多的技能型人才对于这些工作方式如兼职、派遣、合同制、自由职业或临时的方式持开放态度。因此，为应对复杂的市场环境，组织必须学着开发企业内外部的人才，构建全方位的人才管理解决方案、系统化的思维与出色的雇主品牌营销能力，以及不拘一格、博取天下之才为我所用的开放性思维。

转职：帮助组织内外部的员工转岗或胜任新的岗位。商业变革、数字化与自动化创造了技能革命，新的技能层出不穷，并很快过时。领导者最关键的一项工作就是优化技能配置，通过可选择的途径，将一些不再匹配需求的技能人员转职到正在改变或新兴的职位上。对于那些不能胜任企业内部新职位的员工，企业可从企业社会责任及雇主品牌的角度出发，给予他们充分的尊重与尊严。而政府劳动就业服务组织和社会人力资源服务机构，是承担这种转职任务的主力军。

整体而言，为满足数字技能革命的需求，一种新的人才格局正在形成。面对日新月异的技术环境，企业必须将人才放在第一位，创造学习型文化，将培养、招聘、外借与转职嵌入企业全方位的人力资源策略中。这将有助于解决人才短缺问题，助力个人与组织在数字化时代中充分发挥潜力。

在数字化时代，员工需要树立终身学习的理念，除了自身技能与知识储备之外，还需在新技术不断升级的背景下，与时俱进，不断更新自己的技能，提升自己的就业能力。

对于政府而言，应对数字化的发展进程，需要实施相应的社会保障计划，建立一个全面的社会创新方案，保障充分的就业，维持社会稳定。在鼓励多样化就业方面，政府应为各种形式的工作者建立相应的法律保障，如临时工、小时工也需建立有保障的社保机制，确保人们能够平等体面地进入劳动力市场。与此同时，政府需要实施社会保障计划，鼓励学习或直接为劳动者提供市场发展所需的各种硬性技能与软性技能的培训及认证。

至关重要的是，政府需要将工作的技能需求与教育联系起来，倡导终身学习以支持个人职业生涯的可持续发展，并帮助失业的人群通过再培训和促进地区间流动，安全过渡到新的工作岗位。

B.5
中国城镇就业市场性别差异分析

谢 晨　程 远　常 濛　薛延波*

摘　要： 职场性别差异长久以来普遍存在。本报告基于网络招聘平台大数据，从薪酬、晋升和求职行为三个维度入手，对性别差异在中国城镇就业市场中的体现和影响进行分析。报告发现，中国城镇职业女性的劳动参与率和人力资本均在逐年提高，但男女薪酬差异有所拉大，主要原因是薪资分布结构出现变化，技术变革对职业生态的影响也逐步加大。女性在晋升和求职过程中面临多重困境，个人、组织和社会应当共同着手解决，从而推进组织多元化建设和社会经济发展。

关键词： 性别差异　薪酬差异　宝拉原理

长久以来，性别差异都是一个热门课题，涵盖了生理、心理、社会、经济、文化等多方面的内容。生理到文化、成长到职场和偏好到晋升是观测职场中性别差异的三个重要领域。这三个维度都受到社会规范和刻板印象的影响，其形成的范式也逐步沉淀成为新的社会规范和刻板印象。这种“心理

* 谢晨，BOSS直聘研究院首席分析师，主要研究方向为大数据在人岗匹配和人才流动分析中的应用；程远，博士，BOSS直聘职业科学实验室科学家，主要研究方向为大规模复杂系统仿真与组织动力学；常濛，硕士，BOSS直聘研究院院长，主要研究方向为产业技术变迁与就业和组织形态变迁；薛延波，博士，BOSS直聘首席科学家，主要研究方向为机器学习和量子计算在人才资本领域的应用。

固着”① 现象使社会倾向于抑制具有雄心和领导力的女性。

本报告主要关注性别差异在中国城镇就业市场中的体现，以及其对于中国就业市场供需状况和人才发展的影响。职场中的性别差异主要包括薪酬差异、偏好差异、职位差异和晋升差异等，其中薪酬差异是最受关注的课题之一。对于性别薪酬差异研究最著名的是布劳（Blau）和卡恩（Kahn），他们从20世纪70年代就关注女性的薪酬差异问题。在2017年的研究中，他们发现，过去的几十年中，薪酬差异逐步缩小，这主要得益于女性的教育程度、工作经验、职位选择等人力资本因素不断提升，以及政策因素的影响。与之前不同的是，随着近些年在一些国家女性平均受教育程度开始超过男性，教育因素对于性别差异的解释性已经非常低。通过经典的Oaxaca－Blinder（OB）分解法②，他们发现，薪酬差异中的不可解释部分已经从1980年的19%～29%逐步降低到1989年的8%～18%。

我们的研究报告从薪酬、晋升和求职行为三个维度入手进行分析。本报告中使用的数据主要有三个来源：BOSS直聘人力资源大数据平台，数据采样范围为2018年1月1日至12月31日的全量职位与薪酬样本，数据进行了去重和异常值清洗；BOSS直聘《2019职场性别差异调查》，该在线调查开展于2019年2月25日至3月3日，采取随机分层抽样方法发放，共回收有效问卷2280份，其中男性占比53.6%，女性占比46.4%；教育部、国家统计局的公开数据。

一　中国职场性别薪酬差异解读

职场性别差异的最直接体现就是薪酬差异，通常有未调节薪酬差异和调节后薪酬差异两种标准，主要区别在于是否考虑男女工作时长的

① 在心理学中，这种持续性的坚持某种落伍的性别特质的现象被称为心理固着（Psychological Fixation），心理固着最早由弗洛伊德提出。

② Oaxaca－Blinder分解法将性别薪资差异分解为可解释部分和不可解释部分，其中可解释部分可以理解为禀赋效应，不可解释部分可以理解为结构效应。

差异。

国家统计局《2018 年全国时间利用调查公报》显示，我国就业活动的参与者每日平均工作时长为 7 小时 41 分钟，其中男性 7 小时 52 分钟，女性 7 小时 24 分钟。考虑到理性的男女求职者在填写期望时会自主对该差别进行调节，我们在不区分这两种标准的基础上尝试从工作经历、教育年限、求职行为等角度对性别薪酬差异进行解释。我们使用了绝对值、D－测度值①和分位值三个指标进行观察（见表 1）。

表 1　2018 年中国城镇就业女性及男性薪酬分布

项目	女性薪酬（千元/月）	男性薪酬（千元/月）	男性薪酬优势（%）
25 分位	3.5	4.0	14.3
50 分位	5.0	6.5	30.0
75 分位	7.5	10.0	33.3
90 分位	11.0	15.0	36.4
平均薪资	6.5	8.3	27.7
2018 年 D－测度值	0.189		
2017 年 D－测度值	0.181		

从绝对值上看，2018 年，中国城镇就业女性平均薪酬为 6497 元，薪酬均值为男性的 78.3%，男性薪酬优势同比 2017 年上升 8.7 个百分点。

考虑到离群极值可能对均值造成影响，我们比较了男女薪酬的 D－测度值。结果显示，2018 年男女薪酬 D－测度值仅较 2017 年增加 0.008，为 0.189，增幅远小于薪酬差异度变化。也就是说，过去一年我国男女薪酬差异增大，更多是由薪资分布结构发生变化造成，而不是由男性整体薪酬优势提升造成。

性别薪酬分布也有效验证了 D－测度值的观察。我们注意到，当处于 25 分位及更低区间时，女性与男性的薪酬差异约为 10%，同比无明

① D－测度值（D－measurement）是衡量两组数据水平差异严重程度的一种方法。D－测度值考虑了方差对实际差异造成的影响，弱化高离数据对整体均值的拉升或下拽。最通俗的解释，D－测度值能在一定程度上避开样本极值，更好地体现大部分数据的真实差异。

显变化。随着分位值上升，男性与女性的薪酬差异愈发明显，到 75 分位时，男女薪酬差异跃升至 30% 以上，薪酬差异度同比增长 10 个百分点，说明高收入区间男女薪酬分化程度提高是带动整体薪酬差异上升的主要原因之一。

接下来，我们采用 OB 模型对性别薪酬差异进行了详细分析。结果显示，特征值差异对男女薪酬分化的解释力依然占主导地位，共有三项因素直接造成女性薪酬低于男性，按权重从高到低排序分别为职位、行业及工作年限。

（一）职位：高低薪职位性别比例失衡拉大差异度

职位选择是导致男女薪酬分化的最大因素。从男女双方的求职特点来看，男性更偏向技术、销售等工作强度大、薪酬回报高的岗位；而女性相对更青睐行政、市场等工作强度一般、薪资中等的均衡型岗位。近年来，越来越多的女性进入高级技术、工程、管理等岗位，但大部分高薪区间岗位中，男女比例依然呈现明显失衡状态。

图 1 为 2018 年前 15 个高薪岗位中的女性占比。除了排在第 14 位和第 15 位的战略咨询及证券分析师外，其余岗位女性占比普遍在 30% 以下。目前在人工智能和大数据领域热度最高的机器学习、深度学习、图像识别等岗位，女性占比均在 20% 及以下，女性在高薪技术类职位中的低参与率使薪酬差异日益明显。

此外，数字技术的突飞猛进造成诸如客服、校对员、录入员等标准化、重复性强的岗位被替代，部分求职者被迫自降身价以转型至其他岗位。这部分职位中女性占比相对更高，在一定程度上也加重了男女薪酬的分化。

（二）行业：工程医疗等领域差异度最大，教育培训行业女性占优

行业对性别薪酬差异的解释力仅次于职位。如图 2 所示，目前男女薪酬差距较大的领域主要有两类。

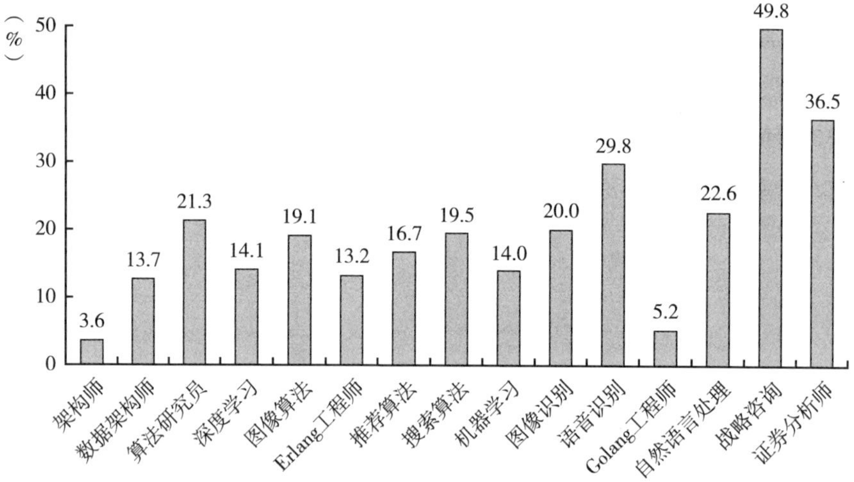

图1　2018年前15个高薪岗位中的女性占比

资料来源：BOSS直聘研究院。

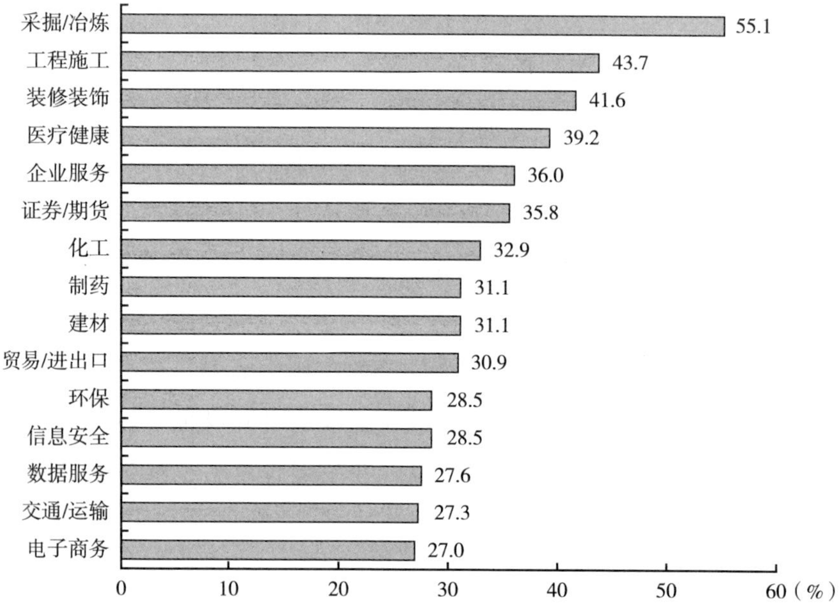

图2　2018年城镇就业性别薪资差异最大的15个行业

资料来源：BOSS直聘研究院。

第一类为采掘/冶炼、工程施工、装修装饰、化工等工程制造类行业。这些领域中，男性因具有生理优势，在劳动参与率和职级晋升方面均显著占优。2018 年，工程制造领域的高级管理职位中，男性平均占比超过 95%，高层职位男女比例严重不均导致双方薪酬差异处于高位。

第二类是以互联网、医疗制药、电子通信等为代表的技术密集类行业。科技行业对求职者性别敏感度更低，公平性相对更高，女性比例也在不断提升。但由于这些领域中男性从事高薪职位比例更高，双方薪酬差异同样较大。

我们还列举了 2018 年 D－测度值最高的 15 个行业来分析薪酬差异的严重程度，如图 3 所示。BOSS 直聘研究院数据显示，2018 年，金融领域核心岗位的女性占比同比下降 3～8 个百分点，高收入岗位男性占比明显增加。薪酬差异比较严重的行业还包括医疗健康、工程施工、咨询等。

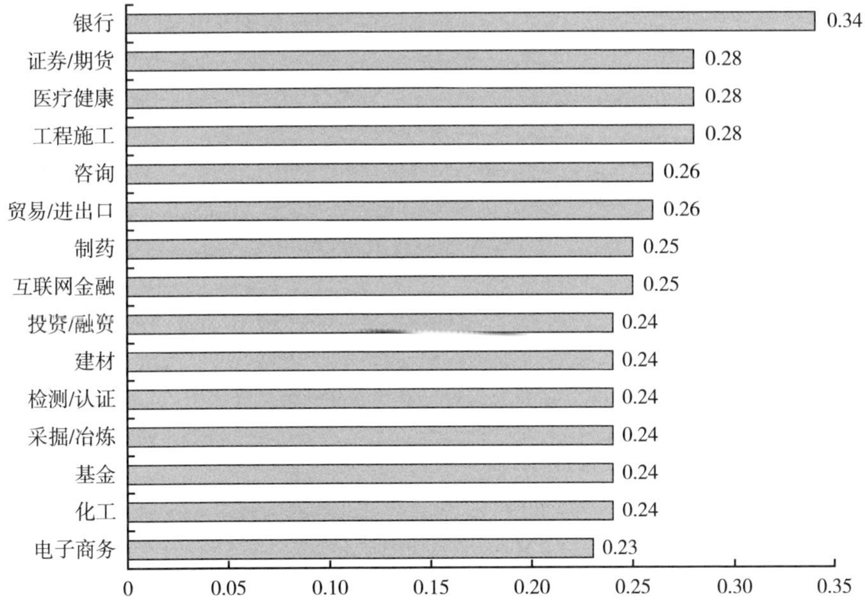

图 3　2018 年城镇单位性别薪酬 D－测度值最高的 15 个行业

资料来源：BOSS 直聘研究院。

尽管女性在多数行业中仍处于弱势地位，但也有部分行业中女性劳动者占据一定薪酬优势。这部分行业包括：教育/培训、婚庆/摄影和地产中介等，其中教育培训行业中女性平均薪酬比男性高出7%。另外，餐饮、印刷包装、消费品行业中，男女薪酬差异不足10%，女性未处于明显劣势。

（三）工作年限：性别薪酬差异随经验增长而持续拉大

如图4所示，初入职场的新人性别薪酬差异最小。有3年以下工作经验的男女薪酬差异约为10%；随着工作年限增长，薪酬差异逐渐拉大。到5年以上时，女性由于面临婚育、家庭等多重因素，职场晋升难度陡然增加，工作年限的薪酬回报率明显低于男性，这种分化会随着年龄增长进一步加快。

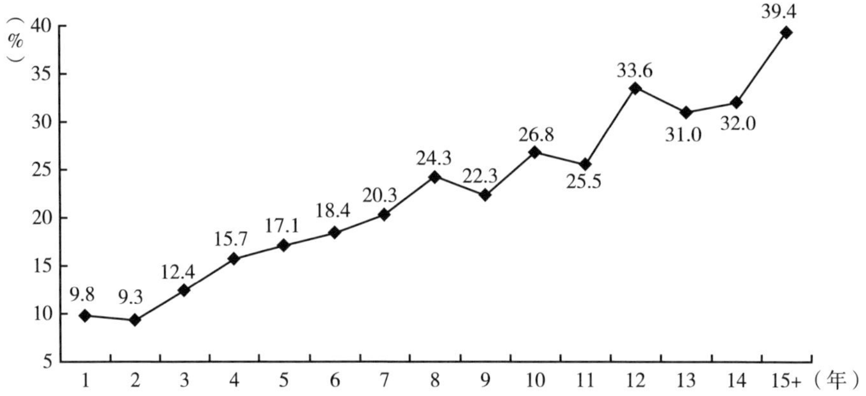

图4　2018年城镇单位性别薪资差异：分工作年限

资料来源：BOSS直聘研究院。

（四）教育：显著提升女性薪酬回报率

在所有指标中，教育是唯一特征差异值为负数的因子，说明教育经历能够帮助女性缩小薪酬差异。当学历提高时，女性能够选择的工作范围得到大幅拓宽，并快速带动职业发展和收入提升。BOSS直聘研究院数据显示，拥有硕士以上学历的女性，平均薪酬较本科及以下学历的女性高出 68%，比男性群体的内部差异高出 7 个百分点。

我国教育部统计数据①显示，在高等教育阶段，女性在校生所占比例已经实现反超。1997 ~ 2017 年，本专科在校女生人数占比从 37.3% 增至 52.5%，硕士研究生在校女生人数占比从 33.8% 增至 49.9%，博士研究生在校女生人数占比从 18.5% 增至 39.3%；如图 5 所示，2010 ~ 2016 年连续 7 年，本专科和硕士的在校女生人数占比均超过 50%。

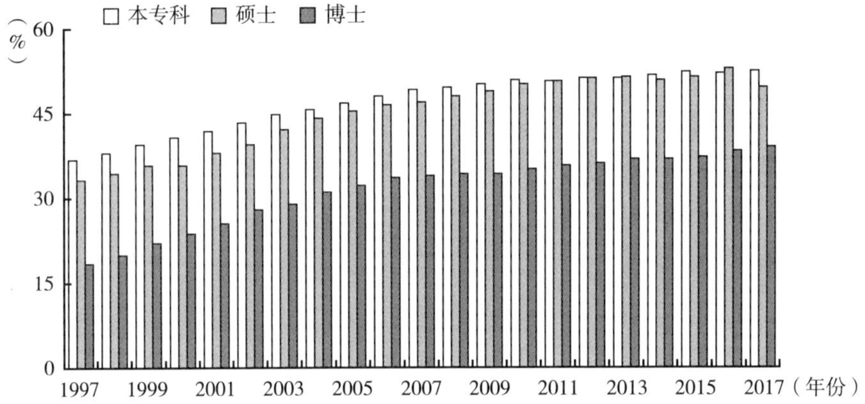

图 5　1997 ~ 2017 年高等教育阶段女性在校生占比变化

二　“玻璃天花板”与“粘地板”：职场女性的晋升困境

现代社会中，各领域中担任高级管理职位的女性比例始终低于男性。2018 年 BOSS 直聘平台上，CEO/总裁/总经理等高级管理岗位上的女性申请人数仅占总量的 10.5%。大量研究发现，多数女性在职场中无法获得能够充分发挥其能力的机会，这也是职场女性普遍面临的困境。

① 教育部发展规划司教育统计数据，http：//www.moe.gov.cn/s78/A03/moe_560/jytjsj_2017/。

（一）“玻璃天花板”和“粘地板”效应

职场晋升中存在两种怪现象：玻璃天花板（Glass Ceiling）效应和粘地板（Sticky Floor）效应。玻璃天花板效应是指少数或特定群体在中层职位上希望继续晋升时，不论如何努力却始终无法穿过隐性障碍达到高层职位；粘地板效应是指少数或特定群体常年处于组织中的低层，即使获得晋升，薪酬也处于该级别的低位，像被牢牢粘在地板上一样。

玻璃天花板效应和粘地板效应在许多国家都较为常见，尤其对于女性。① 同时，高等教育对不同性别的职业发展亦具有分化作用，② 没有接受过高等教育的女性更多会面临粘地板效应，接受过高等教育的女性则更多受到玻璃天花板效应的困扰。两种情况下的女性都具有低流动性，在职业发展过程中自己往往无法改善当前的工作状态。

为此，我们进行了《2019 职场性别差异调查》，该调查重点分析了工作年限对男女晋升情况的影响。如图 6 所示，我们发现：无论男女，多数初入职场的受访者在入职三年内较难获得晋升的机会，但随着工作年限的增加，男性和女性晋升概率的差异逐步呈现，具有 3~5 年、6~9 年和 10 年及以上工作经验的男性比女性的晋升概率分别高 1.5 个、12.1 个和 8.3 个百分点。

（二）宝拉原理：女性总是处于无法充分发挥其能力的岗位上

英国学者汤姆·疏勒（Tom Schuller）提出了一项与职场女性晋升有关的观察，称为“宝拉原理”（Paula Principle）。该原理认为，大多数女性会被放置在无法充分发挥其能力的职位上。

1. 影响女性晋升的外部因素

报告数据显示，当被问及“阻碍女性在职场上获得晋升的主要原因”

---

① J. Baxter and E. Wright, “The Glass Ceiling Hypothesis: A Comparative Study of the United States, Sweden, and Australia”, *Gender & Society* 14, 2000; H. Kee, “Glass Ceiling or Sticky floor? Exploring the Australian Gender Pay Gap”, *Economic Record* 82, 2006.

② 袁晓燕、周业安：《性别歧视的分化：高等教育是幕后推手吗》，《学术研究》2017 年第 12 期，第 17~24 页。

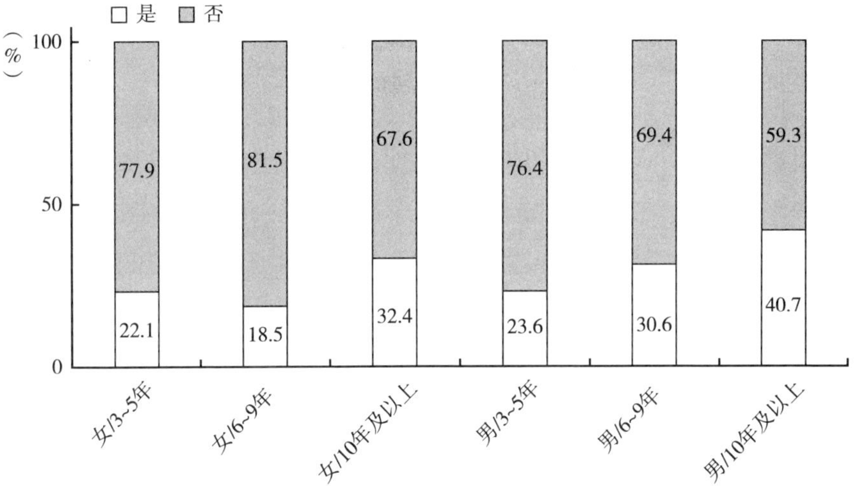

图6 男性和女性职场人在过去三年中的晋升情况

资料来源：BOSS 直聘研究院。

时，男性受访者认为前三个最重要的因素为“女性需要花费较多精力照顾家庭”、“女性缺乏外部资源和社会支持”和“女性在高级管理岗位上能力不足”。值得注意的是，对于女性因为在家庭上花费了更多的时间精力而影响职业晋升这一因素，女性本身的认可度比男性要高出 14.4 个百分点（71.8% 比 57.4%）（见图 7）。

2018 年，男性从事家务劳动的平均时间为 45 分钟，而女性为 2 小时 6 分钟；男性陪伴照料孩子生活的平均时间为 17 分钟，而女性为 53 分钟。女性为家庭事务和抚育子女付出了更多劳动，显然会影响她们的工作参与度和劳动效率。有的女性在成为母亲或需要照顾家庭时会选择离职或转为兼职，中断了其未来可能成功的职业发展。

2. 努力程度

2018 年国家统计局对全国居民时间利用的调查结果显示，居民就业工作活动的参与率指标上，男性为 46%，女性为 31.3%。

传统的性别分工导致女性被认为需要为照顾家庭付出更多的努力，而降低了对职场工作的付出。很多高级职位要求付出更多的劳动时间，导致女性

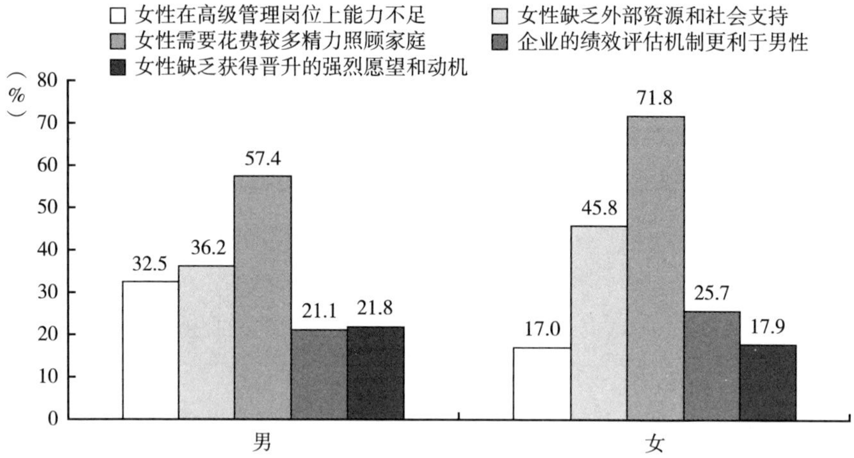

图7　阻碍女性在职场上获得晋升的主要原因

资料来源：BOSS 直聘研究院。

在与男性竞争时处于劣势。另外，女性承担了生育和哺乳的重要角色，但是在产期和哺乳期均无法正常参与工作，影响了组织的整体绩效，因此女性员工常常会被安排在一些不太重要的岗位上，晋升空间受到很大限制。

3. 社会资本的积累程度

社会资本存在于社交网络中，对职业发展也具有促进作用。受到性别家庭分工的影响，女性参与社会组织及各项活动的积极性和机会低于男性，直接影响了女性社会资本的积累。

受到性别刻板印象和“同质性”效应的影响，人们更倾向于与同类人群进行交流，女性难以融入男性占据绝大多数的高级管理层，降低了与高层次人才的接触机会。另外，也正是社交网络的欠缺，使许多女性在职业发展中缺少能够发挥关键性指导作用的导师，进而影响女性向更高层晋升。

4. 人力资本的投入

人力资本主要指员工的知识技能。人力资本的含量越高，劳动生产率也越高。人力资本可以通过教育培训和工作经验积累获得提升。传统观点认为，由于性别分工以及女性面临生育和哺乳，女性接受教育和获得培训的机会少于男性，导致女性员工的人力资本低于男性，所以获得职位晋升的机会也相对较少。

中国的劳动力市场中已经出现了性别人力资本反转的现象。我们的研究数据表明，在2016年到2018年的城镇白领求职市场上，拥有高等教育学历的女性比例不断提升。如图8所示，2018年，具有本科和硕士学历的女性求职者已经分别占到57.4%和59.1%。

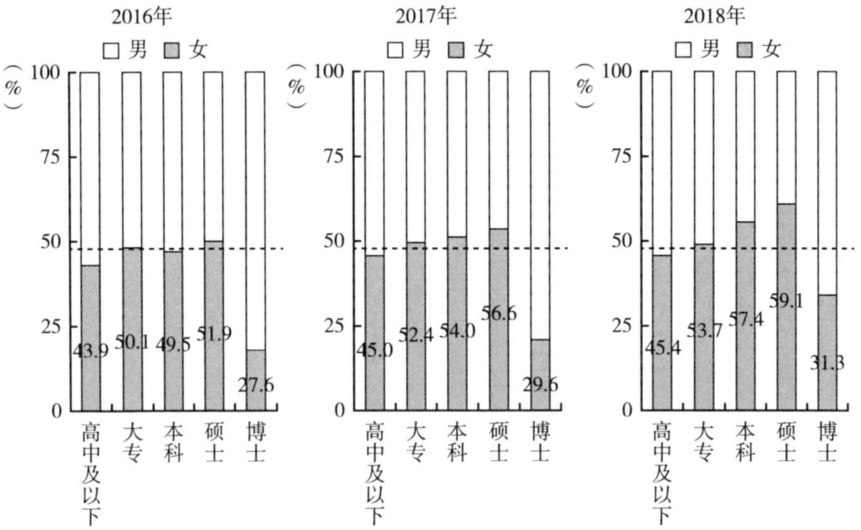

图8　2016～2018年城镇白领人才市场教育程度性别占比

资料来源：BOSS直聘研究院。

5.评估偏差

受到性别刻板印象的影响，男性往往对女性领导存在评估偏差，接受女性领导会为男性员工带来的负效用，实际上构成了女性获得晋升的额外成本。只有当补偿男性员工的负效用后，女性才能获得晋升。因此，女性的晋升成本与男性下属的薪酬水平和评估偏差程度有关。随着职位层级的上升，女性晋升成本越高，获得晋升的机会就越少。①

另外，受到"同质性"效应的影响，组织中的领导往往倾向于使用或

① M. Baldwin, R. Butler, et. al., "A Hierarchical Theory of Occupational Segregation and Wage Discrimination", *Economic Inquiry* 39, 2001.

提拔与自己具有相似性的员工，领导对性别角色的刻板印象具有溢出效果，会影响到组织中其他成员对女性员工的评价。在以男性领导为主的组织中，更会偏好雇用和晋升具有男性特质的员工，从而限制了女性的职业发展。

6. 个体选择

社会规范和刻板印象对性别差异的影响还在于，女性被认为应该将生活的重心放在家庭上，导致对自身发展的期望也低于男性。研究表明，女性比男性更愿意接受一些不容易促成晋升的工作任务。为了能在当前工作中减少阻碍并获得认可，很多女性会选择符合社会刻板印象的角色，从而抑制了自身的发展。其直接结果是，很多女性会选择工作负担和压力相对较轻的工作，以方便照顾家庭。而当工作与家庭发生冲突时，很多女性会选择牺牲工作，甚至离开劳动力市场。

从另一角度讲，社会规范和刻板印象对女性在婚育和照顾家庭方面的要求进一步增加了女性追求事业成功所遇到的阻力。我们研究发现：女性对于事业成功的渴望程度普遍低于男性（见图 9）。尤其对于高学历女性，虽然渴望事业成功，但普遍有所顾虑，更高的学历却降低了她们对事业成功的信心。

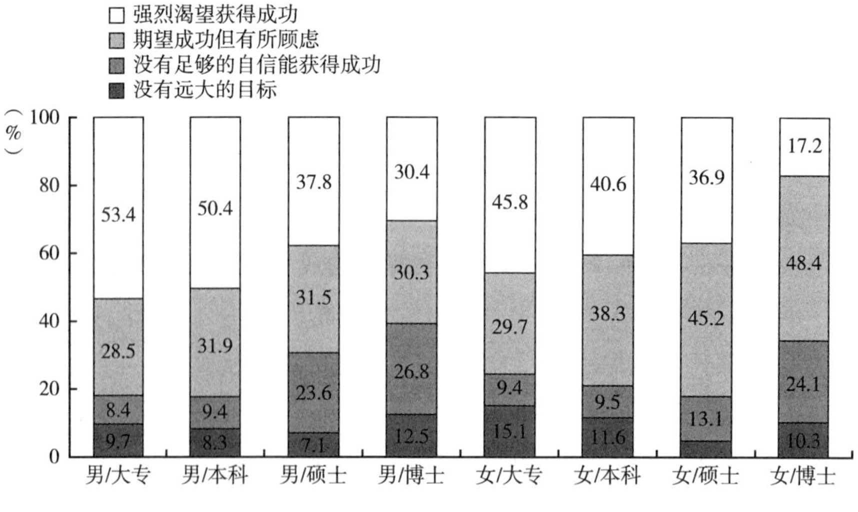

图 9　拥有不同学历的受访者对于事业成功的渴望程度

资料来源：BOSS 直聘研究院。

三　求职招聘中的性别行为差异

男性和女性在求职和招聘过程中的行为差异也是薪酬差异的一个重要演变途径。职位的确定是雇主和雇员之间双向选择和匹配的结果，在此过程中，女性求职者更倾向于匹配到难度和收入相对适中的均衡型岗位，而非难度较大的高薪岗位。

（一）男性候选人更容易被雇主主动问询

我们的大数据分析证实了雇主选择存在偏好。研究发现：在排除绝对人数差异的影响后，男性求职者被招聘者主动沟通询问的次数是女性的 1.1 倍。在采掘/冶炼和石油/石化行业中，相对艰苦的工作环境和高强度工作内容使大部分企业偏好男性求职者，男性候选人被主动沟通次数高达女性的 2 倍以上。此外，计算机软件、交通运输等加班常态化的行业中，雇主也明显更愿意考虑男性求职者。图 10 为 2018 年男性求职者竞争优势①最高的 15 个行业。

由于竞争力上的不对等，女性普遍需要付出更多努力才能找到一份合适的工作。在工程、制造等男性优势行业中，女性求职者与企业主动沟通次数是男性的 1. 04 倍，尽管他们在求职过程中投入了更多的时间，但沟通效率仍明显低于男性，男性求职者的沟通效率为女性的 1. 13 倍。

（二）导致求职行为差异的三大因素

在这里，我们尝试探究一下导致行为差异的原因。

1. 选择差异

女性在选择工作时考虑的因素和男性不同。研究表明，相对于男性，女

---

① 竞争优势 = 男性平均被沟通次数/女性平均被沟通次数，大于 1 表示该行业男性更受欢迎，数值越高，表示该行业男性竞争优势越大。

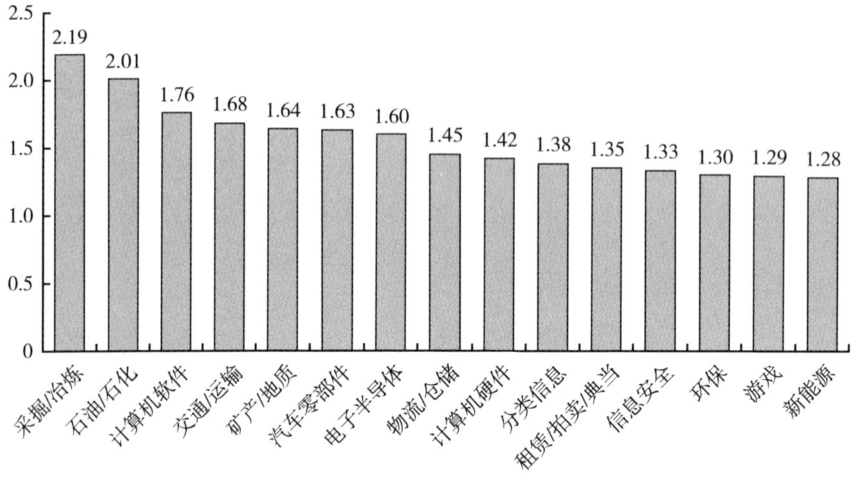

图10　2018 年男性求职者竞争优势最高的 15 个行业

资料来源：BOSS 直聘研究院。

性倾向于避免申请满意度低和跟社会刻板印象相违背的工作。同时，没有明显的证据证明这些决定与经济上的回报有关。这种个体选择的差异导致所谓“性别隔离”现象的产生，即某个性别统治了特定行业的大部分职位。

2. 偏好差异

男性和女性在选择工作时也受到了社会化性别角色的影响。通常情况下，求职过程中会存在“角色代入”的现象，即求职者和招聘者会通过预演的方式来判断彼此的匹配程度。为此，2019 年我们进行了一项相关调查，该调查分析了受访者对于汇报关系的态度。我们发现：70.1% 的女性认为汇报关系应该以工作能力为标准，远远高于性别因素。而男性持该态度的为 61.1%，我们认为，这种差异对招聘过程中的关键决定存在一定影响（见图 11）。

3. 态度差异

男女对于职业发展的态度也存在差异。在我们的调查中，当被问及“自己的职业发展态度时”，强烈渴望获得成功的女性比例比男性低 8.3 个百分点（41.1% 比 49.4%），有 35.5% 的女性认为自己期望成功，但有所顾虑，而持此态度的男性为 29.7%，如图 12 所示。

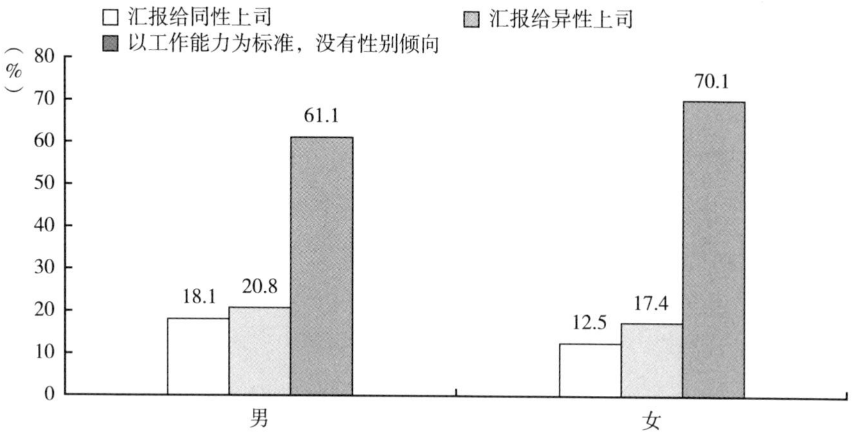

图 11　男性和女性职场人对于汇报关系的态度

资料来源：BOSS 直聘研究院。

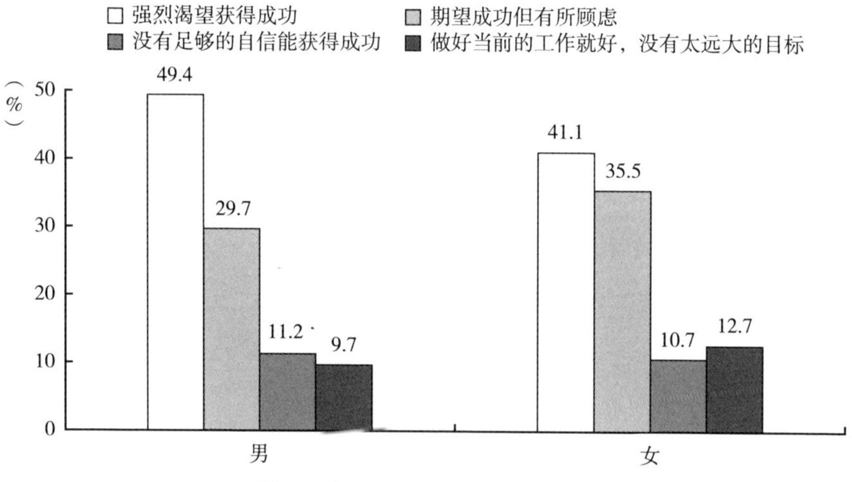

图 12　男女对于职业发展的态度

资料来源：BOSS 直聘研究院。

对调查结果的进一步分析发现，随着工作经验的增长，男性对于事业成功的渴望愈发强烈。工作经验在十年以上的群体中，男性有 61.2% 强烈渴望成功，女性仅有 48.4%。认为“做好当前的工作就好，没有太远大的目标”的人群中，男性在各个工作经验阶段的比例差别不大，均在 15% 以下；

而女性的比例从一年以下经验的11.1%直线上升至十年以上经验的21.5%，从另一个角度反映了家庭事务对女性职业态度的影响。

当然，除了上述因素以外，社会环境中设置的门槛也会增加女性进入职场的难度。最明显的例子是，女性的婚育情况直接影响着某些企业和岗位对于女性的接纳程度。2019年2月22日，人社部等九部门联合发布《关于进一步规范招聘行为促进妇女就业的通知》，以禁止招聘环节中的就业性别歧视，企业不得将婚育状况作为录用条件。

四　对策与建议

正如“宝拉原理”所指出的，由于性别刻板印象的存在，组织往往会忽略当代女性在人力资本上的优势，而偏好晋升男性员工，这不仅阻碍了组织的发展，还影响了整个社会的经济增长。

由于具备能力的女性员工得不到应有的晋升，反过来会降低女性对人力资本的投入，进而会强化性别家庭分工中所固有的“男主外，女主内”的刻板印象。因此，需要探寻能够帮助职场女性摆脱晋升道路上的“玻璃天花板”和“粘地板”效应的方法，以便让更多职业女性发挥出应有的能力，为组织和社会创造更多的价值。这将是需要个体、组织和社会全方位协作的重大课题。

（一）个体层面

女性个体首先需要打破性别刻板印象的影响，对自身价值进行正确评估。通过强化主体意识，提升自信心和工作积极性，建立适合自己的职业规划，处理好家庭与工作的关系。建议女性更加注重对自身人力资本的开发和积累，提升自身素质和知识技能水平，拓宽对职业发展有益的社交网络，为实现职业理想而努力。

（二）组织层面

组织也应该充分认识到，高能力女性对于组织的绩效提升以及多元化建设能够发挥重要作用，由于评估偏差而限制女性的晋升实际上会影响组织的长期发展。

在组织中，应该建立公平竞争、科学合理的绩效评估体系与晋升制度。在男女平等的组织氛围内正确对待女性的晋升，只要女性员工有足够的能力，就不应该限制其晋升发展，为女性职业发展提供良好的环境和政策支持。

（三）社会层面

从社会层面，应当充分肯定女性承担的生育、哺乳和家庭劳动创造的巨大价值，进一步加强制度保障，为女性提供平等的就业权利。充分发挥公共教育和大众传媒的作用，引领社会逐步改变对性别分工的刻板印象，帮助女性逐步提高职业自信，为女性的职业发展提供积极有益的社会氛围。需要保障女性受教育的权利，加强对女性人力资本的提升。更重要的是，加强社区服务建设和家政服务业的发展，提供更加完善的儿童和老人护理服务，将职业女性从家庭劳动中解放出来，为协调女性的工作与家庭分工创造更为有利的条件。

参考文献

国家统计局：《2018 年全国时间利用调查公报》，2018。

袁晓燕、周业安：《性别歧视的分化：高等教育是幕后推手吗》，《学术研究》2017 年第 12 期。

F. Blau, "'Women's Place' in the Labor Market", *American Economic Review* 62, 1972.

F. Blau and L. Kahn, "Gender Difference in Pay", *Journal of Economic Perspectives* 14 (4), 2000.

F. Blau and L. Kahn, "The Gender Wage Gap: Extent, Trends, and Explanations", *Journal of Economic Literature* 55 (3), 2017.

J. Baxter and E. Wright, "The Glass Ceiling Hypothesis: A Comparative Study of the United States, Sweden, and Australia", *Gender & Society* 14, 2000.

H. Kee, "Glass Ceiling or Sticky floor? Exploring the Australian Gender Pay Gap", *Economic Record* 82, 2006.

T. Schuller, *The Paula Principle: Why Women Work Below Their Abilities*, London: Scribe Publications, 2017.

A. Eagly and L. Carli, "Women and the Labyrinth of Leadership", *Harvard Business Review* 85, 2007.

D. Bosse and P. Taylor III, "The Second Glass Ceiling Impedes Women Entrepreneurs", *The Journal of Applied Management and Entrepreneurship* 17, 2012.

B. Ragins, "Jumping the Hurdles: Barriers to Mentoring for Women in Organizations", *Leadership & Organization Development Journal* 17, 1996.

M. Baldwin, R. Butler, et. al., "A Hierarchical Theory of Occupational Segregation and Wage Discrimination", *Economic Inquiry* 39, 2001.

L. Vesterlund, L. Babcock, et. al., "Gender Differences in Accepting and Receiving Requests for Tasks with Low Promotability", *American Economic Review* 107, 2017.

R. Barbulescu and M. Bidwell, "Do Women Choose Different Jobs from Men? Mechanisms of Application Segregation in the Market for Managerial Workers", *Organization Science* 24, 2013.

B.6

我国高技能人才现状与供给预测分析

刘 娜　赵 爽　刘智英*

摘　要： 我国产业结构的优化升级，需要与之相匹配的人力资本，高技能人才无疑是其重要组成部分。本文对我国的高技能人才现状加以分析，尝试在哈罗德中性假设下，通过扩大高技能人才的有效劳动量来解决中等收入国家转型期的经济增长困境，并进一步构建高技能人才的劳动力供给预测模型进行验证，分别在积极的和消极的两种应对策略情景下做出评价，模型给出了2020~2040年中国高技能人才的劳动力供给路径。结果显示，采取严格的应对策略，增加高技能人才的人力资本投资，实施有效的高技能人才培养政策和就业激励政策，以劳动要素质量弥补劳动要素数量损失，可以缓解当前高技能人才供给不足的问题，促进我国经济稳态增长。

关键词： 高技能人才　哈罗德中性　劳动力供给　人口结构变化　劳动参与意愿

一　引言

2018年，中国居民人均国民总收入（GNI）为9732美元，按照联合

---

* 刘娜，博士后，上海电机学院商学院副教授，主要研究方向为劳动经济、人力资源；赵爽，北京建筑大学研究生，主要研究方向为劳动经济、生态经济；刘智英，上海电机学院研究员，主要研究方向为人力资源。

国国民收入划分标准来衡量，中国应列为中等收入偏上国家水平。面对中等收入陷阱将导致国民收入水平停滞的潜在风险，不断地尝试并摸索出一条能维持中国经济稳态增长的优化路径，是一个关系国计民生的发展命题。

自20世纪90年代以来，世界一百多个国家和地区，在历经由中等收入转向高收入的关键时期内，仅有13个国家获得了成功。① 拉美部分国家沉迷于依靠资源原产国及劳动力低成本所建立起的经济增长区位优势，在达到中等收入后错失了经济模式转变的契机，陷入了国民收入停滞困境的泥潭，难以自拔。而日本、韩国则坚持实现产业高级化发展，以高技术产业为本，充分发挥高技术资本、劳动投入在其他产业中的渗透力，形成稳态增长的产业均衡性产出，再结合世界经济市场的贸易立国战略，快速地跃升为高收入发达国家。历史的经验证明，一国产业结构转型的成功与否将对摆脱中等收入陷阱发挥至关重要的作用，依靠产业升级换代驱动经济新增长，需要一国必须具备充足的、匹配的有效劳动力供给条件。当前的制度环境、经济基础、技术变革的三大驱动因素已使中国人力资源进入了“新常态”时期。② 可以预见，中国现阶段所采用的人力资本投资政策将对未来可持续性经济增长和收入分配的公平性具有重要意义。

本文结构如下：第一部分，使用相关数据对中国人口结构变化趋势做出统计描述分析；第二部分，利用相关统计数据分析了中国高技能人才的供需关系现状及劳动参与意愿；第三部分，构建了一个高技能人才的劳动力供给预测模型，讨论了在未来适龄劳动人口减少和采取积极的或者消极的高技能人才政策时，两种应对策略情景模式下，2020～2040年中国高技能人才劳动力供给的路径轨迹。第四部分是本文研究结论。

---

① The World Bank, Development Research Center of the State Council, the People's Republic of China, "China 2030: Building a Modern, Harmonious and Creative Society", World Bank Report.

② 曾湘泉、张成刚：《经济新常态下的人力资源新常态——2014年人力资源领域大事回顾与展望》，《中国人力资源开发》2015年第3期。

本文引用的相关数据均来源于《中国统计年鉴》《人力资源和社会保障事业发展统计公报》《中国劳动统计年鉴》《部分城市公共就业服务机构市场供求状况分析》。

中国人口老龄化的结构变化是本文研究的一个重要环境条件。相关文献显示，中国劳动力老龄化的问题将对 TFP 总体呈现抑制作用，解决的途径是提高劳动力的人力资本水平。[①] 如图 1 所示，1987 ~2017 年，中国人口自然增长率呈现显著下降趋势。如图 2 所示，1990 ~2017 年，中国人口 15 ~64 年龄段占比呈现小幅上升趋势；1990 ~2010 年，少儿抚养比出现了大幅下降，老年抚养比小幅上升，人口总抚养比显著下降，创造了人口红利条件，即劳动力的充足供给和高储蓄率作为经济增长的来源，此时的人口年龄结构最富有生产性。2010 年后，人口总抚养比由下降转为上升，印证了传统意义的人口红利消失，2010 年中国人口老龄化平均水平已达到 9% 。[②] 中国人口结构正在逐步接近刘易斯拐点，预计中国人口刘易斯拐点将出现在 2015 ~2030 年。[③] 适龄劳动力数量的增长趋势已经大幅度减缓，劳动边际生产力很小的无限劳动力供给基础已经消失是客观存在，而解决中国"未富先老"的缺口问题是主观创造人口的第二次红利条件，即来自养老保障需求、扩大教育及技术培训、扩大劳动参与度。[④] 综上所述，本文对于高技能人才的劳动力供给预测分析，着重考虑人口结构变化的影响和人才培养政策的影响。

二 中国高技能人才供需关系的现状分析

当前，我国技能型人才的劳动力市场供需关系严重失衡，尤其是近

① 孙一菡、谢建国、熊永莲：《劳动力老龄化、教育水平与地区全要素生产率》，《中国经济问题》2017 年第 3 期。

② 王录仓、武荣伟、李巍：《中国城市群人口老龄化时空格局》，《地理学报》2017 年第 6 期。

③ 王金营、顾瑶：《中国劳动力供求关系形势及未来变化趋势研究》，《人口学刊》2011 年第 3 期。

④ 蔡昉：《人口转变、人口红利与刘易斯拐点》，《经济研究》2010 年第 4 期。

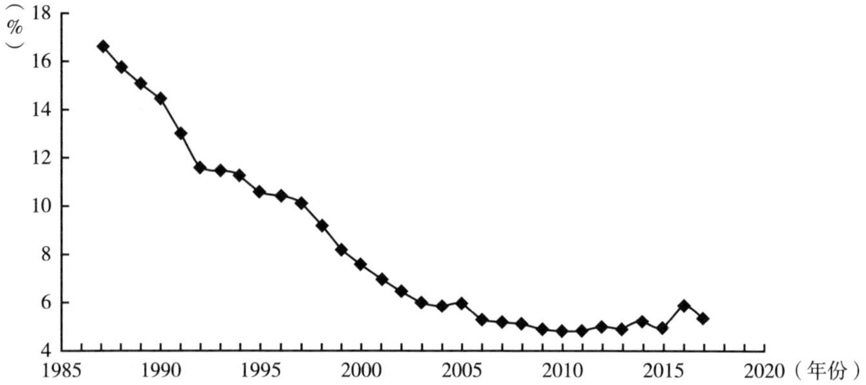

图 1 1987~2017 年人口自然增长率变化趋势

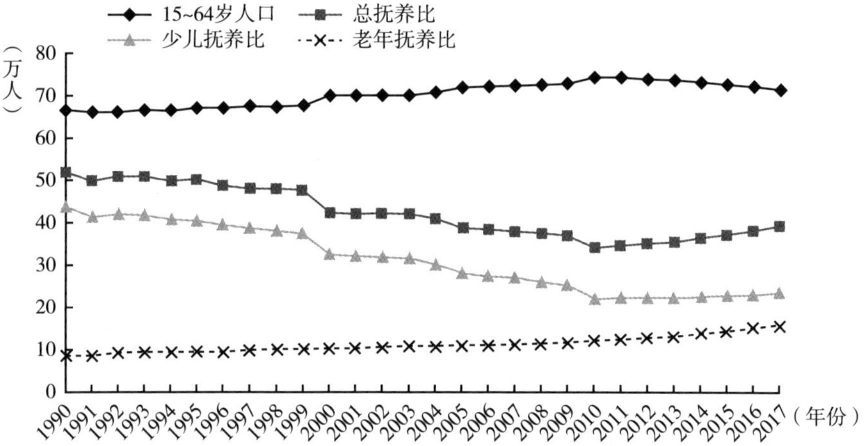

图 2 1990~2017 年抚养比变化趋势

五年来，空间差异性显著扩大。如图 3 所示，2014 年第一季度至 2017 年第四季度，技能型工作空缺数显著地大于求职人数，东部地区的需供比均值为 1.09，中部地区为 1.12，西部地区为 1.21。其中，西部地区均高于东部和中部地区，西部地区为中部地区的 1.08 倍，为东部地区的 1.11 倍。东、中部地区则呈现交替上升势态。如图 4 所示，在所有技能型劳动力中，技师和高级技师的需供比尤为明显，技师的需供比均值达2.03，峰值出现在2014年第三季度，达2.78；高级技师的需供比均值达1.94，峰值出现在2012年第三季度，达2.86。相关数据证明了高技能人才存在劳动力供给不足的严重问题。

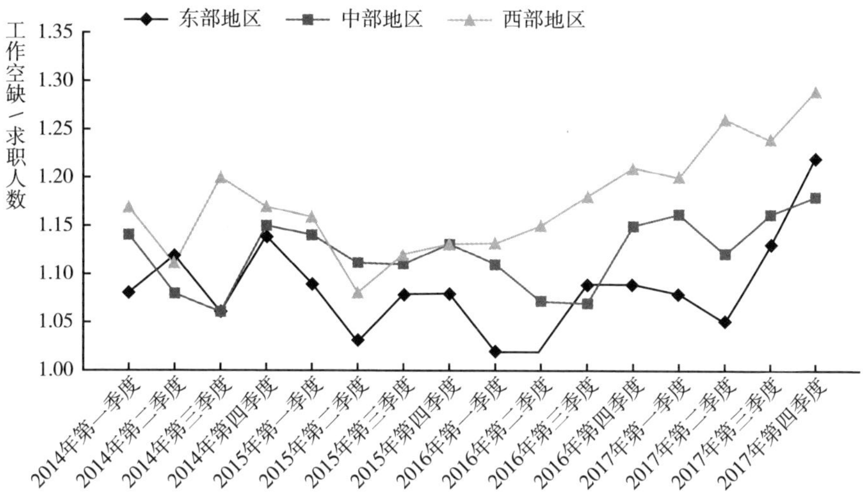

图3　东部、中部、西部地区供需关系变化趋势

在高技能人才劳动参与程度方面，如图5所示，2010～2018年参加职业技能资格考试的人数平均值为1687.12万人，考试人数由初期的平稳发展，转为2015年以后的显著下降。其中，技师、高级技师的占比呈现先上升后下降的变化趋势，2014年为峰值点，达62.33万人。相关数据证明了技能型人才的社会参与度不够，我们分析其中的原因，一方面，新经济形态（平台经济、共享经济）下产生了新类型工作，相比需要花费较大的时间成本和货币成本持续投入的高技能就业模式，这些新就业模式具备一定的短时较快收入增长和就业灵活性强的优势，它们从劳动收入和就业方式上吸引了一部分新增劳动力离开技能型工作，尤其是初、中级技能型工作，因为初级、中级技能获取难易程度较高技能来说低，初、中级技能所需的人力资本持续投入也较少，劳动力相应取得的收入偏低，初、中级技

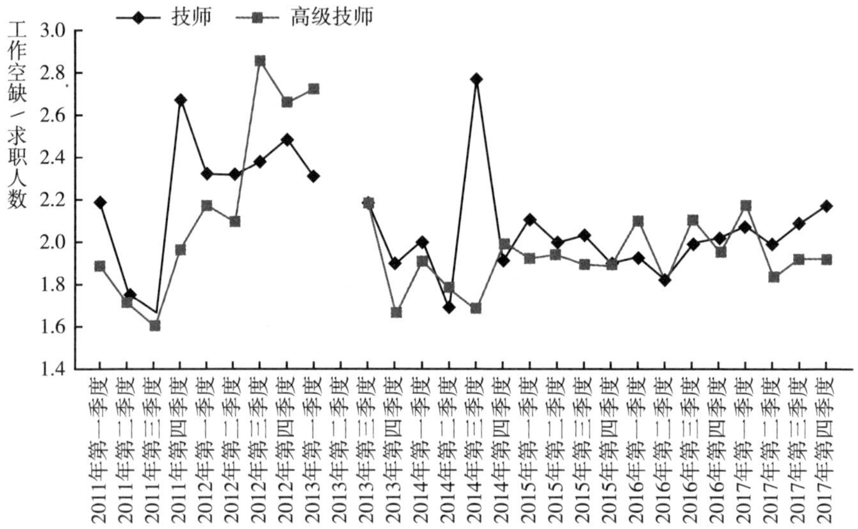

图 4　技师、高级技师供需关系变化趋势

注：2013 年第二季度缺少数据。

能劳动力也就更可能发生技能移出。另一方面，这种下降也可能是受到了人口结构变化因素的影响。

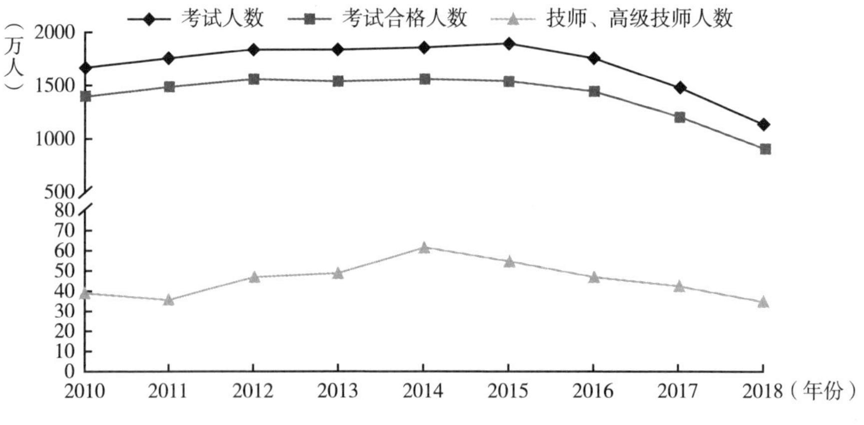

图 5　技能型工作劳动参与程度变化趋势

三　我国高技能人才的劳动力供给预测

（一）高技能人才供给预测模型

1. 供给预测模型构建

通过梳理相关国内外研究文献[①]发现，劳动力供给数量主要取决于国家的人口规模、人口结构、劳动力工作参与意愿、国家的总体平均教育和技能水平、社会劳动参与度等因素，如图 6 所示。

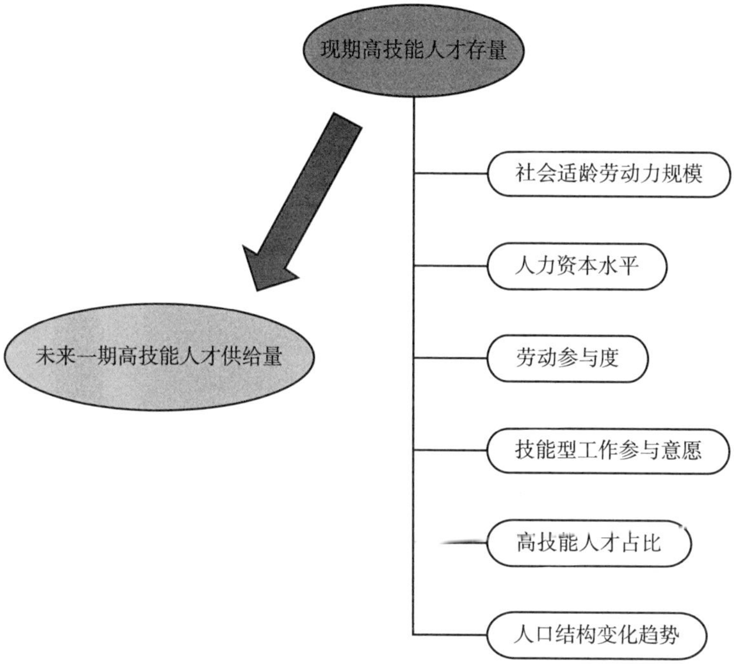

图 6　高技能人才的劳动力供给影响因素

① 理查德·弗里曼：《劳动经济学》，商务印书馆，1987；罗纳德·G. 伊兰伯格、罗伯特·S. 史密斯：《现代劳动经济学：理论与公共政策》，中国人民大学出版社，2015；提托·博埃里、扬·范·乌尔斯：《劳动经济学——不完全竞争市场的视角》，格致出版社，2018。

在本文所构建的高技能人才供给预测模型中，将相关影响因素归纳为两个主要参数，一个影响参数是人口结构变化对劳动总供给的作用，① 它主要考虑了适龄劳动人口总量在未来相当长时期内逐年递减，且适龄劳动力中老年劳动力增速加快。本文忽略了劳动力移出量的影响，移出量有两个方面，一方面是技能移出，一方面是空间移出。关于技能移出，本文认为高技能人才的人力资本水平的获得需要其付出相当长的时间成本和相当多的货币成本投入才能实现，且随着其技能型工作经验的积累和年龄的增长，高技能人才如果选择移出技能型工作，对于其自身的人力资本投资来说是不理性的，因为那样一般会造成其损失大于收益。关于空间移出，这里仅考虑社会劳动总供给，所以忽略了高技能人才的空间流动性问题。另一个影响参数是高技能人才参与度，② 本文认为不论是针对个人的劳动决策还是政府的人才政策实施，均具有时滞性问题，上一年的社会劳动参与度和人才政策将对现期的决策产生影响。高技能人才供给预测模型，如式（1）所示：

$$S_{i+1} = S_i \times p_i + L_i \times w_{i-1} \tag{1}$$

其中，S_i 表示第 i 年中国高技能人才的劳动力供给存量，S_{i+1} 表示第 $i+1$ 年中国高技能人才供给数量，p_i 表示第 i 年人口结构变化影响参数，L_i 表示第 i 年新增劳动力数量，w_{i-1} 表示第 $i-1$ 年高技能劳动参与度影响参数。

① 蔡昉：《人口转变、人口红利与刘易斯拐点》，《经济研究》2010 年第 4 期；Feyrer J. , "Demographics and Productivity", *The Review of Economics and Statistics* 89（1）, 2007, pp. 100 – 109；Serban A. C. , "Aging Population and Effects on Labor Market", *Procedia Economics and Finance* 1（8）, 2012, pp. 356 – 364；都阳、贾朋：《劳动供给与经济增长》，《劳动经济研究》2018 年第 3 期。

② 蔡昉、王艳美：《中国城镇劳动参与率的变化及其政策含义》，《中国社会科学》（英文版）2005 年第 4 期；Philip S. Head, Robert N. Horn, "Labor Supply Imbalances in the Aftermath of the Great Recession: Age, Gender, and Labor Force Participation", *Challenge* 63（3）, 2019, pp. 177 – 186；陆旸、蔡昉：《从人口红利到改革红利：基于中国潜在增长率的模拟》，《世界经济》2016 年第 1 期。

2. 高技能人才的劳动力供给量测算

采用上述模型，本文验证了 2011 ~ 2017 年中国高技能人才供给量，相关面板数据来源于《中国劳动统计年鉴》《中国人力资源和社会保障年鉴》《中国统计年鉴》《全国人口变化情况抽样调查》，测算结果如图 7 所示。

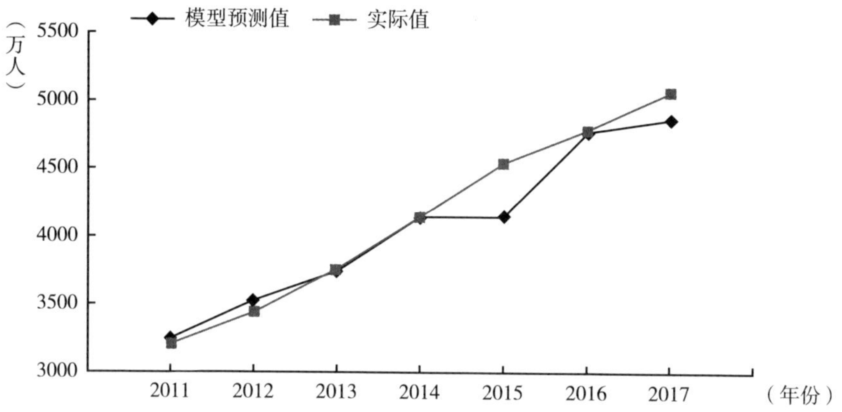

图 7　高技能人才供给预测值与实际值对比

高技能人才供给预测值与实际值曲线走势大致相同，相关系数为 0.977，说明采用本文构建的高技能人才供给预测模型具有一定的合理性。

3. 敏感性分析

图 8 为考虑男女性别间退休年龄差异性的 2012 ~ 2017 年中国人口结构变化影响参数及其变化率（p 值）、2012 ~ 2017 年高技能人才劳动参与度参数及其变化率（w 值）。

本文对模型中影响高技能人才劳动供给的两个参数进行了敏感性分析，以 2017 年为例，设定变动幅度为 – 20% ~ 20%，计算结果如表 1、表 2 所示。

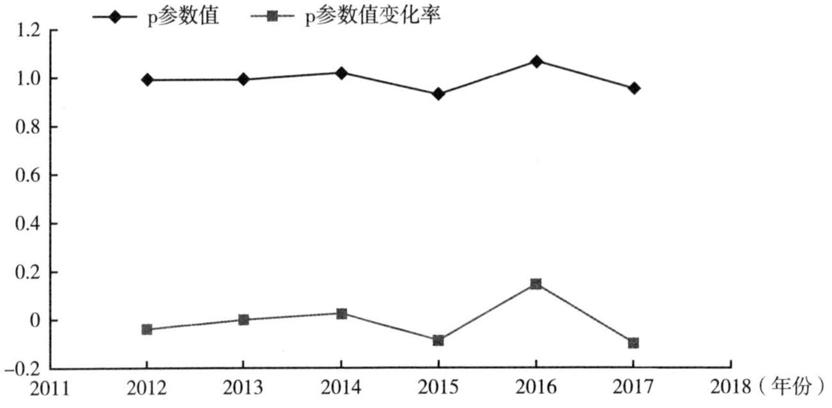

a.p值及变化率

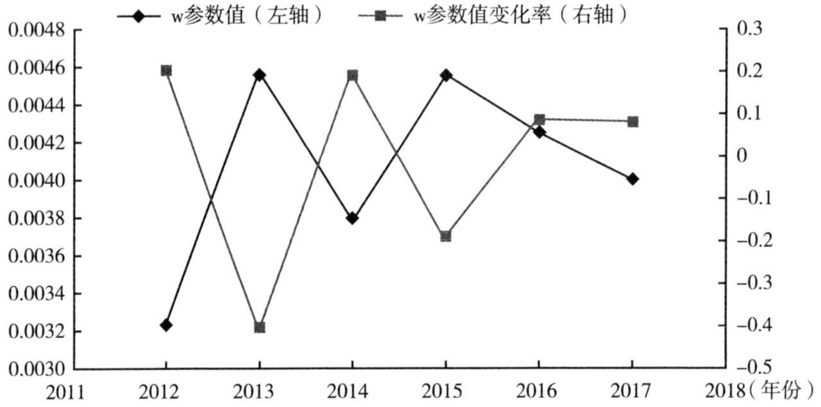

b.w值及变化率

图8　p 值、w 值及其变化率

表1　人口结构变化影响参数对于高技能人才供给的敏感性分析

变化幅度(%)	人口结构变化影响参数 p	2017 年高技能人才供给量(万人)	供给量变化幅度	敏感性
-20	0.7600	4140.9	-0.1500	0.7498
-15	0.8075	4379.3	-0.1010	0.6734
-10	0.8550	4617.7	-0.0521	0.5207
-5	0.9025	4856.1	-0.0031	0.0627
0	0.9500	4871.4	0	—

续表

变化幅度(%)	人口结构变化影响参数 p	2017 年高技能人才供给量(万人)	供给量变化幅度	敏感性
5	0.9975	5332.9	0.0947	1.8949
10	1.0450	5571.4	0.1437	1.4369
15	1.0925	5809.8	0.1926	1.2842
20	1.1400	6048.2	0.2416	1.2078

表 2　劳动参与度影响参数对于高技能人才供给的敏感性分析

变化幅度(%)	劳动参与度影响参数 w	2017 年高技能人才供给量(万人)	供给量变化幅度	敏感性
-20	0.0034	4790.8	-0.0165	0.0827
-15	0.0037	4807.2	-0.0132	0.0879
-10	0.0039	4823.5	-0.0098	0.0983
-5	0.0041	4839.8	-0.0065	0.1297
0	0.0043	4871.4	0	—
5	0.0045	4872.5	0.0002	0.0044
10	0.0047	4888.8	0.0036	0.0357
15	0.0049	4905.1	0.0069	0.0461
20	0.0052	4921.4	0.0103	0.0513

由表 1 可知，高技能人才供给量随着人口结构负向变化其敏感性呈现显著的边际递增趋势，即越来越敏感，表明当社会适龄劳动力减少时将较大地降低高技能人才的劳动供给。反之，当社会适龄劳动力增多时，人口结构正向变化将显著地增加高技能人才的劳动供给，但是这种边际效应呈现递减趋势，即越来越不敏感。

由表 2 可知，高技能人才供给量随着劳动参与度负向变化其敏感性呈现边际递减趋势，即越来越不敏感，表明当劳动参与度下降时将减少高技能人才的劳动供给。反之，当劳动参与度提高时将显著地增加高技能人才的劳动供给，且其敏感性边际递增，即越来越敏感。

总体上，人口结构变化影响对于高技能人才劳动供给的敏感性平均要大于劳动参与度的敏感性。但由上述分析可知，两个因素对于高技能人才的劳动供给在一定条件下都是敏感因素。

4. 情景预测

（1）情景一：消极应对策略。假设2020～2040年中国人口结构变化趋势及高技能劳动参与度与2011～2017年历史平均轨迹趋同，即 $p=0.97$，$w=0.005$。

（2）情景二：积极应对策略。在哈罗德中性技术进步条件下，高技能产业要实现同等水平经济产出的稳态增长，只有采取提升高技能人才的人力资本水平积累，进一步实现其劳动生产效率的提升，即意味着用劳动要素质量去弥补劳动要素数量减少的损失，强调扩大有效劳动投入量的生产方式。

这一情景表示政府会采取积极的高技能人才教育、培训、就业扶持政策，改善社会收入在行业间、技能间的分配公平性，致力于提升技能型工作就业稳定性。同时，顺应人口结构变化趋势，加强中老年高技能人才的人力资本开发，加速培育高技能人才质量红利，提升高技能人才素质。此情景下，即 $p=0.99$，$w=0.01$。

本文引用相关文献中的中国劳动供给总量测算结果，① 利用式（1）进行了2020～2040年中国高技能人才劳动供给预测，计算结果如表3所示。

表3 中国高技能人才劳动供给量未来情景预测

单位：万人，%

年份	情景一			情景二		
	供给量预测	增长率	占比	供给量预测	增长率	占比
2020	5515.5	0.0368	7.2	6848.8	0.103	9.0
2021	5701.1	0.0337	7.5	7469.2	0.091	9.9
2022	5877.5	0.0309	7.8	8071.7	0.081	10.7
2023	6043.6	0.0283	8.1	8653.8	0.072	11.6

① 田帆：《我国未来劳动力供给总量及结构预测》，《全球化》2017年第10期；裘越芳：《延迟退休下的未来劳动力供给预测》，《人民论坛》2017年第10期；龙晓君、郑健松、李小健：《“全面二孩”背景下我国劳动力供给预测研究》，《经济经纬》2017年第5期。

续表

年份	情景一			情景二		
	供给量预测	增长率	占比	供给量预测	增长率	占比
2024	6200.5	0.0260	8.4	9217.7	0.065	12.5
2025	6347.4	0.0237	8.7	9761.2	0.059	13.4
2026	6486.2	0.0219	9.0	10287.8	0.054	14.3
2027	6615.9	0.0200	9.3	10795.4	0.049	15.1
2028	6735.9	0.0181	9.6	11282.6	0.045	16.0
2029	6847.7	0.0166	9.9	11752.1	0.042	16.9
2030	6952.0	0.0152	10.1	12205.1	0.039	17.7
2031	7049.4	0.0140	10.3	12642.4	0.036	18.6
2032	7141.4	0.0130	10.5	13067.0	0.034	19.3
2033	7226.6	0.0119	10.8	13476.0	0.031	20.1
2034	7305.7	0.0109	11.0	13870.5	0.029	20.9
2035	7378.3	0.0099	11.2	14249.7	0.027	21.7
2036	7445.3	0.0091	11.4	14615.1	0.026	22.5
2037	7505.9	0.0081	11.7	14965.3	0.024	23.3
2038	7561.4	0.0074	11.9	15302.3	0.023	24.0
2039	7611.7	0.0067	12.1	15626.3	0.021	24.8
2040	7657.4	0.0060	12.3	15937.8	0.020	25.5

由表3计算结果可知：在情景一采取消极的应对策略下，2025年当进入适龄劳动力锐减阶段时，高技能人才占比仅约8.7%，升幅不明显。模型预测高技能人才占比由2020年约7.2%升至2040年约12.3%。这一结果横向比较东亚的日本和欧美发达国家的高技能人才占比还有显著差距。在情景二采取积极应对策略条件下，2025年当进入适龄劳动供给锐减阶段时，高技能人才占比已达约13.4%而大幅改善，2035～2040年，当进入适龄劳动力老龄化增长快速期时，高技能人才占比约25%，接近发达国家平均水平下线。

四　研究结论

本文研究引用相关数据，采用描述统计方法说明了中国高技能人才供需关系失衡，存在着严重供给不足的问题，且地区间空间差异性显著，西部地区较东部、中部地区更不理想。在技能型工作的劳动参与意愿方面，近年数据显示，在新经济、新业态和人口老龄化加速的双重叠加影响下，对技能型工作的初级、中级劳动参与意愿有一定挤出作用。

遵循新古典经济分析框架，本文构建了一个高技能人才劳动力供给的预测模型，对应给出中国人口结构变化趋势影响和高技能劳动参与意愿影响的外生条件，论述了在不同情景下未来20年中国高技能人才劳动力供给路径的差异性。当我国处于由中等收入转向高收入的关键期，产业结构调整走向高级化时，国家积累的高技能人力资本将在很大程度上决定着是否能够在未来一段时期形成稳态经济产出，从而摆脱中等收入陷阱。本文证明当采取积极的应对策略，即未来相对于历史轨迹做出较大改变时，在哈罗德中性假设下，通过人力资本投资及实施人才培养政策，[①] 以高技能劳动力的供给质量来弥补数量的不足，由生产率扩大的劳动投入促进经济稳态增长。在社会老年劳动力增速期，我国需实施操作性强的高技能人才培养政策和就业激励政策，重视高技能人才的人力资本投资，提升高技能人才素质，消除高技能人才制度隔离障碍，促进劳动收入的公平分配，以提升高技能人才的劳动参与度。面对老龄化及适龄劳动力总量减少的问题，完善社会劳动力退休年龄调整机制，发挥老年高技能人才人力资本优势，推进高技能人才资源的空间均衡性。这样才能以劳动力有效供给来创造技术进步，实现我国经济的持续稳定增长。

在未来一段时期，为保持经济稳态持续性增长，实现产业结构的合理化和高度化，使我国成功跨越中等收入陷阱，迈向高收入国家行列，我们在哈罗德中性的假设条件下，通过构建模型进行劳动供给的情景预测，采取扩大有效劳动投入的技术进步方式，对高技能人才供给不足的问题提供一种解决思路。

---

① Hendricks, Lutz, "How Important is Human Capital for Development? Evidence from Immigrant Earnings", *American Economic Review* 92 (1), 2002, pp. 198 – 219；陆旸、蔡昉：《人口结构变化对潜在增长率的影响：中国和日本的比较》，《世界经济》2014年第1期。

区域人力资源市场

Regional Human Resources Market

B.7

灵活用工发展背景和需求分析

杜成　徐锋*

摘　要： 目前，中国的劳动力市场面临供应不足及结构转型的双重压力，同时随着新生代劳动力对就业要求的变化，基于劳动关系的传统就业模式已经难以适应现有的市场需求，本文使用国家统计局及中瑞方胜金融服务外包（北京）有限公司针对2019年灵活用工的调研数据，从经济转型、劳动力结构变革及市场需求方面，对灵活用工市场在中国的未来发展趋势进行分析。我们认为灵活用工必将成为劳动用工的必要组成部分，未来政策层面应对灵活用工的适用场景及范围加以确定，

* 杜成，中瑞方胜金融服务外包（北京）有限公司总经理，主要研究方向为企业战略管理、人力资本筹划管理、企业用工战略、人力市场政策及发展趋势、财税政策研究、税筹优化；徐锋，中瑞方胜金融服务外包（北京）有限公司高级财务顾问，主要研究方向为财务管理、薪酬设计及方案筹划、企业用工产品及福利设计。

并针对灵活用工人员在劳动力保护、社保保障、纳税管理等方面给予规范性的政策指导，以规范灵活用工市场，使之能够长期健康成长。

关键词： 经济转型　结构调整　灵活用工

从1980年以来，发达经济体制造业用工都在持续下降，而服务业用工呈现持续上升趋势，整体经济呈现“服务化”模式，服务业逐步成为支柱性行业，固化的劳动关系无法适应日益灵活的生产经营模式及灵活就业的需求，涉及信息技术、新能源技术、新材料技术、生物技术、空间技术和海洋技术等诸多领域的第三次工业革命，为职业服务灵活化提供了技术支持，随着用工结构及技术手段的不断深化，基于企业降低用工成本，灵活雇佣，劳动者寻求更加灵活的就业模式及对自身价值最大化的寻求等相关需求，催生了“灵活用工”的用工模式，逐步成为人力资源服务行业中体量较大的细分类型。

长久以来，长期稳定的雇佣模式是我国主要采取的、接受度最高的用工方式。而随着我国经济模式的转变，随着劳动力供给总量逐步下降，产业结构调整，用工需求出现了改变。新技术、新职业、新产业快速兴起，对传统的稳定雇佣模式带来了冲击和挑战。

我们认为在面临劳动力存量不足和结构转型的双重压力之下，灵活用工在解决现阶段劳动力分配及缓解就业压力方面将是一个非常有效的手段，随着互联网及大数据技术的广泛应用，劳动力与企业需求能够得到更加迅速及精准的匹配，每一个劳动单位都可以基于自身情况为一家或多家企业及雇主提供服务，而企业亦可摆脱僵化的劳动关系管理，解决传统劳动关系中用工成本高、灵活性差的问题，能够根据市场及经营需要，更加灵活地解决自身员工结构及员工分配等方面的问题，适应快速变化的市场情况。

灵活用工主要为企业基于生产经营目的，为满足季节性、短期类、项目类用工需求，与劳动力以不建立传统劳动关系为前提而采取的一种用工模式，劳动力与企业之间不存在隶属劳动关系而更接近于商务合作关系或服务关系，在这种用工模式下，提供的服务不受地域性限制，以提供的服务结果为结算依据。下面，本文将使用国家统计局及中瑞方胜金融服务外包（北京）有限公司（简称“中瑞方胜”）针对2019年灵活用工调研数据，对灵活用工发展的经济背景、市场需求等进行分析，除了特别说明外，本文使用的数据均来自国家统计局。

一　经济增速放缓及用工市场变化催生市场发展

（一）GDP增速放缓，增速创新低

中国进入2018年以来，由于政策性去杠杆及中美贸易摩擦带来的不确定性，经济下行压力加大，国内GDP增速一直呈现放缓趋势，虽然在2018年GDP总量突破90万亿元，但GDP增速仅为6.6%，创1990年以来新低，其中第四季度GDP增长6.4%，是自2009年以来再次跌破6.5%（见图1和表1）。

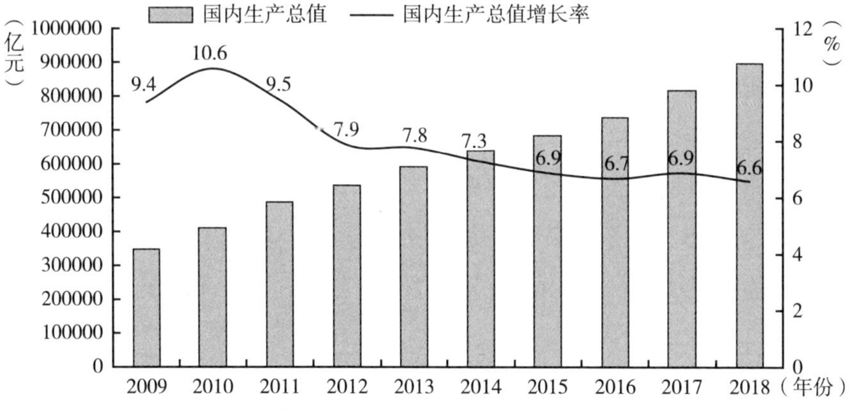

图1　2009～2018年GDP总量及增速

表 1　GDP 同比增长速度

单位：%

年份	第一季度	第二季度	第三季度	第四季度
2014	7.4	7.5	7.1	7.2
2015	7	7	6.9	6.8
2016	6.7	6.7	6.7	6.8
2017	6.8	6.8	6.7	6.7
2018	6.8	6.7	6.5	6.4
2019	6.4	—	—	—

2019 年 4 月 8 日，国家发改委下发的《产业结构调整指导目录（2019 年本，征求意见稿）》中人力资源服务产业列入鼓励项，究其原因主要是由于人力资源作为现代服务业，其发展阶段处于上升期，配套的产业规模、高新技术不断完善，能够拉动一大批配套产业的提升，同时由于地方发展阶段不均衡，产业结构调整变化，各地各行业在人才战略中迫切需要配套的人力资源服务来支撑。

（二）劳动力供应总量逐步降低

伴随着经济进入新常态及产业结构调整，人口结构也正经历着前所未有的结构性变革，总量不足、人口老龄化将是人口结构在相当长的一段时间内的常态。受此影响，中国已经从依赖人口规模获得人口红利的阶段，逐步过渡到向存量劳动力资源深度挖掘获取利润的阶段，提高劳动的参与率及劳动效率变相增加劳动供给，将是劳动力支持未来经济发展的主要模式。世界经济论坛发布的《2017 年全球人力资本报告》指出，全球人力资本平均开发利用率仅为 62%，各个国家对于人力资本的开发程度仍然较低，导致劳动力充分就业不足，进一步加剧了劳动力供需之间的矛盾（见表 2）。

2013 年以来，国内劳动力总量供应一直呈现下降趋势，虽然国家在 2015 年 10 月开放了“二孩”政策，但总体出生率依然呈下降趋势，预期在相当长的一段时间内，人口出生率及人口自然增长率将维持在一个较低的水平或继续呈现下降的状态（见图 2）。

表 2　全球人力资本指数

排名	地区	人力资本指数得分
1	挪威	77.12
2	芬兰	77.07
3	瑞士	76.48
4	美国	74.84
5	丹麦	74.40
6	德国	74.30
7	新西兰	74.14
8	瑞士	73.95
9	斯洛文尼亚	73.33
10	奥地利	73.29

资料来源：世界经济论坛《2017 年全球人力资本报告》。

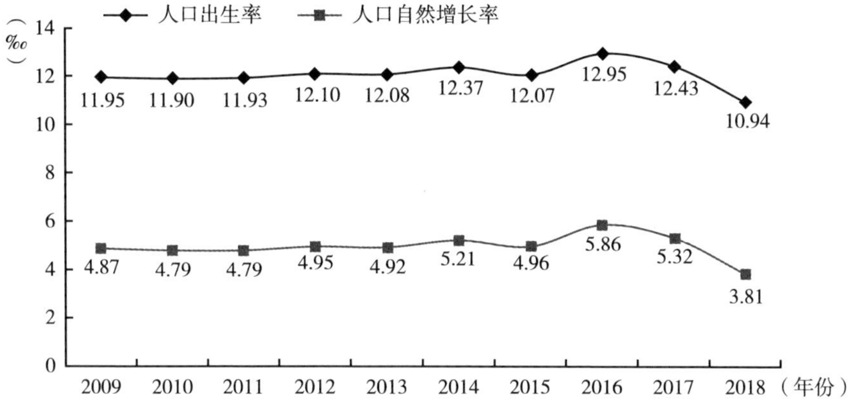

图 2　人口出生率及自然增长率

伴随人口出生率及人口自然增长率的下降，劳动年龄人口的绝对数量降低。国家统计局的数据显示，从 2013 年开始，15～64 岁人口总量的存量首次出现下降，在这之后呈现逐年下降趋势，同时老年抚养比却逐步上升，上述原因从根本上改变了劳动力存量结构。从 2013 年开始，劳动力供应总量绝对值开始变少（见图 3）。

劳动参与率反映的是经济活动人口占劳动年龄人口的比例，其主要反映的是劳动者对提供劳动的意愿，从另一个侧面反映了劳动者对于工作收入与闲暇选择的偏好。中国的劳动参与率一直在世界范围内保持着较高的水平，2009 年

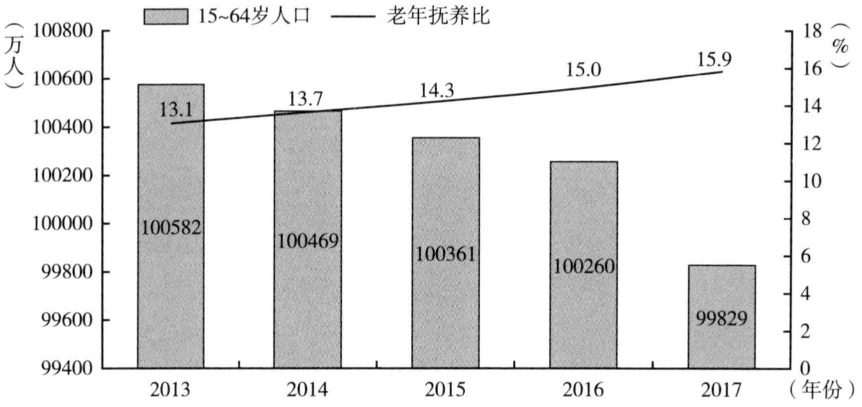

图3　15～64岁人口及老年抚养比

为71.45%，而同期日本及美国仅为60.37%和64.32%，该指标的变化主要取决于经济发展水平及社会保障水平，因此在未来的一个阶段内，随着经济稳定发展及社会保障水平的逐步提高，该指标还将呈现逐步降低的趋势，劳动者对闲暇选择的偏好将逐步增强，2018年中国的劳动参与率指标为68.72%（见图4）。

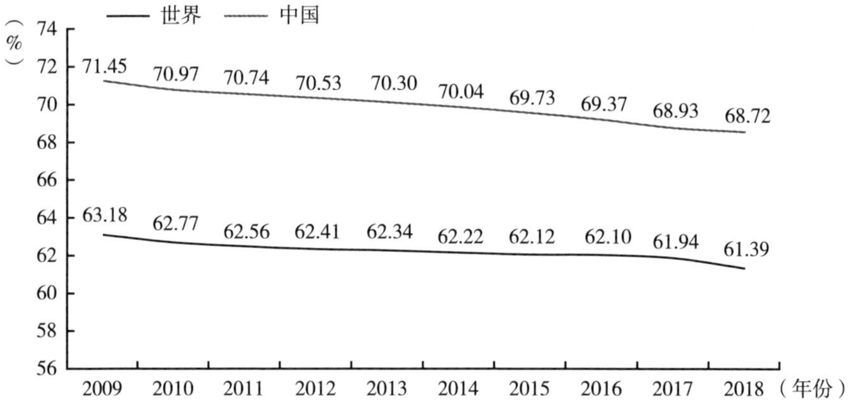

图4　劳动力参与率

二　中国的灵活用工

中国的经济发展进入新常态，GDP增速预期将在相当长的一段时间保持在6%~7%，同时随着供给侧改革的实行，经济结构调整、产业结构调整的实施，以高能耗、粗放管理、搭载人口红利的发展模式已经难以适应现行阶段下的经济发展要求，而高附加值、高新科技、高价值服务、高效率产能将成为未来推动企业发展的核心动力（见图5）。

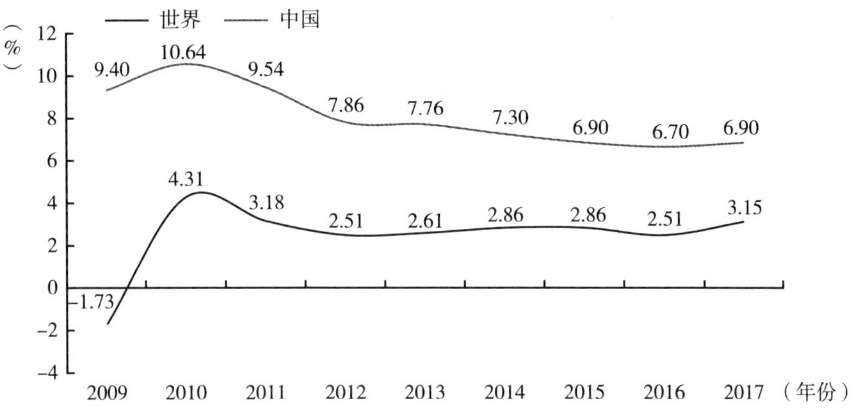

图5 中国及世界GDP增速

与此同时，中国的劳动力结构也出现了较大的变化，15岁以上年轻劳动力的绝对数量在减少，且就业比例逐步下降，就业比例从1991年的75.18%持续下跌至2018年的65.68%，下跌了近10个百分点，而同期世界15岁以上年轻劳动力就业比例仅降低不到3个百分点，结构变化、供给不足、就业率降低造成劳动力的供需关系出现了变化，企业的用工成本不断增加（见图6和表3）。

表3 2016~2018年人口年龄结构

单位：%

指　标	2018年占比	2017年占比	2016年占比
0~15岁	17.80	17.80	17.70
16~59岁	64.30	64.90	65.60
60岁及以上	17.90	17.30	16.70

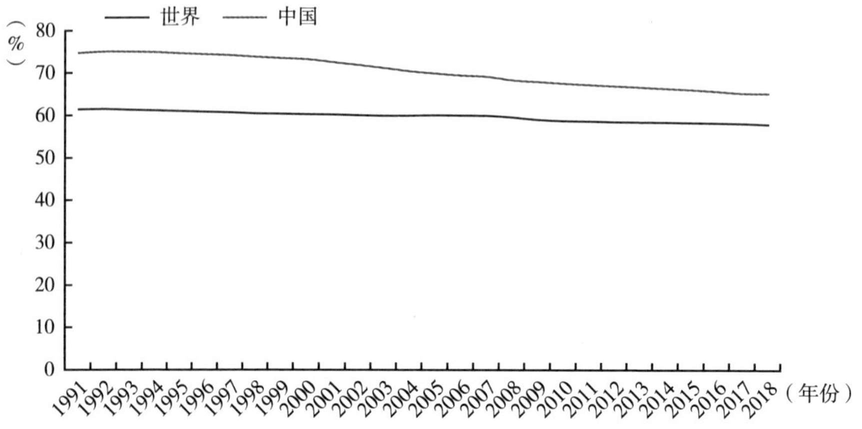

图6　15岁以上人口就业率

我国的劳动力市场经过逐步深化的过程，雇佣关系已经从单一雇佣方式走向多元化，由于产业结构调整、人口结构调整，人口供应总量降低带来的改变，从根本上造成劳动力市场出现结构性变革。

（一）劳动力结构性变革

目前中国的劳动力市场呈现结构性矛盾突出的状态，突出表现为招工难和就业难并存，随着利用信息化技术促进产业变革的工业4.0时代的来临，智能制造、机器替代人工等工业制造模式的采用，导致制造业中、低端岗位大量消亡，低技能劳动力及部分通用型人力岗位将被人工智能替代，普通劳动者再就业难度急剧增加。

360数字营销中心发布的《360招聘行业研究报告》显示，2018年中高端人群求职关注度保持稳定，占比约为81.6%，而其他类型的求职关注度合计仅为18.4%，中高端人才随着产业政策向高新科技企业的倾斜，将逐步成为劳动力市场的主体，人才需求缺口在短期存量不足的情况下将难以得到有效的弥补（见图7）。

高新技术行业，新兴行业，新型的产业、技术性职业所需要的高素质劳动者供不应求。通过灵活用工的模式，对劳动力进行有效的配置，避免单一

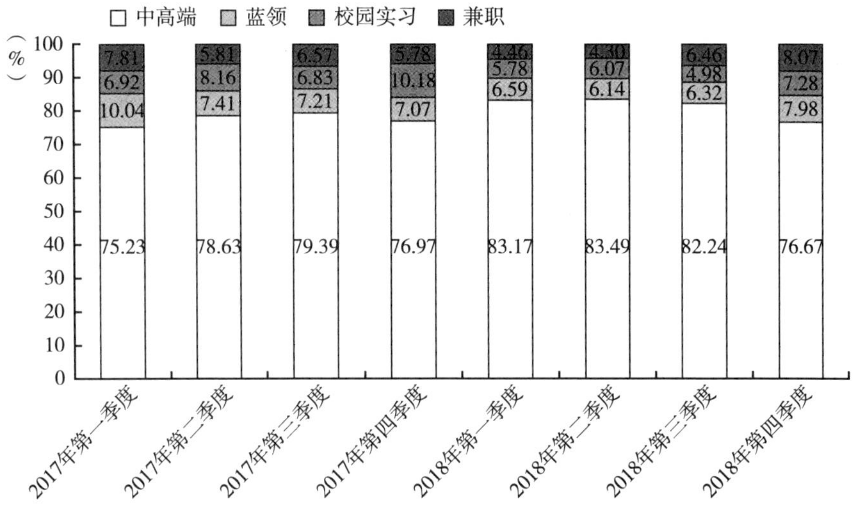

图7　2017～2018年招聘行业各细分人群占比变化趋势

资料来源：360数字营销中心《360招聘行业研究报告》。

雇佣方式对人才流动造成的固化影响，可有效解决这一问题。未来可采用兼职、外包、自雇、短期合同等多种方式，释放劳动力市场的活性。

（二）地缘双创政策，社保征缴体系变更，个税改革对劳动力影响

灵活用工的市场规模受到地区经济发展状况的影响，经济发达地区灵活用工市场活跃程度较好，北京、深圳、上海、广州以及环渤海经济区等地区市场发展较快，灵活用工规模较大（见表4）。

表4　双创指数排名

综合排名	城市	省份	双创指数	创业企业	融资	就业	技术成果	服务平台	政府基金	科技投入	生态
1	北京市	北京市	724	98	172	92	13	88	97	68	16
2	上海市	上海市	675	97	123	90	13	87	94	78	8
3	杭州市	浙江省	631	94	147	87	12	55	71	76	8
4	广州市	广东省	564	94	87	88	13	59	68	84	8
5	深圳市	广东省	551	96	42	89	13	71	83	70	8

续表

综合排名	城市	省份	双创指数	创业企业	融资	就业	技术成果	服务平台	政府基金	科技投入	生态
6	苏州市	江苏省	527	91	90	57	13	47	70	74	8
7	南京市	江苏省	501	89	25	67	13	63	61	79	24
8	武汉市	湖北省	496	81	64	80	13	50	57	81	8
9	长沙市	湖南省	433	76	7	62	13	56	36	71	16
10	成都市	四川省	431	89	23	86	13	49	49	63	8

资料来源：中国创新创业指数，http：//inno. 36kr. com/demo. html#/province_ rank。

国家提出的“大众创业，万众创新”的结构性改革政策出台后，国务院各部委及各地区相继出台配合双创的扶持政策，随着“双创”活动深层次发展，创业创新企业出现了井喷式的增长，新的市场主体的增加对劳动力需求旺盛（见图8）。

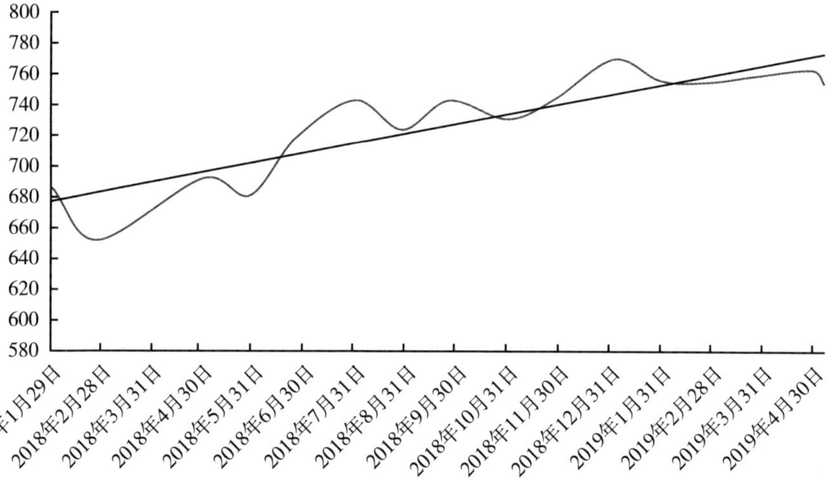

图8　双创指数

资料来源：中国创新创业指数，http：//inno. 36kr. com/demo. html#/province_ rank。

同时，受国地税合并、社保费征缴工作划归税务、个税改革政策的影响，企业合规性成本上升，同时小微企业、自雇者数量未来将呈现大规模增加的趋势，上述一系列的影响将从根本上改变国内雇佣及劳动力市场模式。

（三）组织结构变革

在早期大工业时代，流水线生产的模式以稳定熟练的劳动力为基础，因此需要稳定的劳动力供给支持，所以在当时，稳定的长期的雇佣关系是整个劳动力雇佣市场的主流，稳定长期的劳动雇佣模式降低了员工的流动性风险，提高了生产效率，并且依托固化的劳动关系，在当时迅速组建起了大量的庞大的组织体系，管理规范，经营高效。

但是随着时间的推移，大型机构中，固化的劳动关系直接导致的是整体组织机构的僵化，组织冗余及信息传递缓慢，无法适应市场的快速变化，同时在这种组织内个体的个性化被严重地压抑，个体价值无法得到体现。现在，个体能力日益突出，科技进步打破了时间及地域的界限，个体很难再被固化在一个机构中，个体对组织的忠诚度很难再依赖雇佣关系来固定并强化，个体会主动寻求自由非固化的雇佣关系。

（四）国内灵活用工需求

企业为了适应生产经营变化及劳动力市场变化的影响，针对替代性、临时性、辅助性的岗位，将主要依赖灵活用工模式来解决，未来企业的用工方向以减员增效、提高劳动力资源配置为方向，未来将会采用多种多样的灵活用工形式以适应发展需要。

1. 季节性、阶段性用工

根据中瑞方胜2019年针对北京地区企业灵活用工需求调研可见，其以短期性用工及间歇性用工模式为主，主要应对技术含量低，且替代性强的工作岗位，雇佣合同期较短，管理灵活，季节性强。阶段性用工主要在经营业务周期性明显的行业，以外包形式出现，多以项目外包、岗位外包的形式存在（见图9）。

采用灵活用工的岗位与项目共同的特点在于用工总量呈现波动性，第一种用工需求主要来自一些受季节性影响较强的行业，在淡季存在生产萎缩甚至停产的情况，用工需求降至最低，但旺季又会出现用工荒、招聘难，人员流动率高，在用工总量波动的循环中，企业用工成本高昂，且很容易在用工过程中涉及法务风险。

第二种需求来自企业针对业务模块的独立性及可拆分性，企业出于转移成本及提高业务效率的考虑，对业务流程及业务单元重新梳理分析，针对可独立拆分的流程及组织模块，采用整体外包的形式，交由专业的服务机构及人员。

第三种用工需求主要来自项目类需求，企业短期项目需要专业性强、经验丰富的专家类员工，采用自雇模式在项目结束后面临高昂的解约成本，此时采用灵活的用工模式，由企业与自雇者或专业管理平台进行合作，进行项目类用工模式，项目结束后，用工需求结束，项目服务人员自由退出，企业无须承担传统用工模式下的解约风险，员工亦可获得较高的自由度，甚至可以在一定期间内承接多个项目，达到自身价值的最大化。

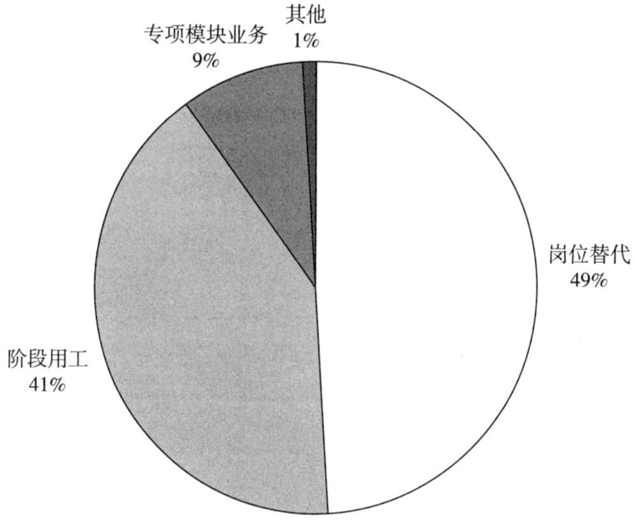

图9　灵活用工需求占比

资料来源：中瑞方胜《2019 年灵活用工调研》。

2. 灵活的平台性用工

“互联网 +”、人工智能、大数据等高新技术的普及，为灵活用工提供了有效的技术支持，以往的企业项目类灵活用工模式，受到技术手段的限制、地域性因素的影响，在用工的灵活性及广泛性上都难以满足需求。随着互联网技术的普及，各类管理平台迅速覆盖至各个地区，平台呈现涉及行业丰富、界面友好、覆盖人群广的特点，各类型企业能够通过平台迅速对接全国甚至全球的灵活用工服务者，以往受地区性用工水平较低难以实现项目性用工的问题迎刃而解。

3. 降低用工风险及成本

降低和转移用工风险也是企业采取灵活用工方式的主要目的，目前国内企业应对社保征缴体系变更及劳动风险转移的手段，主要以采用灵活用工模式为主，国内主要法条在对派工方与用工方对雇员工资、休假、福利等责任认定上还存在责任不清晰的问题，在现阶段以劳动合同关系认定为核心标准的现行体制下，企业通过转移劳动关系来规避用工风险也是灵活用工市场驱动的因素之一。

灵活用工在根本上解决了传统用工模式下企业或将面临的用工风险，一方面，灵活用工协议签署方式灵活，不同于传统用工模式必须签署纸质劳动合同的方式，灵活用工除纸质协议外，可以采取更加灵活的口头协议，且员工的进入和退出雇佣关系十分自由，企业与灵活用工解约可以依据实际用工情况随时解除用工关系而不需要承担高昂的解约成本。

另一方面，灵活用工模式下，薪资支付的模式更加灵活，可以采用日薪、周薪、项目结算等多种模式，与此同时，企业除规定的工伤险外无须承担灵活用工的社会保险和公积金等相关成本，大大降低了企业的运营成本，而灵活用工本身亦可采用更加灵活的结算方式，在依法依规的前提下，享受国家减税降费政策，降低自身税负，获取更佳的收益。

4. 新兴行业需求

第三产业的快速发展也催生了人才需求结构的变化，而第三产业中的传统零售行业以及新兴的互联网、传媒行业正是灵活用工的主要需求方。

伴随着第三产业的升级以及对 GDP 贡献率的增加（见图 10），第三产业中的新兴行业对人才需求总量迅速增加，根据中瑞方胜 2019 年针对北京

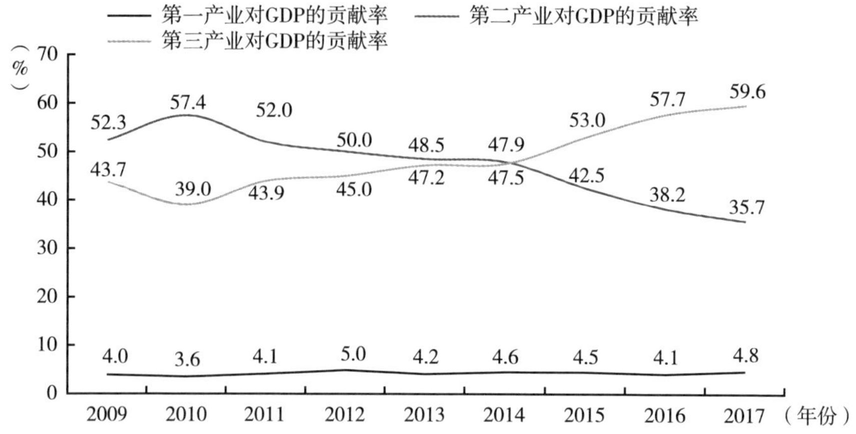

图 10　三产 GDP 贡献率

地区灵活用工行业需求调研，新型岗位及新型职业中，互联网、泛娱乐、智能制造、零售行业对灵活用工的需求最为旺盛，占到需求量的 68.8%，预期随着产业结构及新兴行业的持续走强，灵活用工市场总量及需求将不断提升，市场活跃程度将不断增强（见图 11）。

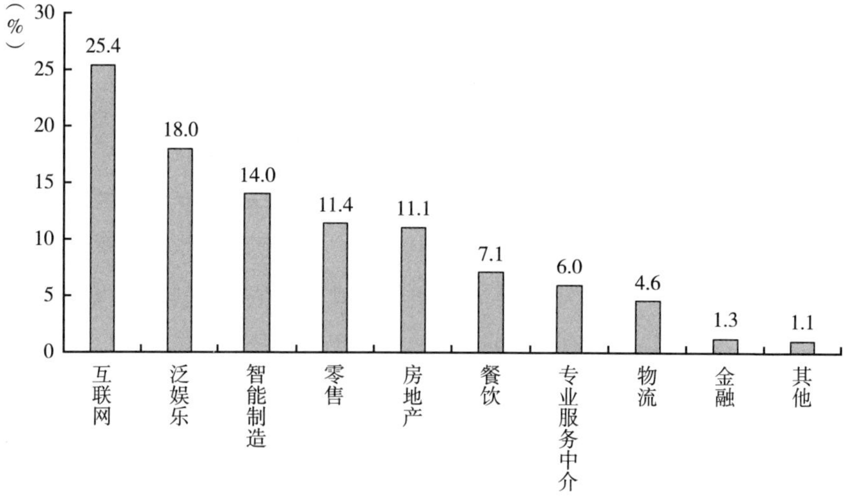

图 11　行业灵活用工需求占比

在灵活用工岗位需求靠前的行业中，互联网、智能制造行业均属于新兴高新技术行业，在上述行业中整体员工呈现高知化特点，自由度高，流动性大。传统的层级化组织多呈现流程冗长、组织文化官僚化特点，难以适应快速的市场变化，组织内部强调对上级的服从，员工个性受到压制，难以创造个性化价值，而高新技术创新类企业的组织架构不同于传统行业的矩阵式模型，而是呈现分散化、平台化特点，企业希望打散管理架构甚至打散业务模块，积极寻求更加灵活高效的组织变革及灵活用工模式，大多数创新类高新技术行业内部强调人员的个性化，人才是创造企业价值的主体，员工强调对企业管理的参与，寻求更加灵活宽松的环境、更大的发展空间，进而延伸至对企业价值中自身占比的提高，在一个企业里，从一而终的工作模式已经不能适应这类行业员工的需求，灵活用工模式为上述需求提供了可能，组织合伙、项目合伙等模式层出不穷，为人力资本与货币资本的有效结合创造了条件。

根据中瑞方胜 2019 年针对北京地区灵活用工行业需求调研，北京地区企业在未来 6 个月内有意愿采用灵活用工计划的企业合计占比达 48%，从数据可见有意愿采取灵活用工的企业占比将近一半。同时，针对灵活用工岗位的薪酬待遇也呈逐步上升趋势（见图 12 和图 13）。

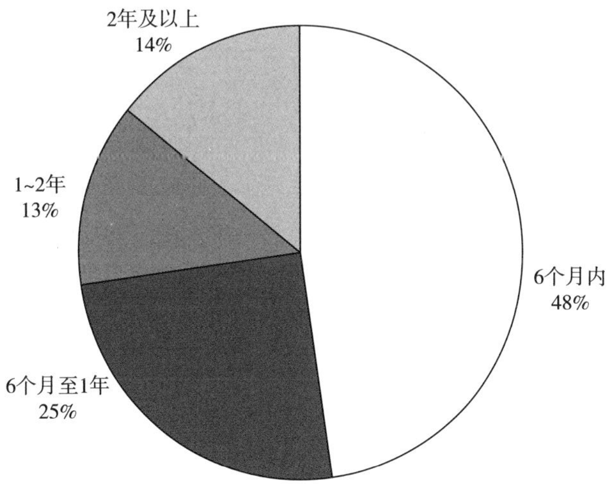

图 12　灵活用工采用意愿

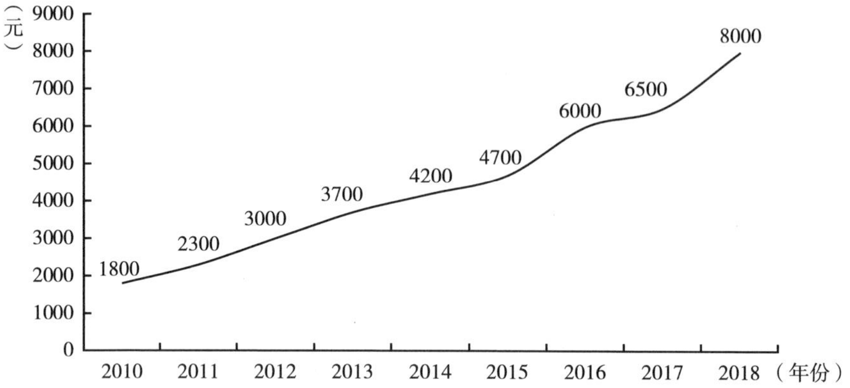

图 13　灵活用工通用岗位薪酬趋势

5. 政策覆盖的缺失

进入 2019 年后，为了降低企业税赋，帮助企业更好地经营，2019 年 4 月国务院常务会议就审议通过了以增值税改革为主要内容的一揽子减税措施，制造业受益最大，税率下调了 3 个百分点，对适用 6% 税率的生产生活性服务业纳税人采取了加计抵减政策。

但是通过对增值税政策的分析可以发现，虽然增值税是以商品（含应税劳务）在流转过程中产生的增值额作为计税依据而征收的一种流转税，但是针对企业经营过程中由劳动力成本造成的增值并未获得相应的抵减，这主要是由于其成本核算的复杂性，对人工成本的核算具有较大的不确定性，在进项抵扣方面难以进行有效的管理。我们同时应该看到，由此造成企业经营成本高昂，同时存在个税和增值税双重征税的现象。上述原因也是企业迫切希望转移劳动力成本，从而催生灵活用工市场发展的一个重要因素。

三　灵活用工市场变革的应对

（一）政策及制度层面

我国的劳动力市场经历了从 2008 年到 2014 年逐步规范的过程，从 2008

年颁布《劳动合同法》到2013年修订《劳动合同法》，在2014年颁布了《劳务派遣暂行规定》，进入2018年及2019年重新修订《中华人民共和国个人所得税法》、印发《国税地税征管体制改革方案》。

上述法规的陆续发布，整体上就是中国劳动力市场从无到有、从粗放到规范发展的一个过程，例如2018年修订的《中华人民共和国个人所得税法》，个税改革从根本上对个人经营所得涉及的个税部分进行全新的规范（见表5），同时配套的小微企业优惠政策，从根本上催生了自雇者这一劳动力供应方式的迅猛发展，每一次劳动力市场的变革都伴随着法律法规的出台。

表5　个人所得税率——经营所得

级数	全年应税所得(元)	税率(%)	速算扣除数
1	≤30000	5	0
2	30000～90000	10	1500
3	90000～300000	20	10500
4	300000～500000	30	40500
5	>500000	35	65500

资料来源：《中华人民共和国个人所得税法》。

目前在灵活用工时代，对灵活雇佣模式下的劳动者的保护是法律上比较欠缺的，尤其是针对依托用工平台承接业务的自雇者，对于这种雇佣关系下劳动关系的认定还属于模糊阶段，一方面简单认定劳动关系成立会加大用工企业的经营成本，另一方面不做认定又难以保障劳动者的权益，国家在对类似劳动关系及双方权责认定的过程中，应以促进推动为前提，保持平衡。

在应对灵活用工市场中劳动力权益方面，部分城市已经开始陆续出台相关规范，上海市总工会首次设计推出了《灵活就业群体工会会员专享基本保障》，明确从2019年1月1日起，本市灵活就业群体工会会员将获得专享基本保障，最高每人每年保障金可达9.08万元。

在行政管理上，尤其是税管渠道的管理，精简高效的流程与管理模式将有效推动灵活用工模式的发展，小微、双创企业在获得政策优惠后，只有在执行上能够低成本地享受优惠红利，才能加速释放该模式下的灵活用工市场的创造效应，引领市场高速发展。

（二）行业及机构层面

在应对灵活用工市场的发展中，行业机构在产业的发展中是重要的参与者，整个产业政策的施行与实际业务模式的摸索与操作都需要专业机构的执行。

灵活用工市场的发展，首先需要依托规范的用工产品，为灵活用工市场的产品需求方提供多样的产品选择，灵活用工产品在研发及实际操作过程中，因为制度衔接的问题，还存在一定的中间地带，同时国内企业在灵活用工产品的使用选择中，初衷多以规避或转嫁成本风险为目的，对于整体市场，中介机构应坚持正确的引领导向，将灵活用工产品作为劳动力市场及企业雇佣模式的有效补充，而不应将其作为规避制度的手段。

同时，在配套产品方面，行业机构也应该注意对衍生性业务的发展，例如针对目前施行的新个税改革及增值税改革、减税降费政策，行业机构应配合灵活用工产品，针对高净值人群、个营者群体、自雇者等新型小微组织的出现，在税赋优化方面给予支持，企业转变用工模式的主要初衷即为减员增效，同时劳动力选择多种雇佣方式承接企业服务亦是为了获取更加灵活的时间与收益，从中瑞方胜 2019 年针对北京地区灵活用工行业需求调研可见，近 40% 的企业未来有望将核心业务对接自雇者群体，这反映了未来自雇型、个营者小微组织在劳动市场中将逐步提升占比的趋势（见图 14）。

这必将催生一个新的人力市场产品，即针对灵活用工的税负优化产品，中瑞方胜 2019 年针对小微创组织财税产品的调研显示，65% 的小微企业出于风险和成本的考虑，未来将采取委托专业机构处理相关业务（见图 15），而在产品方向的调研中，税优政策的选择、税优的地域筹划、高净值人士的资产管理、高端劳动力的股权分红个税筹划、自雇自营者的税负筹划是未来产品的主要发展方向（见图 16），上述产品的市场将随着灵活用工市场的发展，迅速扩大，市场中的行业机构应利用行业优势迅速转型，完成行业产品的对接。

笔者一直在关注着中国劳动力市场的走势，综合观察欧美、日本等灵活用工市场的发展过程，依据经济发展规律及经济总量规模，灵活用工市场在中国有着巨大的发展前景。

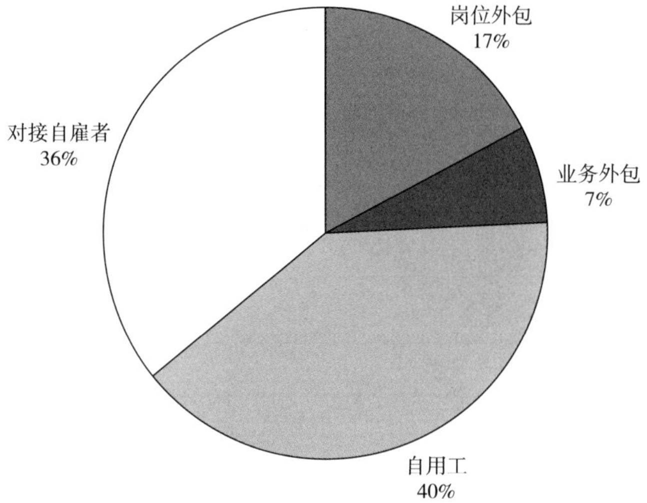

图 14　核心业务用工方式

资料来源：中瑞方胜《2019 年灵活用工调研》。

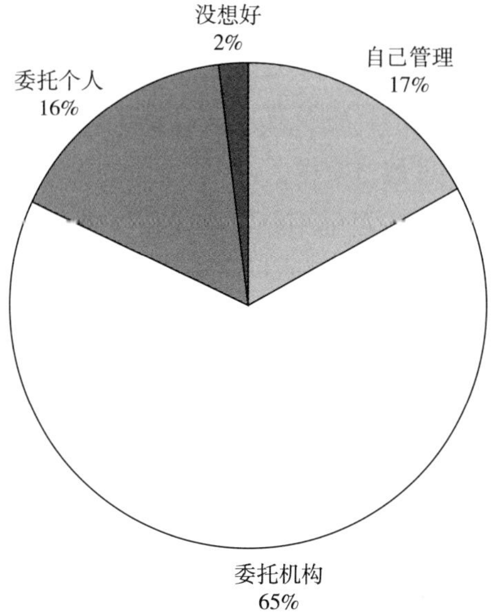

图 15　小微创组织财税业务处理模式

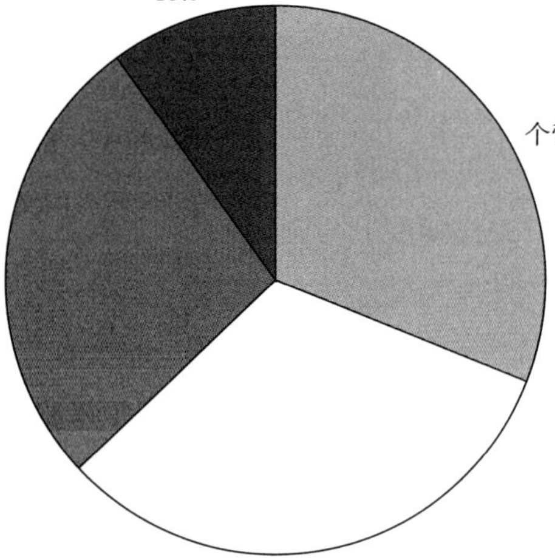

图 16　企业个税产品需求占比

灵活用工市场的发展在中国刚刚开始，国情与国外成熟的灵活用工市场不同，虽然国地税合并、降费减税等措施出台，但目前政策还不能完全将所有企业行业全覆盖，随着符合国情的细化政策逐步出台，保障政策红利的充分释放，灵活用工市场的活性将被充分地激活。

在灵活用工市场的发展过程中，人力资源行业需积极配合政府，把握好国际趋势，保障市场运行得更加平稳，中国毕竟是人口大国，处在转型时期，人口大国转型发展到人力大国是未来必然的发展趋势，2019 年 5 月 14 日，李克强总理对“全国就业创业工作暨普通高等学校毕业生就业创业工作电视电话会议”作出重要批示，“要坚持就业优先政策，加强形势监测研判，加大对企业的稳岗支持力度，实施好大规模职业技能培训，大力促进创业创新带动就业，守住不发生大规模失业的底线”。稳定是纲，所以人力资源行业应承担责任，利用自身优势，积极引导，遵守规范，维护灵活用工市场平稳、健康地发展。

参考文献

赛思 · D. 哈瑞斯:《美国“零工经济”中的从业者、保障和福利》,《环球法律评论》,http://www.globallawreview.org/Magazine/Show/54403。

360数字营销中心:《2018年招聘行业研究报告》,2019年3月。

《2019德勤全球人力资本趋势报告》,https://www2.deloitte.com/cn/zh/pages/human-capital/articles/global-human-capital-trends-2019.html。

丁晓龙:《平台革命、零工经济与劳动法的新思维》,《环球法律评论》2018年第4期。

德勤管理咨询:《工业4.0悖论:克服数字化转型道路上的脱节》,2019年3月19日。

黄守宏:《灵活用工市场大发展时代的来临》,https://report.hrmarket.net。

冯喜良、张建国、詹婧、谢丽霞:《灵活用工——人才为我所有到为我所用》,中国人民大学出版社,2018。

彭俊松:《工业4.0驱动下的制造业数字化转型》,机械工业出版社,2016。

乌尔里希 · 森德勒(Ulrich Sendler):《工业4.0:即将来袭的第四次工业革命》,邓敏、李现民译,机械工业出版社,2014。

《Edison Research:2018美国的零工经济(Gig)》,https://www.useit.com.cn/thread-22113-1-1.html。

《2016任仕达灵活用工报告》,http://report.hrmarket.net。

《世界经济论坛:2017年全球人力资本报告》,https://www.useit.com.cn/thread-16496-1-1.html。

B.8
上海市高校毕业生就业状况分析

王加文*

摘　要：　高校毕业生是新生劳动力的主力军。促进高校毕业生就业创业，关乎个人发展、家庭幸福和社会安定，是“稳就业”的重中之重。近年来全国高校毕业生数量屡创新高，2019 年达 834 万人，在当前“招聘难”和“就业难”并存的社会背景下，“史上最难就业季”的观点广为流传。如何全面、客观地认识高校毕业生就业的真实状况，既是做好高校毕业生就业工作的客观需要，也对改革高等教育工作具有重大的理论和现实意义。本文以覆盖上海全市的就业登记数据为基础，结合抽样调查数据，深入剖析了上海市高校毕业生就业的结构特征和变化趋势。

关键词：　高校毕业生　就业　创业　趋势

高校毕业生是新生劳动力的主力军，是国家的宝贵财富。促进高校毕业生的就业创业工作，是关系个人发展、家庭幸福和社会安定的大事，是“稳就业”的重中之重，也是释放人才红利、提高全要素生产率、推进经济转型升级的重要支撑。根据教育部发布的信息，2019 年全国高校毕业生达 834 万人，再创历史新高；数量庞大的毕业生，引发和加深了社会各界对高

---

* 王加文，上海市就业促进中心就业统计分析处副处长，《乐业报告》主要撰稿人，东方讲坛特聘讲师，主要研究领域为就业形势、就业质量与人力资源市场。

校毕业生就业工作的担忧，部分媒体甚至以“史上最难就业季”来形容当前高校毕业生的就业形势。

当前高校毕业生就业、收入的真实情况究竟怎么样？他们毕业后去了哪里？对当前的就业岗位是否感到满意？这是研判高校毕业生就业质量变化的重要依据，也是社会舆论广泛关注的热门话题。全面、客观、系统地研究高校毕业生的就业状况，及时回应社会关切，对促进就业和改革高等教育工作具有重大的现实意义。

本文以上海市人力资源和社会保障局就业登记信息系统（2014～2018）、上海市教育委员会高校毕业生基本信息数据库（2014～2018）为基础，结合上海市常住人口就业质量调查（2018）数据，充分利用大数据的技术手段，深入剖析了17.4万名2018届上海高校毕业生的就业和收入状况。

一 就业结构与基本特征

（一）近七成上海高校毕业生为“95后”，“00后”步入人力资源市场

从2018届上海高校毕业生的年龄结构来看，“95后”也就是1995年以后出生的高校毕业生约占67.3%，与上届相比增加了19.9个百分点，远远高于其他各年龄段毕业生的比重，是上海应届毕业生的主力军。1990～1994年出生的毕业生约占26.8%，出生于1990年以前的高校毕业生仅占5.9%（见图1）。

作为当前高校毕业生绝对主力的“95后”，他们在互联网快速发展的时代成长起来，走在了互联网发展潮流的最前沿，见证了我国在全球化、信息化时代迅速崛起的历程，思想活跃、视野宽广、开放自信，具有强烈的学习兴趣、怀疑精神和创造能力。“95后”作为新成长劳动力的主力军进入人力资源市场，将为市场注入创新发展的活力源泉，在自身事业发展的同时，为经济发展和社会进步做出贡献。需要指出的是，“95后”大学生虽然具有很多独特的优势，但在求职、择业的过程当中，也应该全面、客观地认识个人

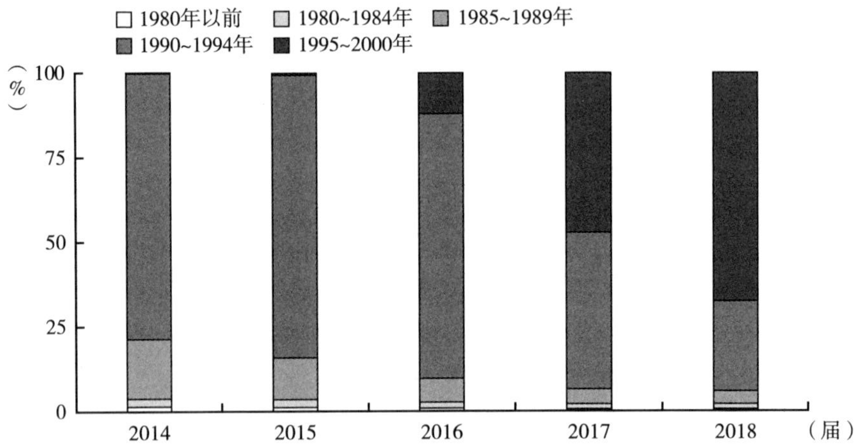

图 1　上海高校毕业生出生年份的变化趋势

的能力特长和人力资源市场的现实状况，找准职场定位，坚决避免高不成、低不就而难以尽快实现就业甚至长期窝在家里“啃老”的现象。

2018 届上海高校毕业生尤其值得关注的一个特征是，17 位出生于 2000 年以后的“00 后”开始步入人力资源市场，开启了自己的职业生涯。“00 后”高校毕业生的人数虽然并不多，但这是“00 后”开始进入上海人力资源市场的标志，具有重要的现实意义。从 21 世纪以来我国高校毕业生进入人力资源市场的总体规律来看，新生代大学生通常从其 18 岁开始步入职场，到其 22 岁的时候成为高校毕业生的主力军、约占当年高校毕业生总量的一半左右。据此判断，未来五年将是“00 后”大学生陆续进入上海人力资源市场并逐步成为市场主体力量的重要时期。与“80 后”“90 后”相比，“00 后”的生活环境、成长经历和时代背景均有明显的差异性，他们的就业意愿、求职偏好和职业预期也将呈现新的特点，值得高度关注和深入研究。

（二）服务业吸纳的高校毕业生近九成，从事商务服务、科研、IT 等行业的高校毕业生最多

从上海高校毕业生就业的产业结构来看，在第三产业就业的人数约占

88.6%，近年来这一比重逐年攀升（见图2）；第二产业吸纳的高校毕业生约占11.3%，近年来有所下降；在第一产业就业的高校毕业生仅占0.1%，近年来总体保持相对稳定的态势。与全市就业人员的产业分布情况相比，高校毕业生从事第三产业的比重明显较高。

服务业被誉为“经济社会可持续发展的新引擎”，是现代经济体系的重要组成部分，吸纳高校毕业生就业的能力不断提升。近年来上海的服务业持续蓬勃发展，2018年前三季度第三产业增加值为16482.87亿元，占全市生产总值的比重已达69.6%，成为吸纳就业特别是高校毕业生就业的主要渠道。从未来发展趋势判断，商务服务、科学研究、信息技术等知识、技术密集型的现代服务业，将为受过良好教育的大学生持续提供更多的就业机会。

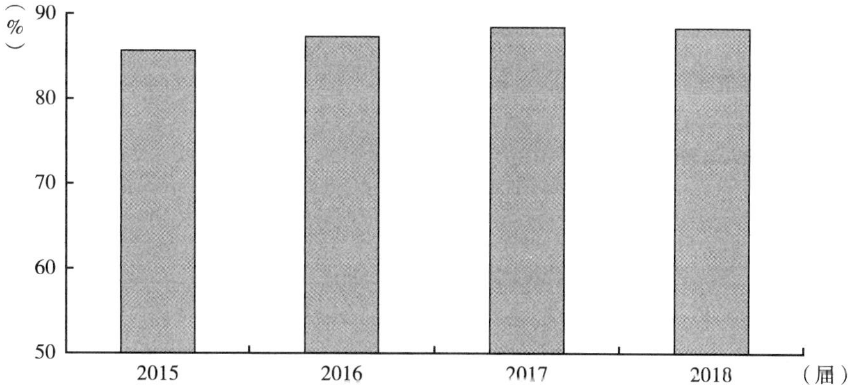

图2　从事服务业的上海高校毕业生所占比重逐年攀升

从不同行业吸纳就业的情况来看，租赁和商务服务业吸纳的高校毕业生最多，约占31.0%；其次是科学研究和技术服务业，约占12.9%；信息传输、软件和信息技术服务业，即通常所说的IT行业，吸纳的高校毕业生约占9.0%。从增幅来看，科研行业是吸纳高校毕业生增幅最大的行业，近几年保持着持续增长的势头（见表1）。

表1　上海高校毕业生就业单位的行业分布

单位：%，百分点

行业	2017 届占比	2018 届占比	变化
租赁和商务服务业	33.6	31.0	-2.6
科学研究和技术服务业	11.7	12.9	1.2
信息传输、软件和信息技术服务业	8.7	9.0	0.3
制造业	8.5	8.6	0.1
批发和零售业	8.4	8.4	0.0
金融业	7.4	6.0	-1.4
教育	6.5	6.4	-0.1
交通运输、仓储和邮政业	3.8	4.3	0.5
建筑业	2.4	2.4	0.0
公共管理、社会保障和社会组织	1.9	2.0	0.1
房地产业	1.6	2.0	0.4
卫生和社会工作	1.5	2.8	1.3
文化、体育和娱乐业	1.3	1.3	0.0
住宿和餐饮业	1.3	1.3	0.0
居民服务、修理和其他服务业	0.7	0.8	0.1
电力、热力、燃气及水生产和供应业	0.5	0.4	-0.1
水利、环境和公共设施管理业	0.2	0.3	0.1
农、林、牧、渔业	0.1	0.0	-0.1
国际组织	0.0	0.1	0.1
合　计	100	100	—

（三）民营企业是吸纳高校毕业生就业的重要渠道，1/3的高校毕业生就职于小微企业

统计数据显示，民营企业吸纳的2018届上海高校毕业生最多，约占26.9%，比上年上升了3.8个百分点；外资企业吸纳的高校毕业生约占13.6%，比上年上升了0.7个百分点；在国有企业就业的高校毕业生约占7.6%，与上年相比下降了6.4个百分点（见图3）。

从近年来的变化趋势看，民营企业吸纳的上海高校毕业生就业的比重不断上升（见图4）。我国民营企业数量众多、发展迅猛，在推动我国经济社

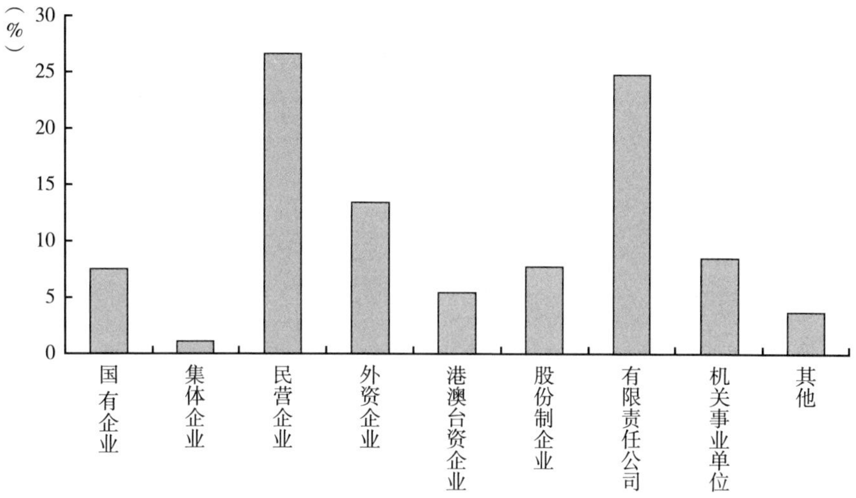

图3　上海高校毕业生的就业分布结构

会快速发展的进程中，发挥着无可替代的重要作用。经过改革开放40年以来的发展，民营企业已经成为创造就业岗位的重要渠道、促进经济增长的重要引擎、推动创新发展的重要主体、增强市场活力的重要力量。习近平总书记主持召开的民营企业座谈会，给民营企业家吃下了“定心丸”，为民营经济敲下了“定音锤”，为民营经济的健康发展注入了强大的信心和动力。从市场发展前景来看，民营企业有望继续保持蓬勃发展的势头，提供更多吸纳上海高校毕业生就业的岗位资源。

从高校毕业生就业单位的规模来看，32.4%的2018届上海高校毕业生就职于100人以下的小微企业，与上届毕业生相比上升了0.4个百分点。500人及以上的企业吸纳的高校毕业生约占43.4%，与上届毕业生相比下降0.4个百分点。从最近几届高校毕业生的就业情况来看，上海高校毕业生在不同规模的用人单位就业的结构分布，总体上保持稳定（见图5）。

（四）上下班通勤距离单程平均12.4公里、用时43分钟

抽样调查的数据表明，在沪就业的2018届高校毕业生，从居住地到上

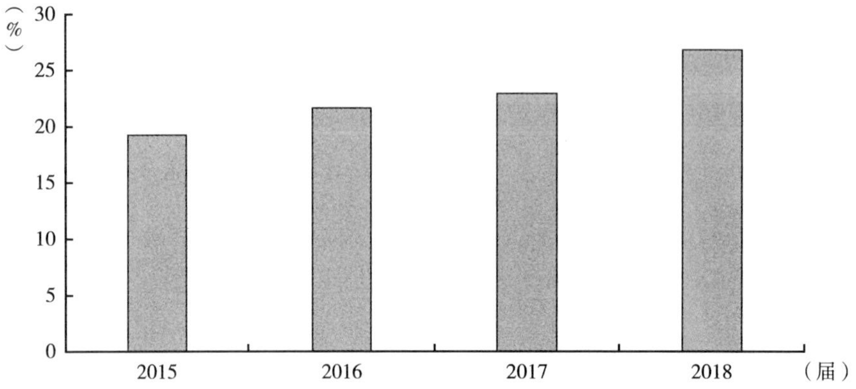

图4　民营企业吸纳上海高校毕业生的比重不断上升

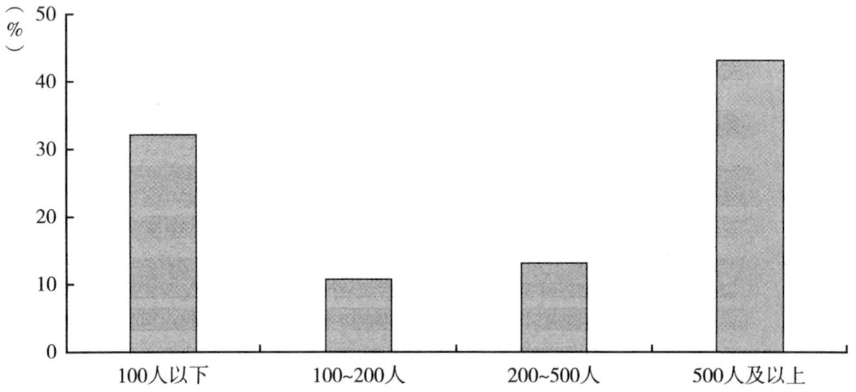

图5　小微企业吸纳了1/3的上海高校毕业生

班地点的平均距离为12.4公里，大致相当于从人民广场到世纪公园的距离，或者从人民广场到五角场、上海南站的距离。

从上下班通勤的时间来看，在沪就业的上海高校毕业生单程平均用时43分钟；其中，所需时间为30分钟以内的毕业生约占45.7%，用时30~60分钟的高校毕业生约占39.5%，用时60~90分钟的约占10.9%，90分钟以上的约占3.9%（见图6）。在国内其他省份就业的上海高校毕业生，上下班的通勤距离单程平均为7.4公里、用时27分钟，时间和交通成本均低于在沪就业的毕业生。

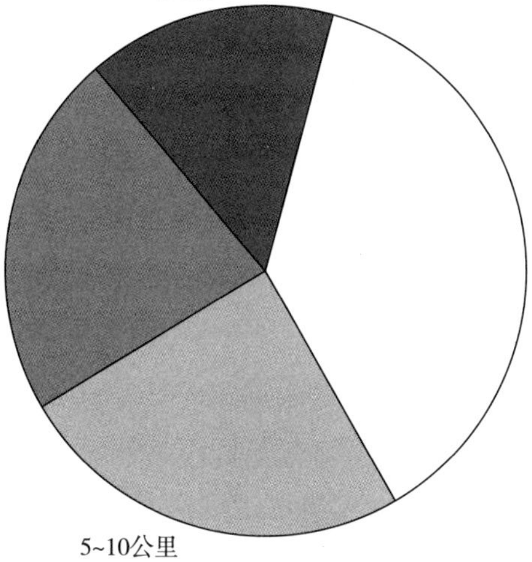

图6　在沪就业的高校毕业生的上班路程

改革开放40年特别是党的十八大以来，上海经济社会始终保持较快发展的局面，就业环境、服务政策不断完善，城市的活力和魅力不断增强。同时，随着上海公共交通特别是轨道建设布局的不断发展成熟，单位时间内的通勤能力越来越强、越来越远，同样的距离正在变得越来越“近”。因此，尽管在沪就业的毕业生上下班出行的距离较远、时间较长，经济成本也相对比较高，但其他省份生源毕业生选择留在上海就业的意愿仍在持续增强。“海纳百川，追求卓越，开明睿智，大气谦和”的城市精神，吸引着全国乃至全球的更多优秀人才来到上海、留在上海。

（五）七成高校毕业生从事与所学专业对口的工作，近八成高校毕业生对当前的工作感到满意

从高校毕业生所学专业与就业岗位对口的情况来看，专业与岗位“完全对口”或“基本对口”的约占69.9%，“不太对口”或“完全不对口”的约占28.1%（见图7）。一般来说，从事专业对口的工作，更有利于高校

毕业生学以致用，充分利用专业知识，更好地把个人专长和社会需要有机地结合起来。从用人单位的角度来看，招录专业对口的高校毕业生，也有利于人力资源的充分利用，从而进一步提高劳动生产率和经济效益，因此用人单位也更愿意优先考虑录用专业对口的人才。从最近几年的变化规律来看，上海高校毕业生中，所学专业与工作岗位对口的比例有所上升，专业不对口的高校毕业生所占的比重则相应地有所下降。

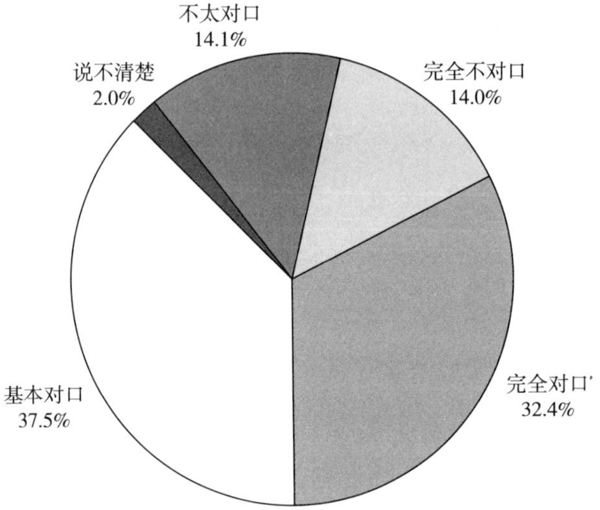

图 7　上海高校毕业生专业对口的约占七成

从高校毕业生对当前就业岗位的满意程度来看，表示“非常满意”的高校毕业生约占 16.5%，“比较满意”的约占 63.2%，两者合计接近八成；表示对当前的就业岗位“不太满意”或“非常不满意”的高校毕业生约占 6.1%（见图 8）。

就业满意度，是就业人员综合考虑其工作内容、工作环境、劳动强度以及薪资收入、晋升空间等相关因素，形成的主观认识和情感体验，并据此作出的综合性评价，是衡量就业质量的重要指标。随着上海人口结构的变化和促进就业工作力度的不断加大，高校毕业生的就业形势总体保持稳定，就业环境不断改善，这是高校毕业生就业满意度较高的根本原因。

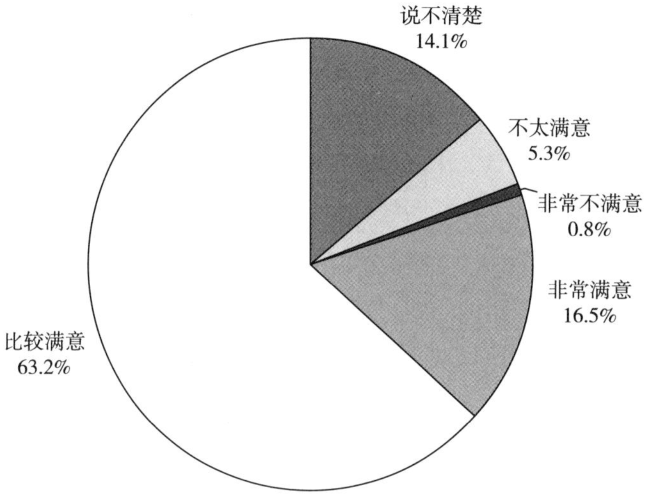

图 8　上海高校毕业生的就业满意度

就业满意度的提高，既有利于劳动者保持安居乐业的稳定状态，从而增强人民对社会发展的信心和经济发展的内生动力；也有利于企业保持员工队伍的稳定、防止人才流失，从而实现稳定经营和发展壮大，对于稳就业、稳预期具有重大的理论意义和现实作用。

二　就业稳定与职业流动

（一）平均劳动合同期限为29.2个月，就业稳定性不断增强

根据上海就业登记信息系统的数据，用人单位与 2018 届上海高校毕业生签订劳动合同的期限，平均为 29.2 个月；其中，56.7% 的高校毕业生所签劳动合同的期限在两年及以上（见图 9）。与上届高校毕业生的劳动合同期限相比，2018 届毕业生的劳动合同期限增加了 0.4 个月，高校毕业生与用人单位的劳动合同期限总体呈现增长趋势，这表明上海高校毕业生的就业稳定性在不断增强。

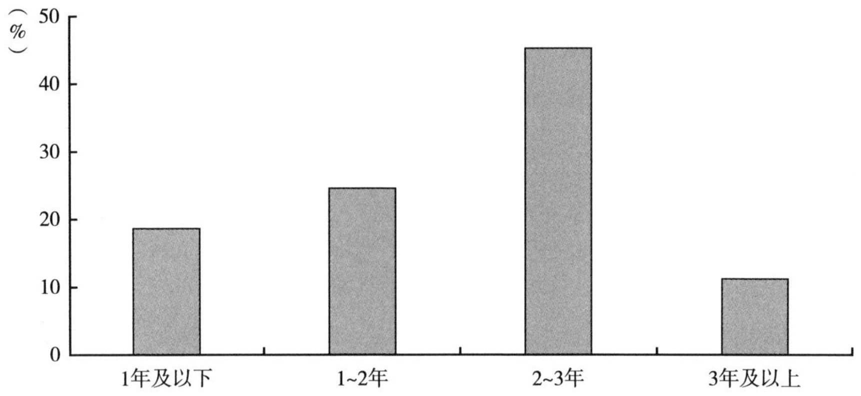

图9　上海高校毕业生的劳动合同期限

劳动合同的期限，是各类用人单位和劳动者双方之间享有权利和履行义务的时间。合理地确定劳动合同的期限，对于维护用人单位和高校毕业生个人的合法权益来说，都是极其重要的。用人单位与高校毕业生签订的劳动合同期限不断延长，这在一定程度上说明用人单位对于高校毕业生的需求和期望较高，愿意为他们提供较为稳定的职业发展环境，既有利于企业科学合理地安排生产经营活动，也有利于高校毕业生获得稳定的就业岗位和收入来源。

（二）毕业一年内两成高校毕业生已“跳槽”离开初次就业单位，艺术类专业的跳槽率较高

统计数据显示，在沪就业的2018届上海高校毕业生，在毕业一年内就已经“跳槽”离开初次就业单位的占21.1%，超过两成，与上届高校毕业生相比这一比例上升了2.6个百分点。

从不同专业之间跳槽率的差异来看，艺术专业的高校毕业生跳槽率相对比较高，38.9%的毕业生已经跳槽离开初次就业单位；其次是经济学、法学等专业的毕业生，跳槽率也相对较高，分别为25.9%和25.4%。教育学、历史学、农学等专业的高校毕业生的就业相对较为稳定，跳槽率相对较低，分别为14.0%、15.0%和17.4%（见图10）。

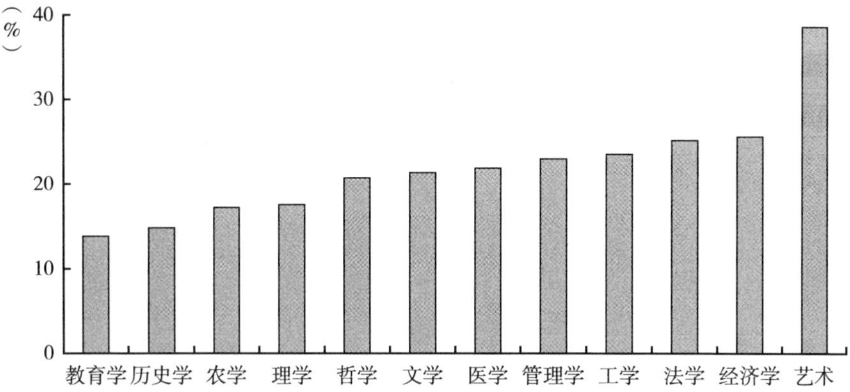

图10　上海高校毕业生离校一年时的跳槽率

从单位性质的差异来看，民营企业吸纳的高校毕业生跳槽率最高，约为30.2%，这一比例是高校毕业生总体跳槽率的1.6倍；机关事业单位、国有企业的跳槽率相对较低，分别为5.6%和11.7%。

（三）晋升空间有限，是高校毕业生离职的首要原因

从毕业生跳槽的主要原因来看，对晋升空间不满意而选择离职的高校毕业生约占33.8%，是上海高校毕业生离职的首要因素。其次是由于薪资收入没有达到期望值，因此而离职的高校毕业生约占26.9%（见图11）。

高校毕业生的跳槽率有所上升，既反映了上海就业形势向好、劳动者就业选择多元化的社会因素，也反映了新一代高校毕业生更加注重自身成长和职业发展的个人因素。有些大学生在真正进入职场之前，就已经做好了科学合理的职业生涯规划，跳槽的主要目的在于积累职场经验、提升个人能力。但也有一些应届高校毕业生，由于事先的求职准备不充分，对理想的工作、行业和用人单位缺乏全面、准确的认识，一味好高骛远，甚至频繁跳槽换工作，反而有可能适得其反。应届毕业生只有合理设定职场目标，努力寻找真正适合自己的就业岗位，才能切实降低“入错行”的风险，从而提高就业的稳定性。另外，用人单位也应当建立科学有效的人才培养和储备机制，努力为员工提供职场发展的平台、创

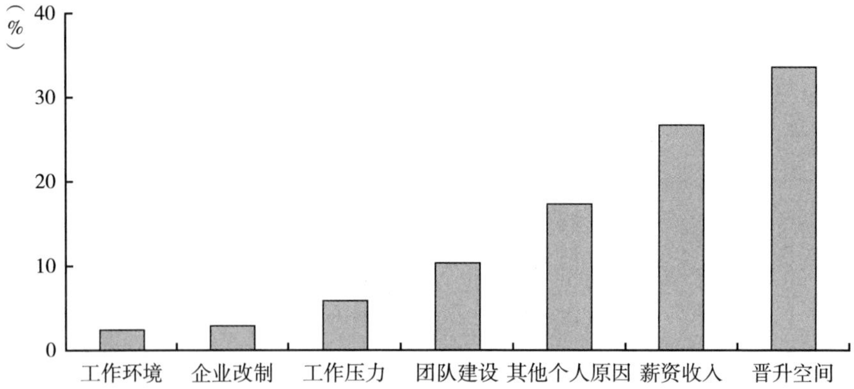

图 11　上海高校毕业生跳槽的主要原因

造职业发展空间，让员工看到个人在团队中的职业发展前景，才能更好地凝心聚气，让每一位员工都能充分施展自己的才华，为企业发展壮大提供绵延不绝的动力。

（四）外省市户籍的高校毕业生留在上海就业发展的意愿持续增强，留沪毕业生中研究生占比超过四成

从外省市户籍的 2018 届上海高校毕业生的留沪意愿来看，已有 4.0 万人（升学、出国、去外省市就业的除外）在上海人力资源和社会保障部门办理了就业登记手续，占外省市生源高校毕业生总数的 34.6%，与上届高校毕业生相比提高了 2.5 个百分点（见图 12），外省市户籍的高校毕业生留在上海就业发展的意愿持续增强。从历届上海高校毕业生的就业规律来看，这一比例有望进一步提高。此外，外省市户籍的毕业生中还有相当一部分，以读研深造、灵活就业、自主创业等方式留在了上海发展，真正离开上海到外省市求职就业的毕业生实际上不足四成。

从留沪毕业生的学历结构来看，在沪就业的外省市户籍高校毕业生中，专科、高职学历的约占 19.0%，本科学历的约占 39.3%，硕士学历的约占 38.1%，博士学历的约占 3.6%；研究生学历的毕业生合计约占 41.7%。

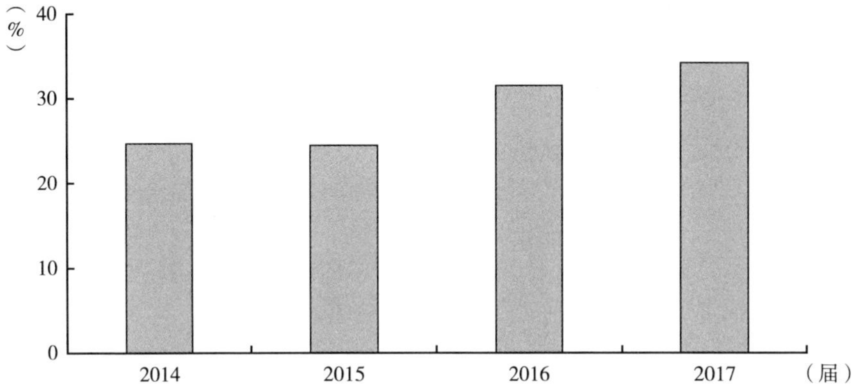

图 12　外省市生源高校毕业生在沪就业登记的比重（毕业 3 个月时）

三　求职偏好与择业意向

（一）求职择业最看重的因素是职业发展空间，就业观念更趋理性

抽样调查的结果显示，62.8%的高校毕业生在求职择业的过程中最关心的因素是职业发展空间；最关心薪酬福利的毕业生位居其后，约占 62.6%。在影响就业质量的众多因素当中，上海高校毕业生对于企业的规模、知名度等方面的关注度相对较低，都在 8%以下（见图 13）。

与历届毕业生相比，以“95 后”为主的 2018 届上海高校毕业生，更加注重职业发展空间和未来前景，对于薪酬福利方面的关注度并不像一般人们想象中的那么高。从这个意义上来说，“95 后”大学生在步入职场之初的就业观念相当理性、务实，目光长远，具有一定的前瞻性，是“可爱、可信、可为的一代”，而不是像有些人担心的那样“玩世不恭，缺乏责任意识”。

（二）国企、外企最受上海高校毕业生青睐，自主创业的毕业生增多

抽样调查结果表明，以国有企业作为最理想就业单位的 2018 届上海高

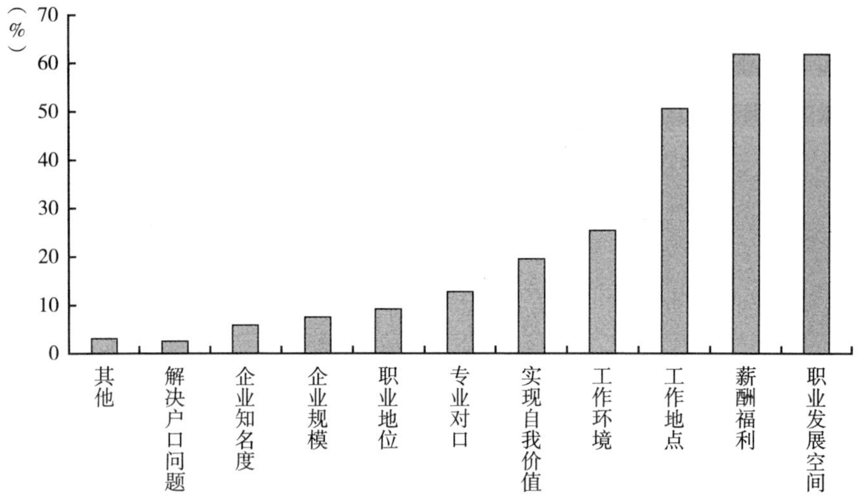

图 13　上海高校毕业生求职过程中最关心的因素

校毕业生约占 30.4%，所占比重最高；其次是外资企业，所占比重为 29.4%（见图 14）。“国企稳定”“外企收入高”的观念仍然在人力资源市场上广为流传，深刻影响着高校毕业生的择业观。

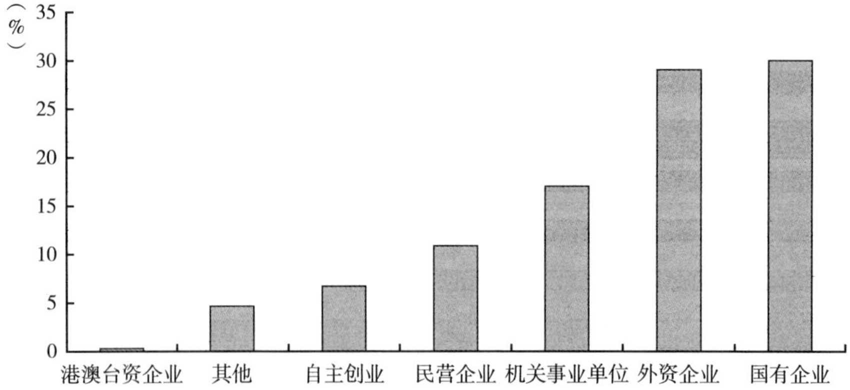

图 14　2018 届上海高校毕业生最理想的就业单位

事实上，在选择就业单位的时候，广大高校毕业生完全没有必要过分看重企业的性质、规模和名气，也不能一味地看重薪资待遇等眼前的利益，而要秉持“合脚的才是好鞋子”的就业观念，更多关注企业的成长性和行业发展前景，这样才能根据个人的实际情况选择最适合自己的工作，找到真正合脚的“好鞋子”。

调查结果同时显示，最理想的就业选择“自主创业”的高校毕业生约占6.8%，与上届相比上升了0.7个百分点。在“大众创业、万众创新”社会浪潮的推动下，政府激励创业、社会支持创业、劳动者勇于创业的机制日趋成熟，上海扶持创业的氛围和环境越来越好，劳动者创业的意识也不断增强，因此越来越多的高校毕业生把自主创业当成了最理想的职业选择。这些高校毕业生怀揣创业梦想，富有创新精神，勇于面对挑战，渴望把在象牙塔里学习的理论知识早日转化为社会财富。他们中的佼佼者，有些已经在自主创业的过程中提高了个人能力、加快了成长步伐，既实现了个人的人生理想、积累了大量财富，也为社会发展进步贡献了一己之力。同时需要指出的是，创业有风险，投资需谨慎。高校毕业生在憧憬创业理想的时候，也要客观、理性、全面地评估自主创业的市场风险，真正树立风险意识、市场意识和责任意识，才能切实提高创业成功的概率。

（三）求职面临的最大困难是缺乏实践经验，就业见习政策“雪中送炭”

对于求职过程中面临的最大困难，48.8%的高校毕业生表示是“缺乏实践经验”，明显高于其他选项。认为“自身能力与单位需求不符”是求职最大困难的毕业生约占29.8%，认为“缺乏社会关系”的约占26.0%（见图15）。

从调查结果来看，缺乏实践经验是困扰大学生的最大难题。企业为了提高人力资源的利用率和工作效率，往往更愿意招聘录用那些具有一定工作经验的员工，尽量缩短岗位培训的周期和降低成本。从用人单位的角度来看，这样的选择固然无可厚非，但对于绝大多数应届高校毕业生来说并不公平。如何在离开大学校园之前努力积累一些实践经验、提升个人的职场竞争力，为将来的求职应聘加分，是大多数应届高校毕业生共同的心愿。为了帮助在校大学生积累实践经验、提升求职竞争力，让他们在真正进入职场以前就能

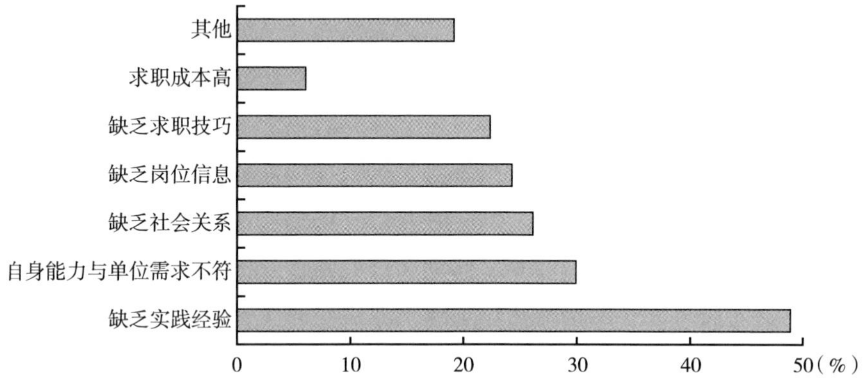

图 15　上海高校毕业生求职时面临的最大困难

熟悉人力资源市场和具体的就业岗位，上海市人力资源和社会保障部门适时推出了就业见习、职业训练营等政策措施。符合条件的大学生可以通过参加见习的方式，既能够体验职场、积累实践经验，还可以每月享受政府的补贴。对于缺乏实践经验、迫切需要提升自己的应届高校毕业生来说，这样的政策措施可以说是“雪中送炭”。

（四）5.1%的高校毕业生选择灵活就业，专科毕业生最爱“自己单干”

根据上海就业登记信息系统的数据，共有4695名上海市2018届高校毕业生选择了灵活就业，他们不与任何用人单位建立固定的劳动关系，而是以自由职业、自主创业或自我雇佣等方式，付出劳动并获得相应收入。从所占比重来看，上海高校毕业生中灵活就业的人数约占就业总人数的5.1%；其中，专科学历的高校毕业生中，选择灵活就业的比重是8.1%，本科及以上学历的高校毕业生选择灵活就业的则仅占7.7%（见图16）。专科毕业生选择灵活就业的比例明显较高。

在“大众创业、万众创新”的社会背景下，“互联网+”经济不断发展壮大，为包括高校毕业生在内的广大劳动者提供了越来越多的就业选择。工作时间、工作地点都可以自主安排，收入也较为丰厚的灵活就业方式，激发

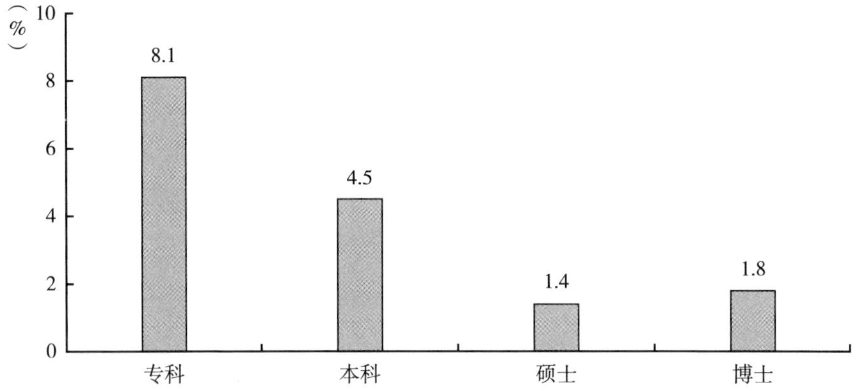

图 16　上海高校毕业生灵活就业的比重

了青年大学生创业创新的热情，逐渐受到高校毕业生的青睐，越来越多的年轻人开始追求不一样的生活方式。

需要指出的是，有些高校毕业生以灵活就业的方式把自己的事业做得红红火火，却忽略了参加社会保险的重要性，缺乏未雨绸缪、防范风险的意识，一旦遭遇劳动风险，比如失业、工伤甚至丧失劳动能力等，往往难以获得相应的社会保障和必要的物质帮助。根据上海市人社局的现有政策规定，灵活就业的高校毕业生参加社会保险，符合相关条件的，每月可以获得近 800 元的社会保险补贴，最长可以领取两年，补贴总额将近 2 万元。既有利于提高灵活就业的高校毕业生抵抗风险的能力，也降低了参加社会保险的成本。

（五）“就业空窗期”的高校毕业生减少，七成在为学习深造做准备

为了动态了解未登记就业的高校毕业生的真实就业状况，上海市就业促进中心结合相关业务系统的数据，组织社区工作人员对尚未登记就业，也没有出国或升学的上海高校毕业生进行了调查排摸。调查排摸的结果显示，进入上海人力资源市场的 2018 届高校毕业生中，处于“就业空窗期”（既没有在校读书，也不是就业状态）的共 3924 人，约占 4.1%。与上届毕业生相比减少了近千人，所占的比重下降了 1.2 个百分点。

从这类“就业空窗期”的上海高校毕业生近期的打算来看，正在准备参加国内升学考试的约占62.3%，准备国外留学考试的约占9.1%，两者合计约71.4%的“就业空窗期”毕业生在为继续学习深造做准备（见图17）。

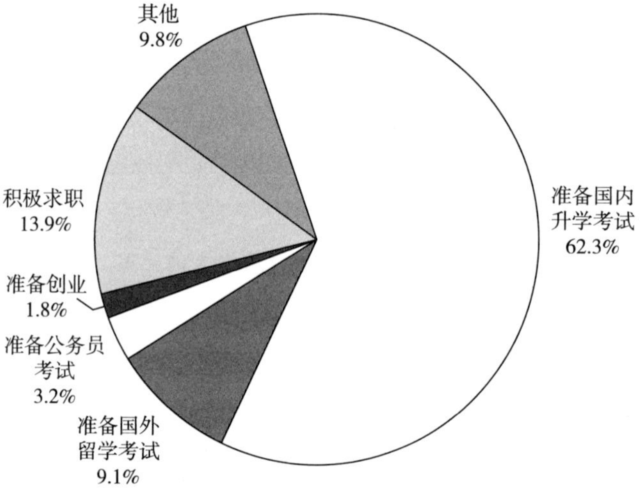

图17　“就业空窗期”上海高校毕业生的近期打算

从尚未就业的高校毕业生的学历结构来看，大专/高职学历的人数最多，约占57.8%；其次是本科学历的毕业生，约占41.1%；硕士及以上学历的毕业生仅占1.1%（见图18）。

从尚未就业的高校毕业生的专业结构来看，财经商贸、文化艺术的高校毕业生人数最多，分别占21.6%和17.6%（见图19）。这类专业尚未就业的高校毕业生较多，反映了该专业的毕业生供过于求、可替代性强、就业竞争较为激烈的社会现实，同时也在一定程度上反映出这类专业毕业生就业选择的多样性。财经商贸类专业的不少毕业生在校期间就开网店、做电商，不但能够保障个人的基本生活，还能够成为大有可为的事业。文化艺术类毕业生中则有不少人选择自主创业或者从事自由职业，有些已经做得小有规模甚至成为“网红”。大学生毕业后并不急于寻找工作，而是选择自主创业或者较长时间外出旅游，慢慢考虑和规划自己的职业生涯的现象，也就是所谓的“慢就业”，正在高校毕业生中悄然兴起。不过，“慢就业”不等于不就业，不应成为浪费青春、逃避竞争的借口；窝在家里不就业做啃老族，不但会给家庭造成沉重的负担，也不利于个人身心健康和职业生涯的发展。

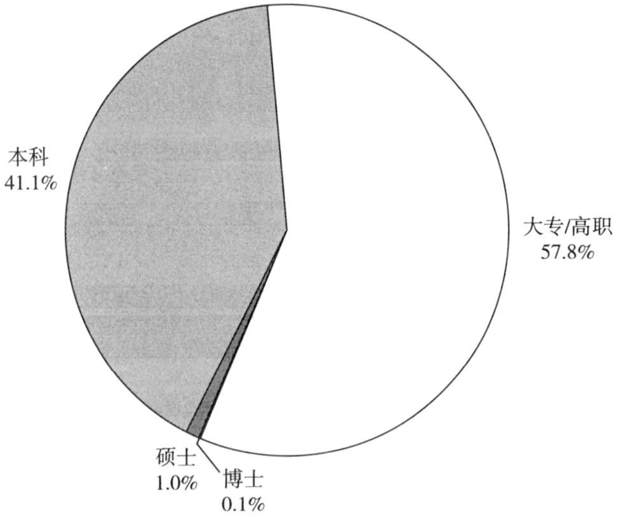

图 18　尚未就业的上海高校毕业生的学历结构

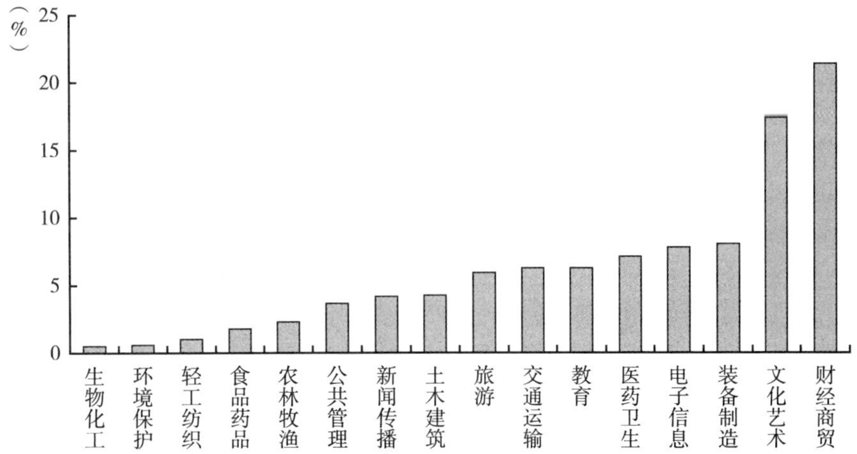

图 19　尚未就业的上海高校毕业生的专业结构

四　收入水平及影响因素

（一）平均月薪6024元，与上届高校毕业生相比增长11.8%

统计数据显示，2018 届上海高校毕业生初次就业的平均月薪为 6024 元，与 2017 届毕业生平均月薪 5386 元相比，增长了 11.8%（见图 20）。从近年来的变化规律看，上海高校毕业生初次就业的平均月薪整体呈现稳步上升趋势。

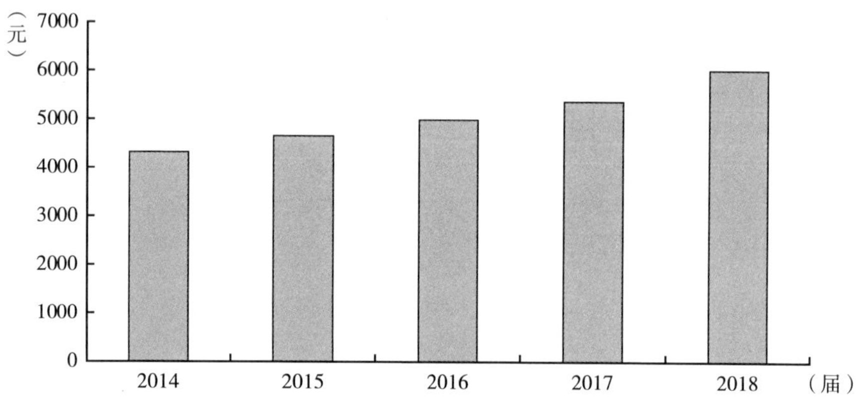

图 20　上海高校毕业生初次就业的平均月薪

从近年来的变化规律看，上海高校毕业生初次就业的平均月薪整体呈现稳步上升趋势。由于有相当一部分的应届毕业生目前还处于试用期，因此上述统计数据仅仅是上海高校毕业生月薪的起步水平。从近几年的经验来看，毕业一年后的月薪水平有望增长 20% 左右。

（二）学历越高收入越高，大专/高职毕业生的平均月薪增幅较大

从不同学历毕业生的月薪情况来看，2018 届上海高校毕业生中，大专/高职学历毕业生的平均月薪为 4484 元，与上届毕业生同期月薪相比增长了 10.2%；本科学历毕业生的平均月薪为 5307 元，与上届毕业生同期月薪相

比增长了 10.7%；硕士及以上学历毕业生的平均月薪为 8967 元，与上届毕业生同期月薪相比增长了 12.1%（见图 21）。从高校毕业生的学历与平均月薪的关系来看，两者之间存在强正相关关系；也就是说，毕业生的学历越高，其平均月薪也越高。

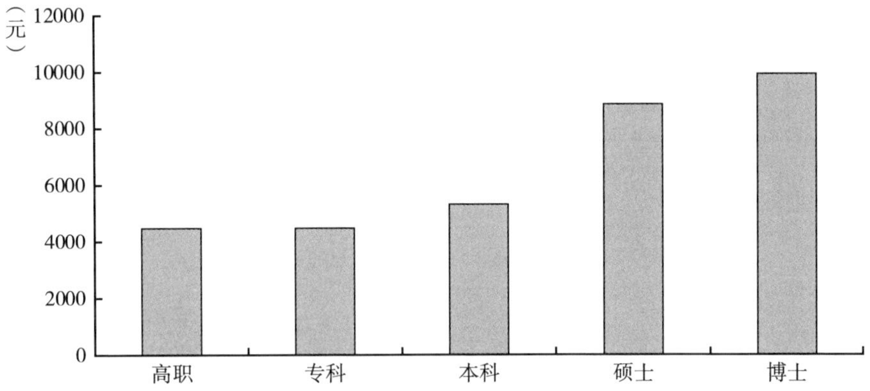

图 21　上海高校毕业生初次就业的平均月薪

对于初涉职场、缺乏职场经验的高校毕业生来说，学历是用人单位测评其职业能力的重要指标之一，对其月薪水平往往有着较为直接的影响。但随着个人职业经验的积累，经验、技能等因素对劳动者收入水平的影响会不断加大，学历的影响力则会逐步弱化。对于应届高校毕业生特别是大专/高职毕业生来说，与其过度纠结于起薪的高低，不如踏踏实实做好当前的工作，收入水平会随着工作年限、职业经验和专业技能的增长而逐步提高。

（三）工学、理学、管理学毕业生平均月薪较高，部分大专/高职专业毕业生平均月薪超本科

统计数据显示，2018 届上海高校毕业生中，工学、理学、管理学类专业毕业生平均月薪较高，分别达到 7591 元、7309 元和 6814 元；艺术学、军事学毕业生的月薪水平则相对较低，分别为 5248 元和 5640 元（见图 22）。

从大专/高职毕业生的平均月薪来看，虽然总体上低于本科及以上学历

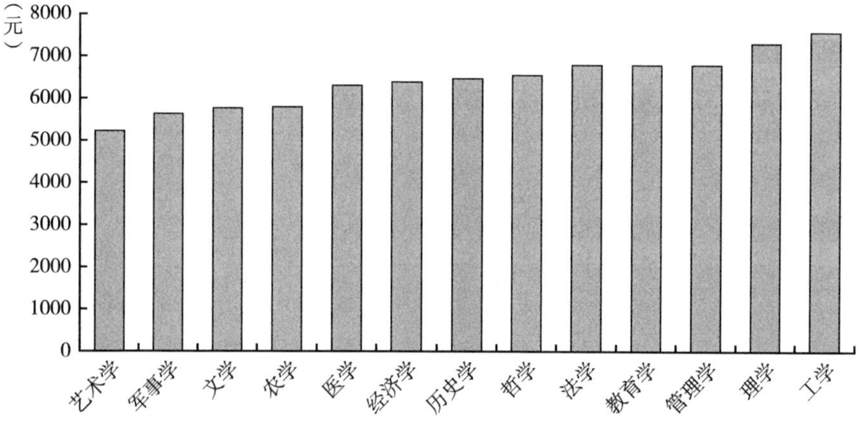

图 22　上海高校毕业生初次就业的平均月薪

的毕业生，但也有一些专业的毕业生平均月薪较高，甚至超过了本科及以上学历的毕业生。尤其是竞技体育、港口物流设备与自动控制、学前教育等专业，平均月薪均在 6000 元以上，超过本科毕业生平均月薪的总体水平。

（四）男生所占比重相对较低，平均月薪比女生高一成

统计数据显示，进入上海市人力资源市场的 2018 届上海高校毕业生中，男生所占比重为 45.1%，女生所占比重为 54.9%。从近年来的变化趋势看，男生所占比重相对较低，较 2017 届毕业生下降了 0.5 个百分点，较 2016 届毕业生下降了 1.5 个百分点，男生所占比重总体呈现持续下降的趋势（见图 23）。

上海高校毕业生中，女性所占比重大幅升高，是广大女生自身努力奋斗的结果，也体现了我国通过法律、政策和制度向女性倾斜以促进男女平权的政策效应。不容忽视的是，高校毕业生性别比例的失衡，可能会对女毕业生的恋爱、婚姻状况产生一定的影响，部分女毕业生难以找到情投意合的另一半，所谓的“剩女”现象或将进一步凸显。

从进入上海市人力资源市场的 2018 届上海高校毕业生初次就业平均月薪的性别差异来看，男生的平均月薪为 6354 元，女生的平均月薪为 5753 元，男生的平均月薪比女生高 10.4%（见图 24）。2015 年以来，上海历届

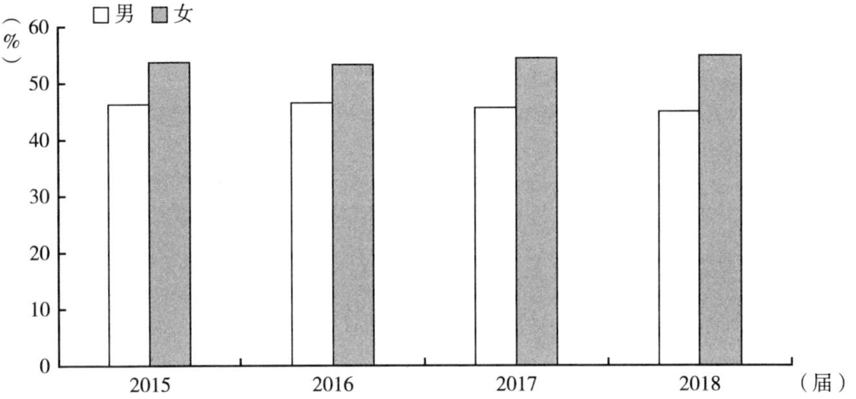

图 23　上海高校毕业生的性别结构

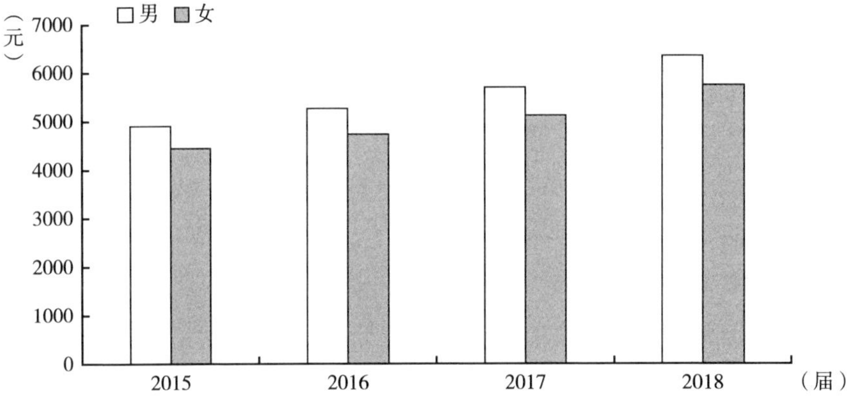

图 24　上海高校毕业生初次就业的平均月薪性别差异

高校毕业生平均月薪的变化趋势表明，男生初次就业的平均月薪总体上均比女生高一成。两者之间相对稳定、持续存在的差异，既是由高校毕业生自身的性别特点决定的，也有学校教育、企业招聘用工需求等因素的影响，值得社会各界进一步关注和思考。

就业是最大的民生。高校毕业生的就业状况不仅影响个人职业发展前景，而且关系千家万户的切身利益、关系经济发展和社会稳定的全局，近年来社会关注度不断提高。特别是在当下“就业难”与“招聘难”并存、经济下行压力加大、国内外不确定性因素增多的社会条件下，高校毕业生面临着一定的就业压力。这主要是由我国人力资源市场的供需对比状况的变化趋势决定的，也有学校教育、专业设置以及高校毕业生就业观念、心理预期等方面因素的影响，值得社会各界进一步关注和思考。相关政府部门应进一步加大监督、执法力度，努力营造公平的就业环境，切实保障包括高校毕业生在内的广大劳动者的就业权益。对于高校毕业生来说，也应当做好人生规划，处理好婚育、家庭与就业的关系，提前做好充分准备，切实提升就业竞争力。

B.9

西安地区网络招聘市场用工需求分析

廉宏彬　康　敏*

摘　要： 本文以西安市人才网信息数据库为基础，分析2018年西安地区网络招聘市场企业用工需求情况。为更好地促进西安市企业用工与个人求职的有效匹配，在综合相关调查数据的基础上，本报告从单位性质、岗位需求、求职意向、学历分布、工作经验等几个维度进行了统计分析，对其形成的特点分析提出了建议，可进一步掌握西安地区网络招聘市场企业用工需求状况，促进市场良性运行，加快人力资源配置。

关键词： 企业用工　供需　市场　西安

为进一步掌握网络招聘市场企业用工需求实际情况，加快西安市人力资源优化配置，政府人才公共服务机构充分发挥在促进就业中的主渠道作用，创新合作模式，充分利用互联网优势，提供有力保障，以平台建设、信息发布、重点项目为抓手，为人力资源供需双方提供精准数据参考，提升服务效能。

此次用工分析从2018年1月开始至2018年12月，通过西安人才

* 廉宏彬，西安市人才服务中心副主任，西安公积金管委会委员，复旦大学职业生涯导师，主要研究领域为公共就业和人才服务；康敏，高级人力资源管理师，西安市人才服务中心人才交流部部长，主要研究领域为人才创新创业和人才引进。

网实时动态数据监测系统和招聘平台进行数据采集，并进行了调研走访。

一　西安地区网络招聘市场用工需求总体情况

2018 年西安人才网累计共采集用人单位 1433 家信息、20270 个岗位信息，共收到 7818 份简历信息，有招聘意向人数达 80.25%。全年数据统计表明，用人单位数及提供岗位数环比、同比年初呈明显涨幅，随后趋于平缓，下半年呈现 5% 小幅下降趋势。

从单位性质分布情况看，国有企事业单位占总数的 13.56%；私营及个体企业占总数的 72.1%；其他企业占总数的 14.34%。数据表明，市场需求活跃度较高。（见图 1）

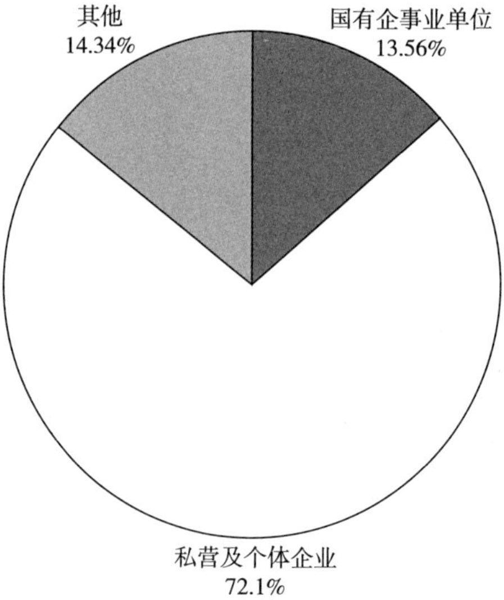

图 1　单位性质分布情况

从单位的岗位需求情况看，始终占据前位的建筑/机械类（7.99%）、教师/培训/科研类（7.21%），保持了全年较稳定的高岗位需求量。市场营销/公关/销售类、通信/电器类等岗位需求，保持在5%～6%稳定区间。进入下半年，岗位需求更加多元化，在新技术、新产品领域，计算机/互联网/电子商务类、百货/连锁/零售服务类岗位需求快速增长，成为市场新宠儿。而随着新个税法和社保入税政策的逐步实施，财务/审计/税务类、人力资源/行政类岗位需求量也逐步上升。同时，生产/营运/质量/安全类、设计/创意/美术/广告类、医疗/卫生/美容/保健类、采购/贸易/仓储/物流类也逐步受到市场关注（见图2）。

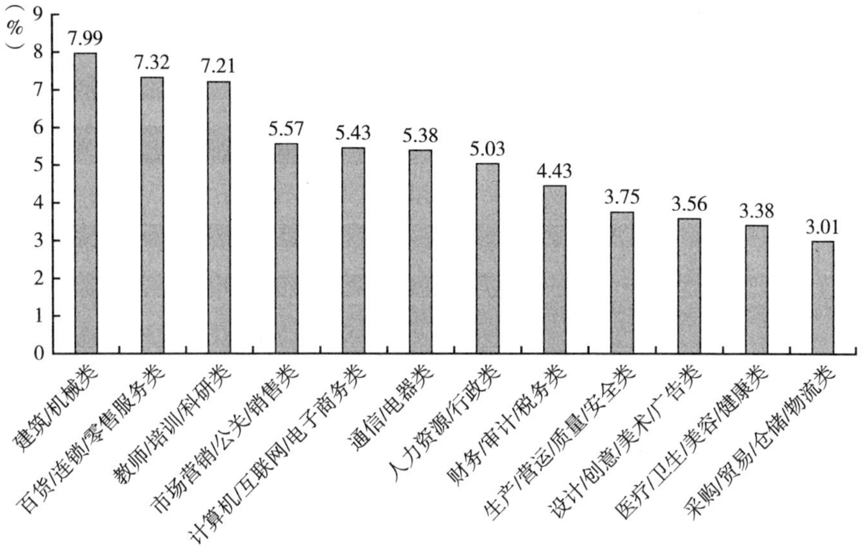

图2　需求行业构成

从个人意向职位分布情况看，受青睐的依然是建筑/机械类（12.49%），其次是市场营销/公关/销售类（6.54%）、教师/培训/科研类（6.17%）。人力资源/行政类（4.68%）、通信/电器类（4.86%），个人在求职意向中保持了稳定的关注度。但是财务/审计/税务类（5.33%），明显持上升趋势。而单位需求率较高的百货/连锁/零售服务类、计算机/互联网/电子商务类，则在个人意向关注中颇受冷遇。根据分析还发现，生产/营运/质量/安全类虽然在市场上单位需求和个人意向都未占据明显份额，但一直保持了环比稳定的增量（见图3）。

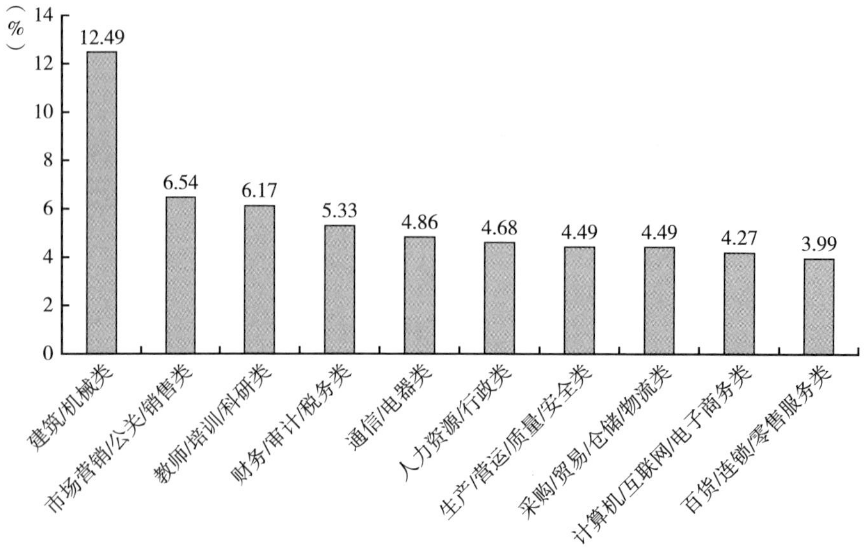

图3　个人供给情况

从学历分布情况看，主体依旧呈现“中间大，两头小”的橄榄形结构。求职个人学历分布情况中，大专学历和本科学历所占比重较大，占求职个人学历总数的50.25%，而单位最低学历要求与求职个人学历分布也处于较大增长幅度。其中单位最低学历要求的分布在中专以下保持了一定的需求率，但同比求职个人学历分布在中专以下呈现降低趋势。对大专以上学历保持了较大增幅，其中硕士研究生求职比例持明显上升趋势，第一季度仅有3.05%，到第四季度已经达到了14.51%。同样，博士研究生学历从单位需求、个人求职分布上，也缓慢增长（见图4）。

从工作经验分布情况看，单位对求职者工作经验的要求在1~5年的工作经验分布占据了63.97%，其中以两年内（不含应届毕业生）为主，占岗位需求总数的47.64%。从全年来看，单位对求职个人工作经验的要求，随个人工作经验时间增加而略呈下降趋势，而对应届毕业生和两年以内的个人求职者都颇受关注。

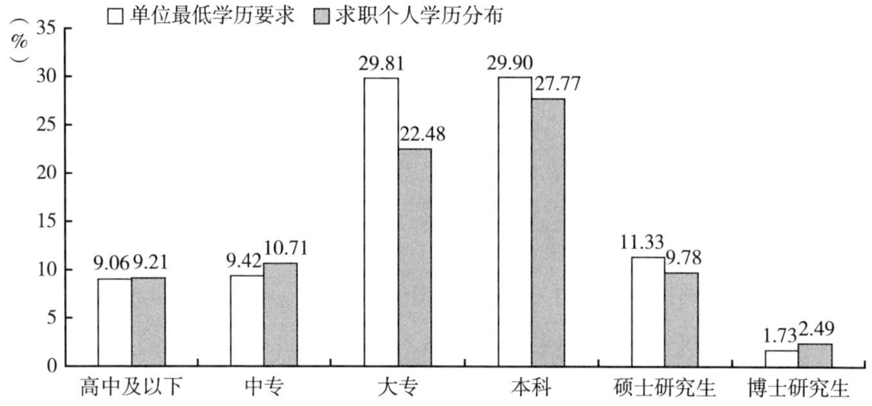

图 4　学历分布情况

在个人求职者中，6 年及以上经验丰富的个人求职仅占 9.17%，全年缓慢增长，这个阶段的个人求职者的流动比例相对平稳且符合市场规律。而两年内工作经验者居多，占个人经验总人数的 53.6%，其流动性较强，尚处在不稳定择业期。应届毕业生个人求职者受毕业周期影响，全年起伏较大，区间波动在 6% ~14%，明显起伏（见图 5）。

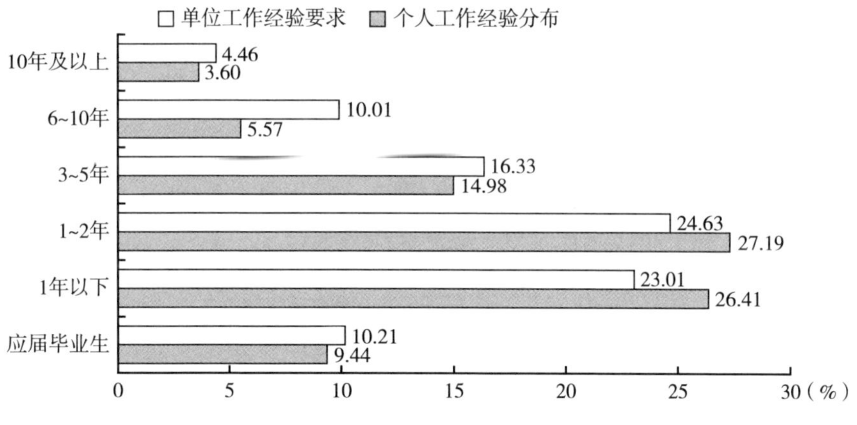

图 5　工作经验分布情况

二　西安地区网络招聘市场企业用工供求情况特点分析

（一）供需总量同比、环比均上升，总体保持平稳

从市场供需来看，压力略有缓解，虽有下降，但求职人员数量活跃上升；从企业和求职者主观角度来说，2018 年第二、三季度供求情况乐观。近一年来高校毕业生也积极入场求职，西安地区进校园招聘会场次逐渐增加，招聘会期间供需现象整体处于良好发展态势。从 2014 年启动现场交流洽谈与网络招聘相结合方式，行业涉及教育培训、医疗卫生、生产制造、经济贸易、互联网金融、文化传播等十余个领域，对于刺激企业用工市场活跃度，起到了非常明显的效果，总体局势平稳，并在供需有效匹配上保持了一定的增长，就业结构进一步优化。

（二）民营企业仍是吸纳新增就业的主体

从数据显示来看，在人才市场招聘的企业需求中，国有企事业单位占 13. 56%，私营及个体企业占 72. 10%，其他企业占 14. 34%。据报告分析，民营企业的大量兴起，使招聘十分活跃，需求面广，招聘数量大，中小民企人员流动较大，经常需要补充增员，显示出民营企业蓬勃的发展势头。它们对急需紧缺型人才提供相对较高的待遇，私营企业仍是求职人员最集中的就业单位类型，成为招聘市场吸纳就业的绝对主力。分析原因：一是随着国家促进民营经济和中小微企业发展，各项政策逐步落实，私营企业和个体经营的环境有了较大改善，对人才的需求增加。二是私营企业基础性岗位人员流动性较大，需要不间断地补充人才。三是就业结构得到不断优化，促使企业用工和个人求职意向合理匹配持续增长。

（三）建筑、机械类供求情况明显增长

就业、住房、教育等改善生态、大力提升营商环境多项举措，对市场人

力资源供需匹配明显起到了促进作用，从单位岗位需求和个人求职意向来看，建筑/机械类供需将呈现井喷态势。相应地，通信/电器类、市场营销/公关/销售类、计算机/互联网/电子商务类、采购/贸易/仓储/物流类等配套岗位的需求明显也受整体经济环境影响而提升。

（四）新政实施，财税类、人力资源类需求方兴未艾

2018 版《中华人民共和国个人所得税法》从 2019 年 1 月 1 日起全面实施，同时社会保险费及部分非税收入征管职责划转到税务部门。这对人力资源服务，会计、审计及税务服务等行业发展带来全新机遇，在涉税方面新的复合型岗位需求增加。虽然并未占据主要市场用工供需率，但其发展的趋势则在快速增长中。

（五）求职人员整体学历提高

人才网上数据显示，许多用人单位会对求职者的学历作出明确要求，求职者文化程度的高低成为企业招聘的第一重要依据，往往学历越高者越容易就业。我们从数据分析中也可以看到，在求职人员中，大专及以上学历超过半数以上，研究生学历也处于明显增长趋势。与之前大专学历吃香不同的是，工作经验对个人在求职中，会对企业选择的偏好起到一定的影响作用，尤其有 1 ~2 年工作经验的求职人员中，用人单位需要本科及以上人员较多，明显处于上升趋势，本科及以上人员成为求职者主体，成为企业选择的重点。

通过 2018 年西安地区网络招聘市场企业用工需求情况的统计分析可以看出，不管是市场需求还是人才供给都依然处于旺盛时期，但因为供求结构性矛盾仍然是目前突出性问题，许多企业还是苦于无人可用，而在求职者中，“薪酬未达到期望水平”，专业/岗位不对口、工作地点不满意、工作时间弹性较小、工作内容不符合个人兴趣、能力与素质不适应等因素，造成了企业用工需求虽然旺盛，个人求职意向也非常饱满，但无法达到有质量、有数量的精准匹配率。企业不能一味地只追求低成本用工，薪酬福利和个人发展空间一直是大部分求职人员进入职场考虑的两个重要的因素，低成本用工

最终将会导致人员流失过大，所以提供有竞争力的薪酬和清晰的就业发展路径，是企业留住人才的最好方式。通过高质量的政策策略，采取有力措施，创新工作方式，可以逐步解决这些问题。

为更好地做好保民生工作，应建立完善人力资源服务平台，促进市场的良性运行发展，继续关注市场供求变化情况，辅助企业发展，吸纳就业，这需要：一是突出政府人力资源的公益性和服务性特色，有针对性地多次举办公益性人才招聘会。现场招聘、网络招聘、信息栏招聘等招聘形式相辅相成，通过所熟知的招聘方式，为广大的求职者构建便捷、高效的求职平台。二是注重培育、引导优质多元的人才素质队伍。用人单位在招聘人才时仍以注重高学历为主，这点在国有大中型企业表现尤为明显，甚至有一定的盲目性，而对一些低学历有能力者则不够重视。一部分求职者也一味追求高薪或者只选择大型企、事业单位，这就导致市场提供的双向选择机会多但成功率不高；而应届毕业生开始被相当一部分单位所接受，这为应届毕业生走上社会、熟悉社会提供了良好的机会。三是积极推动校企合作，实现学校与市场的有效接轨，大力提高育人质量，增加学生的实践经验和增强工作技能，有针对性地为企业培养一线实用型技术人才，让学生在校所学知识与企业实践有机结合起来。四是积极运用以云计算为核心的创新技术，搭建企业与人才之间对接信息平台，线上线下形成更为立体饱满的空间，充分刺激市场的供需活动。重视对市场的引导以及人才培养、就业的导向作用，充分发挥市场的决定性作用。

B.10
中国成都人才市场人才供需状况分析

殷邦泽　江　淳　薛　驰*

摘　要： 本文以2018年为报告期，在中国成都人才市场现场招聘会及成都人才网（www. rc114. com）招聘求职数据统计基础上，结合招聘、求职行为抽样调查结果，经分类比较、特点分析而形成，旨在以数据配以简要说明的形式反映报告期中国成都人才市场招聘、求职双方的主要情况。

关键词： 人才供需　市场配置　成都

2018年，中国成都人才市场举办人才配置活动291场，线上线下累计服务用人单位1.7万家次、求职人才46.5万人次，发布需求岗位56.2万个次，岗位空缺与求职人数的比值为1.21。

一　人才需求

（一）需求总量：人才需求有所放缓

从招聘单位数和需求岗位数看（见图1），招聘单位16841家次，同比

* 殷邦泽，中国成都人才市场管委办策划发展部企业人力资源管理师；江淳，中国成都人才市场管委办策划发展部部长；薛驰，中国成都人才市场管委办副主任，高级经济师，研究领域为人力资源市场、工商管理。

减少 1174 家次，下降 6.5%；提供需求岗位 56.2 万个次，同比减少 4.2 万个次，下降 7.0%，人才需求有所放缓。

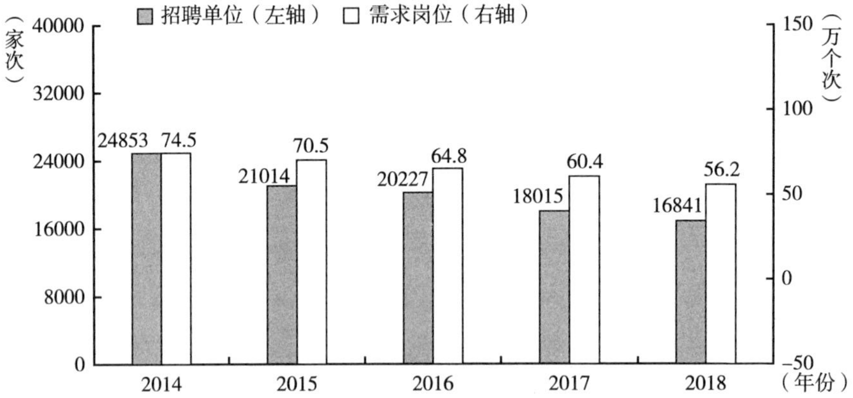

图 1　招聘单位数和需求岗位数

资料来源：中国成都人才市场人才招聘业务管理系统。

（二）产业需求：第三产业人才需求持续超六成

从各产业人才需求岗位数看（见图 2），第一、二、三产业占比依次为 2.6%、37.3%、60.1%。其中第三产业人才需求最近三年占比均超过六成。

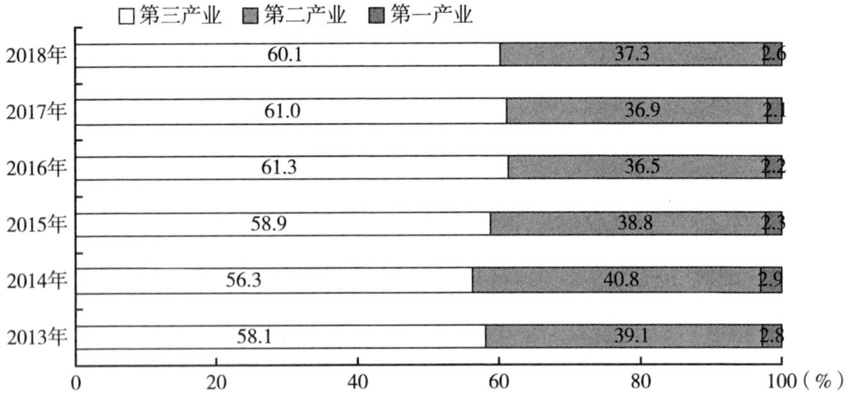

图 2　产业人才需求岗位数占比情况

资料来源：中国成都人才市场抽样调查。

（三）行业需求：信息行业人才需求占比仍居首位

从各行业人才需求岗位数看（见表1），信息传输、软件和信息技术服务业占比18.4%，同比下降2.5个百分点，仍居需求首位。教育、房地产业以13.9%、13.3%的占比分列第二、三位。

表1　行业人才需求岗位所占比重统计

序号	行业	占比(%)	升降(百分点)
1	信息传输、软件和信息技术服务业	18.4	↓2.5
2	教育	13.9	↓6.9
3	房地产业	13.3	↑5.2
4	制造业	12.2	↑2.5
5	居民服务、修理和其他服务业	9.9	↓1.6
6	批发和零售业	6.7	↑2.2
7	建筑业	6.2	↑2.7
8	金融业	4.8	↓3.0
9	住宿和餐饮业	4.7	↓1.2
10	交通运输、仓储和邮政业	4.4	↑1.4
11	科学研究和技术服务业	2.1	↑0.8
12	文化、体育和娱乐业	0.9	↑0.3
13	农、林、牧、渔业	0.7	—
14	租赁和商务服务业	0.6	↓0.2
15	采矿业	0.5	↑0.2
16	卫生和社会工作	0.4	↑0.1
17	公共管理、社会保障和社会组织	0.2	—
18	水利、环境和公共设施管理业	0.1	—
19	电力、燃气及水生产和供应业	0.0	—
20	国际组织	0.0	—
合计		100.0	

注：行业类别按2017年国民经济行业分类（GB/T 4754—2017）。

资料来源：中国成都人才市场人才招聘业务管理系统。

二　人才供给

（一）供给总量：求职人数有所减少

从求职人数看（见图3），通过中国成都人才市场现场招聘会和成都人才网求职的各类人才46.5万人次，同比减少6.0万人次，下降11.4%，与需求呈同步放缓态势。

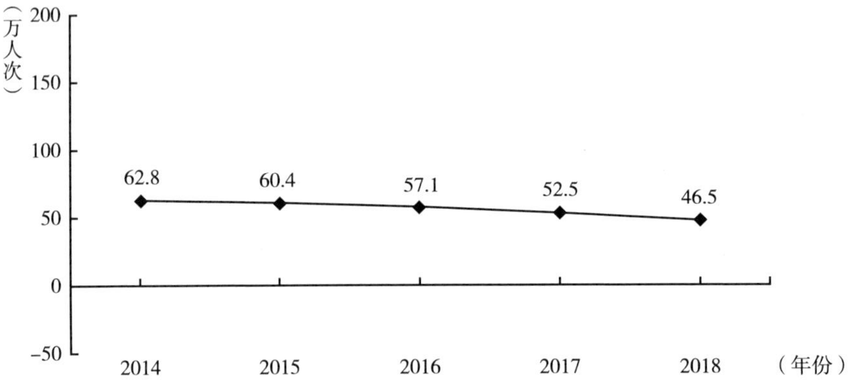

图3　求职人数

资料来源：中国成都人才市场人才招聘业务管理系统。

（二）学历层次：高学历人才供给比例持续上升

从求职人员学历层次情况看（见图4），本科及以上学历求职人才合计占比73.6%。其中，硕士研究生及以上占比14.2%，同比上升1.4个百分点。近五年，硕士研究生及以上高学历求职人才供给比例呈现持续上升态势，累计上升3.7个百分点。

（三）年龄分布：35岁以下青年人才占比近九成

从求职人员年龄分布情况看（见图5），25岁及以下占比39.3%，25～

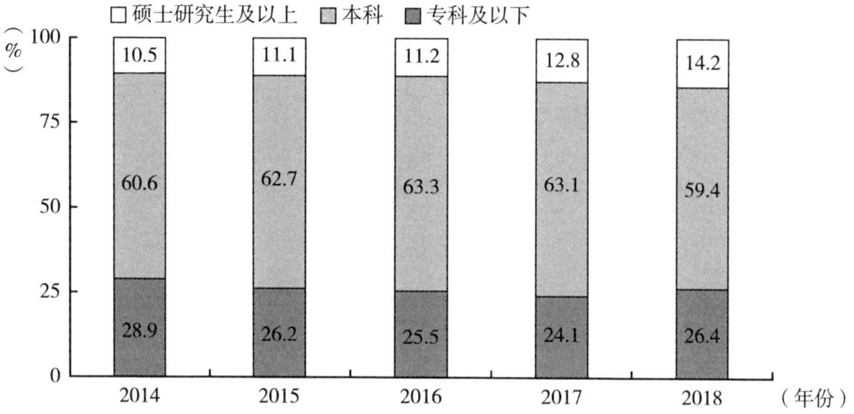

图4　求职人员学历层次情况

资料来源：中国成都人才市场抽样调查。

35 岁占比 49.7%。35 岁以下青年人才合计占比 89.0%，同比略降 0.7 个百分点。近五年，35 岁以下青年人才为求职主要群体，占比保持九成左右。

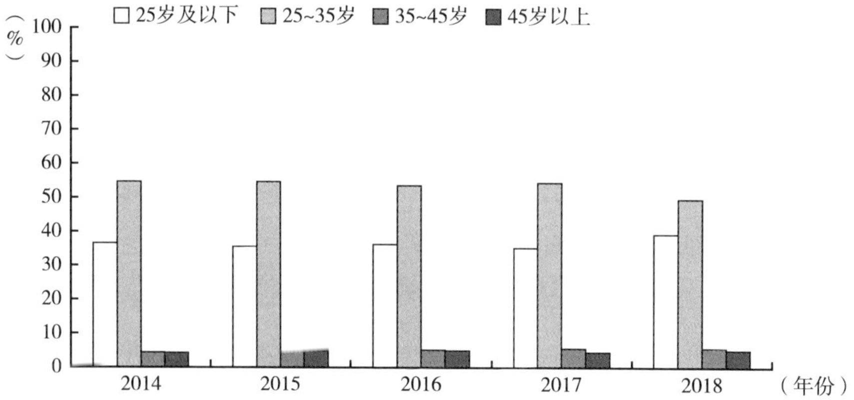

图5　求职人员年龄分布情况

三　供需分析

（一）总体情况：人才供需整体平稳

从供需双方总体情况看（见图 6），需求岗位数同比减少 7.0%，求职人数同比减少11.4%，岗位空缺与求职人数的比值由1.15升至1.21，即平均每100名求职人员对应121个需求岗位。从近五年需求岗位数和求职人数演进情况看，人才供需整体平稳。

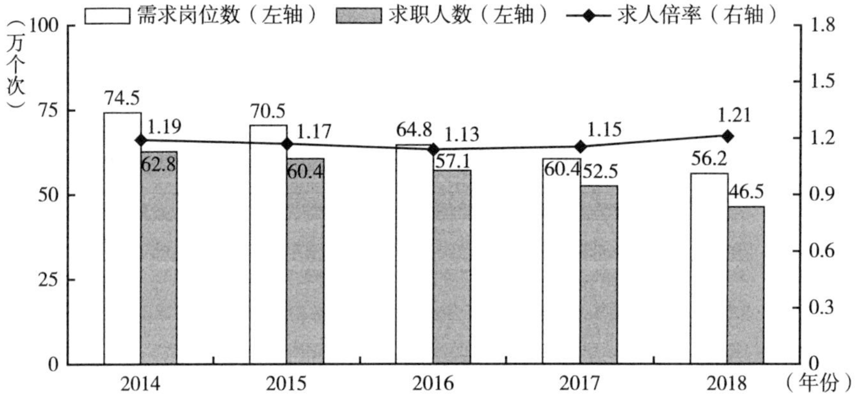

图6　人才供需总体情况

资料来源：中国成都人才市场人才招聘业务管理系统。

（二）招聘感受：用人单位乐观感受比例上升

用人单位调查结果显示（见图7），认为招聘形势“很乐观，应该可以

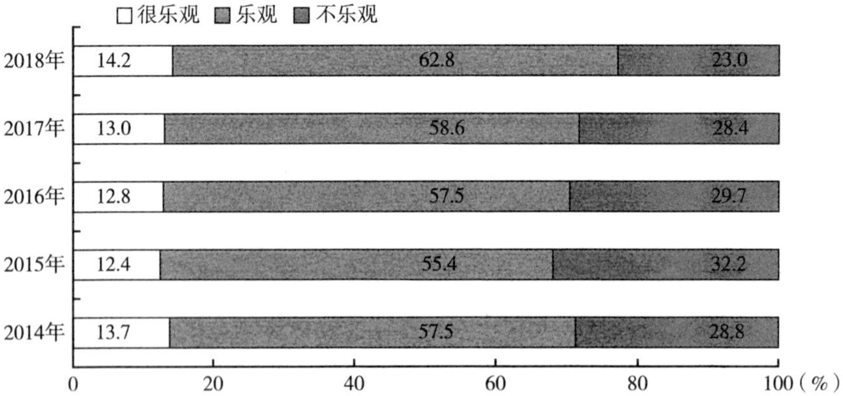

图7　用人单位招聘感受

资料来源：中国成都人才市场抽样调查。

招到人”和“乐观，较容易招到人”的用人单位占比77.0%，为近五年最高，同比上升5.4个百分点。

（三）求职感受：求职人员乐观感受略有下降

求职人员调查结果显示（见图8），认为求职形势“很乐观，自己能较容易找到工作”和“乐观，自己通过努力应该可以找到工作”的求职人员占比88.1%，同比略降0.8个百分点。

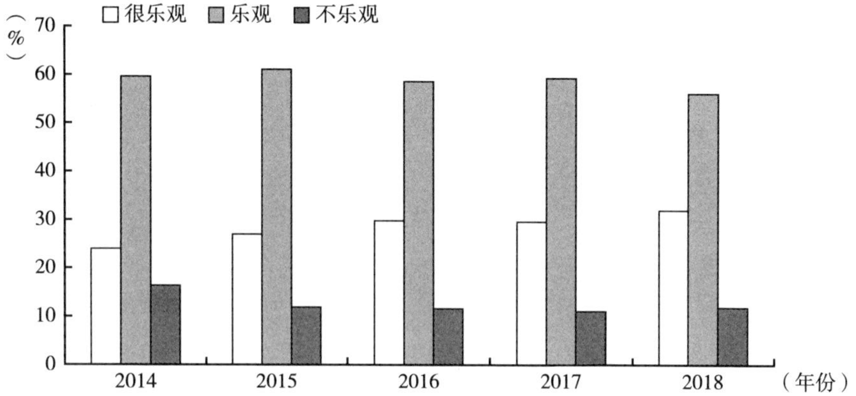

图8　求职人员求职感受

资料来源：中国成都人才市场抽样调查。

B.11
青岛人才市场供需分析

青岛市人才服务中心

摘　要：　2018 年至2019 年4 月，青岛市人才服务中心进一步促进全市人力资源的优化配置，累计举办各类人才招聘活动191 场，服务单位1 万余家次，提供岗位10.9 万余个。经济/商业类行业人才需求跃居榜首，本科及大中专毕业生占比超过人才需求总数的80%。人才供需整体上仍呈现供大于求的局面，结构矛盾依然比较突出。

关键词：　人才　招聘　就业　供需特点　青岛

2018 年以来，青岛市人才服务中心深入贯彻落实党的十九大精神和青岛市委市政府的重要决策部署，聚焦人才招聘服务板块，通过举办各类现场招聘会，为青岛市各类企业和求职者搭建起供需对接交流平台，促进全市人力资源的优化配置。

一　人才招聘基本情况

2018 年，青岛市人才服务中心共举办各类现场招聘会145 场，其中，举办综合性人才招聘大会28 场，大中专毕业生专场招聘会46 场，行业专场招聘会47 场，蓝色海洋经济中高级人才招聘会8 场，招聘夜市、军转人才专场招聘会、外企招聘会、城乡妇女暨女大学生专场、区市联合招聘会等特色及联合招聘会16 场。累计服务各类单位6755 家次，提供岗位73327 个次，同比下降约 31.8%；求职配置人数达 16.75 万人次，同比下降 21%；岗位空缺与求职人数的比值约为 0.428（岗位空缺与求职人数的比值 = 需求人数/求职人数，表明市场中每个求职者所对应的岗位空缺数。如 0.5 表示 10 个求职者竞争 5 个岗位），相比上年同期（0.508）有所下降，市场供求人数同比有所下降。

2019 年 1 ~4 月，举办各类现场招聘会 46 场，其中，综合性人才招聘大会 12 场，大中专毕业生专场招聘会 15 场，各行业专场及特色等招聘会 19 场。累计服务单位 3371 家次，提供岗位 36065 个次。以春节后为期七天的“贺新春”大型人才招聘会暨高校毕业生供需洽谈会为例，现场吸引 1100 家企事业单位参会，提供 20 多个行业的岗位 1.2 万余个，吸引求职人员 2.3 万人，现场揽收简历 7 万余份，市场平均工资交易价位 4538 元/月（春季招聘通常高于全年水平），同比上涨 8.9%，涨幅有所回落。

二　人才需求概况分析及主要措施

（一）行业需求分析

从行业需求情况看，2018 年用人需求较大的前十个行业占总需求的 70.92%，所占比例与上年同期相比上升 7.26 个百分点，上升幅度较大，显示出这十个行业整体发展状况较为迅速，吸纳就业的能力不断增强（见表 1）。

表 1　需求前十位行业

排名	行业	2018 年占比(%)	2017 年占比(%)	2016 年占比(%)	2018 年同比增减(百分点)
1	经济/商业	13.59	10.61	10.11	2.98
2	计算机/互联网	12.36	15.49	14.56	-3.13
3	教育/培训	9.32	5.47	1.63	3.85
4	专业服务/管理	8.85	8.67	5.79	0.18
5	艺术/文化	7.37	4.26	3.34	3.11

续表

排名	行业	2018 年占比(%)	2017 年占比(%)	2016 年占比(%)	2018 年同比增减(百分点)
6	住宿/餐饮	4.51	2.46	3.52	2.05
7	语言/翻译	4.39	3.79	5.17	0.6
8	医药/化工	3.92	2.87	3.96	1.05
9	贸易/批发零售	3.35	2.55	2.63	0.8
10	建筑/房地产	3.26	7.49	4.69	-4.23
占需求总数		70.92	63.66	55.4	7.26

以多元化业务集团、金融、保险为代表的经济/商业类行业跃升至榜首，这些集团大多是体量较大的传统产业，为寻求新的增长点开始跨行业、跨产业创新业务、转型发展，具有较为坚实、持续的供岗能力，岗位种类丰富，有较为完善的培训和晋升机制，职业生涯前景广阔。虽然竞争及工作压力等方面高于平均水平，但仍不能减弱求职者投递简历的热忱。排第二位的是计算机/互联网，总体来看，热度有所回落，招聘岗位数同比减少了 20%，只有 IT 服务（系统/数据/维护）小类有稳定增长。这是由于流量红利步入尾声、监管措施不断完善等宏观形势变化，加之近三年市场中储备人才趋于饱和，互联网行业野蛮生长的情况逐步回归合理，但随着未来互联网技术的进步和创新，这一情况还将出现变化。2018 年升幅较大的有教育/培训、艺术/文化和住宿/餐饮行业。普遍来看，无论是科技发展还是工作内容、种类的快速变化，都催生了大众对学习的需求，通过读书深造、职业培训来提升个人竞争力，是附加值较高，较为稳健、理性的选择，使教育/培训在近几年都有较大幅度的提升。随着工作生活压力越来越大，大众对消费、娱乐、文化的需求也愈发旺盛，这也催生了相关产业尤其是服务业的飞速发展。降幅比较明显的行业有建筑/房地产、机械/制造、交通/运输等。

（二）学历需求分析

从用人学历需求情况看，由于招聘成本限制、岗位匹配难度及留人方面的考量，企业招聘在满足发展需要的前提下，更加务求实际，本科及大中专毕业生占比超过人才需求总数的80%。其中，2018年用人单位对大专学历层次人才的需求有较大幅度的增长，中专及以下、硕士研究生学历层次占比则有较大幅度的下降，对本科学历层次人才的需求与同期相比基本持平（见表2和表3）。

表2　学历需求情况

学历层次	2018年 占比（%）	2017年 占比（%）	2016年 占比（%）	2018年同比增减 （百分点）
中专及以下	4.6	8.41	14.27	-3.81
大专	37.56	30.3	43.57	7.26
本科	50.43	51.39	34.74	-0.96
硕士	3.28	5.68	2.63	-2.4
博士	3.41	3.29	4.38	0.12
无要求	0.72	0.93	0.41	-0.21

表3　学历需求情况（2019年1~4月）

学历层次	1月	2月	3月	4月	1~4月
本科及以下	79.3	80	80.4	82.4	80.3
硕士	20	19.5	19	17.1	19.1
博士	0.7	0.5	0.6	0.5	0.6

中高端人才招聘市场的学历需求结构产生了质性改变，一方面是由就业渠道的多元化、形式的丰富化所致，招聘市场的功能进一步细分；另一方面，大中专院校更多走向专业化、定向培育，应用型人才炙手可热，很多大中专应届毕业生还没有走出校园就已经被提前预定，而大中专院校也更倾向于采取校园招聘、与企业合作进行定向培育等人才输送方式。博士等尖端人才也存在类似情况，多数通过高校推荐、猎头、人际网络等方式参与就业。

（三）主要工作措施

针对人才需求情况特点，青岛市人才服务中心充分把握市场特点，紧跟供需趋势，一方面，大力增加大中专高校毕业生专场招聘会举办的频次和力度，实时根据供需情况以行业专场招聘会作为补充。2018 年共举办大中专毕业生专场招聘会、行业专场招聘会 93 场，约占总场次的 64%。2019 年 1 ~4月共举办大中专毕业生专场招聘会、行业专场招聘会 34 场，约占总场次的 74%。另一方面，与部分区市、市内高校、企业、行业联盟合作举办靶向性较强的专项招聘会和特色招聘会，例如，与市服务企业工作队协调组织“2019 贺新春胶州、平度市民营企业大型专场招聘活动”，与崂山人才合作举办崂山区重点建设项目专场招聘会，与高新区合作举办高新区“扬帆起航　圆梦红岛”专场招聘会，与市内 7 所重点大学举办高校专场招聘会，与市军转办合作举办退伍、转业军人招聘会，与市妇联合作举办城乡妇女暨女大学生专场洽谈会，与市外企中心联合举办外企专场招聘会，结合全市国有企业招聘平台情况举办国企专场招聘会等。另外，通过为企业定向输送人才、高层次人才 1 对 1 服务等精细化服务手段，力求为每个供需环节提供全链条 + 个性化的服务助力。

三　市场人才供需特点及存在问题

近年来，新常态下经济增速的放缓及就业渠道的多元化、职业发展的多样性等都使人才市场受到了一定冲击，2018 年入场企业数比上年同期减少 32.6%，供岗数比上年同期下降了 33%，虽然供岗数量和求职人数均有所下降，但人岗匹配率有小幅上升，整体上仍呈现供大于求的局面。2018 年第一季度和第三季度及 2019 年第一季度，迎来招聘旺季，需求人数增幅明显高于求职人数。2018 年末进入招聘淡季，同期的求职人数增幅有所回落，受益于供给侧结构性改革深入推进，国民经济运行稳中向好发展，企业用工需求持续增加，整体就业形势利好发展，但结构矛盾依旧突出。

一是从岗位需求来看，部分行业供需矛盾突出。例如，营销/销售/公关类岗位需求量仍然最大，在 2018 年春节后用工市场上，60% 的企业表示急需销售类人才，销售类岗位的薪酬、福利也有逐年提升的趋势。与往年相比，销售类岗位存量仍然较大，但求职人数和匹配率也有较大的增长，尤其是门槛不高、软性福利较好的岗位，中低端销售岗位供需矛盾有所缓解；而营销总监、销售经理、区域经理等高端销售岗位仍存在较大空缺。需求涨幅最大的是教育/培训类岗位，近两年此类岗位的需求量翻了一倍，企业内训师、幼小中辅导教师、技术导师、安全培训师、营养讲师、产品讲演师、职业辅导教练、客户培训等岗位如雨后春笋般涌现，教育/培训类岗位日益增长的跨行业需求逐渐显现。增长较快的还有餐饮/娱乐服务类、居民服务类，随着人民物质文化水平的不断提升，服务业规模和水平的增长对人才的需求越来越旺盛，此类岗位的结构性矛盾也逐渐凸显，同样供需矛盾较为突出的还有技工/操作工、技术检测等技能类岗位。

二是从薪酬水平来看，薪酬水平的两极化较为明显。一方面是占据多数的工资水平在3000～5000元/月的普通岗位，另一方面涌现为数不少的月均工资高于1万元的岗位。2018年市场平均工资交易价位4175元/月，同比增长17%，涨幅较为明显。2019年1～4月市场平均工资交易价位4538元/月（春季招聘通常高于全年水平），同比上涨8.9%，涨幅有所回落。尽管越来越多的求职者表示薪酬已不再是吸引他们的主要因素，休假、工作地点、文化氛围、发展前景等软性指标在求职选择中占据越来越大的比重，但很多企业HR表示，薪酬的吸引力远没有求职者表现的那么“云淡风轻”，对薪酬的需求成为求职者不愿言说的一种隐性标准线，归根究底，造成矛盾的关键点还是在于供求双方无法在薪酬上意合，如何制定足具吸引力的薪酬标准也成为企业HR的一个难题。

三是从企业规模来看，微型企业竞争力较为不足。市场供岗主力为大中型民营企业，与同期相比，2018年大型、小型企业需求有所上升，中型企业基本与上年持平，由于抗击外部环境压力能力较差等原因，微型企业有较大幅度下降。

四是从求职者来看，求职者总体来说心态较为务实，“只看薪酬”“唯专业论”“只找离家近”等不理性的求职观念已经有所消退，大部分求职者能够结合自身实际，把眼光放在发展前景、学习经验等长远规划中。值得一提的是，“休假”成为越来越多求职者和跳槽者找工作的关键词，“是否有双休”“能否带薪休假”“怎么调休”“工作时长”等问题越来越受到求职者的关心。但是企业HR普遍对求职者的社交能力感到担忧，很多求职者不愿与HR进行交流，只是投个简历就急忙离开，甚至还有本人不来家长代投的现象。求职者对介绍个人信息比较敏感，无法准确表达自身需求，存在“有需求但不好意思提出”的矛盾心理。

B.12 昆山人力资源市场供需分析

朱心杰*

摘　要： 昆山人力资源市场在国内率先实现人才、劳动力、毕业生就业三大市场贯通，经过多年运作，“天天市场”已经成为当地现场求职和企业引才的响亮品牌，其供需数据对于昆山人才供需发展规划有着重要的参考意义。2018 年，宏观经济下行压力依然较大，参会企业数、岗位需求数和求职人数均出现不同程度下降，就业市场结构性矛盾依然存在。本文从宏观与微观两个角度系统地对市场 2018 年供需情况进行分析，科学地提出未来发展新方向、新思路。

关键词： 昆山人力资源市场　供需分析　招聘数据

昆山人力资源市场（简称“市场”）于 2007 年正式投入使用，市场在国内率先实现人才、劳动力、毕业生就业三大市场贯通，形成“政府主导、市场运作”的统一规范的区域人力资源市场。多年来，市场大力发展各项人力资源专业服务，不断重视品牌建设和服务升级，积极发挥国有人力资源机构示范引领作用，全面深化“天天市场”招聘品牌建设，形成了线上线下立体招聘新模式。市场以搭建高效优质

* 朱心杰，昆山人力资源市场考试培训中心主任，昆山人力资源开发研究中心主任助理，中级经济师，人力资源管理师，主要研究领域为人力资源供需分析、人力资源服务业发展、人力资源调研数据分析等。

的供需平台为出发点，以服务优质化、管理信息化、研判科学化为三大抓手，通过优服务、搭平台、促对接来提升供需双方匹配的精度和效率。

此次供求分析数据来自2018年昆山人力资源市场现场招聘系统和实时监测系统，针对参与现场招聘的企业和求职者进行每日动态系统收集，以确保数据收集的科学性、真实性、实时性。

一 总体情况

2018年昆山人力资源市场共举办各类现场招聘活动330场，组织并服务各企事业用人单位27087家次，同比减少19.46%，为用人单位发布各类岗位需求641227人次，同比减少36.74%，全年吸引各地求职者302465人次，同比减少32.54%，全年求人倍率2.12，较上年减少0.14，从数据上看，供需市场仍然处于“供不应求”状态（见表1）。

表1 招聘会总体数据对比

年份	场次数(场)	招聘单位数(家次)	岗位需求人数(人次)	求职人数(人次)
2017	333	33633	1013710	448385
2018	330	27087	641227	302465
变动幅度(%)	-0.9	-19.46	-36.74	-32.54

二 招聘单位分析

（一）单位数分析

现场招聘热情整体回落。2018年，在春节效应的影响下，1月和3月现场招聘参会单位数出现明显增长，增幅分别为287.22%和49.63%，12月同比基本持平，其余各月招聘单位数均呈现不同程度下滑，全年参会热情降幅达 19.46%。

下半年参会热情加速下滑。2018 年上半年，企业通过一系列招聘活动，逐步满足自身人力人才需求，同时随着互联网招聘，特别是移动互联网招聘优越性的进一步体现，进入 6 月以来，企业现场招聘参会热情加速下滑。6 ~11 月每月降幅均在 20% 以上，其中 7 月更是逼近 40%。据统计，2018 年上半年现场招聘参会单位数同比下降 10.15%，下半年同比下降 28.58%，下降速度明显加快（见图 1）。

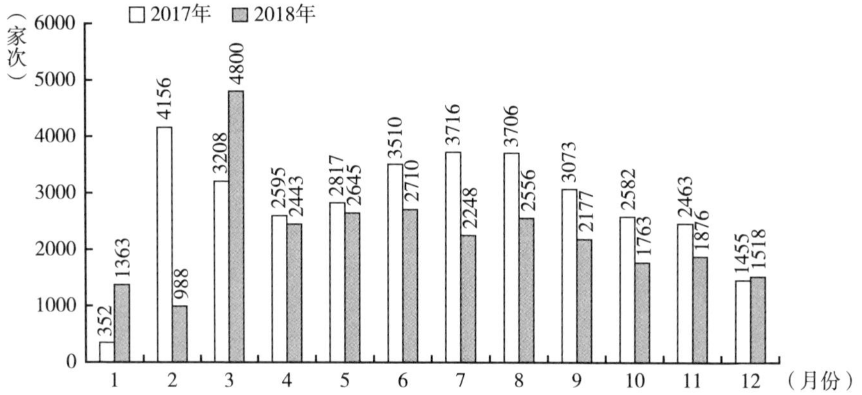

图 1　2017 ~2018 年招聘单位参会数

（二）参会行业分析

生产制造明显萎缩，通信电子小幅增长。2018 年，生产加工制造类企业参会量仅为 9174 家次，同比大幅减少 45.69%，在所有行业中降幅最大，参会量的大幅萎缩也说明昆山市劳动力人口红利正在逐渐消失，成本因素促使企业缩减以往批量普工需求，转而进行技术革新和工艺升级；以通信、电子、互联网为主的通信电子企业，2018 年参会企业超 9000 家次，同比小幅增长 8.24%。

文体教育、文化娱乐发展态势向好。2018 年，在国家大力发展现代服务业背景下，文体教育、文化娱乐行业迎来良好发展机遇，行业参会分别为

504 家次、411 家次，分别同比增长 85.29%、67.07%。

能源环保稳中有进，金融保险行业降幅明显。2018 年，能源环保业参会 951 家次，较上年增长 87.57%，可见在高质量发展要求下，企业不断增强绿色发展理念，对生产生活过程中的环境问题更加注重。2018 年，金融保险业参会数减少 30.19%，其中保险企业减少 48.45%，证券投资企业减少 56.18%，说明在国家严格防控金融风险、规范金融市场秩序的举措下，金融行业进入洗牌阶段，逐步淘汰一批不符合发展要求的劣质企业（见图 2）。

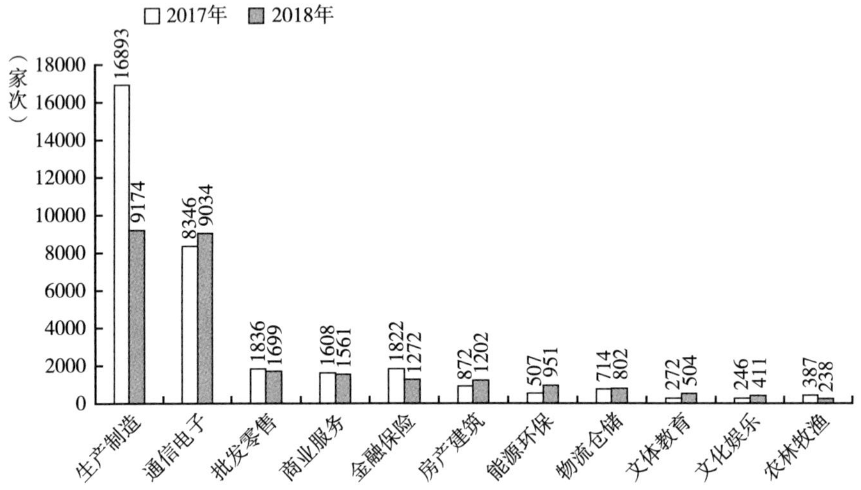

图 2　2017～2018 年主要参会行业企业数

（三）单位规模分析

大中型企业降幅明显，小微企业逆势大幅增长。从企业人员规模来看，以制造业为主的 200～500 人、500～1000 人和 1000 人及以上企业参与招聘次数明显下降，同比降幅分别为 24.23%、28.13% 和 20.13%，下降幅度均大于企业整体下降幅度；10 人以下的小微企业在国家鼓励创新创业的政策扶持下，逆势出现大幅增长，同比增幅高达 170.42%（见图 3）。

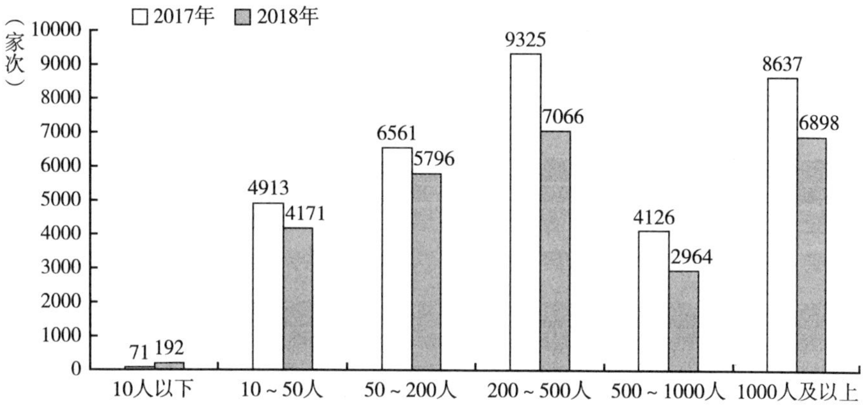

图3　2017～2018年参会企业规模

三　需求岗位分析

（一）岗位需求数分析

岗位需求量大幅减少。从岗位需求人数看，第一季度作为全年需求最旺盛的时节，2018年需求人数仅为172426人，同比减少38.54%，其中3月由于春节效应影响，单月需求人数小幅增长3.22%，为全年岗位需求的峰值。4月之后，各月岗位需求人数均在7万人以下，其中4月、5月、7月同比降幅超过40%，8月、9月、11月同比降幅也在35%及以上（见图4）。

现场招聘吸引力逐渐消散。从单位企业需求量（岗位需求数/招聘单位数）来看，2018年单位企业需求量约为24人，相比2017年减少21.46%。从月度情况看，除6月、10月数据同比为正外，其余各月均不及上年，说明企业选择现场招聘渠道招揽人才已经明显步入下行趋势（见图5）。

（二）需求前十岗位分析

岗位需求全线下滑，技工占比有所提升。从需求前十岗位类型来看，前十岗位合计需求占总需求的64.41%，需求数同比减少45.09%。相比上年，

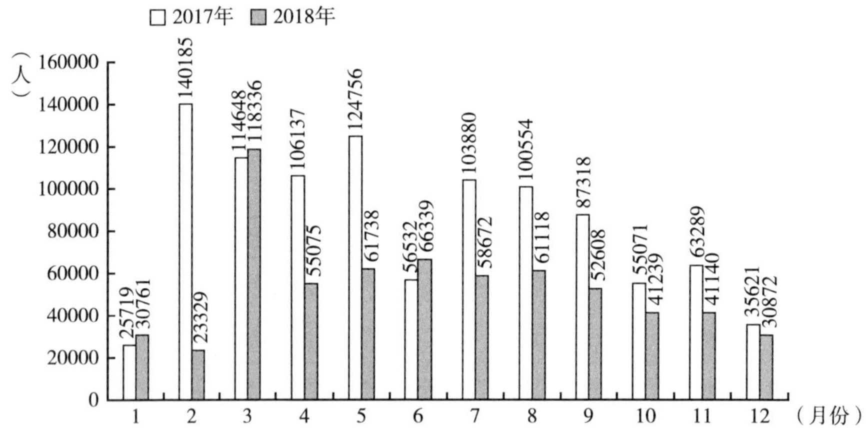

图4　2017～2018年岗位需求人数

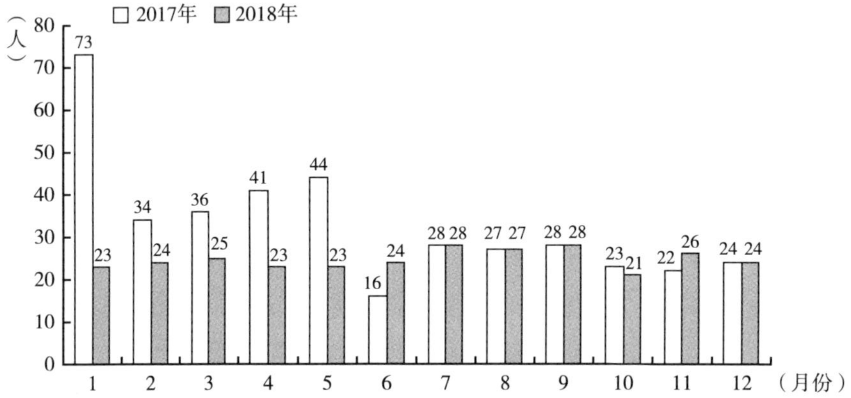

图5　2017～2018年单位企业需求量

前十岗位需求人数均出现较大幅度的减少，其中电子电器类岗位需求不足3.5万人，同比减少61.56%；普工岗位需求近8万人，排名第二，但是需求量相比上年出现“腰斩”，降幅达53.21%；机械模具、市场营销、生产营运、客服支持类岗位也有超过40%的下降（见图6）。

技工岗位以9.8万人的需求成为2018年需求量最大的岗位，相比上年减少37.59%，略小于前十岗位整体下降幅度。从岗位占比来看，技工岗位占比由上年的15.87%提升至17.52%，普工岗位则由16.92%下降至

14.01%，说明虽然企业需求量不断萎缩，但是对于技术人才的重视程度不断提高，对产业转型升级需求较为迫切。

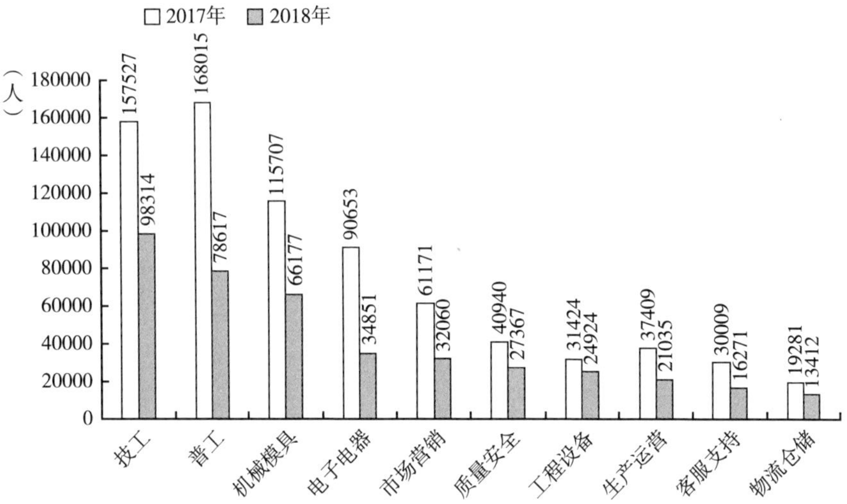

图6　2017～2018年岗位需求人数

（三）具体岗位分析

软件开发类岗位需求增长明显。从具体岗位来看，与互联网技术相关的岗位需求明显增长。通过对年需求500人以上的岗位进行分析，系统分析员、系统工程师增长幅度分别排第一、二位，增幅达525%、212.28%，可见随着我国互联网技术不断发展更迭的背景下，各大企业对网络开发、软件开发等专业人才需求出现井喷。

质量提升备受企业关注。对年需求500人以上的职位分析可以看出，认证工程师、可靠度工程师增长幅度均在90%以上，此类岗位的大幅增长，说明企业对于产品认证、质量提升方面的关注度越来越大，我国企业及产品走向标准化的步伐大幅加快。

金融保险、传统营销岗位需求明显下滑。从岗位增长幅度来看，保险代理岗位年需求800余人，同比下降75.53%，以房产销售、电话销售、网络销售为主的传统营销岗位分别下降77.56%、74.54%、78.87%。

（四）岗位专业分析

从需求前十的专业来看，机械模具类、技工类、电子信息类仍然为需求前三的专业，分别需求105972人、90478人、40832人，分别占需求总量的17.31%、14.68%、6.67%，分别较上年减少37%以上。工商管理类专业以近2万人的需求排名第四，物流管理与工程类、服务业管理类分别以6831人、6283人分列第八、第九位（见图7）。

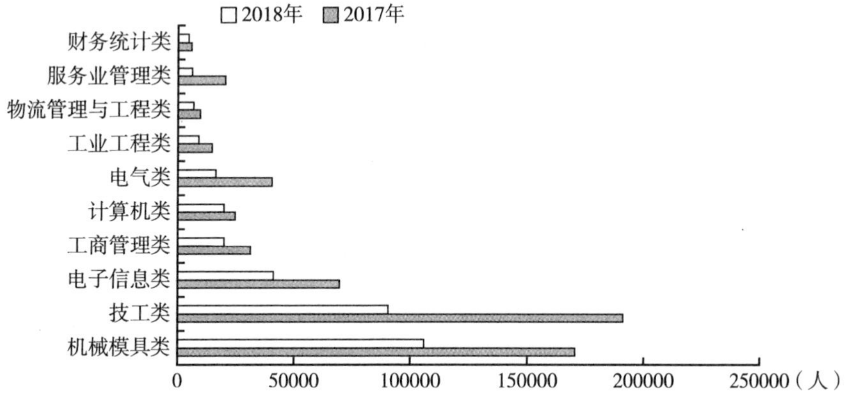

图7　2017~2018年岗位专业需求人数

四　求职人员分析

（一）求职人数分析

2018年3月求职人数达峰值，下半年求职人数加速下滑。受到春节效应影响，1月求职人数达9339人，同比增加了93.19%，节后3月求职人数迅速回升，以74906人达到全年峰值，同比减少4.81%。第二季度，月均求职人数维持在3.2万人左右，同比降幅维持在13%左右，进入下半年以来，求职人数逐月走低，且月均降幅始终超过20%，求职市场在下半年加速进入淡季（见图8）。

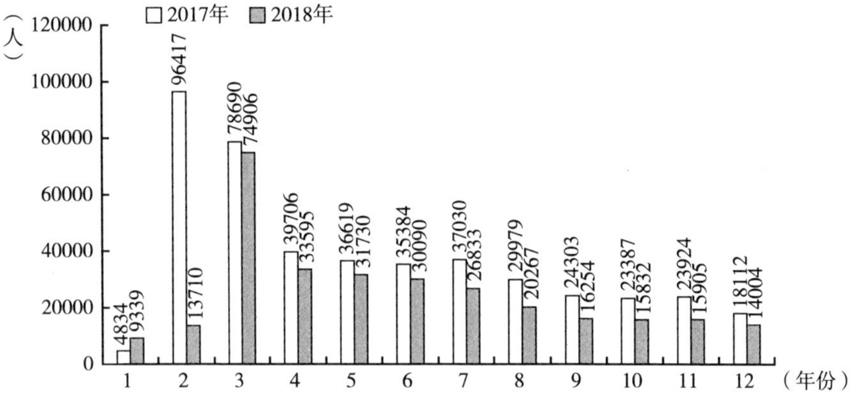

图8　2017~2018年现场求职人数

（二）籍贯构成分析

2018年以来，来昆山求职人员来自全国各地29个省份，籍贯分布数据显示，排名前十籍贯的求职人员占比达到90%及以上，苏皖豫仍排在前三位，总数超过16万人，其中江苏省（93625人，30.95%），河南省（52193人，17.26%），安徽省（31513人，10.42%）。其余排名依次为甘肃省（24103人，7.97%）、陕西省（23329人，7.71%）、湖北省（20002人，6.61%）、山东省（15454人，5.11%）、四川省（8366人，2.77%）、山西省（7821人，2.59%）、湖南省（5471人，1.81%）（见图9）。

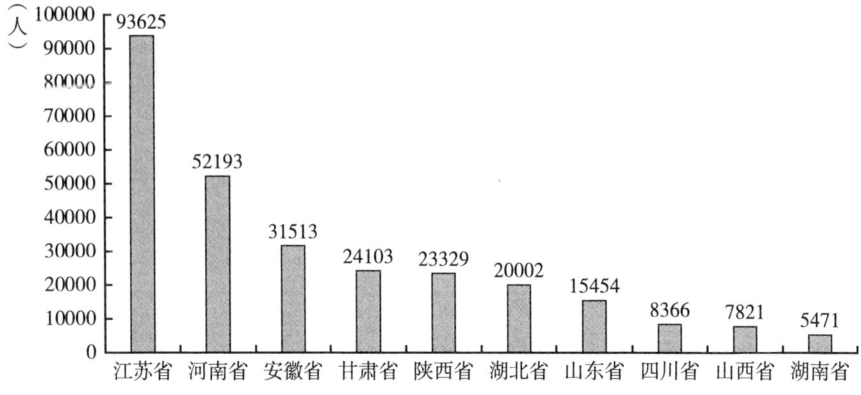

图9　2018年现场求职人员籍贯

五　求人倍率分析

高开低走，波段升高，全年维持“供不应求”状态。2018 年 1 月，由于供需双方均大幅走低，求人倍率达 3.29，2 月开始，随着供需市场一定程度的回暖，求人倍率出现明显回落，招聘旺季 3 月达到 1.58，为全年最低值。6 月开始，随着求职人数下降速度快于需求降幅，求人倍率逐渐维持于高位，9 月更是达到 3.24，仅次于 1 月水平。求人倍率全年均高于供需平衡线水平，说明市场仍处于“供不应求”状态，求职压力相对较小（见图 10）。

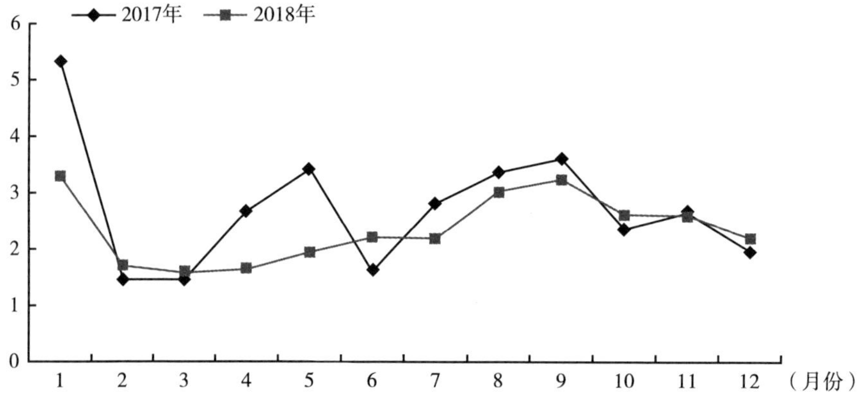

图 10　2017～2018 年求人倍率

薪酬状况

Salary Status

B.13 高科技、金融、医疗健康行业薪酬状况分析

付晓薇*

摘　要： 本报告以近4000家企业及科锐国际信息库中200000余名中高级管理及专业候选人薪资数据为基础，对高科技、金融、医疗健康行业的薪酬状况进行分析，旨在了解关键行业的人才缺口、获取来源、任职资格以及薪酬等状况，以便帮助企业吸引和保留关键人才，为制定人才战略提供参考。

关键词： 人才缺口　热门岗位　薪酬趋势

* 付晓薇，硕士，科锐国际高级调研经理，主要研究方向为社会学、发展学、人才市场发展与人才吸引流动。

当前，以互联网、大数据、人工智能为代表的新一代信息技术蓬勃发展，高科技行业人才的竞争也非常激烈，在第一部分，本文分析了高科技的热门领域，诸如人工智能、物联网、数字化转型和区块链的人才需求趋势。

金融是国家重要的核心竞争力，2018 年以来，防范和化解金融风险成为国家金融工作的根本性任务。在强监管的背景下，金融行业可谓从百花齐放的阶段进入整理期，良币驱逐劣币。在第二部分，本文从投资、融资、风控合规和金融科技这 4 个方面分析了当下金融业的人才需求及趋势。

在 2018 年政府工作报告中，推进健康中国战略被纳入提高保障和改善民生水平的重点工作。医疗行业的飞速发展，也带来医疗人才需求的热度上升，在第三部分，本文从制药及器械、医疗服务、医疗大数据以及个体化治疗、互联网医疗等领域展开人才分析。

本文所涉及薪酬数据为基本年薪，指年度整体的现金收入 = 年度底薪 + 年度固定部分奖金，以人民币 1000 元为单位。

25 分位值（下四分位值）表示有 25% 的数据小于此数值，反映科锐国际信息库的较低端水平；50 分位值（中位值）表示有 50% 的数据小于此数值，反映科锐国际信息库的中等水平；75 分位值（上四分位值）表示有 75% 的数据小于此数值，反映科锐国际信息库的较高端水平。

本文调研的样本城市：一线城市为北京、上海、广州、深圳；二线城市为省会及热点城市，例如天津、苏州、杭州、重庆、成都。

一　高科技行业

（一）行业趋势

高科技行业依然保持高速增长。人工智能产业进入快速发展期，国家高度重视人工智能的发展，并将其上升为国家战略；物联网快速发展，这也是中国企业发展壮大物联网的新机遇。数字化转型在全球经济增长中扮演着越来越重要的角色，中国积极拥抱数字经济浪潮，政府出台了一系列政策来推动数字经济的发展，大力推动创新创业。区块链行业进入调整期，更多的是进行技术布局、升级技术，发展也回归理性。

（二）人工智能和车联网

从人才需求来看，中国的AI基础层人才储备薄弱，尤其是处理器/芯片和AI技术平台上，中国缺乏驱动能源，即缺乏高级人才支持和高端教育体系为产业发展续航。从领域分布来看，自动驾驶、智能机器人、语音识别是目前人工智能的主战场。智能客服ADAS、语义识别也极为火热，且近两年企业增速呈上升趋势。国企及大型企业急需相关领域的领军人物、能够制定标准并落地的执行人员。一、二线互联网公司急需研发、AI类型的科学家、研发总监、核心工程师等。

从薪酬来看，在一线城市，工作5~7年并达到专家级别的平均年薪超过了200万元，比如深度学习专家。拥有15年工作经验的AI首席科学家和实验室负责人，平均年薪可达600万元，高的甚至可达1000万元（见表1）。

车联网领域，机器学习、计算机视觉、语音识别、NLP、深度学习岗位薪资增幅均在30%以上。其中深度学习、计算机视觉、NLP等职位薪酬上涨最快，自然涨幅可达10%~25%，跳槽涨幅可多达40%~50%（见表2）。

表1　高科技行业——人工智能薪酬

单位：年，千元

职位名称	工作年限	一线城市		
		25分位值	中位值	75分位值
AI实验室负责人	15+	1000	6000	10000+
AI首席科学家	15+	1000	6000	10000+
深度学习专家	5~7	1000	2500	4000
计算机视觉专家	5~7	300	2000	4000
自然语言处理专家	5~7	300	2000	4000
AI开源平台开发专家	7+	1000	2500	3000

续表

职位名称	工作年限	一线城市		
		25 分位值	中位值	75 分位值
AI 产品经理	5～7	300	700	1500
数据分析科学家	2＋	300	500	1500
人工智能高级研究员	应届 Ph. D	200	500	800
产品开发工程师	3＋	200	400	800

表 2 高科技行业——车联网薪酬

单位：年，千元

职位名称	工作年限	一线城市		
		25 分位值	中位值	75 分位值
传感器融合算法工程师	5～8	500	800	1500
云计算工程师	5～8	600	700	800
信息安全工程师	5～8	800	1100	1600
功能安全工程师	5～8	600	900	1500
定位算法工程师	5～8	800	1100	1600
对话系统语音识别工程师	5～8	800	1300	2000
自然语言工程师	5～8	600	700	1300
高精地图开发工程师	5～8	600	800	1500

（三）物联网

物联网市场广阔，正处于高速发展的阶段。国内物联网人才需求呈现快速增长状态，除了在物联网市场积极布局的华为、BAT 等科技互联网巨头之外，环渤海、长三角、珠三角，以及中西部地区尤其是长三角地区对物联网人才的需求持续旺盛。人才需求呈现以下特征：科技互联网巨头积极储备如量子计算、雾计算、边缘计算、数字孪生等新兴技术以及基础研究领域的世界顶级专家；金融、制造、医疗等行业内企业将人工智能、物联网、大数据、区块链等技术综合运用到企业内部数字化和智能化建设当中；区域分布的众多中小企业对物联网人才的需求主要集中于硬件、传感器等基础设施领域以及基于智能制造和智慧城市的解决方案领域。硬件、传感器等基础设施领域人才需求稳步提升，人才流动主要来自终端厂商和物联网企业之间。量子计算、雾计算、边缘计算、数字孪生新技术需求将成为未来趋势。

物联网人才紧缺程度也远远高于其他技术职位，整体薪酬呈现 20% ~ 30% 正常增幅，超过 8 年的资深岗位均可以达到百万元年薪以上。跳槽涨幅高的职位，比如边缘计算、数字孪生等新兴技术方向由于领域细分人员获取面较窄，薪酬涨幅趋势个体差异较大，但是总体可在 30% 以上（见表 3）。

表 3　高科技行业——物联网薪酬

单位：年，千元

职位名称	工作年限	一线城市		
		25 分位值	中位值	75 分位值
首席数据官	15 +	3000	5000	10000 +
物联网产品总监	8 ~ 10	800	1500	3000
IoT 平台开发架构师	8 ~ 10	800	1500	3000
边缘计算技术专家	8 ~ 10	800	1500	3000
IoT 安全专家	5 ~ 8	800	1500	3000
WiFi/蓝牙/ZigBee 技术专家	5 ~ 8	400	800	1500
物联网操作系统专家	5 ~ 8	400	800	1500
智能硬件架构师	5 ~ 8	400	800	1500
行业解决方案架构师	5 ~ 8	400	800	1500
物联网芯片技术专家	5 ~ 8	300	500	1000
嵌入式软件工程师	3 ~ 5	200	300	500

（四）数字化转型

数字人才的需求方面，主要集中在 ICT 基础产业的研发和运营部门中层岗位，门槛偏高，对入职门槛低的职位需求逐渐下降。就不同城市来看，“引领型”城市中，北京对数据分析师和嵌入式软件工程师的需求呈现上升趋势，上海对电子商务专员类岗位的需求在逐年上升，广州在近几年对语言本地化人才的需求非常大。

“快速成长型”城市中，成都对用户体验设计人才的需求逐渐上升，苏州数字人才很大比例集中在制造业，所以对制造业方面的人才需求较大，武汉对制造业方面的人才需求也在上升。从技能角度来看，对数字人才不再单一强调编程技能，而是更加看重技术、管理和领导力等综合技能。

数字化转型目前发展较快，人才竞争非常激烈，人员薪酬涨幅比较明显，自然涨幅通常为8%左右，对于运营、战略或者技术管理者，跳槽涨幅可达30%以上或者更高，除了基本工资涨幅以外，股票期权也是吸引人才的重要手段（见表4）。

表4　高科技行业——数字化转型薪酬

单位：年，千元

职位名称	工作年限	一线城市		
		25分位值	中位值	75分位值
首席信息官	10+	1200	2400	3600+
首席技术官	10+	1200	2400	3600+
首席数字官	10+	1200	2400	3600+
首席AI官	10+	1200	2400	3600+
首席产品官	10+	900	2000	3000+
首席运营官	10+	900	2000	2800+
战略总监	10+	800	1400	2000
技术总监	8+	800	1400	2000
产品总监	6+	700	1200	1800
市场总监	8+	500	800	1200
运营总监	8+	600	1200	1800
供应链总监	10+	900	1500	1800
算法总监	8+	1200	2000	3000+
算法工程师	3+	600	800	1600
数据总监	8+	1000	1200	2000
数据挖掘工程师	3+	500	700	900
数据分析师	3+	200	400	800
系统工程师	5+	300	500	900
软件工程师	3+	200	400	800
交互设计师	3+	200	400	800
产品经理	3+	200	400	800
运维工程师	3+	100	300	600

（五）区块链

行业整体2018年上半年发展进入调整期，下半年则进入寒潮期和观望期。区块链行业人才需求相比之前的大热开始回归理性，但人才需求的缺口依然巨大。从中长期来看，人才的理性进入和退出，才是行业持续良性发展的保证。区块链技术作为生产力效率提升的重要工具，金融行业和互联网行业对区块链的安全性、去中心化的特点，存在天然诉求，所以仍在积极投入资源。人才需求上面，对于核心中高层人员，从商务产品到技术研发均需求旺盛。

区块链行业人才薪酬的对比年初呈现明显下滑态势，但是人才缺口依然巨大，而且是全方位的。目前受到行业趋势影响，人才市场高薪泡沫正在迅速挤出，回归理性。但对于复合型的、掌握区块链核心技术的人才，薪酬上涨依然迅速、增幅巨大（见表5）。对于金融和大型互联网企业来说，资金实力雄厚，本次行业调整影响不大，薪酬依然坚挺。对于大量区块链创业型企业来说，资金缺口较大，需要业务重新布局、转型甚至退出，表现为合理化招聘和吸引人才，薪酬保守。

表5　高科技行业——区块链薪酬

单位：年，千元

职位名称	工作年限	一线城市		
		25分位值	中位值	75分位值
区块链业务总监	6+	600	900	1200
区块链研发总监	8+	800	1400	2000
区块链高级研发工程师	2+	300	450	600
区块链研发架构师	5+	600	800	1000
区块链产品总监	5+	600	900	1200

（六）大数据

随着互联网行业近几年的高速发展，大数据产业呈现爆发式增长。大数据作为AI应用领域的重要资源，将驱动AI实现质的飞跃。目前，无论是在互联网公司内部支持业务，还是随着AI技术逐渐成熟开始在图像、视觉、语音等应用领域落地，大数据都是重要的支撑。

互联网公司，对于建设数据底层平台的人才极为渴求。目前大数据底层数据处理工具基本上来自欧美国家，国内底层工具自主研发上差距比较大。在传统行业，则比较缺乏积累深厚的领军人物。

数据行业互联网模块薪酬涨幅稳定，自然跳槽在25%～35%区间，互联网比传统行业薪酬涨幅高，涨幅空间可达50%。

二　金融行业

（一）行业趋势

2018年金融行业的大环境，是“监管”与“重塑”。

在强监管的背景下，金融行业可谓从百花齐放的阶段进入整理期，良币驱逐劣币。这个过程中一些过度机会导向的服务主体和企业面临巨大的经营压力，当然对于一些在快速成长和规范期的企业也是一次彻底的对经营能力、经营资源竞争力的提早检验。

（二）投资：重消费，重产业细分，重低风险领域

信托领域，政策引导行业资金流向致使行业的业务重心发生变化，从原来的以地产、政府平台项目为主，变成现在的地产+消费金融+资本市场业务多条线变化，导致对投资、消费金融类人才需求增加。

投资银行领域，投行业务条线内由于2018年资管新规和IPO过会条件调整，业务受到影响，各个公司看重承揽人才和项目熟手，由于头部之外各公司业绩不甚理想，对新人招聘和3年以下工作经验人选招聘数量骤减。

公募基金领域，竞争激烈，仍可见各大机构高管“奔私”，新设公募步调放缓。固定收益、QDII、养老金投资、ETF等方向人才紧俏。

PE、VC 领域，各大机构面临资金募集的问题，头部效应明显，行业领军机构仍然在扩张，但中小机构投资日趋谨慎，加大在募资方面的招聘。从投资领域看，TMT 中的硬科技、AI、大数据、2B 类投资，大健康中的医疗服务、医疗养老，以及智能制造、节能环保等投资仍然是热点。从二级市场投资领域看，固定收益持续火热。

投行整体薪酬相较往年，固薪没有明显涨幅，奖金比例较往年有明显下降，但行业薪资依然具有竞争力。比如在一线城市，拥有 6~10 年工作经验的投行团队负责人，平均年薪为 100 万元，而拥有 3~5 年工作经验的投行项目负责人，平均年薪为 50 万元。我们可以看到，在投行，薪资和工作年限明显呈正比。在投资领域中，外资机构的薪酬相对较高。以外资私募和风投为例，一线城市的机构合伙人平均收入可达千万元。公募基金领域行业内人员跳槽薪酬涨幅约在 20%，在现公司自然涨幅在 5%~15%。行业固定薪酬无明显变化。奖金受市场影响，有一定降幅（见表 6a 和表 6b）。

表 6a　金融行业——投资领域薪酬

单位：年，千元

职位名称	工作年限	一线城市			二线城市		
		25 分位值	中位值	75 分位值	25 分位值	中位值	75 分位值
投行团队负责人	6~10	600	1000	2000	400	700	1000
保荐代表人	4~8	600	900	1800	400	600	900
投行项目负责人	3~5	360	500	650	250	350	500
投行质控	6+	600	840	1200	500	650	850
研究员	1~3	120	240	540	100	120	150
投资经理(一级)	3~5	300	500	900	150	240	320
投资总监(一级)	6~9	500	900	1400	300	500	720
董事总经理(一级)	10+	1200	1500	3000	500	800	1000
研究员(二级)	1~3	270	360	540	140	210	270
基金经理(二级)	3~6	750	1200	1900	670	970	1200
投资总监(二级)	8+	1400	2100	2700	1000	1400	1800

表 6b　金融行业——投资领域薪酬

单位：年，千元

职位名称	工作年限	一线城市		
		25 分位值	中位值	75 分位值
企业投资				
投资总经理	8 +	2000	4000	8000
投资总监	5 ~ 8	800	1500	1800
投资经理	3 ~ 5	600	1000	1500
投资分析员	1 ~ 3	400	500	800
外资机构投资:PE/VC				
合伙人	18 +	3000	10000	13000
董事总经理	12 ~ 18	2000	8000	10000
执行总经理	8 ~ 12	1000	5000	6000
副总裁	5 ~ 8	800	2500	3000
经理	3 ~ 5	600	1000	1500
分析员	1 ~ 3	400	500	800
内资机构投资:PE/VC				
董事总经理	10 ~ 18	1500	2000	3000
执行总经理	7 ~ 12	400	1500	2000
副总裁	4 ~ 8	300	350	400
经理	2 ~ 5	270	300	350
分析员	1 ~ 3	150	200	250

（三）融资：重对经营闭环分析的产品设计，重资金的实际去向与回报趋势分析，重产业前瞻与分析

2018 年以来，受资管新规及相应监管政策影响，中国金融与经济的关系被引导重塑，金融服务“脱虚向实”，影响社会整体经济的房地产行业受到强力调控，社会生态从“消费升级”转向“消费降级”。对于融资人才的需求一方面在数量上有所增加，另一方面兼具资源及产品能力的融资人才成为企业最需要的热门人才，比如高净值客户为各个机构募资争夺的重要资源，该领域人才为各大机构争抢热点，人才需求主要集中在一线城市新增团队以及二线城市团队搭建方面。

融资领域薪酬整体平稳，跳槽涨幅通常在20%～30%，其中银行传统领域人才，地产等行业融资岗位，薪酬跳槽涨幅较大，可达30%～50%，甚至更高（见表7）。

表7　金融行业——融资领域薪酬

单位：年，千元

职位名称	工作年限	一线城市			二线城市		
		25分位值	中位值	75分位值	25分位值	中位值	75分位值
控股集团金融总裁	15+	1800	3000	6000	1500	2000	3000
金融中心总经理	10+	1000	1500	2000	800	1200	1500
融资总监	8+	600	1000	1500	500	800	1200
融资经理	5+	300	500	700	200	400	600
总经理	15+	2000	4500	6000	1500	3500	5000
区域总监	13+	1700	3000	5000	1400	2500	4000
城市总经理	10+	1300	2500	3500	1000	2000	3500
团队总监	7+	1000	1500	3000	800	1300	2700
高级经理	5+	450	700	900	350	600	800

（四）风控合规：重细分领域专业风控合规能力，重以科技为助力的风控合规精准度

在社会经济转型发展过程中，金融行业企业都清醒地认识到风险管理的重要性。恰逢中国金融行业正蓬勃发展，随着金融市场的动荡频发，银行、投行、券商、保险等金融机构正在建立有效的风险管理机制，需要大量的高级风险管理人才。同时，大型企业内部也需要在自身的资金管理、业务及商务拓展、企业运营等领域里寻求风险管理人才，保障企业的运作。

当前，我国金融风险总体可控，但由于国内外经济环境日趋复杂，不确定性因素明显增多，准确判断金融风险隐患，科学制定应对措施，需要大批金融风险管理人才。只有培育大批具有较强金融风险意识、掌握金融风险管理知识、精通金融风险控制实务的高层次高素质金融风险管理人才，面对金

融风险才能做到早识别、早预警、早处置，守住不发生系统性金融风险的底线，保障国家金融安全。

科技不仅改变了客户行为，高级分析能力的发展也孕育了全新风险管理技术。未来十年还将出现大量未知的创新，并显著影响风险管理进程，具备风险建模、精通数据挖掘以及数据分析能力的相关风险类人才将成为热门。

风控合规领域，互联网金融、消费金融、银行领域，薪酬涨幅在15%～30%以上（见表8）。

表8　金融行业——风控合规领域薪酬

单位：年，千元

职位名称	工作年限	一线城市			二线城市		
		25分位值	中位值	75分位值	25分位值	中位值	75分位值
首席风险官	14	1000	1800	3000	850	1100	2200
风险管理部总经理	8+	600	800	1200	400	500	800
风险总监	10	600	950	1200	440	630	750
风险专家	13	900	1200	1800	600	840	1200
风险经理	7	500	650	700	300	450	540
风险管理岗	3	200	350	470	130	270	350
法务总监	10	600	950	1200	440	630	750
法务经理	7	500	650	740	300	450	540
法务岗	3	250	400	490	130	270	350
授信审批总经理	8+	600	800	1200	400	500	800
授信审批主管	5～8	400	500	600	250	300	500
授信审批岗	3年以内	200	250	300	150	200	250
资产监控与处置总经理	8+	600	800	1200	400	500	800
资产监控与处置主管	5～8	400	500	600	250	300	500
资产监控与处置岗	3年以内	200	250	300	150	200	250

（五）金融科技：由单纯支持金融服务向独立服务闭环转变，由专一化服务向场景相关化扩展

2018年互联网金融行业整体发展速度放缓，行业进入强监管时代。

2019 年，网贷行业在这些领域的竞争势必更加激烈，消费金融仍然是未来的蓝海；互联网保险是未来的新兴发展轨道，拥抱科技将会更明确直接。

金融科技整体薪酬呈现缓慢上升趋势。数据人工智能和风控上涨最快，相对于 2017 年，目前整体跳槽相对比较冷静，因此涨幅有限，最多可达 30%（见表 9）。

表 9　金融行业——金融科技领域薪酬

单位：年，千元

职位名称	工作年限	一线城市			二线城市		
		25 分位值	中位值	75 分位值	25 分位值	中位值	75 分位值
产品总监	10 +	1000	1500	2000	600	800	1200
产品经理	5	400	550	700	200	300	400
技术总监	10 +	1200	1500	1700	600	800	1000
AI 科学家	10 +	1500	1700	2000	700	800	1000
用户增长专家	10 +	500	600	700	300	400	500

三　医疗健康行业

（一）行业趋势

随着生物技术、人工智能、大数据、医疗个体化等一系列前沿技术的应用，资本市场强势推动着中国医疗健康产业的发展，支持着中国医疗市场与国际接轨。

受政策及市场环境影响，医疗健康行业的人才流向也呈现不同的趋势：具有外资新药研发及注册经验的人才有向内资企业流动的趋势；传统医疗领域人才随着资本市场加大在医疗信息化行业的投入，对医疗数据及人工智能医疗等平台关注度逐渐升高；二、三线城市就业机会由于政策影响，人才从一线往二、三线城市流动的意愿在增强。

（二）行业及细分板块

1. 制药及器械

2018 年医药行业继续保持了较强的增长性，政策出台仍然保持较高频率，结构性和趋势性变化愈加明显。国务院机构进行重大改革，设立医保局，推行辅助用药监控，新版国家医保目录将更多治疗性品种纳入医保，仿制药一致性评价制度迎来药品高速申报阶段，CDE 审批制度有望进一步加快。内资药企深化从仿制药向创新药的战略转型，将迎来创新药黄金时期。药企在 IPO 的上市数量明显增多，资本更多地涌入制药和医疗器械行业。

从制药及器械领域薪酬来看，本土医药企业的薪酬涨幅仍在继续上升，从大型外企向国内创新公司或跨行业转型涨幅多在 20% ~30% ，甚至更高。创业公司或处于跨行业转型阶段的公司为了增强对高级职业经理人的吸引力度，纷纷在薪酬以外提供更多股权和期权激励（见表 10 和表 11）。

紧缺岗位包括新药研发副总裁、临床注册总监、医学事务总监、市场准入副总裁、首席商务官、战略拓展副总裁、海外营销总经理，跳槽涨幅也多在 20% ~30% 。

表 10　医疗健康行业——医药领域薪酬

单位：年，千元

职位名称	工作年限	一线城市			二线城市		
		25 分位值	中位值	75 分位值	25 分位值	中位值	75 分位值
高层管理							
总经理	15 +	3000	3300	4000	2400	2500	2700
副总经理	10 +	1600	1700	2000	1200	1300	1500
事业部总经理	15 +	1500	1900	2500	1000	1400	1800
医学事务及研发							
研发总监	15 +	1000	1500	2200	800	1000	1500
研发经理	7 +	350	400	600	250	300	360
化学工艺合成总监	10 +	670	900	1300	500	680	1000

续表

职位名称	工作年限	一线城市			二线城市		
		25 分位值	中位值	75 分位值	25 分位值	中位值	75 分位值
医学总监	15 +	800	1200	1800	600	900	1200
医学经理	7 +	400	500	600	300	380	430
医学联络官	4 +	220	300	450	200	270	400
注册总监	15 +	800	1200	1800	600	900	1200
注册经理	7 +	400	500	600	300	380	430
生产/运营							
工厂经理/厂长	15 +	900	1100	1500	600	900	1200
生产总监	10 +	650	850	1250	400	700	1000
生产经理	8 +	350	400	500	280	340	400
精益生产经理	8 +	450	650	750	340	370	520
项目经理	7 +	350	500	750	270	430	500
质量总监	10 +	600	800	1200	450	600	900
质量经理	7 +	450	500	600	280	400	500
质检经理	5 +	600	800	1200	480	600	950
验证经理	5 +	350	400	500	250	300	350
质量体系与合规经理	8 +	450	500	600	330	400	460
工程经理	8 +	550	650	750	360	450	550
维修经理	8 +	450	500	560	320	380	450
环境安全健康经理	8 +	460	520	570	400	450	480
市场及业务拓展/营销							
市场总监	15 +	900	1200	1600	500	800	1200
市场经理	8 +	700	800	900	400	500	700
高级产品经理	8 +	460	550	600	280	300	500
产品经理	5 +	330	400	500	200	280	400
数字化营销经理	5 +	380	500	600	—	—	—
业务拓展总监	10 +	900	1300	1500	700	800	1100
业务拓展经理	5 +	350	400	480	180	260	320

表 11　医疗健康行业——器械设备领域薪酬

单位：年，千元

职位名称	工作年限	一线城市			二线城市		
		25 分位值	中位值	75 分位值	25 分位值	中位值	75 分位值
高层管理							
总经理	15 +	2100	3200	4000	1500	2200	2600
事业部总监	12 +	1260	1800	2450	820	1000	1200
研发							
研发总监	15 +	800	1100	1800	500	800	1100
研发经理	10 +	450	700	1100	350	500	800
项目经理	10 +	250	550	700	200	400	600
生产/运营							
质量法规经理	10 +	350	550	800	250	450	600
研发首席工程师	10 +	400	600	800	300	500	600
工厂厂长	15 +	500	900	1500	300	500	900
生产经理	8 +	250	550	900	200	350	650
工程经理	8 +	350	550	750	250	400	600
质量经理	7 +	350	550	750	250	450	600
供应链经理	8 +	400	600	800	300	450	650
市场							
市场总监	12 +	860	1100	1370	500	650	750
市场经理	8 +	570	780	900	290	450	620
产品经理	6 +	330	430	500	200	260	300
销售							
销售总监	12 +	720	1150	1450	550	750	820
大区经理	7 +	480	700	850	430	500	650
地区经理	5 +	300	420	490	240	300	400
大区商务经理	7 +	380	500	650	380	470	560
销售效率优化总监	15 +	700	900	1200	640	890	1080
销售效率优化经理	7 +	400	520	600	270	350	500
销售培训总监	15 +	700	900	1200	630	750	800
培训经理	7 +	340	400	460	300	360	400
市场准入总监	15 +	1100	1350	1550	730	890	950
市场准入经理	7 +	420	560	700	380	480	590
合规总监	15 +	880	1200	1480	530	620	700
合规经理	5 +	380	570	770	250	300	400

2. 医疗服务

医疗服务行业依然处于高速成长周期。在健康中国战略的指引下，应《进一步改善医疗服务行动计划（2018～2020年）》的要求，完善预约诊疗制度、远程医疗制度、临床路径管理制度等，充分运用“互联网+”、大数据、人工智能等新技术，促进医疗服务高质量发展，提高国民健康指数。具有专业技能或成熟经验的人才缺口愈发明显。

医疗服务的紧缺岗位包括医院总经理/院长、运营副总裁、投资并购副总裁、首席医疗官、各科室主任，工作年限在15年以上的医院院长的年薪可达100万元以上（见表12）。

表12　医疗健康行业——医疗服务领域薪酬

单位：年，千元

职位名称	工作年限	一线城市			二线城市		
		25分位值	中位值	75分位值	25分位值	中位值	75分位值
高层管理							
首席执行官	18+	1850	2600	2770	1330	1400	1500
首席运营官	18+	1400	1550	1670	1000	1150	1300
首席医务官	15+	1500	1650	1800	1120	1240	1390
院长	15+	870	1250	1850	670	940	1200
运营管理							
诊所总监	12+	520	660	800	450	580	700
诊所经理	8+	300	370	450	220	320	400
市场/营销							
市场总监	12+	780	880	1060	620	660	700
市场经理	8+	430	600	660	230	400	530
公关总监	12+	530	750	800	430	580	600
公关经理	7+	420	540	620	240	260	270
投资总监	12+	860	1170	1450	460	700	1000
业务拓展总监	12+	750	850	1150	580	630	660
业务拓展经理	7+	400	460	530	200	260	300

续表

职位名称	工作年限	一线城市			二线城市		
		25分位值	中位值	75分位值	25分位值	中位值	75分位值
医务							
医务总监	10+	700	850	1000	420	540	690
质控总监	7+	450	680	1020	300	350	400
护理总监	10+	460	650	930	360	440	500
护理经理	7+	240	350	430	190	220	250

3. 医疗大数据

国家主导筹建的三大健康医疗大数据集团牵手细分领域AI技术供应商，在五个省份开展国家健康医疗大数据中心试点，目前已有30余个省市响应出台地方政策。医疗大数据不仅显著推进了医院信息化发展，在制药、器械、保险等行业也不断探索场景应用。

医疗领域的人才跨界越来越频繁，紧缺岗位包括医学经理、临床项目经理、产品经理、售前顾问、深度学习研究员、营销总监等，一些跨领域技术人才，如深度学习专家、计算机视觉专家、自然语言处理专家年薪均可达100万以上（见表13）。

表13　医疗健康行业——医疗大数据领域薪酬

单位：年，千元

职位名称	工作年限	一线城市			二线城市		
		25分位值	中位值	75分位值	25分位值	中位值	75分位值
高层管理							
首席执行官	15+	2500	3000	4000	1800	2200	3000
首席科学家	15+	2500	3000	5000	1800	2200	4000
首席医学官	15+	1200	1650	2300	900	1250	1800
首席运营官	15+	1350	1800	2800	1000	1300	2000
研发/技术							
研发总监	12+	800	1300	1800	700	1000	1500
技术应用总监	10+	560	620	850	400	530	650

续表

职位名称	工作年限	一线城市			二线城市		
		25 分位值	中位值	75 分位值	25 分位值	中位值	75 分位值
解决方案经理	5 +	380	450	530	250	320	400
项目总监	8 +	600	780	1000	400	580	800
项目经理	5 +	300	420	630	250	350	500
产品总监	7 +	630	850	1200	500	700	900
产品经理	3 +	350	480	600	280	380	550
深度学习专家	3 +	400	1200	3500	300	1000	2500
计算机视觉专家	3 +	400	1200	3500	300	1000	2500
自然语言处理专家	3 +	400	1200	3500	300	1000	2500
数据科学家	2 +	350	800	2000	250	650	1500
医学							
医学总监	15 +	850	1350	1800	680	950	1400
医学经理	8 +	460	600	700	320	420	520
临床项目经理	5 +	430	550	680	320	420	520
医学运营经理	5 +	250	400	500	200	320	400
市场/营销							
市场总监	10 +	900	1200	1600	600	800	1200
市场经理	7 +	500	660	850	350	460	580
产品市场总监	10 +	780	1100	1350	570	680	850
产品市场经理	5 +	450	600	750	320	420	500
商务拓展总监	10 +	900	1200	1500	700	800	1100
商务拓展经理	5 +	420	630	850	250	320	450
销售							
销售总监	12 +	950	1350	1800	820	1100	1500
大区经理	8 +	550	720	850	500	650	780
区域经理	3 +	330	420	500	280	360	450
政务/公关							
公共关系总监	8 +	600	800	1300	350	500	800
公共关系经理	5 +	250	400	650	180	250	300
公共关系主管	3 +	170	200	250	100	140	180
政府关系总监	8 +	600	800	1300	350	500	800
政府关系经理	5 +	250	400	650	180	250	300
政府关系主管	3 +	170	200	250	100	140	180

4. 个体化治疗

由于检测技术的不断进步和资本力量的推动，基因检测已然成为当下最火的领域之一。2018 年，广州燃石、诺禾致源肿瘤 NGS 多基因检测试剂盒获批之后，即将迎来 NGS 产品上市的爆发浪潮。随着检测样本的积累，生物信息分析、临床数据整合将日益成为竞争主体的核心竞争力。

个体化治疗领域的紧缺岗位包括生物信息、医学、注册、销售领域的人才，人才主要来自基因检测、传统医药和器械公司，以及科研所、医院等。

表 14　医疗健康行业——个体化医疗领域薪酬

单位：年，千元

职位名称	工作年限	一线城市			二线城市		
		25 分位值	中位值	75 分位值	25 分位值	中位值	75 分位值
高层管理							
首席执行官	15 +	2650	2870	3220	2000	2400	2550
首席运营官	15 +	1480	1780	2160	1000	1200	1400
首席医学官	15 +	1100	1650	1880	900	1250	1400
研发/技术							
首席技术官	12 +	1200	1560	2200	750	900	1370
研发总监	10 +	750	1000	1430	630	750	950
生物信息学主任	7 +	700	940	1380	620	720	1030
医学检验中心主任	10 +	560	840	1200	450	540	720
技术应用总监	7 +	400	570	700	300	370	480
医学							
医学总监	15 +	650	950	1100	580	830	1100
医学经理	8 +	350	400	500	300	370	400
市场/营销							
市场总监	10 +	670	1000	1450	560	640	770
市场经理	7 +	400	680	800	330	430	540
产品总监	10 +	700	1000	1240	540	650	760
商务拓展总监	10 +	700	970	1120	540	630	750
销售							
销售总监	12 +	800	1000	1330	500	650	730
大区经理	7 +	400	520	620	350	400	520
区域经理	5 +	260	330	400	220	290	360

5. 互联网医疗

随着互联网医疗新规的落地，以实体医疗机构为主、互联网医疗公司为辅的发展模式基本定调，进而互联网医疗公司的资质与业务红线已划定。2018 年平安好医生香港联交所主板成功 IPO，但并未实现扭亏为盈。在真正全面、系统化的“互联网 + 医疗健康”文件落定后，互联网医疗行业才能真正施展开手脚，探索成熟而多元化的商业形态。

表 15 医疗健康行业——互联网医疗领域薪酬

单位：年，千元

职位名称	工作年限	一线城市			二线城市		
		25 分位值	中位值	75 分位值	25 分位值	中位值	75 分位值
高层管理							
首席执行官	15 +	2300	3050	3600	1600	2200	2500
首席技术官	15 +	1800	2600	3000	1200	1800	2200
首席运营官	15 +	1200	2300	2600	800	1500	1800
技术							
技术总监	10 +	1500	2000	2500	800	1300	1800
算法工程师	8 +	700	1100	1300	500	850	1200
JAVA 架构师	8 +	700	1050	1200	480	800	1000
Android/iOS 工程师	8 +	650	950	1100	450	650	860
数据分析工程师	8 +	550	800	980	400	600	780
市场/营销							
市场总监	10 +	1300	1600	2200	700	1100	1350
市场经理	8 +	800	1000	1200	500	750	1050
产品/运营							
产品总监	10 +	1050	1500	1950	650	950	1200
产品经理	6 +	550	800	1000	400	650	780
运营总监	12 +	1250	1620	2200	900	1200	1850
运营经理	6 +	600	850	1100	480	720	950
销售							
销售总监	10 +	1250	1780	2350	880	1200	1600
大区经理	8 +	560	880	1050	480	650	800
区域经理	5 +	420	550	680	360	450	580

B.14
环保行业人才及薪酬分析

陈梅花　丁录雷*

摘　要：　为了解环保行业2018年人才构成及薪酬概况，一览环保英才网和一览人才大数据中心通过多种渠道进行数据收集，结合行业特点及发展趋势，对2018年环保行业人才构成及薪酬情况进行了数据统计及特征分析，以资业内用人单位、从业人员和研究机构参考。

关键词：　环保行业　薪酬构成　人员构成　企业情况

一　调研数据说明

（一）数据来源

为保证此次行业人才及薪酬报告能够充分反映行业的薪资情况，我们通过电话调研、网络问卷、信息平台手机系统等多种方式共得到数据样本35622份，其中有效问卷33618份，经过分析整理，最终有效样本数量为29746份，报告中关于数据分析相关的内容仅对样本数据负责，仅供参考。

（二）统计区域划分

环保行业的区域分布特点比较明显，地域分化严重，我们通过调查，

* 陈梅花，一览环保行业总监，主要研究方向为环保行业人力资源开发与管理；丁录雷，一览人才大数据中心总经理，主要研究方向为信息技术在人力资源领域的应用。

根据现阶段环保行业发展水平，将主要省份划分为三个区域，如表1所示。

表1　地区划分情况

区域名称	包含的地区或城市
环保行业发达地区	北京、上海、浙江、江苏、广东
环保行业发展中地区	湖南、湖北、广西、山东、河南、河北、安徽、黑龙江、吉林、辽宁、内蒙古东部、福建、重庆、四川
环保行业待开发地区	内蒙古西部、山西、陕西、江西、甘肃

（三）薪酬指标概念与定义

一览英才网环保行业薪酬调研报告结合环保行业的职位特点，对行业通用的薪酬结构进行解析，以下是报告采用的关于薪酬的各项指标及定义。

全国平均：全国平均指的是该职位在调研年度已有的全国月薪数据的平均值，代表该职位在全国范围内的薪酬概况。

城市平均：城市平均指的是该职位在调研年度已有的该城市月薪数据的平均值，代表该职位在该城市范围内的薪酬概况。

月总收入：月总收入指该职位每月的现金收入，不包含个人所得税、住房公积金、社保等公司代扣代缴的部分。

年奖金收入：年奖金收入指企业承诺的该职位在调研年度的年奖金，根据行业特性，年奖金的数据需考虑享有者比例以及全年绩效情况。

月薪数：月薪数指企业承诺的该职位在调研年度的发薪月数，根据行业特性，这里给出的是参考全国的发薪月均数。

年总收入：年总收入等于月总收入乘以月薪数加上年奖金收入，根据行业特性，这里给出的数据范围是对全国数据按CPI进行加权处理后的数据。

薪资组成：薪资组成是对月总收入的组成进行分解，并加入了公司代扣代缴的部分，按照薪酬组成的主要成分，将薪资组成分为四个部分，包括：基本工资、固定津贴、奖金提成、福利保险。通过薪资组成可以清楚地了解行业职位的薪资特点。

除了薪酬的各项指标外，报告中还包含了该职位从业人员的学历工作年限分布以及流动的情况。通过这些数据，能够反推出该职位的任职要求。

（四）统计学概念与定义

一览英才网环保行业薪酬调研报告结合环保行业的职位特点，针对收集到的数据以及数据分析的需要对统计学概念以及定义进行说明。

平均值：对调研收集到的有效数据进行算术平均处理，得到平均值，平均值仅反映对调研数据的统计学结果。

分位值：Pn 为 n 分位值，表示被调查群体中有 $n\%$ 的数据小于此数值。n 的大小反映市场的不同水平，通常使用 P10、P25、P50、P75、P90 来表示市场的不同水平。

频数：将样本按照一定的方法分成若干组，频数反映每组含有样本的个数，反映市场某一指标在某一区间的集中程度。

众数：一组数据中出现次数最多的数值。

置信区间：通过置信区间的计算，可以有效排除无效数据，根据本次调研采集的数据量和数据质量，本次调研的置信区间按 $\alpha=0.05$ 及 0.03 两个级别进行数据统计。

二　行业从业人员构成分析

（一）从业人员年龄、性别分布

环保行业人员的年龄结构比较稳定，大多数人员均在 35 岁以下，只有极少数人员的年龄在 40 岁以上，这与环保行业的主体工作内容有直接关系。从业人员年龄分布见图 1。

由于环保行业的工作特性，行业新人的培养期一般是三年，在职业发展道路上，一般 3～5 年经验的从业人员是市场上需求量最大的。从业人员工

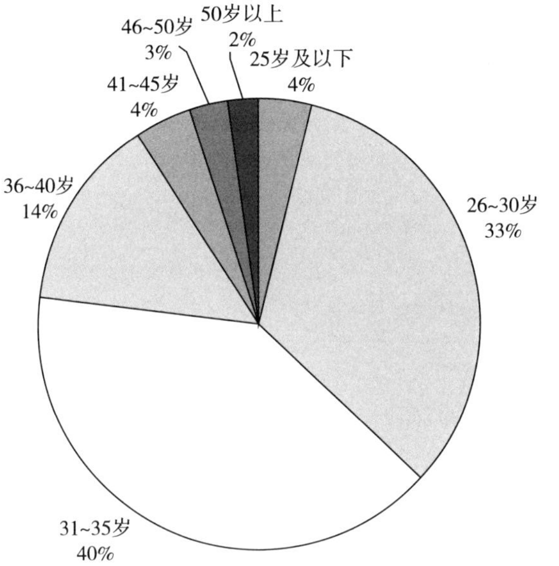

图1　年龄分布

作年限分布如图 2 所示。

环保行业女性从业者从之前不到 10% 的比例已经上升到 37%，越来越多的女性选择环境相关专业。从业人员的性别分布如图 3 所示。

（二）从业人员学历、职称、职位分布

环保行业人才的学历集中分布在大专和本科上，这与环保行业的特性有直接关系。从业人员学历分布如图 4 所示。

环保行业中大部分人员是初级或中级职称，获得高级职称的人员比较少，不足 10% 。从业人员的职称分布如图 5 所示。

环保行业中以水处理技术人才为主体，水生态修复、土壤修复为行业稀缺人才。从业人员的岗位职能类别如图 6 所示。

环保行业的企业主要分布在广东、江苏等地区。企业所在地分布如图 7 所示。

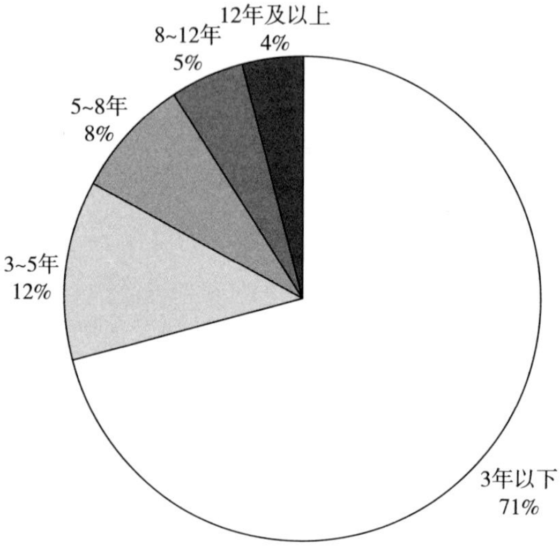

图2　工作年限

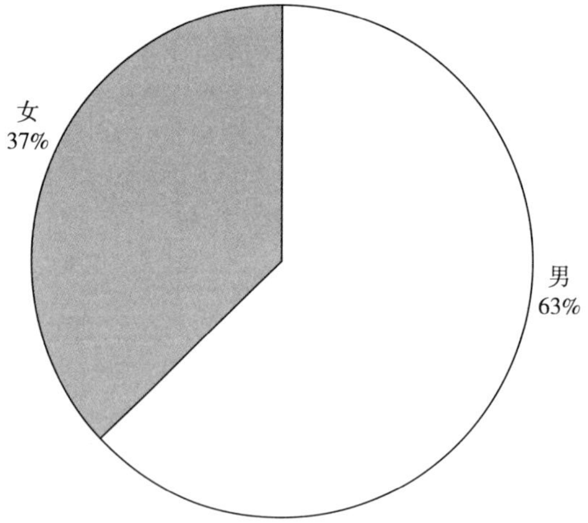

图3　职员性别

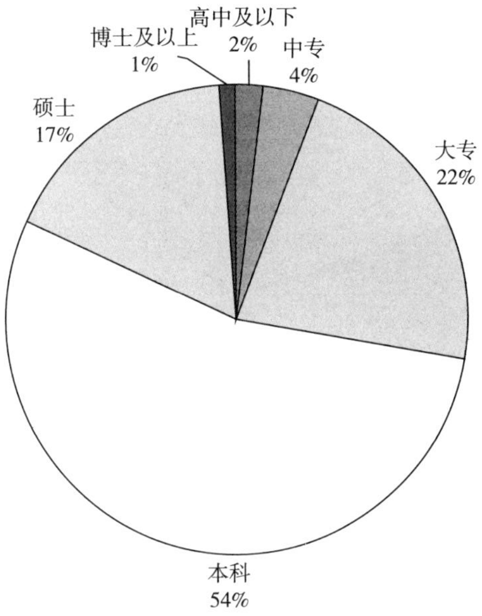

图4　学历分布

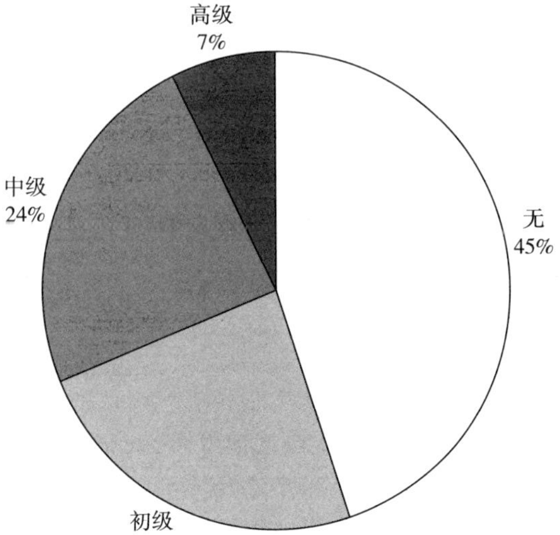

图5　职称比例

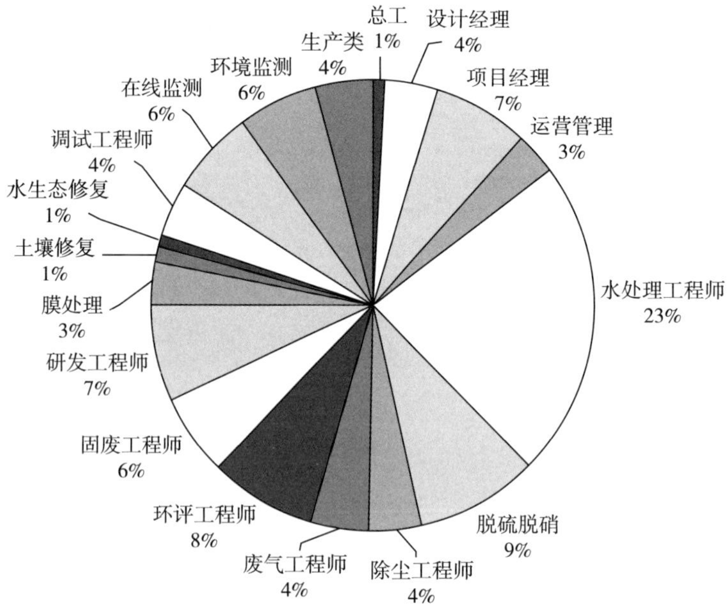

图6　岗位职能类别

三　行业和企业薪资分析

（一）行业企业基本性质分布

环保行业中的企业属性一般为私营企业，国有企业占有较少比例。企业按资本属性分类如图 8 所示。

环保行业中的企业大部分人员在 50 人以上，其中人数超过 200 人的企业仅占有 5%；一些中小型企业因为资金、环境、企业发展战略等多种因素而造成规模保持在 50 人以下。企业按规模分布如图 9 所示。

（二）不同企业性质的薪资结构

据调查结果分析，环保行业的薪资结构基本一样，但是国企多了一项生活补助。具体薪资结构如表 2 所示。

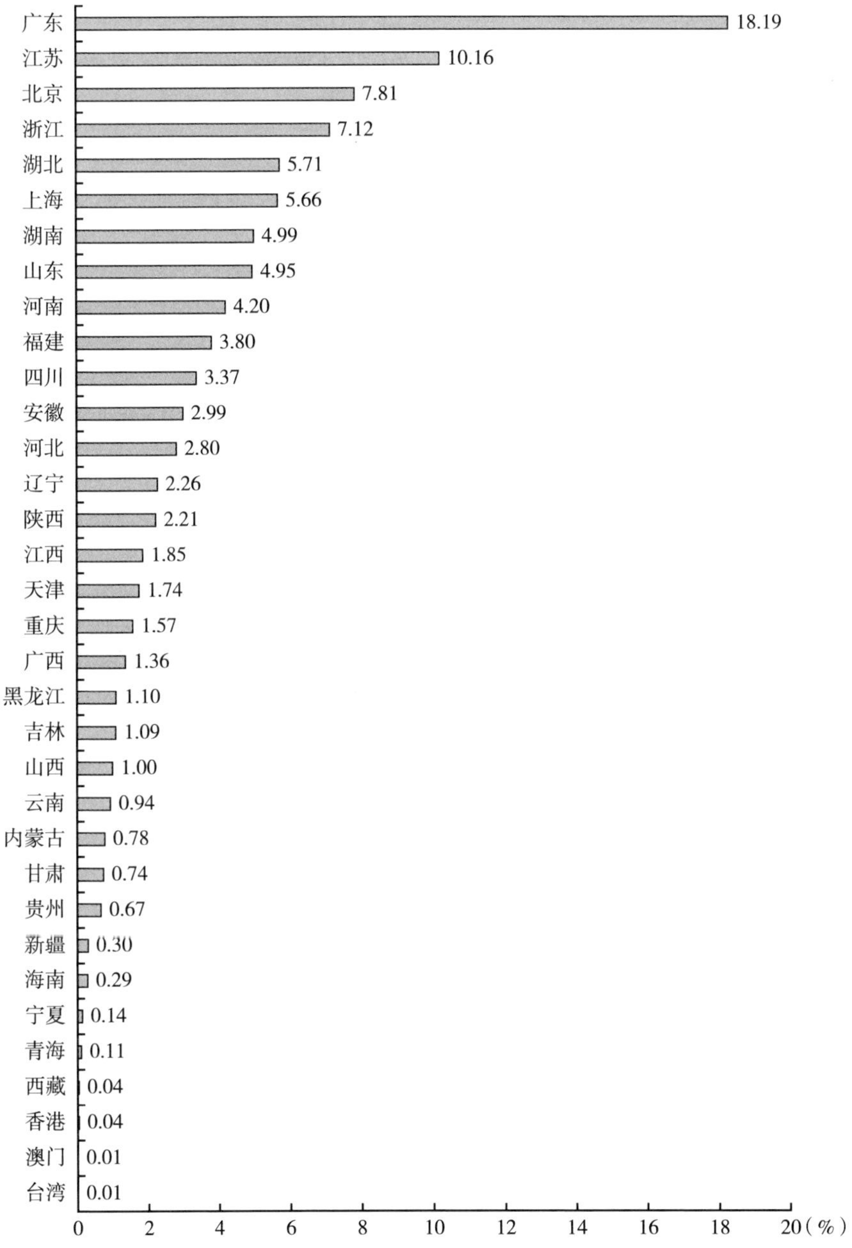
广东 18.19
江苏 10.16
北京 7.81
浙江 7.12
湖北 5.71
上海 5.66
湖南 4.99
山东 4.95
河南 4.20
福建 3.80
四川 3.37
安徽 2.99
河北 2.80
辽宁 2.26
陕西 2.21
江西 1.85
天津 1.74
重庆 1.57
广西 1.36
黑龙江 1.10
吉林 1.09
山西 1.00
云南 0.94
内蒙古 0.78
甘肃 0.74
贵州 0.67
新疆 0.30
海南 0.29
宁夏 0.14
青海 0.11
西藏 0.04
香港 0.04
澳门 0.01
台湾 0.01
0 2 4 6 8 10 12 14 16 18 20（%）

图 7　企业省份分布

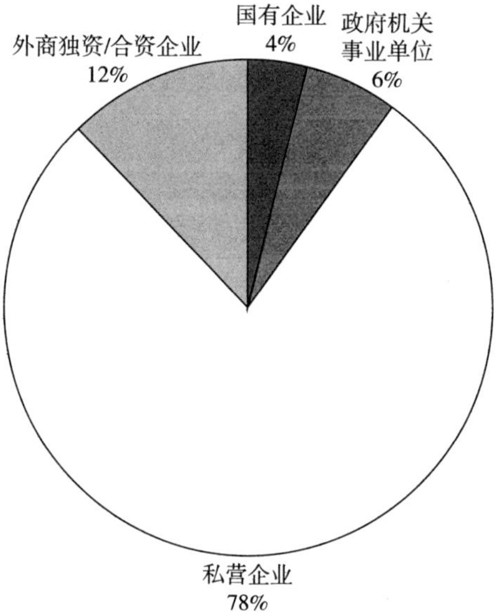

图 8　企业类型

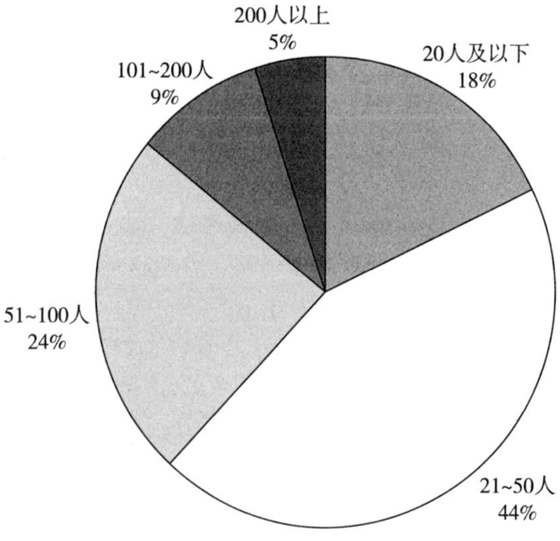

图 9　企业规模

表 2　企业薪资结构

公司性质	基本工资	岗位津贴	技能津贴	生活补助	社保与福利
国企	√	√	√	√	√
民企	√	√	√	×	√

1. 2018年行业薪资概况

环保行业的人员月薪大部分在 3000 元以上，月薪在 5001 ~ 8000 元的人员占总人数的 40%，只有 3% 的人员月薪在 3000 元及以下。行业 2018 年薪资的概况如图 10 所示。

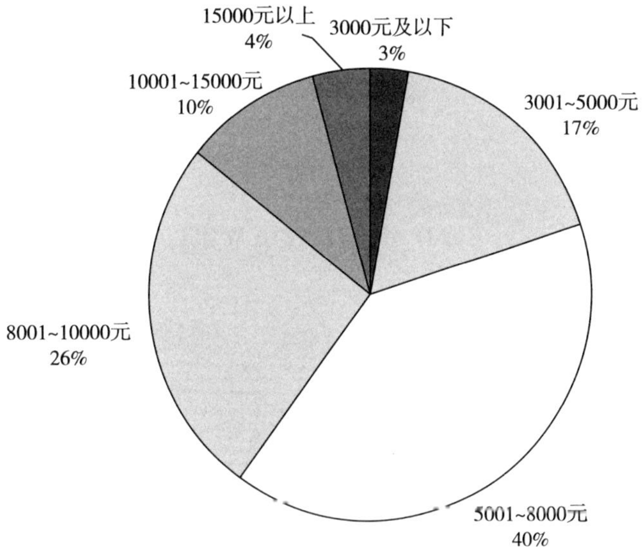

图 10　基本月薪收入总额

大部分的企业员工对绩效工资的发放情况不甚了解，30% 的企业没有完整的绩效考核制度和依据，这一现象主要集中表现在中小企业里。绩效工资的发放情况如图 11 所示。

大部分的人员认为所在企业的薪酬在同行业里占有一般水平，只有极少数人员认为薪酬水平较高。薪酬水平评价如图 12 所示。

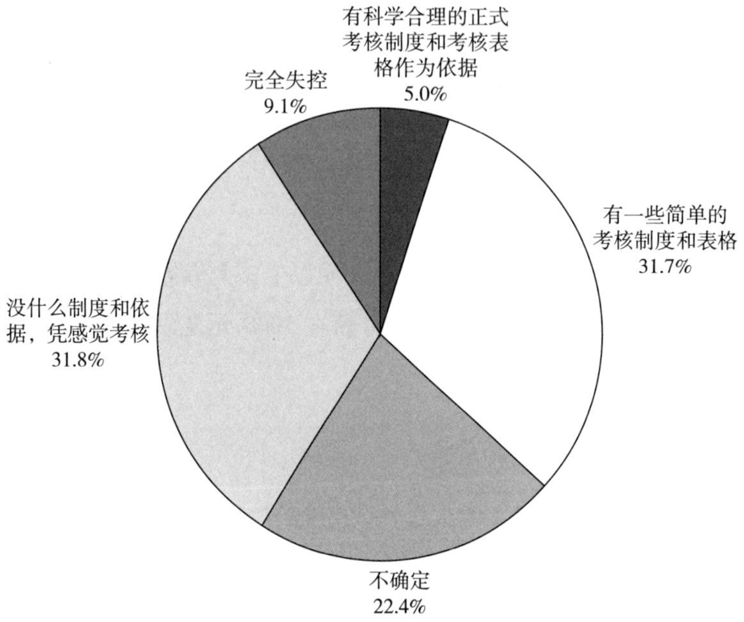

图 11　绩效工资的发放情况

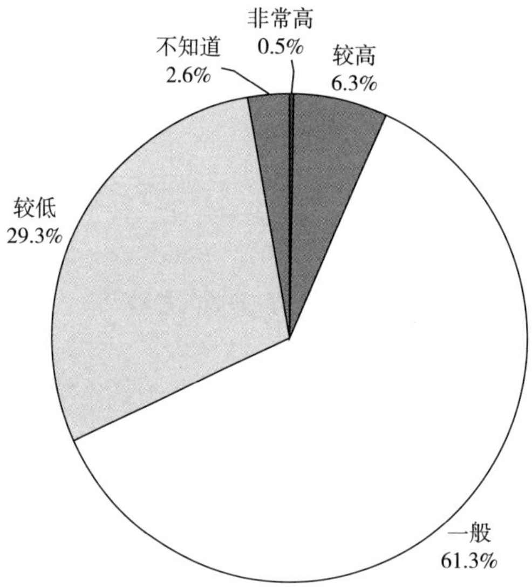

图 12　薪酬水平评价

2. 从业人员对目前薪酬的满意度

大部分从业人员对自身目前的薪酬感到不满，这和薪酬的绝对数值无关，只是由于 CPI 的高涨，人们对“实际”收入的感觉偏向“不够用”。从业人员对目前薪酬的满意度见图 13。

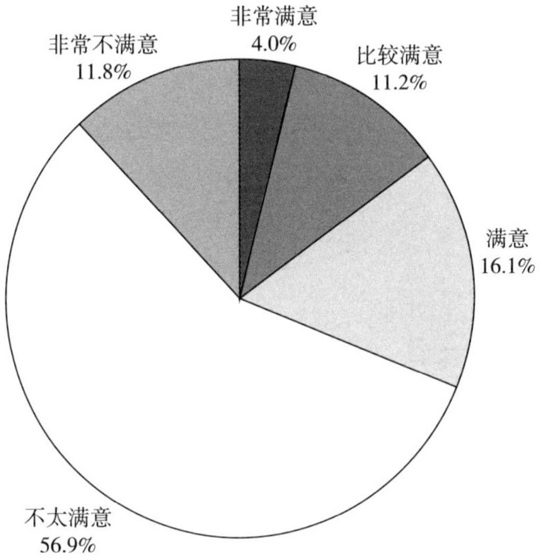

图 13　对目前薪酬的满意度

薪酬一直都是影响人才流动的主要因素，环保行业里超过 30% 的从业人员会因为薪酬不满意而选择跳槽。大部分人认为自己有可能因为薪酬而选择跳槽。因为薪酬而选择跳槽的比例分布见图 14。

3. 行业薪资变化预测

随着国家经济的发展，特别是“十三五”规划所提出的生态环境保护规划，由此看出，中国绿色经济市场潜力巨大。数据显示，“十三五”期间规划的全社会环保投资将达 17 万亿元。其中，大气、水、土壤污染防治行动计划全面实施，预计总投入达 8.6 万亿元。不完全统计显示，从 2004 年至 2017 年，我国环保产业营收规模从 600 亿元提升至 1.35 万亿元，年平均增长率超过 25%。与此同时，环保产业营收在 GDP 中的占比也日益增加，从 2002 年的 0.4% 上升至 2017 年的

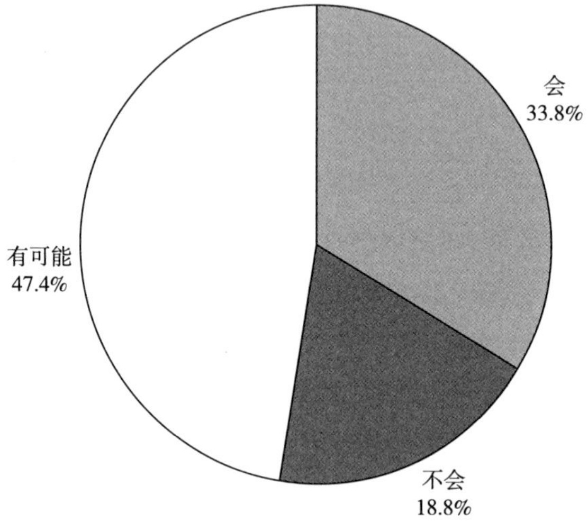

图 14　因为薪酬而选择跳槽的比例

1.6%。据测算，为实现环保目标和碳排放达到峰值的国际承诺，一直到 2030 年，中国每年的绿色投资将达 3 万亿至4 万亿元。[①] 同时，具备专业能力的环保从业人员的增长是相对稳定的，因此行业薪资总体上预测呈稳步上升趋势。

四　典型职位薪资分析

（一）总工程师

总工程师年龄在 35 ~45 岁，环境工程专业占 75% 以上。全国的平均年薪约 30 万元，不同区域薪酬水平差距较大，发达地区的薪酬水平比发展中地区高出约 45%。岗位基本情况、不同性质公司薪酬分位值、岗位学历分布和薪酬结构分别见表 3、表 4 和图 15。

① 郑重：《2018 环保产业大事记》，《商业文化》2019 年第 9 期。

表 3　总工程师岗位基本情况

职位概况		薪酬概况		薪酬组成	
工作年限	10 年	发达地区	22941 元	基本工资	67%
平均年龄	35 岁	发展中地区	15368 元	固定津贴	10%
离职率	4%	待开发地区	12572 元	奖金提成	13%
样本数量	862 例	年奖金收入	57665 元	福利保险	10%
		年总收入	223121 元		
学历分布		行业薪资政策特点			
		政策内容	享有者比例	变化趋势	
高中及以下	2%	假期	3%	享有者范围扩大	
专科	22%	奖金激励	100%	享有者范围扩大	
本科	63%	职称福利	100%	享有者范围扩大	
硕士及以上	13%	新入职起薪	9880 元	起薪逐渐上涨	

表 4　总工程师不同性质公司薪酬分位值

单位：元

公司性质	中位值	75 分位	90 分位	平均值
民营私营	180532	235865	301574	217583
国有集体	192236	248122	317435	229612
外商独资(欧美)	206458	256512	324156	239845
外商独资(非欧美)	—	—	—	—
合资合作(欧美)	191845	241383	309987	228945
合资合作(非欧美)	—	—	—	—

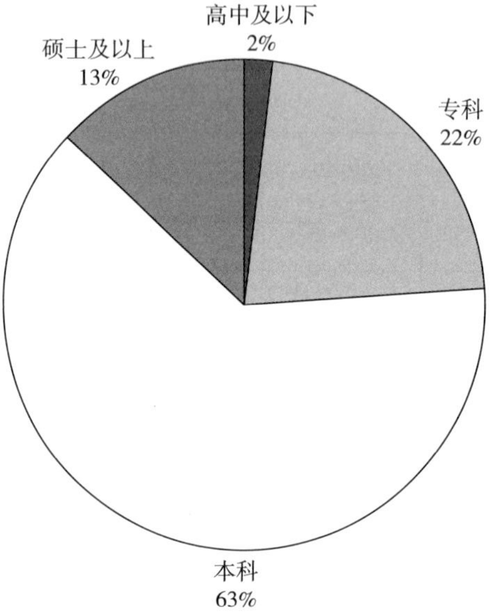

a.学历分布

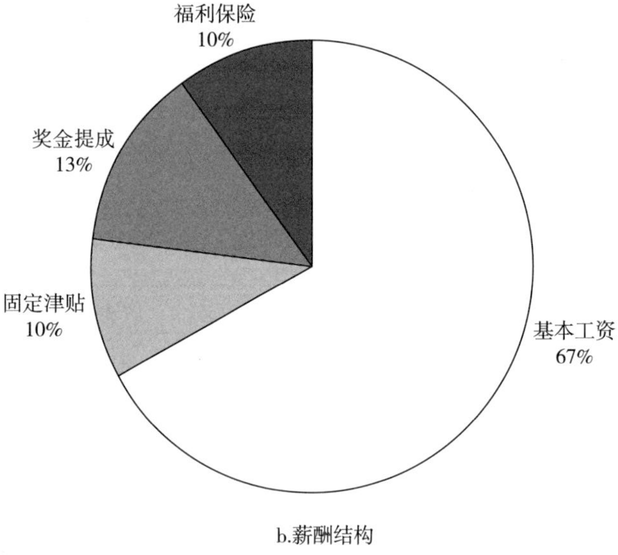

b.薪酬结构

图 15　岗位学历分布和薪酬结构

（二）固废工程师

固废工程师平均年龄在30岁，本科及以上学历占83%以上。全国的平均年薪约15万元，不同区域薪酬水平差距较大，发达地区的薪酬水平比发展中地区高出约27.5%。岗位基本情况、不同性质公司薪酬分位值、岗位学历分布和薪酬结构分别见表5、表6和图16。

表5　固废工程师岗位基本情况

职位概况		薪酬概况		薪酬组成	
工作年限	4年	发达地区	13325	基本工资	72%
平均年龄	30岁	发展中地区	10451	固定津贴	10%
离职率	13%	待开发地区	8683	奖金提成	8%
样本数量	862例	年奖金收入	21352	福利保险	10%
		年总收入	151188		
学历分布		行业薪资政策特点			
		政策内容	享有者比例	变化趋势	
高中及以下	0	假期	5%	享有者范围扩大	
专科	17%	奖金激励	36%	享有者范围扩大	
本科	58%	职称福利	75%	享有者范围扩大	
硕士及以上	25%	新入职起薪	6125元	起薪逐渐上涨	

表6　固废工程师不同性质公司薪酬分位值

单位：元

公司性质	中位值	75分位	90分位	平均值
民营私营	108520	122403	150213	118956
国有集体	112513	135841	167529	130256
外商独资(欧美)	123515	145468	174523	140025
外商独资(非欧美)	—	—	—	—
合资合作(欧美)	109880	131244	158749	124875
合资合作(非欧美)	—	—	—	—

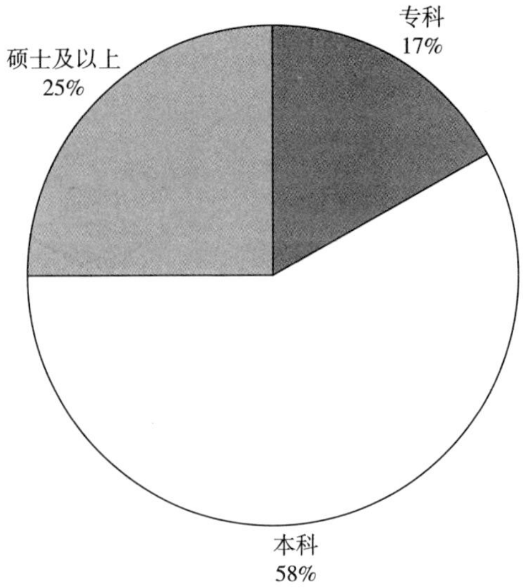

a.学历分布

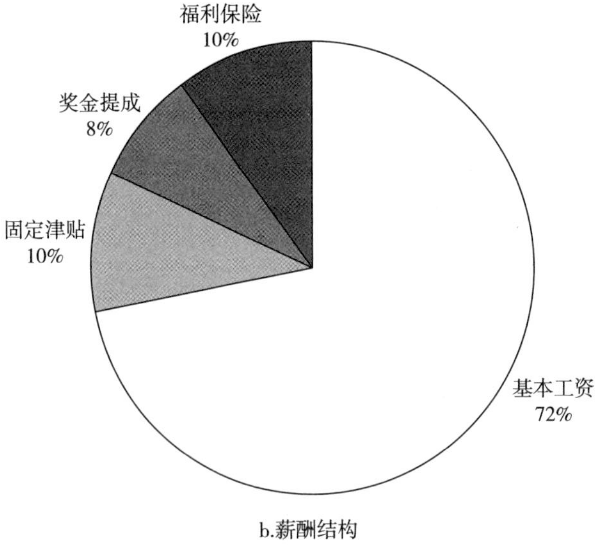

b.薪酬结构

图 16　岗位学历分布和薪酬结构

参考文献

郑重:《2018 环保产业大事记》,《商业文化》2019 年第 9 期。

B.15
北京地区高校毕业生薪酬状况分析

北京市人才服务中心　北京市毕业生就业服务中心

摘　要： 本文基于当前北京地区高校毕业生就业与薪酬发展情况的调查数据，通过系统分析不同类型高校毕业生薪酬变化趋势，归纳总结当前北京地区高校毕业生薪酬状况、人力社保部门在提供服务影响高校毕业生薪酬方面的主要做法和存在的主要问题，紧密结合北京高校毕业生就业促进工作的实际，提出改进完善毕业生薪酬信息服务工作的措施建议，形成具有权威性、真实性、科学性和符合北京地区高校毕业生特点的薪酬报告，进一步提升高校毕业生薪酬工作的指导性和针对性。

关键词： 北京地区　高校毕业生　薪酬

就业是民生之本，收入是民生之源。高校毕业生是国家宝贵的人才资源。我国近几年高校毕业生有800万人左右，促进高校毕业生更高质量和更充分就业，确保就业形势稳定，是就业工作的重中之重。薪酬是广大高校毕业生实现就业的“风向标”，关乎毕业生切身利益，也是用人单位吸引毕业生人才的重要条件，是青年就业市场重要的价格信号。

北京市人力资源和社会保障局高度重视高校毕业生的就业问题，认真贯彻落实国家关于高校毕业生就业创业的政策，积极为北京地区高校毕业生就业创造条件，开展薪酬调查研究是其中的一项重要工作。本调查向三年内在京已就业的近3万名高校毕业生发放调查问卷，涉及企事业单位260余家，对收集的数据按照不同行业、学历、区域、单位性质和岗位类型等维度，采取交叉论证的方式进行研究分析。通过了解国内外高校毕业生薪酬方面的公共服务和经验，为加强北京地区高校毕业生就业服务提出工作建议。

开展北京地区高校毕业生薪酬状况研究工作，不仅可以为高校毕业生在求职择业时提供帮助，为用人单位招收毕业生提供指导，为社会提供权威、客观、真实的导向信息和依据，同时也是北京地区高校毕业生就业服务工作的重要创新举措。

一　2018年北京地区高校毕业生起点薪酬情况

2018 年，全国普通高校毕业生就业总量压力和结构性矛盾依然突出，全国高校毕业生人数达到 820 万人。其中，北京地区高校毕业生约 24.1 万，包括研究生 8.8 万，本科生 12.3 万，专科生 3 万。2018 年 4042 家用人单位申报毕业生岗位需求 119653 人，同比减少 2890 人，降幅为 2.4%。岗位需求量与毕业人数对比，研究生为 0.74∶1，本科生为 0.34∶1，专科生为 0.39∶1。

薪酬调查发现，北京地区高校毕业生起点薪酬具有以下特点。

1. 北京地区高校毕业生起点薪酬水平逐年提高

从近三年高校毕业生起点薪酬水平变化情况来看，起点薪酬呈现逐年上升的趋势，2016 届、2017 届和 2018 届高校毕业生平均起薪分别为 6377 元/月、6473 元/月和 6648 元/月（见图 1）。

2. 薪酬结构中基本工资占比较高

高校毕业生的起点薪酬结构中，根据单位提供的数据测算，基本工资占比最高，其他薪酬形式中，绩效工资、年终奖和津补贴比较普遍，股权激励并不多见。

3. 毕业院校类型对起点薪酬水平影响明显

一流大学建设高校、国外及港澳台地区大学以及一流学科建设高校毕业

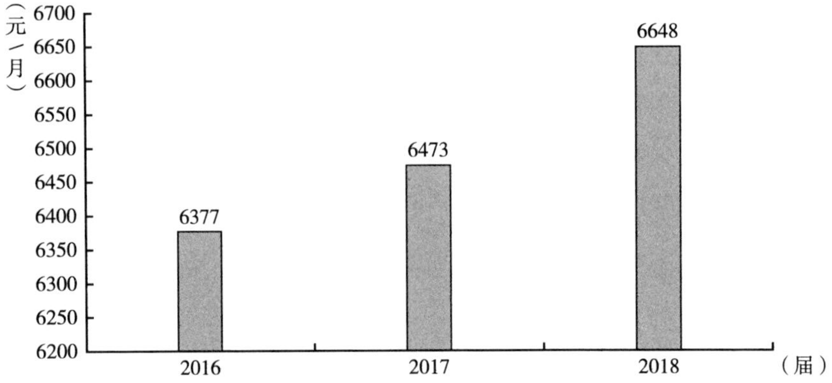

图1　2016～2018届北京地区高校毕业生起点薪酬变化

生起点薪酬水平相对较高，平均分别为9079元/月、8817元/月和7595元/月；而普通本科、独立学院毕业生的起薪水平相对较低，分别为5495元/月和5281元/月；高职、高专院校起薪水平最低，只有4412元/月，如图2所示。

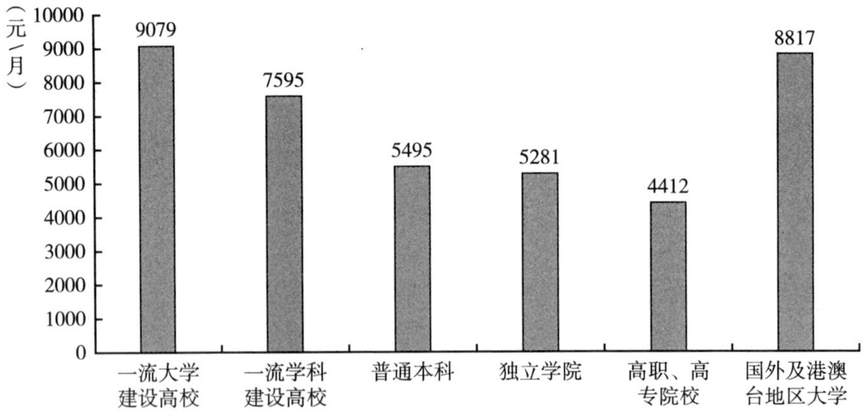

图2　不同类型院校毕业生的平均起薪

4. 北京高校毕业生的起点薪酬水平高于外地高校

北京地区教育资源集聚，高校毕业生整体质量较高，起薪水平要高于外地高校在京就业毕业生，二者均值差距达到1271元/月，如图3所示。

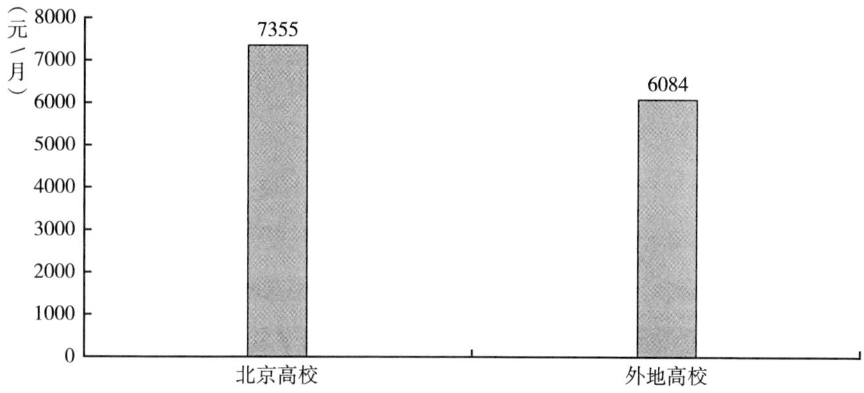

图 3　北京高校与外地高校毕业生的平均起薪

5. 教育程度越高，起薪水平越高，收入与人力资本投资正相关

教育水平对起薪的决定作用明显，学历越高，薪酬水平越高。博士毕业生平均起薪水平为 11054 元/月，而高职/高专毕业生起薪水平仅为 4521 元/月（见图 4）。另外从不同学历水平的薪酬差距来看，与学制时间高度相关，收入与人力资本投资具有较强的关联性。

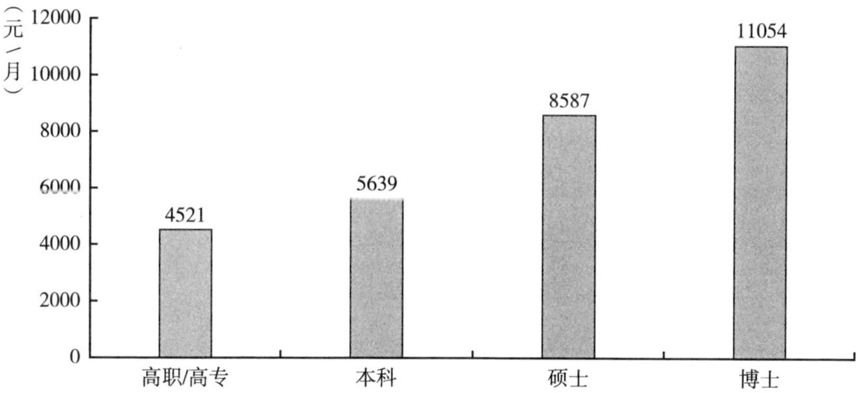

图 4　不同教育水平高校毕业生的平均起薪

6. 学校和学历对起薪具有综合影响，教育水平越高，不同类型学校毕业生起薪差距越大

从分学校类型、分教育水平的起点薪酬情况来看，一流大学建设高校、

同时又是博士毕业生的起点薪酬水平最高，为 12268 元/月；而普通高校、本科学历的起点薪酬最低，为 5304 元/月，说明学校和学历对起薪水平有综合影响，如表 1 所示。比较来看，越到博士阶段，不同类型学校毕业生起薪差距越大。

表 1　分学校类型、分教育水平的起点薪酬

单位：元/月

学校类型	本科	硕士	博士
一流大学建设高校	6928	9635	12268
一流学科建设高校	6268	8209	9456
普通高校	5304	6734	7523
国外及港澳台地区大学	6353	9002	9928

7. 工学、理学、法学和经济学专业毕业生起点薪酬水平更高

工学、理学、法学和经济学专业的起薪水平分别为 7344 元/月、7273 元/月、7116 元/月和 7005 元/月，而农学毕业生起点薪酬最低，为 5065 元/月，如图 5 所示。

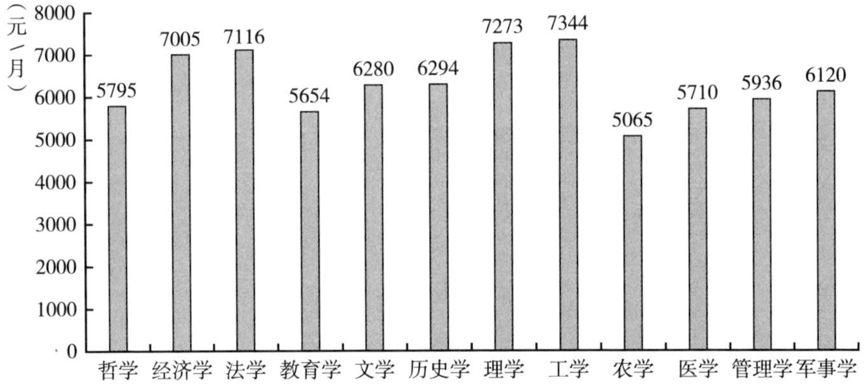

图 5　不同专业高校毕业生的平均起薪

8. 学校类型与专业对起薪水平有交互影响

一流大学建设高校、一流学科建设高校、国外及港澳台地区大学等相关

专业的薪酬竞争力更强；而普通高校、独立学院和高职、高专院校相比而言，在各个专业上的起薪水平都更低，并且不同专业起薪水平的差异相对较低，如表2所示。

表2　分专业、分学校类型的起点薪酬

单位：元/月

专业	一流大学建设高校	一流学科建设高校	普通高校	独立学院	高职、高专院校	国外及港澳台地区大学
经济学	9040	7478	5987	5188	4471	8482
法学	8252	7183	5747	6127	4114	—
教育学	6986	7026	5039	6177	3907	8502
文学	7587	7070	5403	5221	5190	7118
理学	10080	7334	5896	5477	4781	8272
工学	10157	8182	5614	5001	4291	9816
农学	6504	5672	4890	4733	3981	7360
医学	6928	6532	5041	5013	4640	—
管理学	7949	6952	5241	5434	4988	7558

注：部分样本过少，未报告。

9. 分行业来看，信息技术和金融行业为高校毕业生提供的起点薪酬水平较高

北京地区高校毕业生起点薪酬的行业分布与北京市在岗职工行业工资分布趋同，排名居前两位的行业是信息传输、软件和信息技术服务业和金融业，起薪水平分别是9903元/月和8347元/月，而起薪排名在后两位的行业是住宿和餐饮业与建筑业，起薪分别是4818元/月和4845元/月，如图6所示。

10. 私企和外企为高校毕业生提供的起点薪酬水平相对较高

按用人单位的所有制形式进行比较可以看出，进入私企和外资企业工作的高校毕业生起点薪酬更高，分别是7756元/月和7994元/月，而国有企业高校毕业生起点薪酬相对较低，为5680元/月，如图7所示。

11. 研发岗位起点薪酬水平最高

按不同岗位类型划分，高校毕业生在研发岗位获得起点薪酬的水平最

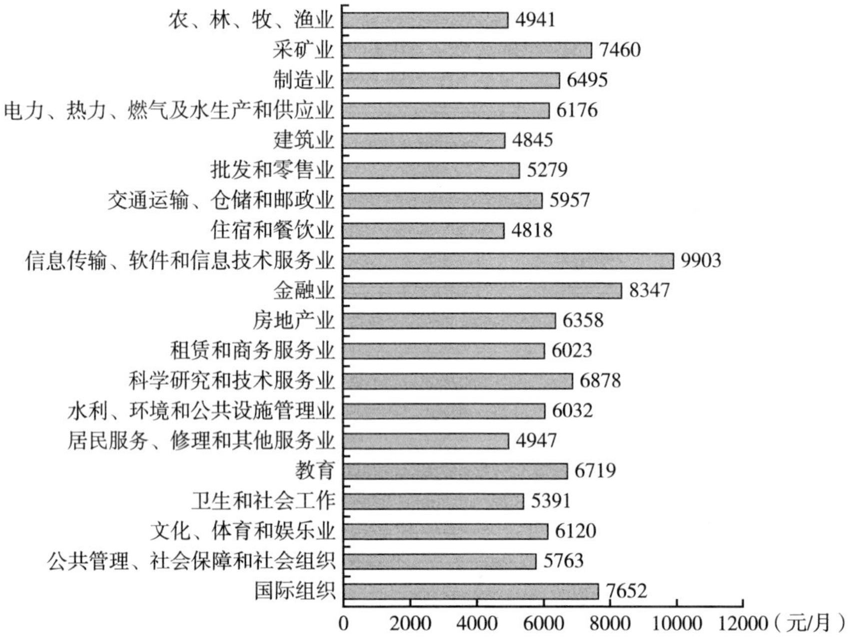

图 6　不同行业中高校毕业生的平均起薪

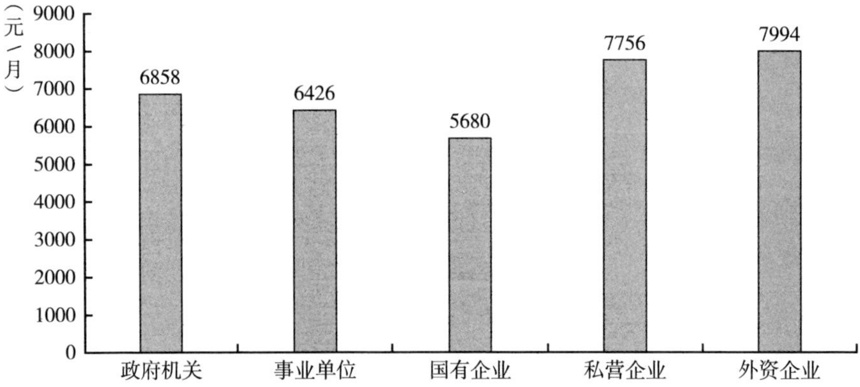

图 7　不同单位类型中高校毕业生的平均起薪

高，远高于其他几类岗位；相比而言，生产岗位的起点薪酬相对较低，仅为 4904 元，如图 8 所示。

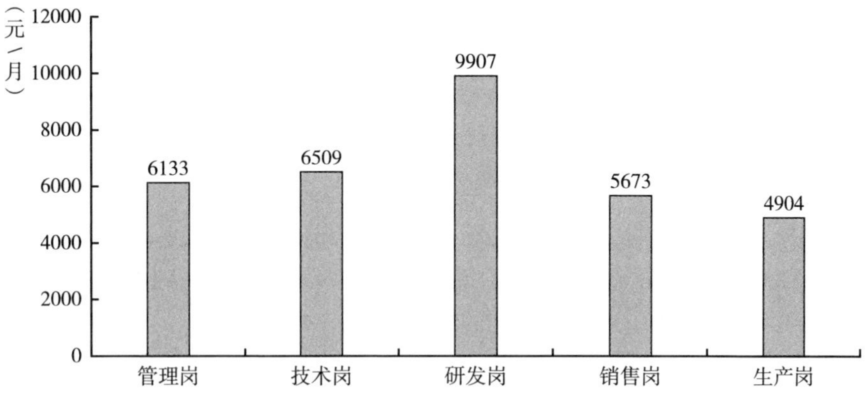

图 8　不同岗位类型中高校毕业生的平均起薪

12. 国有企业中不同岗位的起薪差异相对较低

从总体情况来看，各类企业中都是研发岗位起薪水平最高、生产岗位起薪水平最低，如表 3 所示。但是通过计算不同岗位的极差和标准差可以看出，在国有企业，不同岗位之间的薪酬差距相对较低，而在私营企业和外资企业，岗位之间的薪酬差距更大。

表 3　分单位类型、分岗位类型的起点薪酬

单位：元/月

单位类型	管理岗	技术岗	研发岗	销售岗	生产岗
国有企业	5804	5435	7732	5278	4721
私营企业	6522	7599	11110	5759	5065
外资企业	7277	7868	10800	6409	5014

13. 薪酬期望与现实有较大差距

尽管高校毕业生起点薪酬在不断增长，但是与其期望薪酬水平还有较大差距。调查显示，高达 41.2% 的人期望月薪达到 10000 元及以上，如图 9 所示。

14. 高校毕业生对薪酬和福利的满意度总体一般

调查显示，高校毕业生对薪酬和福利的满意度评价，选择一般的比重最

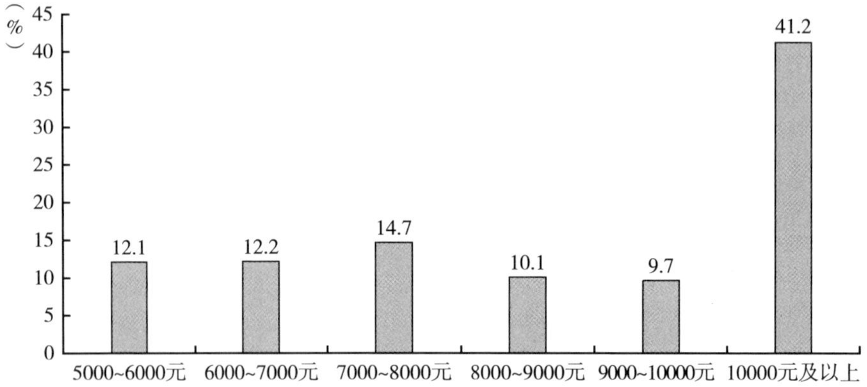

图 9　高校毕业生的期望薪酬

高，但是选择满意和非常满意的比重要高于不满意和非常不满意的比重，如图 10 所示。

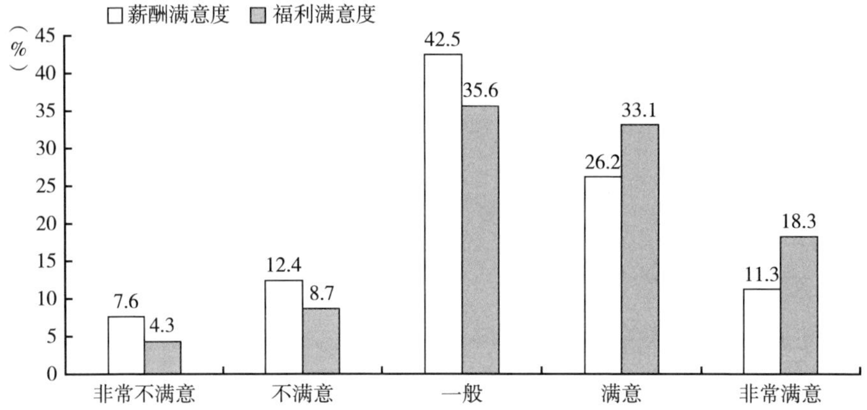

图 10　高校毕业生对薪酬和福利的满意度

15. 高校毕业生希望得到更好的工作环境和发展空间

当前高校毕业生以“90 后”为主，他们不仅对货币性报酬有较高期望，对非货币性报酬的关注度更高。调查显示，高校毕业生希望得到的非货币报酬包括良好的工作环境（75.3%）、职业发展空间（73.7%）和人际关系融洽（64.9%），另外很多人对于弹性工作时间的需求也比较强烈（55.1%）（见图 11）。

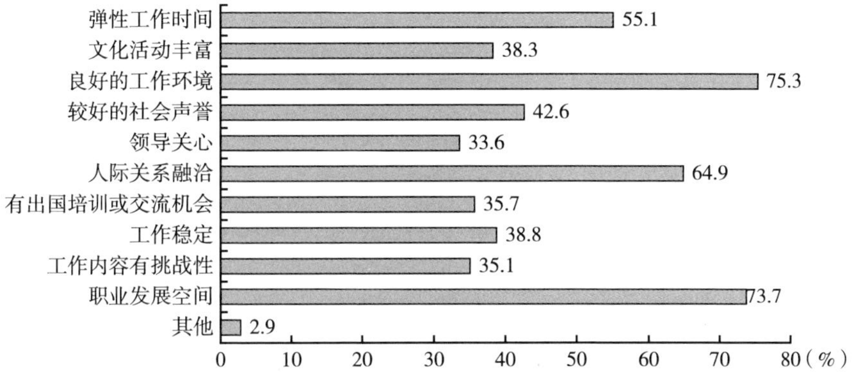

图 11　高校毕业生对非货币报酬的关注度

二　近三年北京地区高校毕业生薪酬增长情况

根据调查问卷涉及用人单位提供的薪酬数据，本文对近三年高校毕业生薪酬变化情况进行比较分析，观察高校毕业生在入职一年后和两年后薪酬变化情况，以及不同维度下的薪酬变化差异，结果如下。

1. 高校毕业生工作一年后平均薪酬增长幅度为19.3%

根据用人单位提供的数据，2017 届高校毕业生剔除已经离职的人员，留下来的人员薪酬水平上升明显，平均增幅约为 19.3%，并且每个分位点上都有所增长，如表 4 所示。

表 4　2017 届高校毕业生薪酬增长情况

单位：元/月

年份	2017	2018
均值	6504	7765
10 分位	3100	4300
20 分位	3240	4375
30 分位	3950	5425
40 分位	4500	6000
50 分位	5150	6718

续表

年份	2017	2018
60 分位	6000	7695
70 分位	7500	8500
80 分位	8500	9950
90 分位	11056	12067

2. 高校毕业生工作两年后平均薪酬增长幅度为40.7%

2016 届高校毕业生剔除已离职人员，留职人员两年平均薪酬增长了 40.7%，且每个分位点上的增幅都比较高，如表 5 所示。

表 5　2016 届高校毕业生薪酬增长情况

单位：元/月

年份	2016	2018
均值	6502	9150
10 分位	3040	4300
20 分位	3240	5460
30 分位	3570	6121
40 分位	4292	6765
50 分位	4900	7630
60 分位	6000	8600
70 分位	7267	9850
80 分位	8327	11496
90 分位	10986	15052

3. 不同类型院校高校毕业生工作一年后薪酬增长额度总体差距不大、增幅差距较大

从 2017 届不同院校类型高校毕业生薪酬变化情况来看，各类高校毕业生薪酬都有所增长，除了国外及港澳台地区大学毕业生薪酬增长额度相对较小外，其他几种类型高校毕业生薪酬均增加了 1100～1500 元/月，差距相对较小，但是由于起薪水平的差异，起薪相对较低的薪酬增长幅度更大，如表 6 所示。

表 6　2017 届高校毕业生分学校类型薪酬增长情况

单位：元/月，%

学校类型	2017 年	2018 年	增长额度	增幅
一流大学建设高校	9784	10935	1151	11.8
一流学科建设高校	8285	9597	1312	15.8
普通高校	5429	6779	1351	24.9
独立学院	4252	5668	1416	33.3
高职/高专院校	4400	5636	1236	28.1
国外及港澳台地区大学	9175	9893	718	7.8

4. 不同教育程度高校毕业生工作一年后薪酬增长额度总体差距不大、增幅差距较大

从 2017 届高校毕业生薪酬变化情况来看，不同教育水平高校毕业生薪酬增加额度差距较小，增幅基本在 900 ~ 1300 元/月，但是由于起薪水平的差异，低学历高校毕业生的薪酬增幅更大，如表 7 所示。

表 7　2017 届高校毕业生分教育水平薪酬增长情况

单位：元/月，%

教育程度	2017 年	2018 年	增长额度	增幅
高职/高专	4201	5392	1190	28.3
本科	5249	6570	1321	25.2
硕士	9409	10658	1249	13.3
博士	13196	14132	936	7.1

5. 教育学专业毕业生一年后薪酬增长额度和增幅较高，医学专业相对较低

从 2017 届不同专业高校毕业生薪酬变化情况来看，教育学专业的薪酬增长额度和幅度都比较高，一年内增加了 2176 元/月，增幅为 33.6%；医学专业薪酬增加额度相对较低，为 650 元/月，增幅为 7.3%；其他专业薪酬增长的额度差异不大，如表 8 所示。

表 8　2017 届高校毕业生分专业薪酬增长情况

单位：元/月，%

专业	2017 年	2018 年	增长额度	增幅
经济学	7026	8286	1260	17.9
法学	6504	7736	1233	19.0
教育学	6486	8663	2176	33.6
文学	7122	8308	1186	16.7
理学	7324	8481	1157	15.8
工学	6633	8029	1395	21.0
农学	5271	6484	1213	23.0
医学	8883	9533	650	7.3
管理学	5065	6524	1459	28.8

注：部分专业样本太少被剔除。

6. 交通运输业和建筑业等行业中，高校毕业生一年后的薪酬增长较快

数据显示，2017 届毕业生在不同行业中的薪酬增长情况差异明显，其中增幅最大的是交通运输、仓储和邮政业，增加了 2271 元/月，增幅为 51.6%；其次是建筑业，增加了 1857/月，增幅为 40.9%，如表 9 所示。

表 9　2017 届高校毕业生分行业薪酬增长情况

单位：元/月，%

行业门类	2017 年	2018 年	增长额度	增幅
农、林、牧、渔业	4898	5872	974	19.9
制造业	5893	7148	1255	21.3
电力、热力、燃气及水生产和供应业	5429	7339	1910	35.2
建筑业	4542	6399	1857	40.9
批发和零售业	5951	6731	780	13.1
交通运输、仓储和邮政业	4397	6668	2271	51.6
住宿和餐饮业	4480	5580	1100	24.6
信息传输、软件和信息技术服务业	6746	7827	1081	16.0
金融业	8256	9150	894	10.8
房地产业	8630	9759	1129	13.1
租赁和商务服务业	5347	6606	1258	23.5
科学研究和技术服务业	6945	8417	1472	21.2

续表

行业门类	2017 年	2018 年	增长额度	增幅
水利、环境和公共设施管理业	5398	6427	1029	19.1
居民服务、修理和其他服务业	—	6327	—	—
教育	10214	12472	2257	22.1
卫生和社会工作	—	10452	—	—
文化、体育和娱乐业	5626	7332	1706	30.3

注：部分行业样本过少被删除。

7. 事业单位高校毕业生工作一年后薪酬增幅相对较低

调查结果显示，高校毕业生入职一年后，在事业单位中薪酬增加相对较低，一年间平均增长 457 元/月；国有企业、民营企业、外资企业增长额度均在 1000 元/月以上，尤其是国有企业增加了 1669 元/月，增幅达 31.3%，如表 10 所示。

表 10 2017 届高校毕业生分单位类型薪酬增长情况

单位：元/月，%

单位类型	2017 年	2018 年	增长额度	增幅
事业单位	10792	11249	457	4.2
国有企业	5336	7005	1669	31.3
民营企业	6038	7174	1136	18.8
外资企业	17764	18770	1006	5.7

注：被选中的一家外企薪酬水平相对较高，拉高了总体水平。

8. 生产岗一年后薪酬增加幅度较大

数据显示，高校毕业生在生产岗位上薪酬增加额度为 2040 元/月，高于其他岗位，而其他几类岗位上薪酬增长额度基本在 1000 ~ 1200 元/月，差距不大，但由于销售岗的起薪水平相对较低，故增幅更高，如表 11 所示。

表 11　2017 届高校毕业生分岗位类型薪酬增长情况

单位：元/月，%

岗位类型	2017 年	2018 年	增长额度	增幅
管理岗	6202	7367	1165	18.8
研发岗	10440	11669	1229	11.8
技术岗	8103	9164	1061	13.1
生产岗	4547	6587	2040	44.9
销售岗	3520	4739	1219	34.6
其他	5523	7237	1714	31.0

三　北京重点发展行业毕业生起点薪酬

《北京城市总体规划（2016 年～2035 年）》要求，北京的一切工作必须坚持全国政治中心、文化中心、国际交往中心和科技创新中心的城市战略定位，促进金融、科技、文化创意、信息、商务服务等现代服务业创新发展和高端发展，优化提升流通服务业，培育发展集成电路、新能源等高技术产业和新兴业态。依据上述内容，本报告提出北京市重点发展行业，并分析重点行业的毕业生起点薪酬情况。

1. 金融业硕士及以上学历的薪酬水平相对较高

从不同教育水平的起点薪酬来看，金融业中硕士研究生学历的平均起点薪酬为 9715 元/月，高于本科和高职/高专，博士研究生学历的平均起点薪酬为 9488 元/月，与硕士研究生学历的薪酬水平接近，[①] 如图 12 所示。

2. 信息技术服务业起薪水平与教育水平正相关且差距较大

从不同教育水平的起点薪酬来看，博士研究生学历的平均起点薪酬为 21076 元/月，硕士研究生为 12720 元/月，本科生为 7332 元/月，高职/高专生为 5549 元/月，起薪水平随着学历的上升显著提升，并且高学历与低学历之间的薪酬差距较大，博士毕业生起薪水平是高职/高专毕业生的近 4 倍，如图 13 所示。

① 博士学历样本仅占 3.3%，可能存在偏误。

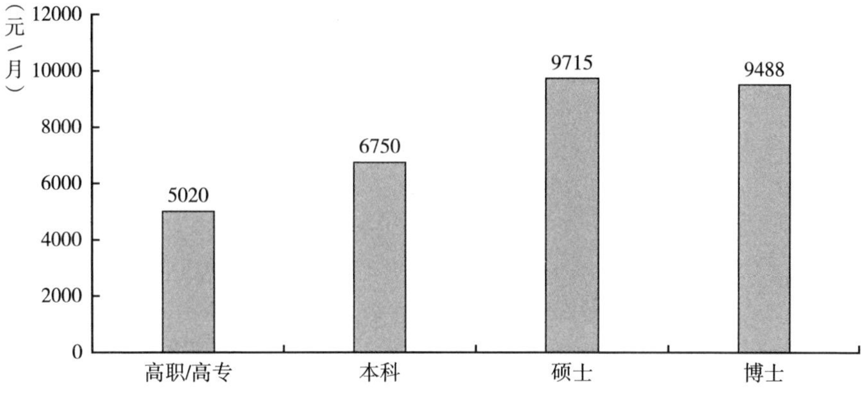

图 12　金融业不同教育水平高校毕业生的平均起薪

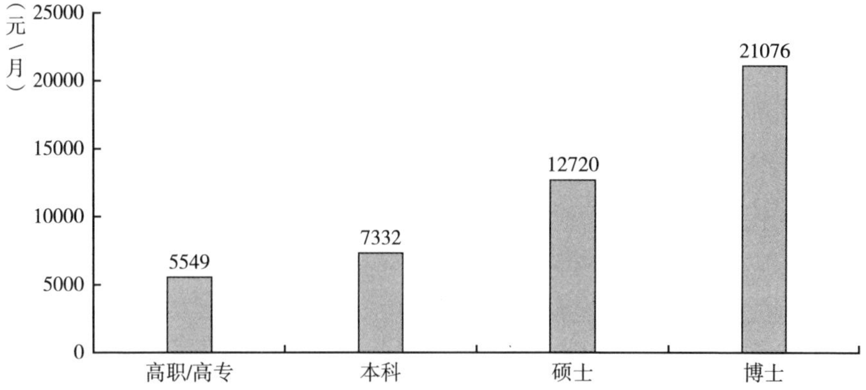

图 13　信息技术服务业不同教育水平高校毕业生的平均起薪

3. 高端制造业高校毕业生平均起薪高于传统制造业

高端制造业高校毕业生的平均起薪为 6372 元/月，高于传统制造业的 5719 元/月，平均高出 653 元/月，如图 14 所示。

4. 科学技术服务业起薪水平与教育水平正相关

从不同教育水平的起点薪酬来看，科学技术服务业博士研究生的平均起点薪酬为 12282 元/月，硕士研究生为 7390 元/月，本科生为 5418 元/月，高职/高专生为 4436 元/月，起薪水平随着学历的上升显著提升，如图 15 所示。

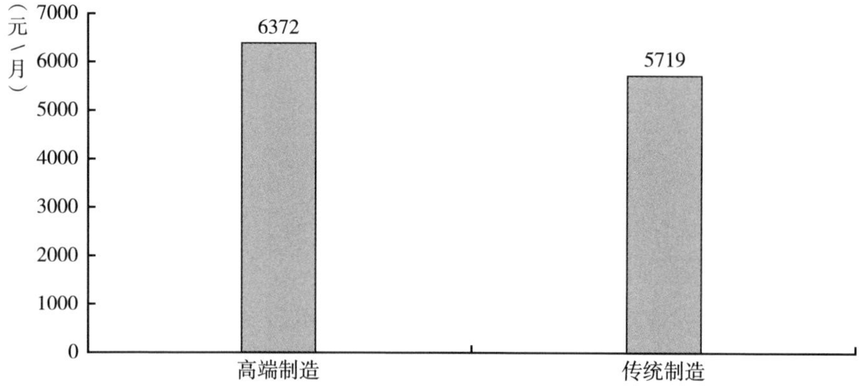

图 14　高端制造业与传统制造业平均起薪比较

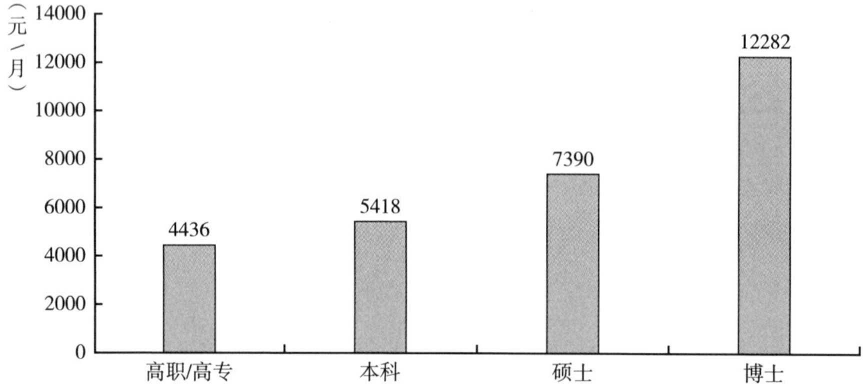

图 15　科学技术服务业不同教育水平高校毕业生的平均起薪

5. 文化创意产业高校毕业生中，高学历的薪酬水平相对较高

从不同教育水平的起点薪酬来看，硕士研究生学历的平均起点薪酬为 7281 元/月，本科和高职/高专高校毕业生薪酬比较接近，如图 16 所示。

四　加强北京地区高校毕业生薪酬服务工作若干建议

1. 紧密围绕当前经济形势和首都“四个中心”城市战略定位，引导毕业生理性择业、有序流动

2019 年，受中美贸易摩擦升级、供给侧结构性改革等影响，北京地区

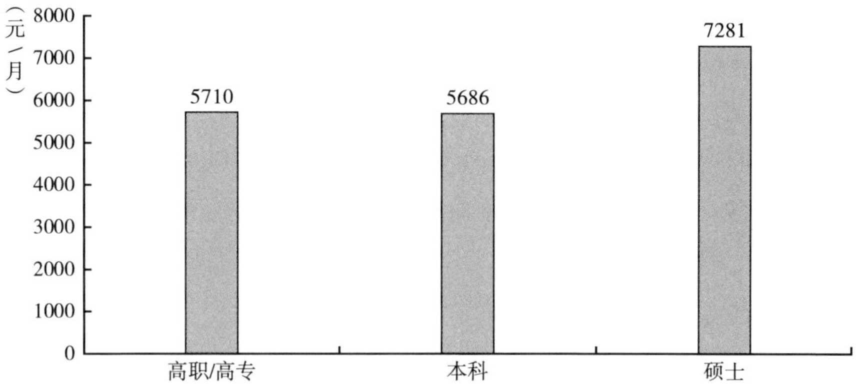

图 16 文化创意产业不同教育水平毕业生平均起薪

高校毕业生就业形势的不确定性、不稳定性因素依然较多，难点和风险不容低估。同时，北京市政府已连续多年出台《北京市新增产业的禁止和限制目录》，目前已更新至2018 年版。首都产业结构调整特别是传统产业疏解转移，对各用人单位的用人需求带来十分明显的影响，北京市“高精尖”产业的发展与北京生源高校毕业生的供需结构性矛盾更加突出。按照《北京城市总体规划（2016 年～2035 年）》，人力资源流动要有进有出，对不符合首都城市战略定位的产业要陆续调整和退出，相应专业的毕业生就业也应服务疏解功能。随着传统劳动密集型产业和生产加工型企业加速外迁，而新兴产业有待发展和培育，全市就业岗位存量减少、增量有限，势必对高校毕业生就业工作带来明显影响。在此背景下，受到禁止和限制发展的传统产业相关学科专业高校毕业生就业压力将明显加大，而与“四个中心”建设关系紧密的学科专业高校毕业生就业形势向好。

薪酬是高校毕业生就业的风向标。通过毕业生薪酬数据调查，掌握目前北京高校毕业薪酬在全国的水平，尤其是重点行业毕业生的薪酬定位，将为首都优先发展的行业企业提供参考指南；通过适时发布北京地区高校毕业生薪酬情况，将有助于北京地区高校毕业生树立正确就业观念，结合自身实际选择适合的工作岗位，有效缓解就业压力；通过加强与津冀人力社保部门的协调对接，完善就业和薪酬信息联合发布机制，将有序引导和支持毕业生到京外地区合理流动。

2. 立足高校毕业生就业实际，保障毕业生合法权益和劳动报酬

金融危机以来，全国高校毕业生就业人数不断攀升，至2018年已超过820万，青年就业市场供大于求和毕业生就业难的形势越来越严峻。在这种形势下，高校毕业生在就业市场上属于弱势群体，尤其是就业结构性矛盾突出的情况下，社会上出现一些“大学生薪酬不如农民工”等声音，侧面反映了当下毕业生就业难、收入低的情况。

近年来，高校毕业生对起点薪酬的预期不断降低，甚至有“大学生零工资就业”的报道，这说明随着求职竞争的加剧，高校毕业生已经逐步理性对待就业与薪酬的关系。另外，目前高校毕业生在实习、就业和劳动报酬等方面仍存在问题，需要政府出台相关法律政策予以保障。

3. 适应新时代高校毕业生个性化就业需求，设计差异化薪酬服务

通过调查，在一些新兴业态的企业中，员工劳动关系更加灵活，自由职业者、兼职或创客等职业模式开始出现，这些毕业生的薪酬无法按照传统的薪酬统计口径进行调查。而对于很多青年人而言，尤其是随着“00后”登上求职舞台，传统企业人力资源管理方式未必适应这一群体的个性特征，在激励方式上，应针对其发展需求，发挥薪酬以外激励的作用。

另外，困难毕业生是高校毕业生中的一个特殊群体，在就业过程中，这个群体通常面临更多的求职困难。针对困难家庭离校未就业的高校毕业生，北京市已经通过就业指导、岗位推荐、心理调适、就业见习、技能培训等方式提供精准帮扶。在薪酬信息公共服务方面，有必要跟踪困难毕业生的薪酬变化趋势，将其作为衡量就业质量的重要评价指标，通过这一群体的薪酬发展状况评估，更好地进行人岗匹配，提高精准帮扶的效果。

4. 强化政府职能定位，探索建立北京地区高校毕业生薪酬调查监测发布体系

基于对国内外高校毕业生薪酬调查的现状分析，在北京探索建立一套符合首都战略发展方向和特点的毕业生薪酬调查监测发布体系，具有重要意义。薪酬调查监测发布的实施主体是政府机构，其成员应包括北京市人力资

源和社会保障局、北京市统计局、国家及北京市相关科研机构以及专业性较强的第三方机构。政策对象主要包含企业、高校等组织和毕业生个人。通过定期组织开展覆盖用人单位和毕业生的统计、调查、分析、监测和信息发布等工作，形成一系列北京地区高校毕业生薪酬标准和规程，为人力资源市场主体提供更好的公共信息服务，其核心是科学调查，关键在于信息发布服务。

北京地区高校毕业生薪酬调查监测发布体系强调了政府部门的公共服务定位，旨在弥补人力资源市场在发布毕业生薪酬信息方面的不足，不主张政府部门过多干预人力资源市场，影响毕业生薪酬的确定。同时通过政府权威信息发布，为用人单位和毕业生提供免费可信的数据参考。

B.16
区域薪酬调查分析

夏 鸣　陈 君　夏铁伟*

摘　要： 2018年第四季度以来，企业停止招聘或部分裁员情况频出，倍受业内关注。欧孚科技联手商学院共享经济联盟硅谷研究院，选择国内代表性行业领域，以长三角、珠三角、京津冀、西部地区、中部地区、东北地区等区域内服务覆盖率高的省份为重点，按照企业性质、规模、岗位、职位层级等，对当前企业人员薪酬变化情况进行分析，呈现2019年我国代表性行业企业员工薪酬变化情况。报告显示，2019年我国企业员工预期薪酬增长幅度总体出现明显下降趋势，在不同的区域、省份，不同的行业、企业，不同的岗位及员工层级，各有不同，以此为社会和联盟成员单位及关联企业提供参考和借鉴。

关键词： 区域　薪酬　调查

本研究以“欧孚科技薪酬指数”的数据内容为基础，包括31个省（自治区、直辖市）、13个行业（新能源、医疗医药、物流快递、金融、文创传媒、电子信息、教育、汽车、互联网及IT、房地产、现代制造、

---

* 夏鸣，上海博尔捷企业集团有限公司副总裁，研究方向为人力资源开发与人力资源服务产业发展研究；陈君，上海博尔捷企业集团有限公司总裁助理，兼战略投资部总监；夏铁伟，商学院共享经济联盟研究院（硅谷）研究员。

人才服务、批发零售等）、6类性质企业［外资（欧美）、国有企业、外资（非欧美）、创业公司、民营企业、个体工商户等］及15个岗位（投资、研发、企划、营销、财务、采购、IT、销售、技术、市场、人事、运营、行政、客服、生产制造等）、5个不同职级（副总经理及以上、总监、经理、主管和专员等），并根据企业员工总数情况将企业以人数规模划分为7个层级，调研对象均为HR管理人员或人才服务领域专职人员。

本次调研采取线上与线下结合方式，共收回有效问卷6000余份，历时40余天完成。本报告实际分析数据，已删除分层样本中单一种类样本量在30以下的数据；在省份样本中，已删除样本量在150份以下的数据。各类样本分布情况见表1、图1、图2和图3。

本报告所述的“平均薪酬”是一个广义概念，包括底薪、绩效、奖金、福利及分红等。

表1　按省份样本量（大于150份的省份）

单位：份

省份	样本量	省份	样本量
北京	654	河南	239
上海	630	河北	236
四川	527	吉林	233
天津	490	湖南	220
广东	451	江苏	219
湖北	450	广西	205
山东	396	江西	204
浙江	287	辽宁	198
安徽	264	山西	185
福建	251	黑龙江	151

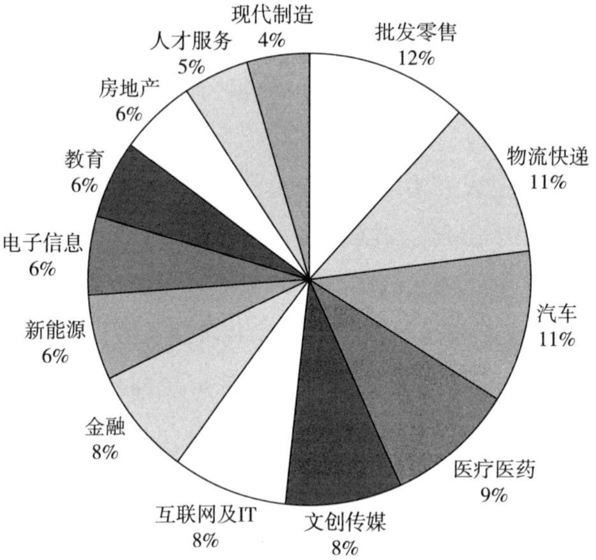

图1　按行业样本分布情况

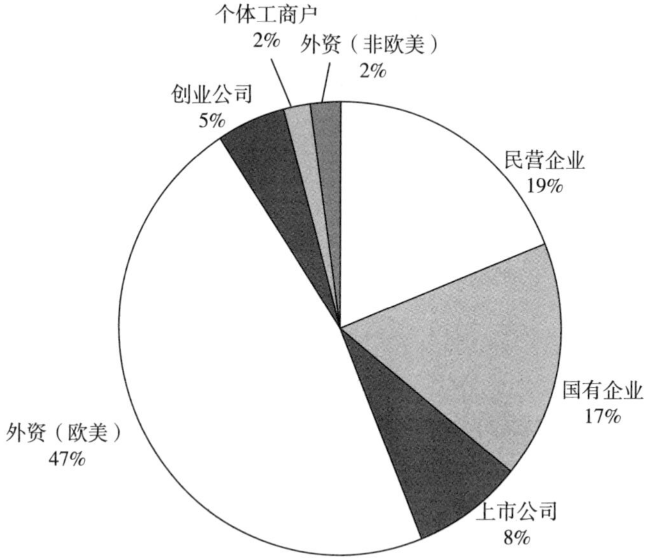

图2　按企业性质样本分布情况

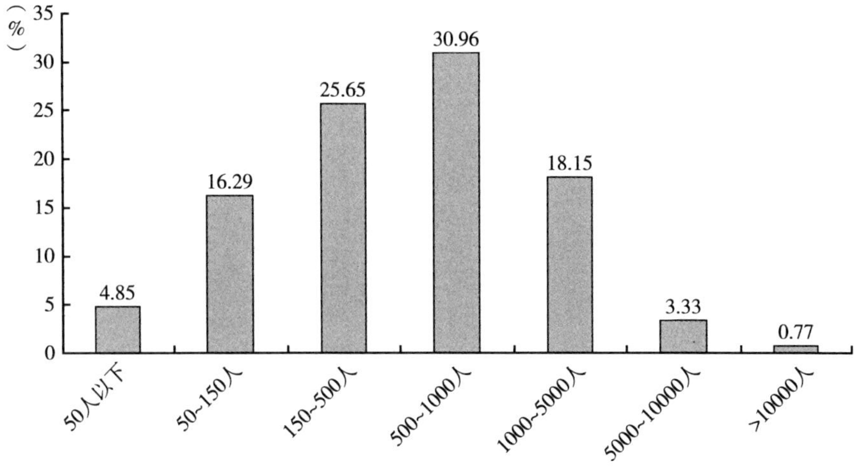

图3　按企业规模样本分布情况

一　行业分析

我们选取新能源、医疗医药、物流快递、金融、文创传媒、电子信息、教育、汽车、互联网及IT、房地产、现代制造、人才服务、批发零售等13个行业数据进行分析。

从2018年各行业的平均薪资水平来看，新能源、医疗医药、物流快递、金融、文创传媒薪酬水平超过40万元；电子信息、教育、汽车行业超过30万元，互联网及IT行业超过20万元；房地产、现代制造、人才服务、批发零售均在20万元以下。其中，以新能源业的46.97万元为最高，批发零售业的12.76万元为最低（见图4）。

从2018年各行业薪资涨幅水平来看，新能源业涨幅在9%以上；文创传媒、医疗医药、物流快递、互联网及IT等四个行业涨幅在8%以上；汽车、电子信息、教育等三个行业涨幅超过7%；房地产、现代制造、批发零售、金融等四个行业涨幅在5%以上；人才服务业涨幅超过4%。其中，以新能源业9.49%涨幅为最高，人才服务业4.35%涨幅为最低（见图5）。

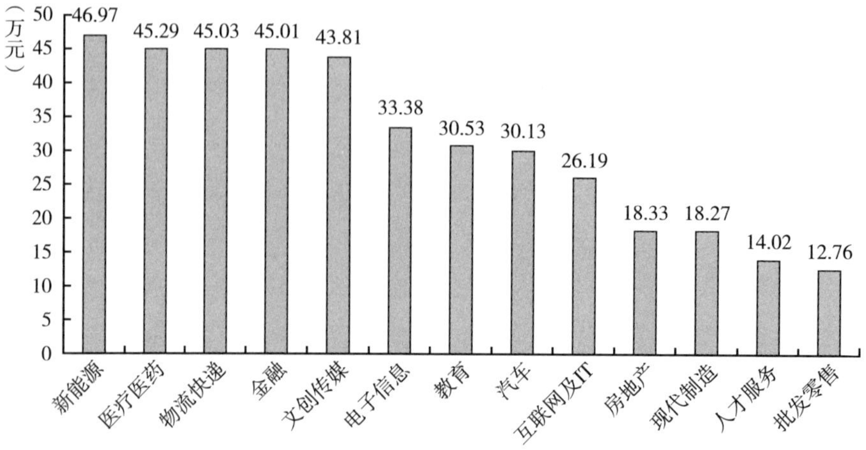

图 4　各行业平均薪资（整体水平）

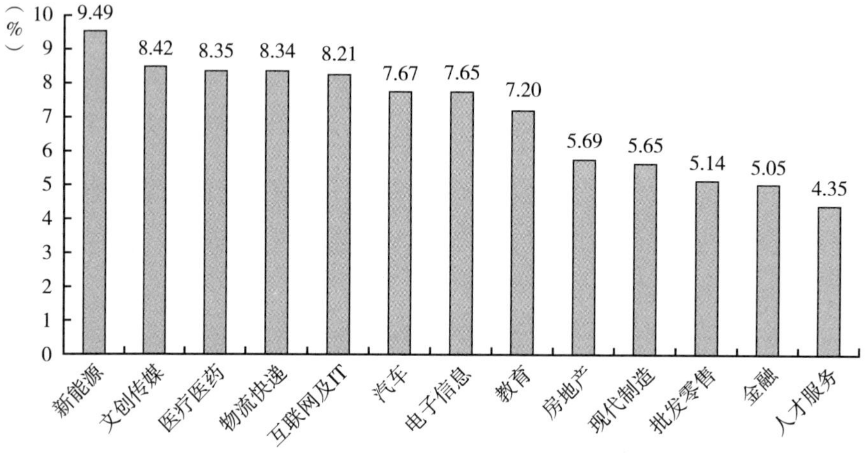

图 5　各行业薪资涨幅

分析数据呈现以下特征。

（一）新五大行业位居薪酬第一梯队

根据本次调研，行业薪酬呈现新五大行业位居前列局面：新能源业46.97万元高居第一；医疗医药、物流快递（不包括外包快递员工）、金融、文创传媒等四个行业与新能源业差距不大，分别达到 45.29 万元、45.03 万元、45.01 万元、43.81 万元。

汽车等行业原有风光不再，平均薪资排名明显不如过往。再如房地产、互联网及 IT 行业，势头已大不如从前。

（二）金融、房地产等行业风光不再

2018 年，P2P 和比特币先后打起了“飞毛腿”，让一大批投机者赚得盆满钵满；随后，却又像“过山车”一般一落千丈，摔下神坛。相对于前几年爆发式的增长，2018 年金融行业较 2017 年平均薪资涨幅仅为 5.05%。随着国家对企业去杠杆等宏观整治管控，金融行业逐渐呈现由“红利时代”向“稳健时代”的转变趋势，整个行业将被剔除糟粕，面临空前的大洗牌。

金融行业已不复当年之勇，房地产业更是落到了倒数的局面。在国家对房地产调控的大形势下，房产开发企业，越来越感受到巨大的生存和发展压力，房产开发的上下游企业也同样感到了压力。

（三）新能源业高开高走

相较于 2017 年，2018 年薪资涨幅并没有平均薪资差异那么大，多数行业平均薪资涨幅在 5.14% ~8.42%；金融和人才服务业分别以 5.05% 和 4.35% 的平均涨幅拖了后腿，新能源业的平均薪资涨幅却达到了 9.49%，依然位列第一。可见，在 2018 年，随着我国传统制造业的转型，新能源业实现了名副其实的“高开高走”。

然而，当我们做 2019 年薪酬预计调研时，发现新能源业是唯一预期 2019 年会出现薪酬负增长的行业。参与该行业的几百名被调研者，对他们 2019 年的薪酬预期甚为悲观，平均薪资涨幅预期为 -0.63%。

（四）物流快递呈现黑马之姿

除了稳居第一的新能源业外，2018 年薪资涨幅第一梯队的行业有：文创传媒、医疗医药、物流快递、互联网及 IT。其中，物流快递在 2018 年的

平均薪资涨幅为8.34%。

网购的持续增长，以美团、口碑、饿了么为代表的外卖平台发展，多项国家红利政策的颁布，港珠澳大桥建成通车等，都促进了物流快递在2018年的快速增长。中国物流快递行业连续五年蝉联世界市场，超过了美国、日本和欧洲等发达经济体的总量。在最近的五年里，平均每年都以增长100亿个快递包裹递增，物流快递已成为我国发展势头最强劲的行业之一。物流快递从业人员预期他们2019薪资涨幅为5.65%（2019年全国平均预期薪资涨幅仅为1.07%），将领跑所有行业。

二　职级分析

我们选取副总经理及以上、总监、经理、主管和专员等五个职级进行分析。从2018年各职级的平均年薪来看，副总经理及以上的平均年薪超过100万元，总监超过40万元，经理超过20万元，主管超过10万元，专员接近7万元。其中，最高职级平均年均收入为112.15万元，专员级基层员工平均年薪为6.95万元，高管年薪是普通员工16.14倍（见图6）。

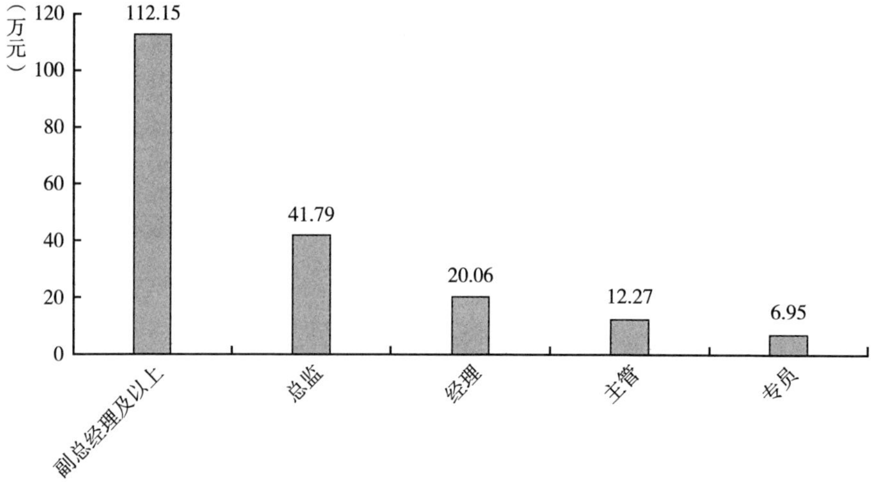

图6　各职级平均年薪

三　行业职级分析

不同的行业，同等职级的年薪差异也十分明显。职级越高，差异越大，职级越低，差异相对越小。

副总经理及以上平均年薪，汽车、批发零售业超过140万元，金融业超过130万元，电子信息业超过120万元，文创传媒、物流快递业超过110万元，教育、医疗医药、现代制造、互联网及IT、房地产业超过100万元，新能源、人才服务业低于100万元。其中，以汽车业143.41万元最高，人才服务业81.75万元最低。

总监职级平均年薪，新能源、金融业达到80万元以上，物流快递业超过70万元，汽车业超过60万元，教育业超过50万元，文创传媒、现代制造、互联网及IT、批发零售、房地产、电子信息业等超过40万元，人才服务、医疗医药业超过30万元。其中，以新能源业82万元最高，医疗医药业32.11万元最低。

经理职级平均年薪，新能源、物流快递、汽车、金融业等四个行业超过30万元，教育、现代制造、互联网及IT、电子信息、房地产、人才服务业等六个行业超过20万元，医疗医药、文创传媒、批发零售业等三个行业超过10万元。其中，以新能源业38.39万元最高，文创传媒业19.41万元最低。

主管职级平均年薪，金融、新能源业等两个行业超过20万元，批发零售业超过15万元，其余12个行业汽车、互联网及IT、房地产、人才服务、现代制造、医疗医药、电子信息、文创传媒、教育、物流快递业超过10万元。其中，以金融业26.61万元最高，物流快递业10.06万元最低。

专员职级平均年薪，新能源、医疗医药、物流快递、文创传媒、电子信息、互联网及IT、房地产、现代制造、教育业等9个行业超过7万元，金融、汽车、批发零售、人才服务业等四个行业在6万元以上。其中，以新能源业7.88万元最高，以人才服务业6.29万元最低（见图7）。

数据分析呈现以下特征。

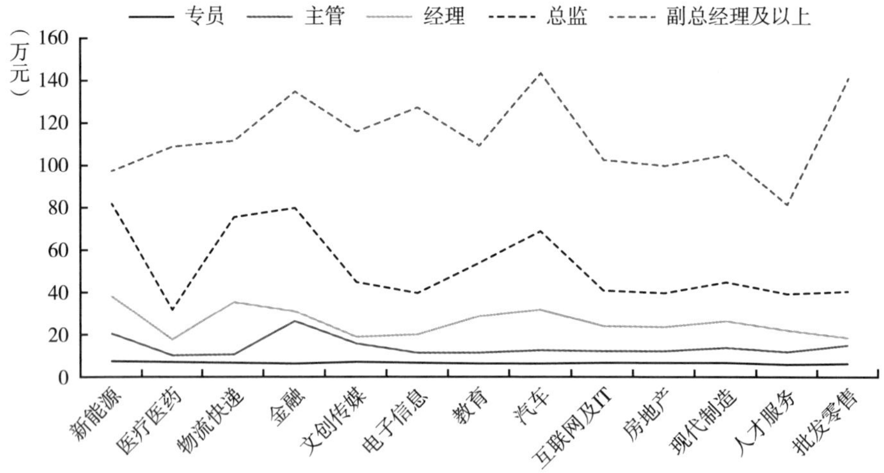

图7　2018年13大行业平均年薪

（一）医疗医药行业总监以上薪酬才有竞争力

在2018年初，国家发布了与医改相关的政策，围绕“五项基本医疗卫生制度建设”展开医改。从整体水平来看，2018年医疗医药行业薪酬水平居前三，而且刚入职员工（专员级）的平均薪酬（7.50万元）仅次于新能源业（7.88万元），排在第二位。

但随着职级的增长，医疗医药行业的薪酬增长速度并不乐观，中低层管理者（经理、主管）职级的平均薪酬就掉到了所有行业中的最后一名。待到“总监”级，才终于超过了40万元。相比于其他行业，医疗医药行业的职业成长周期相对漫长，时间成本相对较大（见图8）。

（二）汽车行业高管薪资竞争力强

汽车行业的平均薪酬在总体排名中中等偏下，多半都要归咎于汽车行业的基层员工（专员级6.75万元）与中层管理者（总监级39.55万元）的平均薪酬太靠后，汽车行业只有熬到了“副总经理”及以上的高层管理者，才能超越其他行业。

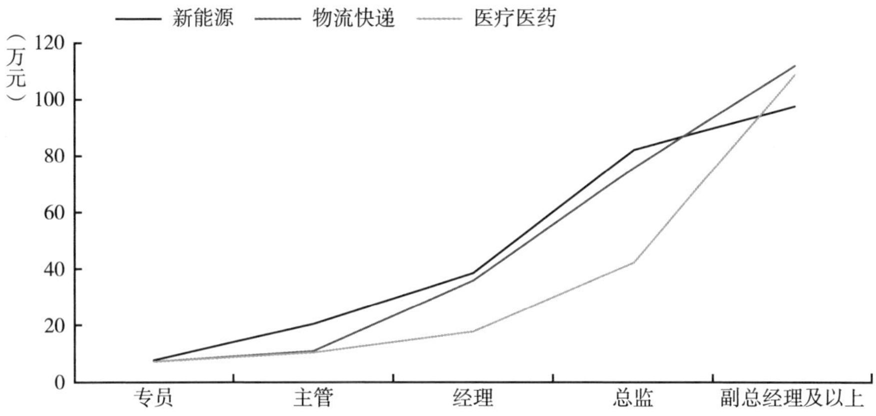

图 8　新能源、物流快递、医疗医药业各职级薪酬对比

不过，十多年苦熬也是值得的，汽车行业副总经理及以上的平均薪资领跑所有行业（见图 9）。

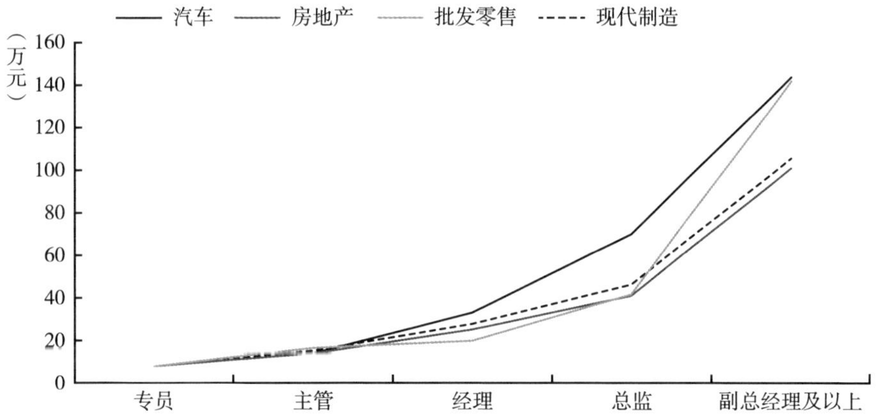

图 9　汽车、房地产、批发零售、现代制造业各职级薪资对比

（三）批发零售业，升职后加薪幅度惊人

批发零售业随着职级的提升，工资就像坐上了直升飞机，竞争力不断提升，平均薪酬在各行业中的排名从第 12 名提升到第 4 名，到了副总经理及以上的级别就稳坐第二把交椅。

（四）房地产业，无论哪个职级薪酬都不再有竞争力

曾经薪酬极具竞争力的房地产行业，薪酬竞争力光彩不再。房地产业2018年薪酬增长率仅为5.69%，排在倒数第4位。新的行业强势崛起——新能源、文创传媒、医疗医药、物流快递等，让房地产业的薪酬无论在哪个职级，都不再有竞争力。

（五）现代制造业薪酬竞争力较低

大体来看，现代制造业的薪酬竞争力在中等水平。但随着职级提升，该行业的管理者薪酬竞争力不断下降，难免有点失望。随着职级提升，按专员、主管、经理、总监、副总经理及以上的顺序，现代制造业薪酬在所有行业中的排名依次为：8－5－6－7－9。

四　岗位分析

我们选取了投资、研发、企划、营销、财务、采购、IT、销售、技术（非研发和IT）、市场、人事、运营、行政、客服、生产制造等15个岗位，从2018年各岗位平均薪酬来看，投资、研发等两个岗位超过25万元；企划、营销、财务、采购、IT等五个岗位超过20万元；销售、技术（非研发和IT）、市场、人事等四个岗位超过15万元；运营、行政、客服、生产制造等四个岗位在10万元以上。其中，投资岗位达到28.57万元为最高，生产制造11.76万元为最低（见图10）。

数据分析呈现以下特征。

（一）总体排序与社会预期相近

从具体的数据来看，在15个不同的岗位中，投资、研发、企划岗位分别以28.57万元、27.20万元、23.65万元的平均年薪包揽前三；生产制造、

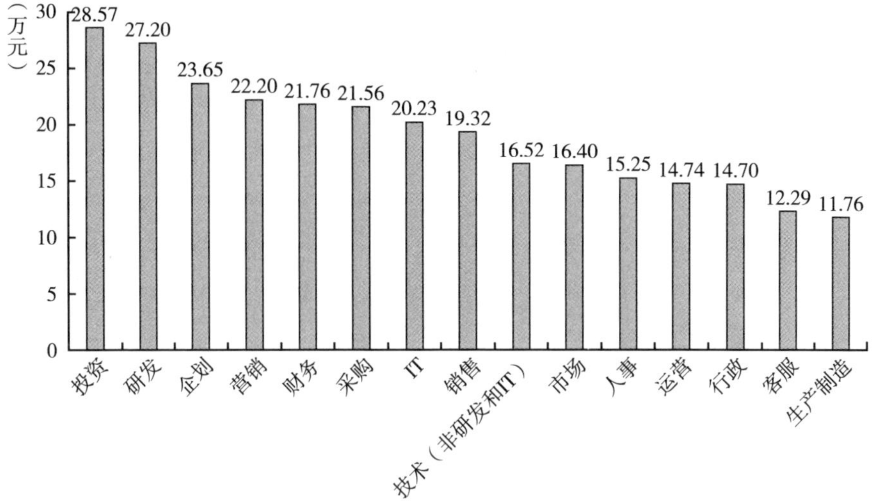

图10　各岗位平均薪资

客服、行政岗位分别以11.76万元、12.29万元、14.70万元的平均年薪位列后三名。

（二）专业技术能力强者薪酬更高

本次数据分析发现，对于一些非研发和IT的技术岗位，其职业成长变化十分引人注目：刚入职的基层专员平均年薪仅为6.75万元，到了经理级别也只有18.33万元，到了总监级别却达到惊人的45.52万元（见图11）。

“非研发及IT的技术岗位”人群包括：律师、医生、培训机构的讲师、健身馆的教练、手艺人、咨询师等。他们依靠自身的专业能力，可为企业或个人提供特定的产品或服务。

五　企业性质分析

我们选取了外资（欧美）、国有企业、外资（非欧美）、创业公司、民营企业、个体工商户等六类性质企业，并把上市公司一同并列进行分析。从

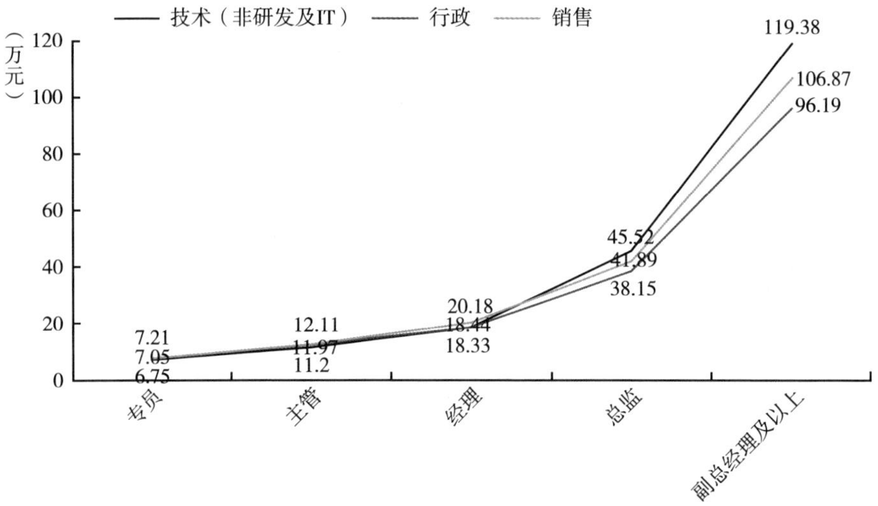

图 11　非研发及 IT 技术岗与行政、销售岗位各职级薪资对比

2018 年不同性质企业平均薪酬来看，外资（欧美）、国有企业平均年薪超过 30 万元，上市公司、外资（非欧美）超过 25 万元，其余性质企业在 25 万元以下。其中，外资（欧美）32. 37 万元最高，个体工商户 22. 74 万元最低（见图 12）。

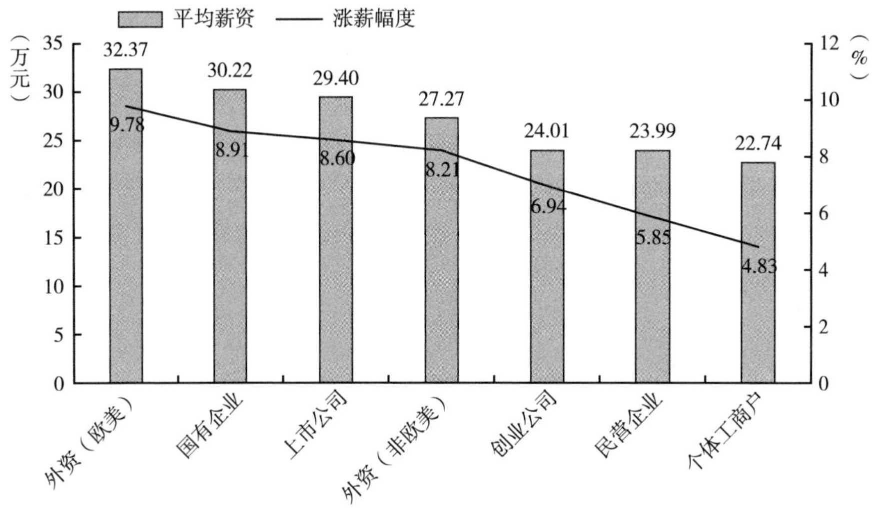

图 12　不同企业性质平均薪酬与涨薪幅度对比

从 2018 年不同性质企业薪酬增幅来看，外资（欧美）超过 9%，国有企业、上市公司、外资（非欧美）超过 8%，创业公司接近 7%，民营企业低于 6%，个体工商户不到 5%。其中，外资（欧美）以 9.78% 涨幅为最高，个体工商户涨幅不到 4.83% 为最低。

数据分析呈现以下特征。

（一）2018年外资企业依然拥有薪酬优势

从企业性质来看，外资（欧美）平均薪酬仍为所有企业性质中最高，达 32.37 万元，涨薪幅度也最大，达 9.78%。

但再细分：外资（非欧美）的平均薪酬则仅为外资（欧美）平均薪酬的 84%，为 27.27 万元，涨薪幅度为 8.21%。

国有企业年平均薪酬为 30.22 万元，居第二位；而其他企业的年平均薪酬则均在 30 万元以下。民营企业年平均薪酬为 23.99 万元，涨薪幅度为 5.85%；个体工商户年平均薪酬为 22.74 万元，涨薪幅度为 4.83%。可见，民营企业和个体工商户由于企业规模相对较小，在人力成本上的开销也相对较低。

总体来说，创业公司、民营企业、个体工商户的总体年平均薪酬水平竞争力仍然低于外资企业、国有企业。

（二）2019年外资企业“预备过冬”，民营企业“谨慎乐观”

国际、国内政治与经济形势，到底对哪一类企业影响最大？在对 2019 薪酬涨幅预期的调研中，我们发现：外资企业中，无论是外资（欧美）（预期涨幅 1.11%）还是外资（非欧美）（预期涨幅 0.08%），对 2019 年薪酬涨幅的预期均垫底。而民营企业（预计涨幅 2.62%）对自己的前景预期虽然保守却最为乐观（见图 13）。

六　地区、省份分析

我们以长三角、珠三角、京津冀、西部地区、中部地区、东北地区等六

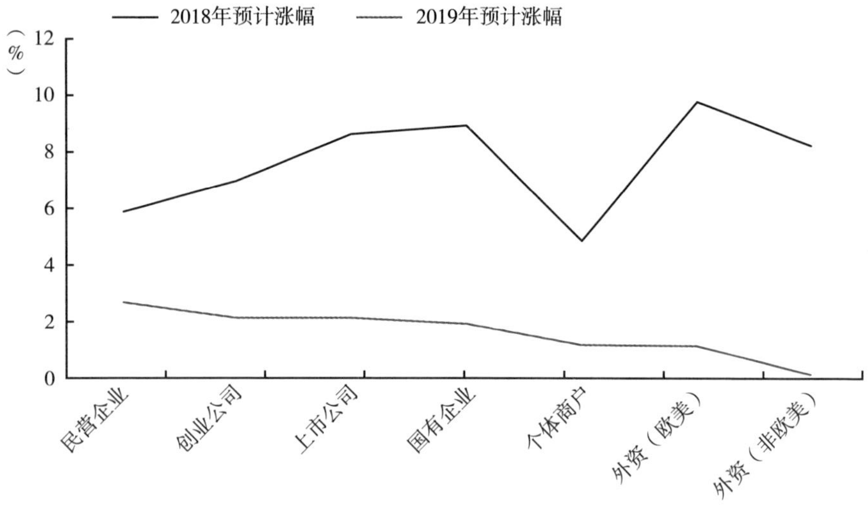

图 13　不同性质企业 2019 年预计薪资涨幅

个地区进行分析。从 2018 年不同地区年平均薪酬来看，长三角、珠三角、京津冀地区的年平均薪酬超过 11 万元，西部地区超过 7 万元，中部地区、东北地区超过 6 万元。其中，长三角以 11.99 万元为最高，东北地区以 6.63 万元为最低。从涨幅来看，长三角、珠三角、京津冀平均涨幅超过 10%，西部地区超过 9%，东部地区和中部地区在 8% 左右。其中，长三角地区平均涨幅以 11.99% 为最高，中部地区以 7.93% 为最低（见图 14）。

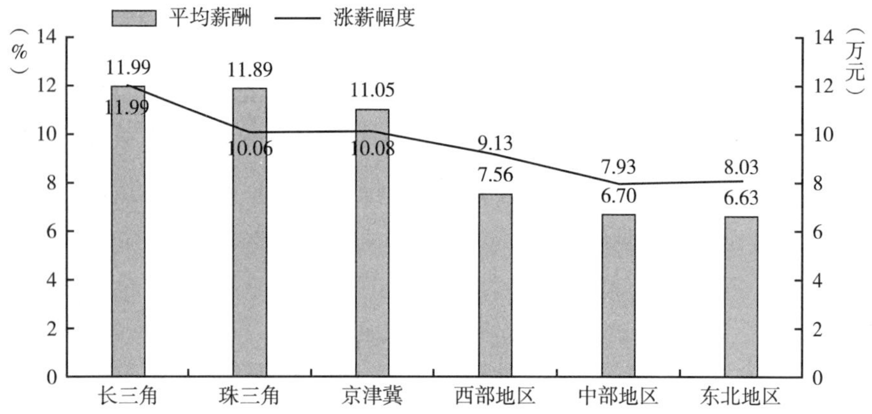

图 14　2018 年各地区平均年薪与涨薪幅度对比

从2018年不同省份的年平均薪酬来看，北京、上海、广东等九地超过10万元，山东、内蒙古、陕西等三地超过9万元，安徽、辽宁、河北等五地超过8万元，其余省份在6万~7万元。其中，北京以年平均薪酬14.84万元为最高，黑龙江以6.51万元为最低。从平均涨幅来看，北京、上海、广东、浙江、天津等九省份超过10%，贵州、陕西超过9%，其他省份涨幅在6%以上。其中，上海以12.21%涨幅为最高，黑龙江以6.51%为最低（见图15）。

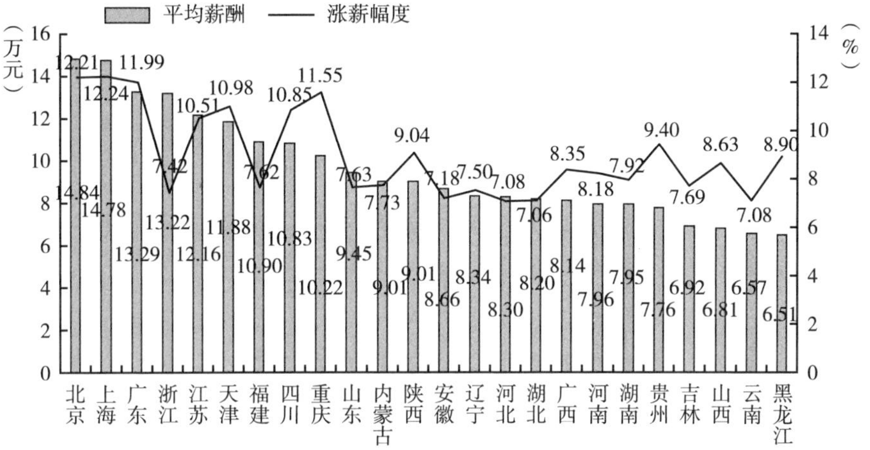

图15　2018年各省份平均薪酬及涨薪幅度

数据分析呈现以下特征。

（一）珠三角薪酬即将赶上长三角，东三省垫底

从各大地区的对比来看，长三角、珠三角、京津冀地区分别以11.99万元、11.89万元、11.05万元的平均年薪包揽前三，而东北地区以6.63万元列最后一名。

（二）京津冀薪资涨幅超过珠三角

随着天津“海河英才”人才引进计划等政策的发布，京津冀地区的薪资涨幅达到10.08%，超过了珠三角地区。

（三）北上广继续以明显优势领跑全国平均薪资

北京、上海、广东的年平均薪资仍然稳稳包揽前三名。广东省中，年平均薪资以深圳领跑，为 13.44 万元，比第二名广州（13.01 万元）高出 0.43 万元。

（四）天津与中西部地区“异军突起”

天津、四川、重庆的发展势头高昂。其中，四川和重庆分别以 10.83 万元和 10.22 万元的年平均薪酬跻身前十；而天津则以 11.88 万元的年平均薪资直追江苏。

从涨薪幅度来看，重庆以 11.55% 的平均薪酬涨幅仅次于北上广；紧随其后的是天津（10.98%）和四川（10.85%）。

七 未来预期分析

从 2016～2019 年薪酬涨幅走势变化看，2016 年薪资涨幅为 8%，2017 年为 8.20%，2018 年为 7.74%，2019 年预期为 1.07%（见图 16）。

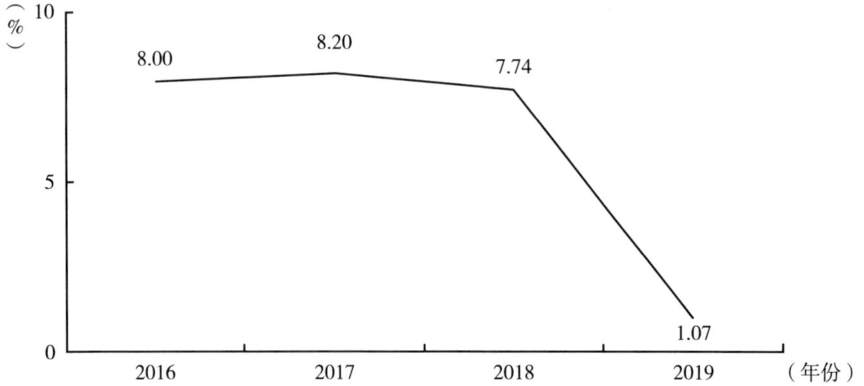

图 16　2016～2019 年涨薪幅度变化

2018 年薪酬涨幅数据统计，新能源业涨幅超过 9%，文创传媒、医疗医药、物流快递、互联网及 IT 业等四个行业超过 8%，汽车、电子信息、教育业等三个行业超过 7%，房地产、现代制造、批发零售、金融业等四个行业超过 5%，只有人才服务一个行业低于 5%。其中，最高的新能源业涨幅为 9. 49%，最低的人才服务业为 4. 35%（见图 17）。

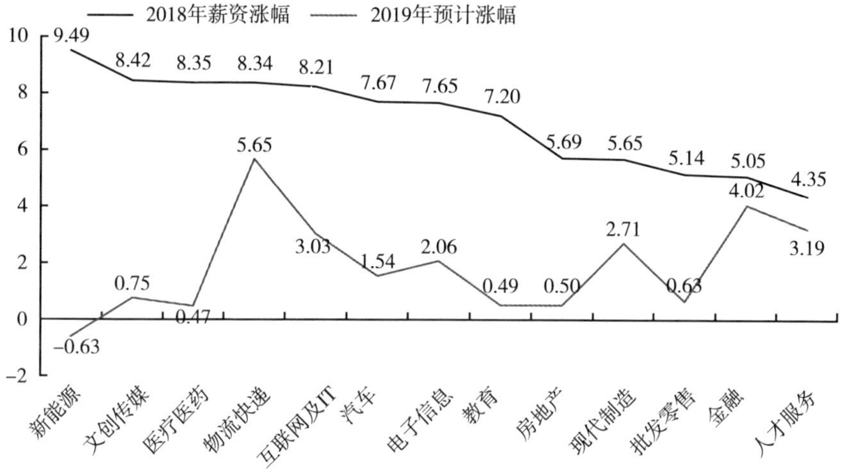

图 17　各行业 2019 年预计薪酬涨幅与 2018 年对比

从 2019 年各行业预计薪资涨幅来看，超过 5% 的只有物流快递一个行业，高于 4% 的只有金融业一个行业，超过 3% 的有人才服务、互联网及 IT 业两个行业，超过 2% 的有现代制造、电子信息业两个行业，汽车行业超过 1%，文创传媒、批发零售、房地产、教育、医疗医药业等五个行业不到 1%。其中，物流快递业增长 5. 65% 为最高，新能源业为负增长（-0. 63%）。

与 2018 年相比，2019 年各类性质企业年薪增幅均呈现下降趋势。2018 年外资（欧美）年薪涨幅超过 9%，国有企业、外资（非欧美）、上市公司等涨幅超过 8%，创业公司接近 7%，民营企业接近 6%，只有个体工商户低于 5%。其中，外资（欧美）年薪涨幅 9. 78% 为最高。2019 年涨幅超过 2% 的只有民营企业、创业公司、上市公司，国有企业、个体工商户、外资（欧美）增长超过 1%，外资（非欧美）涨幅为 0. 08%，近乎不增长（见图 18）。

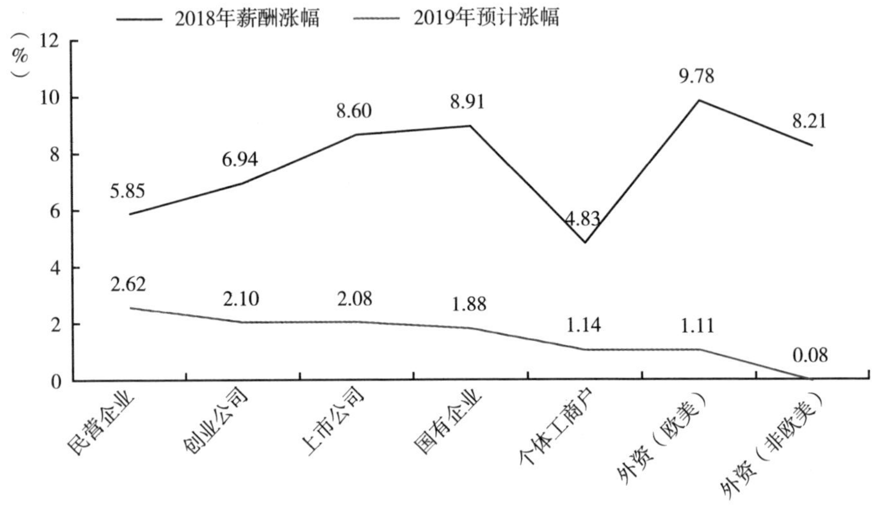

图 18　不同性质企业 2018 年薪酬涨幅及 2019 年预计涨幅

数据分析呈现以下特征。

（一）薪资涨幅迎来急跌

从历年的“中欧—欧孚薪酬指数”调研数据，并结合本次“欧孚科技薪酬指数”调研数据绘制出的薪酬涨幅走势图中，可以看到，在此次近万份的薪酬涨幅预期调查中，更多的人预期 2019 年的薪酬涨幅将呈现“跳水”式下跌，薪酬涨幅预期的平均值仅为 1.07%。

（二）2019年前景分析

对于预计涨薪幅度，我们分不同行业、不同企业性质进行了分析。结果发现，最乐观的行业预计薪酬涨幅为 5.65%，低于 2018 年的薪酬涨幅平均水平；在全部 13 个行业中，有 6 个行业预计在 2019 年的薪酬增长幅度小于 1%；最悲观的行业，预计自身薪酬将出现负增长。

（三）新能源业预计将出现负增长

2019 年唯一预计会出现薪酬负增长的行业，正是 2018 年平均薪酬和涨薪幅度双摘魁的新能源业。参与该行业的几百名被调研者，对他们 2019 年的薪酬预期甚为悲观，平均薪酬涨幅预期仅为 -0.63%。

从访谈中，我们了解到，由于新能源业与其他多个行业有所交叉（比如汽车行业），其产业链较长，行业门槛较高，部分刚刚涉足该行业的企业发展势头并不乐观，可能撑不过这个寒冬。但从乐观的角度来看，这将为该行业带来重新洗牌的机会。

（四）物流快递业今年火，明年仍会更火

对 2019 年前景持最乐观态度的是物流快递业，被调研者预计的 2019 年薪酬涨幅平均数为 5.65%。物流快递业的发展势头与新能源旗鼓相当，发展的持久力更胜于新能源，是中国当下发展势头最强劲的行业。

（五）金融业将稳定发展

值得一提的是金融业。随着国家对该行业的有效整治，金融业一改先前参差不齐的局面，从业者对本行业在 2019 年的发展也颇有信心，在 2019 年的预计薪酬调研中，金融行业预计薪酬涨幅的平均值为 4.02%，排在第二位。

综合以上分析，2019 年预计薪酬涨幅仅为 1.07%，这与社会对 2019 年复杂的国际经济环境的忧虑及国内转入高质量发展阶段的转型期密切相关，大部分被调研者仍然预计 2019 年薪酬仍有增长区间，但对增幅的预期信心不足，保守预期仅为 1.07%。其中，民营企业被调研者的信心最强，而外资企业对前景的预计最为悲观。

总体而言，就 2018 年后的薪酬增长走势及 2019 年预期薪酬，可以得出以下结论。

（1）整体薪酬涨幅呈逐步递减趋势：2018 年平均薪酬涨幅为 7.74%，延续了自 2012 年以来，薪酬涨幅基本逐年递减的走势，2019 年仍会延续这一走势。

（2）京沪粤维持涨幅领先：北京、上海、广东的平均薪酬和涨薪幅度依然位列前三；但天津、四川等地的发展势头好；东北的平均薪酬则持续处于低位。

（3）新能源等五大行业排名靠前：行业平均薪酬排名，与上年相较，

发生巨大变化，旧黄金产业风光不再（金融、房地产等），新五大行业占领平均薪酬第一梯队（新能源、文创传媒等）。

（4）欧美外企待遇高，但面临撤资风险：从企业性质来看，各类性质的企业中，外资（欧美）依然为平均薪酬最高、持续涨薪幅度最大的企业类别，但对 2019 年的薪酬预期甚至不如个体工商户，处于最低。民营企业虽然在 2018 年薪酬水平竞争力较弱，但在对 2019 年的预期中仅而表现出了最强劲的信心。

（5）投资岗位依然风光：从岗位类型来看，投资、研发、企划岗位平均薪酬最具竞争力；生产制造、客服、行政岗位平均薪酬依然垫底。

（6）高管与基层收入差距进一步扩大：高管与基层员工薪酬差距进一步拉大，副总经理及以上年薪 16 倍于普通员工。

B.17

粤苏鲁浙四省行业发展及薪酬数据分析

朱君健　刘　霞　林　凡*

摘　要： 一个地区企业薪酬水平的变化离不开该地区的行业及经济发展水平。本文通过对粤苏鲁浙四省的薪酬水平及相关指标数据进行分析，经研究发现：①广东省企业薪酬水平逐年递增，人工成本压力逐渐增大，但企业利润总额不断上升，企业效益愈来愈好；②广东省行业收入差距逐渐拉大，马太效应愈发明显；③珠三角辐射带动作用有待加强，广东区域发展不均衡问题仍需改善；④现代服务业方面，广东省服务业增加值连续多年位居全国第一，但随着服务业固定资产投资力度的减弱，与苏鲁浙相比的总量优势逐渐缩小；⑤制造业方面，广东省发展放缓，在粤苏鲁浙四省中，其工业的外部薪酬竞争力较高，企业人工成本“压力较大”。

关键词： 薪酬水平　广东省　制造业　服务业

古往今来，广东省因为得天独厚的地理优势，经济发展水平一直在全国名列前茅，是我国重要的经济大省。1978 年，伴随着改革开放的春风，广

---

* 朱君健，广州市南方人力资源评价中心有限公司高级管理咨询顾问，主要研究方向为薪酬数据分析、人力资源评价；刘霞，广州市南方人力资源评价中心有限公司高级管理咨询顾问，主要研究方向为人力资源管理咨询、人才评审、薪酬调查及分析；林凡，广州市南方人力资源评价中心有限公司高级管理咨询顾问，主要研究方向为企事业单位人力资源管理体系优化、薪酬调查及数据分析。

东省迎来了从站起来、富起来到强起来的伟大飞跃，实现了从“赶上时代”到“引领时代”的伟大跨越，促进了经济快速协调发展，全省 GDP 连续 30 年位居全国第一，外贸进出口总额约占全国的 1/4，成为全国开放程度最高、经济活力最强的地区之一。珠三角地区已初步形成以战略性新兴产业为先导、先进制造业和现代服务业为主体的产业结构。随着珠三角地区辐射带动能力不断增强、粤东西北地区发展条件显著改善、薪酬水平逐年递增，全省一体化发展时机已经成熟，广东已经发展到了“先富帮后富、最终实现共同富裕”的关键阶段。

本文通过对广东省行业发展及薪酬水平的对比、分析与研究，探究与高质量发展要求相比，广东省经济发展中存在的优势与不足，应扬长补短，帮助广东省在高质量发展道路上迈出新步伐。

一 广东省行业发展及企业薪酬数据分析

（一）广东省薪酬水平情况

2011～2018 年，广东省平均月薪水平不断上升，从 2013 年起，增速逐年递增，2018 年同比增长达 6.54%，平均月薪突破 7000 元（达 7367 元）。广东省人均 GDP 增幅虽有波动，但一直保持在 6% 以上，且增幅一直高于当年的薪酬增幅。同期的物价水平处于平稳状态，CPI 增幅一直低于 3%（见图 1）。

2013～2017 年广东省人工成本占总成本的比重呈平缓趋势，人事费用率呈缓慢降低趋势，人工成本利润率波动较大，但随着企业利润总额的提升，基本也呈上升趋势（见图 2）。综合以上指标的变化可以看出，虽然薪酬水平在不断上升，但员工为企业带来的利润也越来越多，广东省人工成本效益愈来愈好。

（二）广东省主要城市薪酬情况

近年来，广州、深圳的平均月薪较省内其他地区具有明显的薪酬优势，

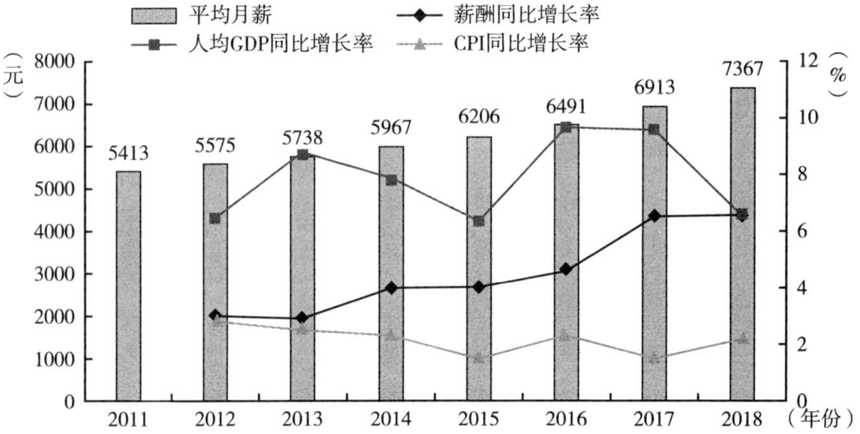

图1　2011～2018年广东省地区平均月薪及相关指标变化情况

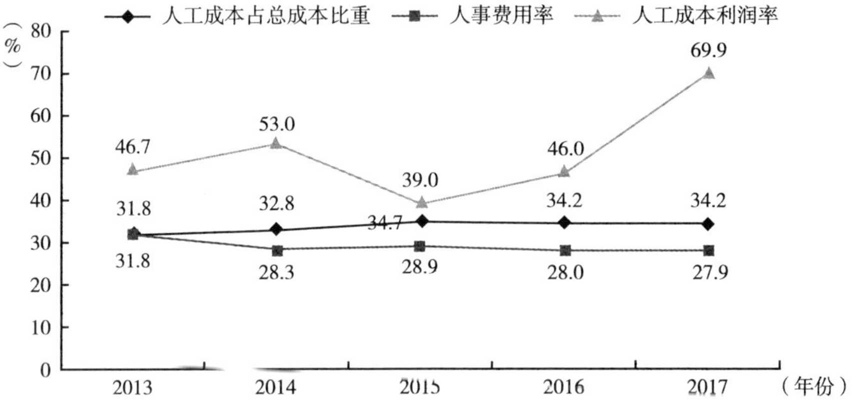

图2　2013～2017年广东省人工成本效益

持续领先于其他地区。

2018年广东省平均月薪为7367元，深圳以9458元的平均月薪排名地区首位；广州位居第二，平均月薪为8603元；珠海（7611元）位居第三，与佛山（7259元）的薪酬差距逐渐拉大。随后是东莞（6591元）、惠州（6729元）、中山（6450元），三者相差不大。江门、肇庆的薪酬水平较低，平均月薪在6000元左右（见图3）。

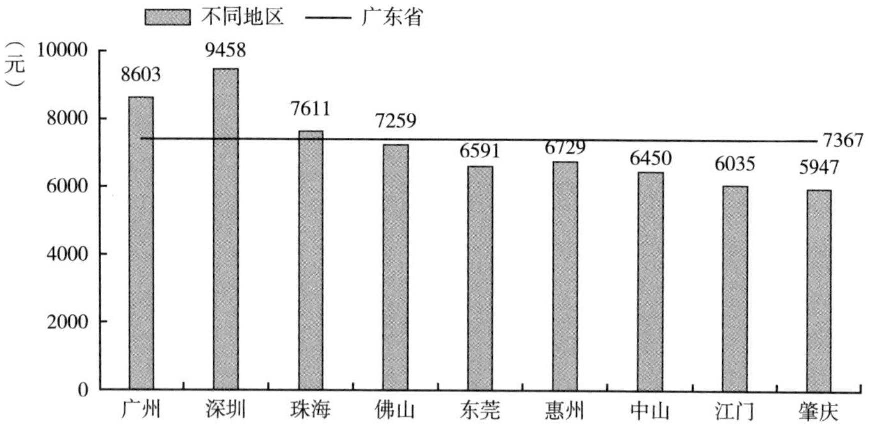

图3　2018年广东省不同地区平均月薪

（三）广东省不同行业薪酬水平情况

“金融业”以15630元的平均月薪居行业首位，遥遥领先于其他行业。“互联网、软件、IT服务和信息传输业”位居第二；“电力、热力、燃气及水生产和供应业”紧随其后，分别是10967元和10037元。而平均月薪最低的三个行业分别是“制造业”、“居民服务、修理和其他服务业”以及“住宿和餐饮业”，为6625元、5639元和5014元（见图4）。

2015年以前，平均月薪最高的行业与最低的行业的相对差距较为接近，且呈逐渐缩小的趋势，但在2015年以后，工资水平相对差距逐渐扩大，达到3.12倍，且差距呈继续加大的趋势，马太效应越发明显（见图5）。

（四）粤苏鲁浙四省工业、服务业发展和工资比较分析

1. 总体情况

粤苏鲁浙四省均是我国经济发达的省份，地区生产总值居全国前四位，合计超过全国经济总量的1/3。四省的基本省情、经济发展阶段、发展水平与发展模式较为接近，人均地区生产总值均超过1万美元，已进入后工业化阶段，也迎来服务业大发展时期。近年来，江苏服务业发展加快，服务业实力

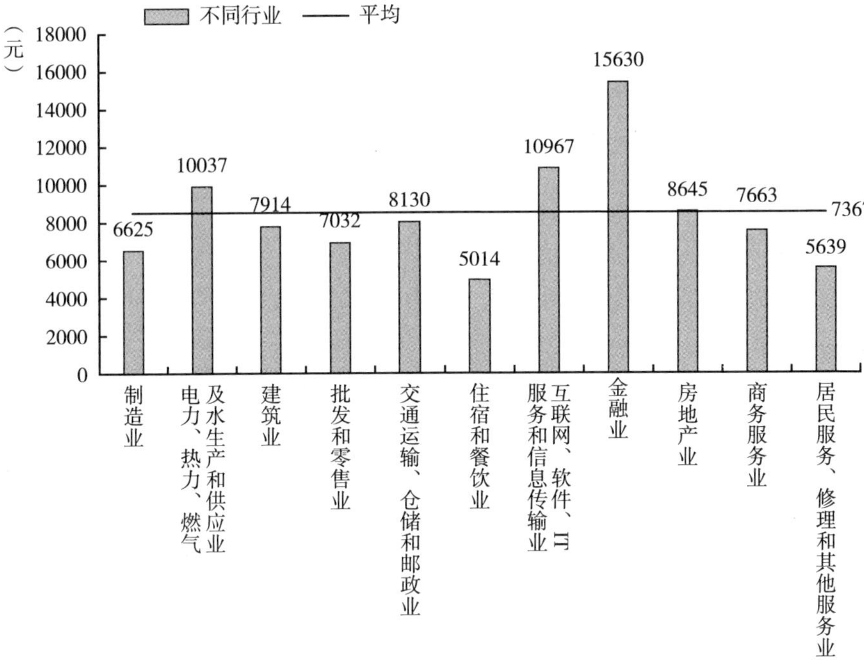

图4　2018年广东省不同行业薪酬水平情况

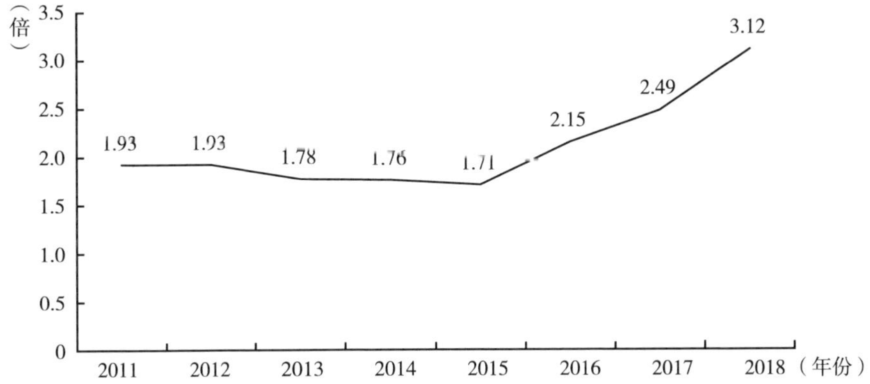

图5　2011～2018年广东省不同行业间平均月薪差距变化情况

不断增强，与广东的差距越来越小；山东、浙江服务业也保持较快增长，体量不断增大。全面综合分析粤苏鲁浙四省的工业、服务业发展现状和发展潜力，有利于更科学地制定经济发展战略，保持广东经济发展的持续竞争力。

因而选取苏鲁浙三省与广东省进行省际比对分析，并针对四省服务业、工业进行省际比对分析。

2017 年，广东省 GDP 总量领先于苏鲁浙四省，薪酬水平排名第一，人均 GDP 却与江苏、浙江差距较大，这与广东区域发展不均衡有一定关系（见图 6 至图 8）。广东省 21 个市中，只有珠三角区域的深圳、广州、珠海、佛山、中山、东莞、惠州 7 市的人均 GDP 超过了全国人均 GDP，人均 GDP 最低的梅州（25817 元/人）和深圳（183645 元/人）差距高达 7 倍。

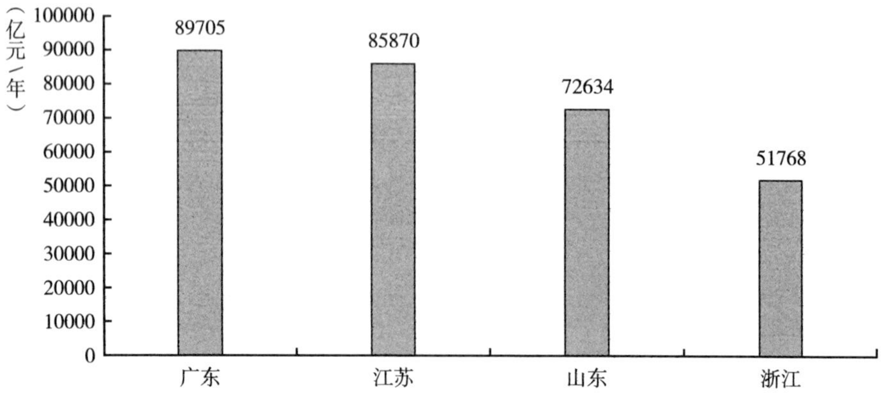

图 6　2017 年粤苏鲁浙四省 GDP 情况

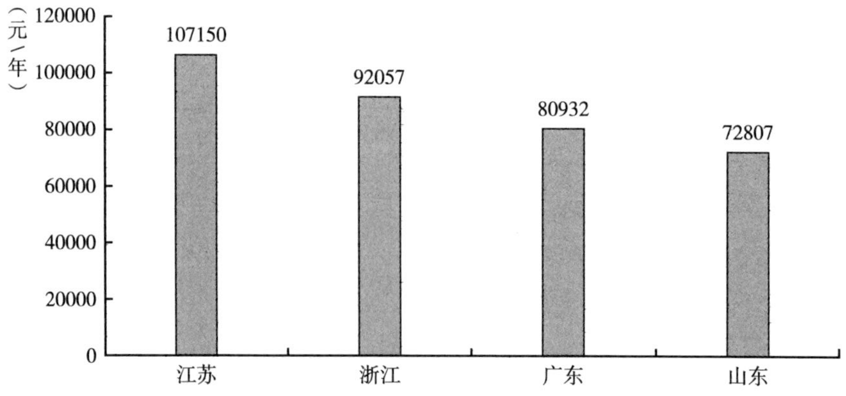

图 7　2017 年粤苏鲁浙人均 GDP 情况

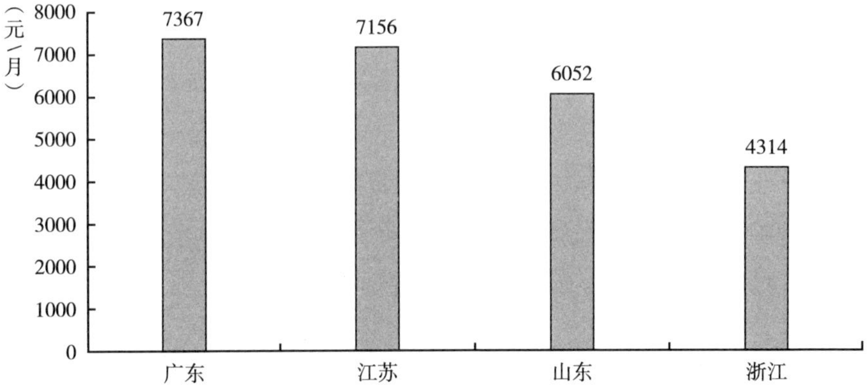

图 8　2017 年粤苏鲁浙四省平均工资

2. 粤苏鲁浙四省服务业对比分析

从 1984 年开始，广东服务业的经济总量超越山东，此后在全国一直保持首位，到 2017 年已经连续 34 年居全国第一位。2011 年广东省服务业增加值为 24098 亿元，苏鲁浙分别为广东的 86.5%、72.1% 和 58.8%。但随着国内外经济环境的不断变化，以及经济发展阶段、供需结构、市场机制等因素的影响，苏鲁浙三省与广东的服务业增加值总量差距逐步缩小。2017 年，广东省服务业增加值 47488 亿元，江苏省、山东省和浙江省服务业增加值分别为 43169 亿元、34876 亿元和 27279 亿元，相当于广东省的 89.7%、72.5% 和 56.7%，广东省服务业总量优势明显，但江苏省与广东省的差距逐渐缩小（见图 9）。

近年来广东不但固定资产投资总量落后于江苏、山东，服务业的投资力度也不如江苏、山东。2017 年广东完成服务业固定资产投资总额 24856.4 亿元，均低于江苏和山东；浙江服务业投资也达到 21553.2 亿元，接近广东（见图 10）。特别是剔除房地产业投资后，2017 年广东服务业固定资产投资仅 11232.8 亿元，也低于江苏和山东，略高于浙江的 11084.6 亿元。

比对发现，2016 年，广东省服务业吸纳就业人口最多，就业人员达 2371 万人，然后是山东、江苏和浙江，服务业就业人员分别为 2361 万人、1869 万人和 1512 万人（见图 11）。

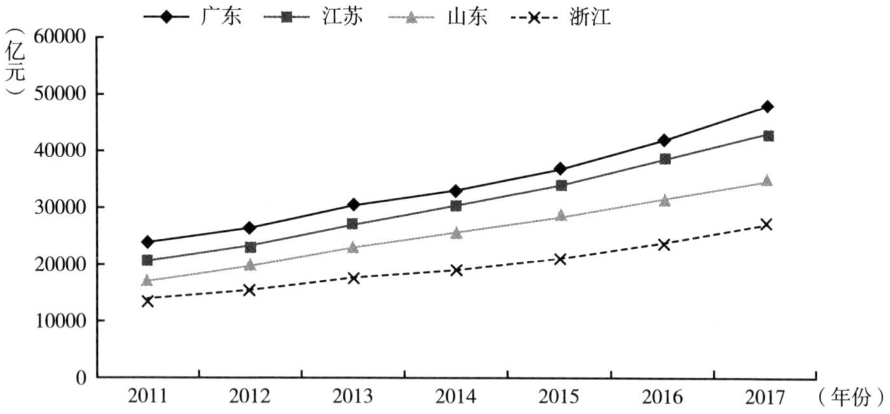

图9　2011～2017年粤苏鲁浙服务业增加值

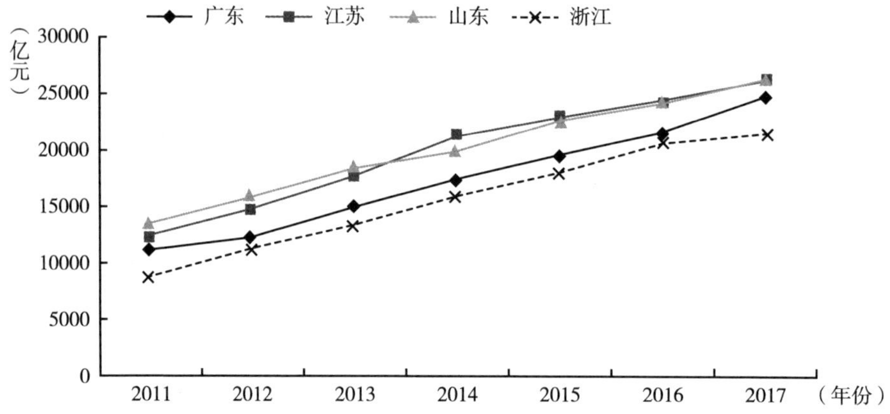

图10　2011～2017年粤苏鲁浙服务业固定资产投资

广东省服务业平均薪酬（7164元/月）排名第二，与第一名浙江省（8102元/月）的薪酬水平差距较大，与江苏省（7139元/月）较为接近，但高于山东省（5912元/月）（见图12）。

服务业劳动生产率方面，广东排第二（17.9万元/人），与江苏省（20.8万元/人）的差距高达2.9万元/人，但同时又高于浙江（16.3万元/人）和山东（13.5万元/人）两省（见图13）。

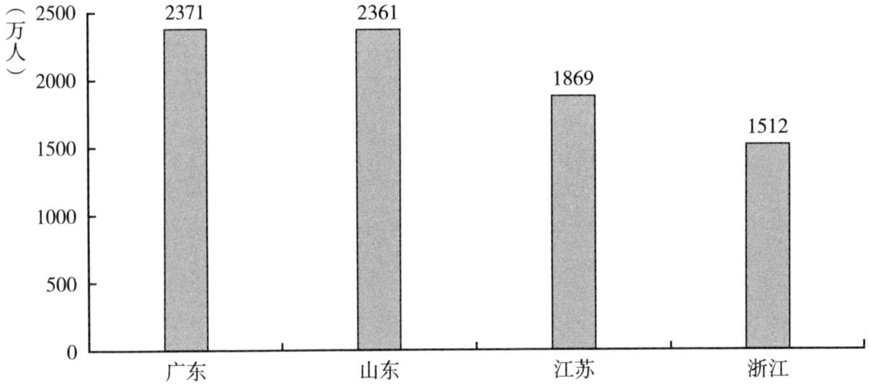

图 11　2016 年粤苏鲁浙服务业就业人员数量

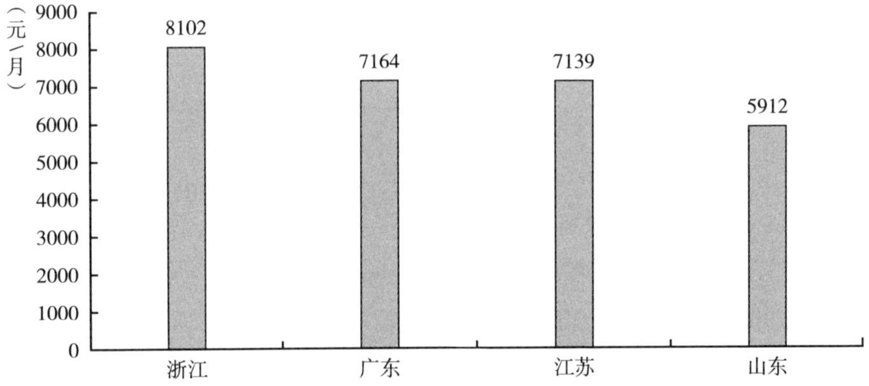

图 12　2016 年粤苏鲁浙服务业平均工资

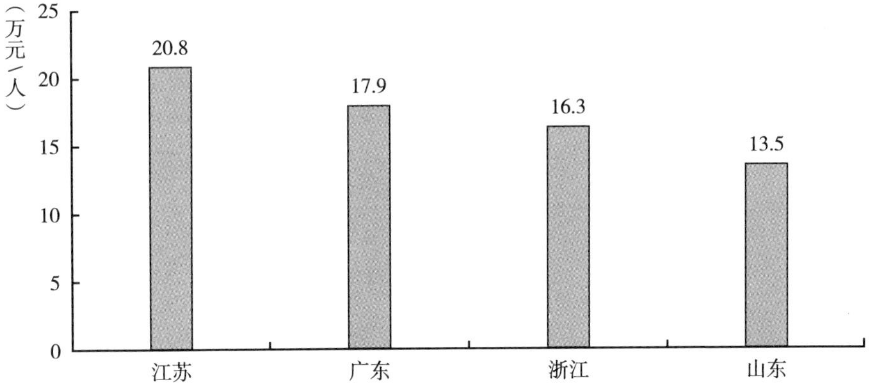

图 13　2016 年粤苏鲁浙服务业劳动生产率

3. 粤苏鲁浙四省工业对比分析

2017 年广东省工业增加值最高，为 35291 亿元，浙江最低，为 20203 亿元，江苏和山东分别为 32739 和 29503 亿元。同比增幅方面四省相差不大，都在稳定增长中（见图 14）。

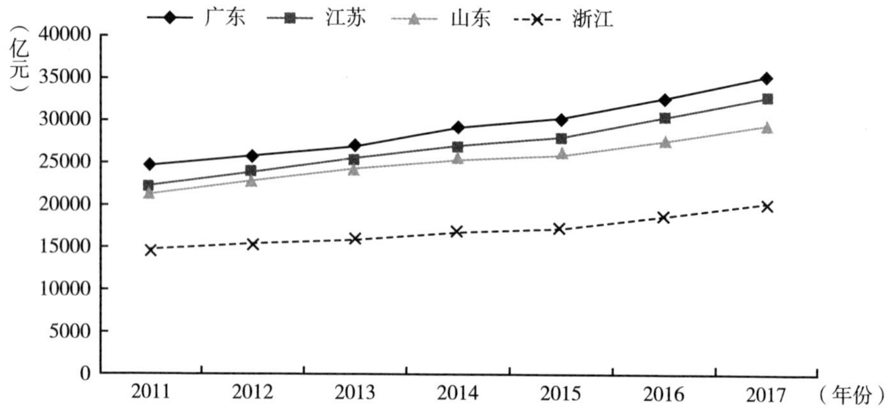

图 14　2011～2017 年粤苏鲁浙工业增加值变化情况

广东省固定资产投资增长较快，于 2014 年超越浙江，但 2017 年广东省工业固定资产投资只相当于江苏省和山东省的 45% 和 41.8%（见图 15）。

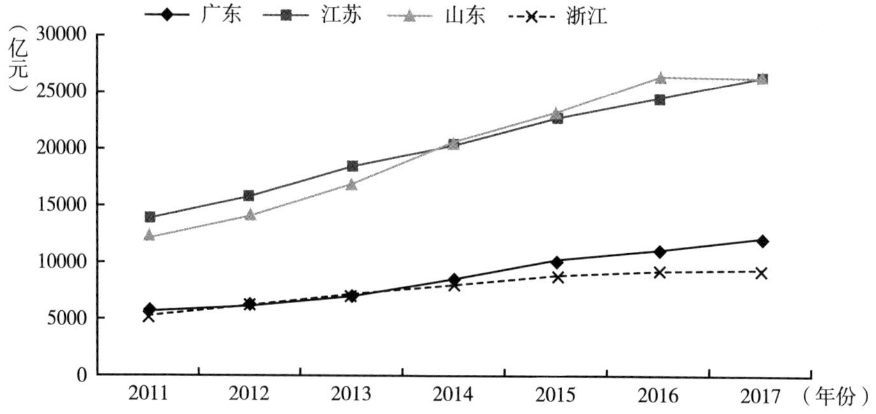

图 15　2011～2017 年粤苏鲁浙工业固定资产投资

广东省工业吸纳就业人员为2371人，排名第一，但与山东省的差距逐渐缩小，依然远高于江苏省（1869万人）和浙江省（1512万人），广东省作为我国工业大省的身份依旧没有改变（见图16）。

广东省工业就业人员平均薪酬（5612元/月）排名第二，与第一名江苏省（5669元/月）的薪酬水平差距较小，高于浙江省（5199元/人）和山东省（4563元/人）（见图17）。

工业劳动生产率方面，广东排第三（13.8万元/人），与江苏省（18.9万元/人）和山东省（16.9万元/人）的差距高达5.1万元/人和3.1万元/人，只高于浙江（13.4万元/人）0.4万元/人（见图18）。

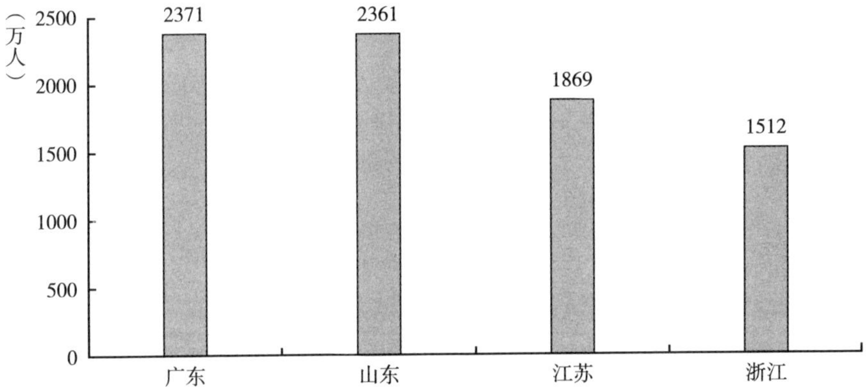

图16　2016年粤苏鲁浙工业就业人员数量

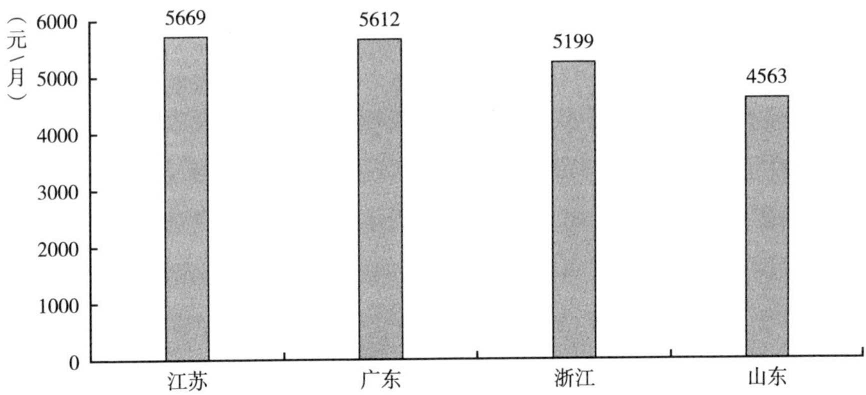

图17　2016年粤苏鲁浙工业就业人员平均月薪

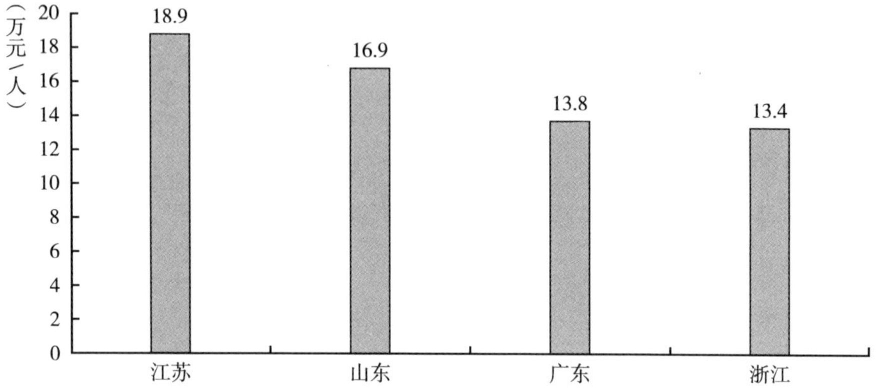

图18　2016年粤苏鲁浙工业劳动生产率

二　结论与讨论

（一）广东省企业薪酬水平逐年递增，人工成本压力逐渐增大，但企业利润总额不断上升，企业效益愈来愈好

从本次数据的结果来看，广东省薪酬水平逐渐递增，但从2017年开始出现放缓趋势，与此同时企业利润总额的增长速度超过人工成本总额的增长速度，人工成本利润率在不断提升。这表明，前些年不断攀升的薪酬水平给企业用工成本带来了较大压力，但随着政策的利好以及企有的放矢地进行差异化付薪，企业效益愈来愈好。

近些年，广东省高度重视人才发展，制定一系列政策吸引人才来到广东、留在广东，做到了“筑巢引凤”，为广东省的发展带来人才红利，在使广东省薪酬水平提高的同时，人才的综合能力和素质也相应提高，为企业创造了更高的经济效益。面对不断增加的成本，《广东省降低实体经济企业成本工作方案》中提出合理降低企业税费负担、有效降低企业融资成本、着力降低制度性交易成本、合理降低企业人工成本、进一步降低企业用能用地成本等八个方面的具体措施，帮助企业年均减负约2000亿元，使实体经济企业综合成本合理下降，企业盈利能力明显提升，形成企业发展与宏观经济发展良性循环的新格局。

（二）广东省行业收入差距逐渐拉大，马太效应愈发明显

在广东省，金融业的薪酬水平连续数年遥遥领先于其他行业，甚至比第二名互联网、软件、IT 服务和信息传输业高出了42%。“住宿和餐饮业”是薪酬水平排名最后的行业，同金融业的薪酬水平差距从 2015 年起逐年拉大，至今已达到了 3.12 倍，并呈持续扩大趋势，马太效应愈发明显。

行业收入差距并非短期现象，也并非广东独有。改革开放以来，每个行业的平均起薪都有上升，但是上升幅度存在很大差异。传统服务业（居民服务、住宿餐饮和批发零售）的起薪上升幅度较小，主要是由于传统行业基本属于劳动密集型行业，从业人员的入门门槛较低，竞争激烈。而金融业以及互联网、软件、IT 服务和信息传输等行业的起薪上升幅度较大，因为这些行业从业人员的受教育年限较多，整体员工素质较高，固定资产投入较低，主要成本是人力成本，行业盈利率较高，所以从业人员可以获得更高的薪资。

（三）珠三角辐射带动作用有待加强，广东区域发展不均衡问题仍需改善

尽管近几年广东制定出台了一系列政策举措，持续深化放管服改革，为实体经济减税降负，不断优化营商环境，实体经济呈现稳中向好的发展态势，但城乡区域发展不平衡是广东高质量发展的最大短板，这与珠三角[①]辐射引领带动作用不够不无关系。

从 2018 年的统计数据看，珠三角与粤东西北的差距仍在拉大。粤东西北地区的地区生产总值增长（5.3%）低于珠三角 1.6 个百分点，占全省比重（19.8%）比上年下降 0.5 个百分点。分地区看，珠三角地区固定资产

---

① 珠三角地区指广州、深圳、珠海、佛山、惠州、东莞、中山、江门和肇庆。东翼指汕头、汕尾、潮州和揭阳四个市。西翼指阳江、湛江和茂名三个市。山区指韶关、河源、梅州、清远和云浮五个市。

投资增长10.9%，东翼投资增长15.3%，西翼投资增长7.4%，山区投资增长7.0%；珠三角地区社会消费品零售总额增长7.9%，东翼增长9.0%，西翼增长9.4%，山区增长8.9%；珠三角地区地方一般公共预算收入增长6.2%，东翼降低1.2%，西翼降低1.6%，山区增长2.2%（见表1）。

表1　2018年广东省各区域主要指标

单位：亿元，%

区域	地区生产总值	地区生产总值增长	固定资产投资增长	社会消费品零售总额增长	地方一般公共预算收入增长
珠三角	81048.50	6.9	10.9	7.9	6.2
粤东西北	19977.45	5.3	—	—	—
东翼	6652.12	6.3	15.3	9.0	-1.2
西翼	7450.88	5.4	7.4	9.4	-1.6
山区	5874.45	4.1	7.0	8.9	2.2

粤东西北协同发展效果并不显著，广东区域发展不均衡问题仍需改善。究其原因，一是珠三角联通粤东粤西粤北的高快速交通通道尚未打造完成，省内轨道交通整体发展不足，铁路规模与经济大省身份不匹配，运营里程约占全国的4%。铁路网密度仅200公里/平方公里出头，全国排名中游，人均铁路拥有里程更低，全国排名更是靠下。二是粤东西北承接产业转移能力不强。粤东西北地区与珠三角联动发展的产业基础还比较薄弱，产业发展上的巨大差距，使粤东西北地区在与珠三角地区开展产业分工合作时，存在能力跟不上、产业接不住的问题。直接导致转移的产业未能与原有行业集群、产品配套以及产业链条相衔接，迁移反而弱化行业竞争优势。三是珠三角地区高速发展形成虹吸效应，使粤东西北人口、资源不得不向外溢出。

（四）现代服务业方面，广东省服务业增加值连续多年位居全国第一，但随着服务业固定资产投资力度的减弱，与苏鲁浙相比的总量优势逐渐缩小

综合广东省现代服务业的增加值总量、劳动生产率以及工资水平来看，广东省现代服务业未来的发展态势良好、发展潜力和空间巨大。尤其是随着珠三角规划纲要、粤港澳大湾区、自贸区等政策实施力度不断加大，居民消费结构升级加快，城镇化、农村现代化不断推进，现代服务业在全省经济发展中的主导作用将会进一步增强。但随着国内外经济环境的不断变化，以及经济发展阶段、供需结构、市场机制等因素的影响，近年广东不但固定资产投资总量落后于江苏、山东，服务业的投资力度也不如江苏、山东。广东服务业投资比例（服务业固定资产投资/服务业增加值）为51.4%，远低于苏鲁浙的63.5%、75.7%和83.3%，服务业固定资产投资总额和比例偏低严重影响广东服务业发展后劲。

金融业是服务业的重要组成部分，绝大多数小微企业的资金融通严重依赖小贷公司，而广东的小贷公司发展不如江苏。截至2017年底，在全国8551家小贷公司中，江苏数量最多，为630家，广东以461家排名第四；小贷公司贷款余额方面，全国排名中，江苏（932.72亿元）第二，广东（855.60亿元）和浙江（668.24亿元）排名第三、第四。随着供给侧结构性改革的不断深入，生产性服务业日趋成为经济发展最重要的动力来源，反观广东，生产性服务业发展后劲明显不足，势必影响广东省经济未来发展趋势和总量优势。

（五）制造业方面，广东省发展放缓，在粤苏鲁浙四省中其工业的外部薪酬竞争力较高，企业人工成本“压力较大”

广东省以制造业为主体的工业的外部薪酬竞争力较高，但在产品价格方面的竞争力有待提升，在粤苏鲁浙四省中，广东省工业增加值总量最大，但其劳动生产率较低，仅略高于浙江，说明了广东省工业企业在产品价格方面的竞争力较为不足。人工成本较高，而劳动生产率较低，“不涨工资，招不来人；工资涨上去，企业吃不消”，因此，提高劳动生产率必将成为多数企业降低用工成本的选择。近年来，广东省更加重视以制造业为主体的工业转型升级，出台了系列行动计划和政策，受政策利好影响，2017年广东省工业生产明显回暖，全年全省规模以上工业增加值增长7.2%，同比提高0.5

个百分点。制造业成为转变经济发展方式、调整优化产业结构的主战场。预计未来几年广东省的制造业将继续保持稳步增长，并呈现稳中有升的态势。

广东的电子信息、家电制造、运输设备制造、家具制造等产业在国际上具有较强的竞争优势，未来广东可借助“一带一路”的建设机遇和粤港澳大湾区的战略规划，增强创新驱动发展能力，辐射和带动粤东西北地区发展，拉动新需求，开启新增长，激发新活力，确保广东经济沿着高质量方向发展。

参考文献

马建强：《粤苏鲁浙四省服务业发展对比分析》，广东省统计局国民经济核算处，http：//www. gdstats. gov. cn/tjzl/tjfx/201712/t20171218_ 378023. html。

《中篇　粤苏鲁浙四省经济发展比较研究》，http：//www. nfzz. net. cn/epaper/fb/z01/content/2019 - 01/30/content_ 185016741. htm。

《下篇　新时代增强广东发展后劲的思考和建议》，http：//www. nfzz. net. cn/epaper/fb/z01/content/2019 - 01/30/content_ 185016566. htm。

潘丽珍：《粤苏鲁浙四省实体经济发展对比分析》，《中国发展观察》2018 年 Z2 期。

李确：《更新理念推进粤东西北振兴发展》，《南方日报》2018 年 1 月 13 日。

《2018 年度广东功能区域综合竞争力报告》，《南方杂志》2019 年增刊。

《南方人才 2018 ~2019 年度广东地区薪酬调查报告》，广东人民出版社，2018。

《南方人才 2017 ~2018 年度广东地区薪酬调查报告》，广东人民出版社，2017。

《南方人才 2016 ~2017 年度广东地区薪酬调查报告》，广东人民出版社，2016。

人力资源服务

Human Resources Service

B.18 较大型人力资源服务机构发展状况

——基于中国对外服务工作行业协会会员单位调查的分析

林 彤*

一 协会概况

中国对外服务工作行业协会（China Association of Foreign Service Trades，CAFST），简称“外服协会”成立于1989年，是由中国国际贸易促进委员会主管的社团法人。

经历了30年的发展历程，外服协会已经成为中国人力资源服务产业中具有较高知名度和影响力的行业协会。2018年，外服协会被民政部评为2A等级全国性行业协会。

作为一个全国性的、以人力资源服务行业为特色的社会组织，目前，外

* 林彤，中国对外服务工作行业协会研究室主任，国际商务师，研究领域为人力资源服务产业现状及发展趋势。

服协会在全国各地拥有160余家会员单位，分布在除西藏、青海、宁夏以外的全部省级（含直辖市）地区。这些人力资源服务机构重服务、讲信誉、操作规范，绝大多数会员单位都是全国或所在地区人力资源服务领域的领军企业，具有较高的品牌知名度。会员单位的主营业务为向国内各类经济组织和各类机构提供人力资源外包、劳务派遣、招聘、业务流程外包、咨询以及其他涉外商务服务等全方位人力资源服务解决方案。

外服协会还于1999年经外交部批准，加入世界就业联盟（World Employment Confederation），是海峡两岸在该组织中唯一的合法代表，在中国人力资源服务产业的国际交流中发挥着重要的作用。

多年来，外服协会充分发挥联系政府部门和会员单位的桥梁纽带作用，反映行业的诉求，维护会员单位的合法权益；积极参与国家人力资源相关的法规建设和各项服务标准化的制定；为会员单位搭建交流经验、获取最新产业信息和开展国内外业务合作的平台；助力会员单位提升服务能力、完善产品结构、开展诚信经营；创新协会管理，实行执行会长轮值制度。

二　会员单位的发展状况

（一）会员单位的总体情况

在过去的三十年，外服协会见证了中国人力资源服务行业的形成、跨越式增长以及在新时代下的转型和创新。在外服协会成立之初，会员单位的主体是各地的外企服务公司、外事服务机构和外航服务公司。以劳务派遣方式向外商驻华机构派遣中方雇员是这些机构的主要营业模式。伴随我国人力资源市场的改革和开放，一批优秀的民营人力资源服务企业和知名的跨国职介机构在中国的分支也加入协会中来。随着人力资源服务的转型和创新，一些人力资源服务科技公司、互联网公司也加入协会中来。会员单位的业务范围也逐步发展成为以人事社保代理服务一业为主，劳务派遣、招聘、外包、咨询等多业态并存的业务格局（见图1）。

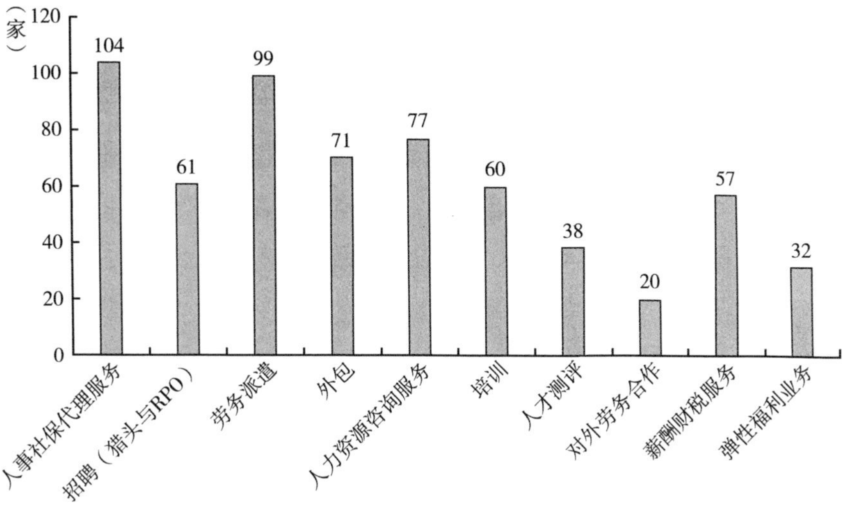

图 1　2018 年开展各类业务的会员单位数量

近年来，我国人力资源服务业在营业收入方面保持着每年 20% 以上的稳定增长。与这一趋势相同，外服协会的会员单位在经营活动中稳中求变、变中求新，在传统业务保持稳定的基础上，不断根据市场需求，拓展新的业务领域。2018 年，反映会员单位经营情况的各项经济指标均实现正增长，会员单位经营情况的整体表现优于预期。作为规模较大的人力资源服务机构，年营业收入①在 1 亿～10 亿元、服务各类员工人数在 30000 人左右的会员单位在外服协会会员单位中占有较大比重，达到 45%（见图 2）。

这些人力资源服务机构具备较好的客户基础、成熟的产品以及较高的品牌知名度，多年来，一直保有持续的盈利能力。2018 年，年实现净利润在 100 万元以上的人力资源服务机构达到会员单位的 68%（见图 3），会员单位净利润同比平均增长率达到 13.61%。

相对而言，2018 年，会员单位的经营形势较为严峻。经济下行的压力以及社保征收机制改革带来的不确定因素都给会员单位带来了不小的挑战。

① 指包含人事社保代理业务中代收代付部分的营业总收入，也被称作全口径收入。

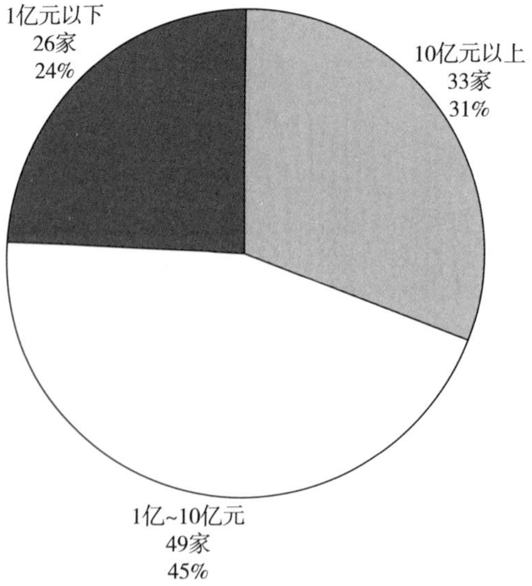

图2　2018年会员单位营收情况对比

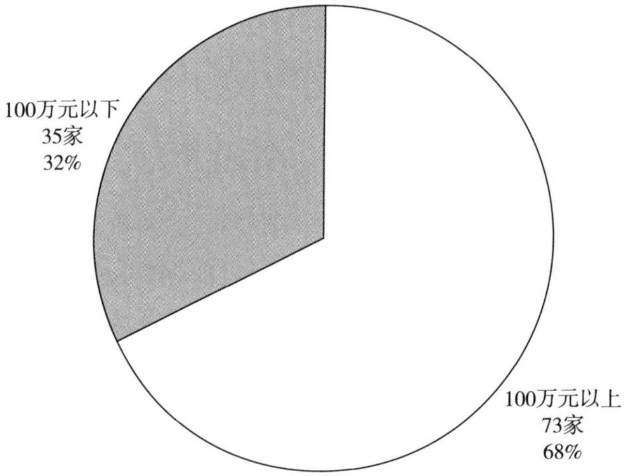

图3　2018年会员单位利润情况对比

近年来，随着新技术在各行各业的广泛使用，创新驱动已成为人力资源服务机构获得发展的重要理念。规模不等的风险投资基金进入了人力资源服务领域，出现了一批以互联网为运行平台的新型企业，这些企业为人力资源服务领域带来了新的商业模式、技术和理念。

对于一些中等以上规模的传统的人力资源服务机构来讲，以较大资金投入支撑技术创新或业务模式创新具有一定的风险性，因此，在传统业务领域盈利空间不断压缩变窄的情况下如何发展，成为这些人力资源服务企业的瓶颈。由此，2018 年，外服协会的一部分会员单位出现了利润下降甚至亏损的情况（见图 4）。

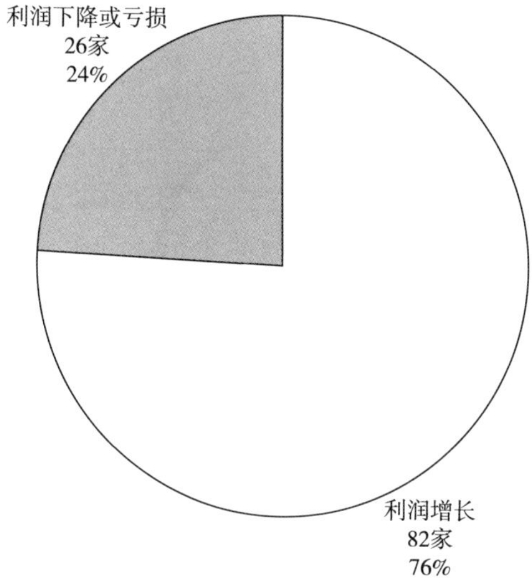

图 4　2018 年会员单位利润增长与下降对比

（二）主要业态的发展情况

1. 人事社保代理业务

人事社保代理和劳务派遣已连续多年占据会员单位营业总收入的 70%以上，其中，以人事手续管理、社保代理为主要内容的人事社保代理服务（也被称作人力资源外包服务）近年来一直保持稳定的增长。2016 年，参加调查统计的会员单位为 4747523 名员工提供了人事社保代理服务，服务人数同比增长 17.79%。2017 年，参加调查统计的会员单位为 8044815 名员工提供了人事社保代理服务，服务人数同比增长 12.84%。2018 年，参加调查统计的会员单位为9909719名员工提供了人事社保代理服务，服务人数同比增长10.8%（见图5）。

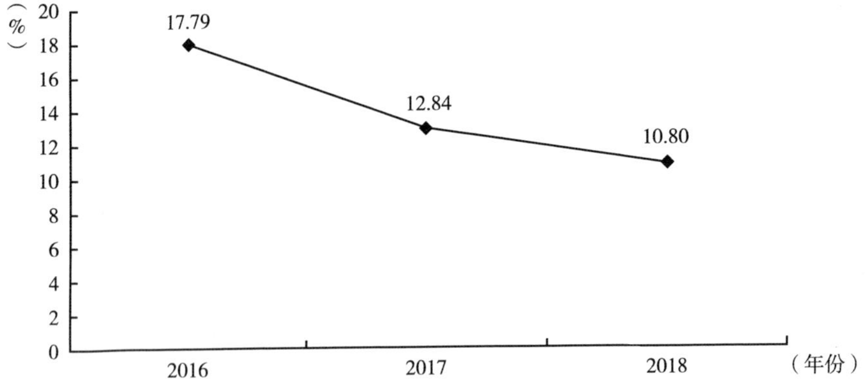

图5 会员单位人事社保代理服务人数平均增长率

需要指出的是，人事社保代理业务在保持平稳增长的同时，也面临一定的挑战。当前，各地对社会保险有关法规的理解和社会保险代理服务的政策不尽相同，有的地方政策允许开展代理社保服务，有的地方则不允许开展社保代理服务。而在实际业务操作过程中，会员单位反映最多的问题是，人力资源服务机构和其提供代理社保服务的员工之间并不是真正的劳动关系，但是，人力资源服务机构在社保部门办理相关社保理赔手续时，被要求必须提供客户与企业之间的代理服务协议特别是人力资源服务机构与代理服务员工之间的“劳动合同”，因而出现了人力资源服务机构理赔困难的情况。为了解决这一问题，一些地区的人力资源服务机构不得不临时编制一份“劳动合同”，这样的做法虽然有时能够得到默许，但只是一种无奈的变通行为，亟待行业主管部门统一制定相关的政策予以规范。

此外，社保征收机制的改革也对这项业务未来的发展带来了一些不确定的预期。从当前各地优化营商环境的举措来看，社保代理业务去中介化很有可能成为未来的趋势，这也将倒逼人力资源服务机构这项传统业务进行转型。

2. 劳务派遣

受到2014年3月实施的《劳务派遣暂行规定》的影响，在政策的窗口期内，自2015年开始，会员单位劳务派遣员工人数连续三年出现了负增长，但变化幅度总体趋于平稳。2018年，会员单位劳务派遣员工人数平均增长率实现正增长。数据显示，一些会员单位的劳务派遣业务无论是从员工数量还是收入规模上均有了较大程度的增加。从全球职介行业来看，劳务派遣是解决客户对各类灵活用工需求的最有效解决方案，依据2017年世界就业联盟的经济报告，劳务派遣仍然构成了世界各国职介服务行业的主要收入。当前，劳务派遣正在从此前基于绕过编制限制或降低人工成本为主因的用工方式向以客户需求为导向，构建各类专业人才蓄水池以满足客户各类灵活用工需求的市场化用工方式转变。从全国范围来看，2018年，全国各类人力资源服务机构共有劳务派遣人员1078万人，同比增长20.78%。近年来，会员单位在劳务派遣员工人数平均增长率上的变化也体现了这一趋势。2015年，参加调查统计的会员单位提供派遣员工总数为712402人，同比平均增长率为-5.74%。2016年，参加调查统计的会员单位向用工单位提供的派遣员工总数为646691人，同比平均增长率为为-5.18%。2017年，参加调查统计的会员单位向用工单位提供的派遣员工总数为621842人，同比增长率为-2.23%。2018年，参加调查统计的会员单位向用工单位提供的派遣员工总数为750117人，同比增长率为0.85%（见图6）。

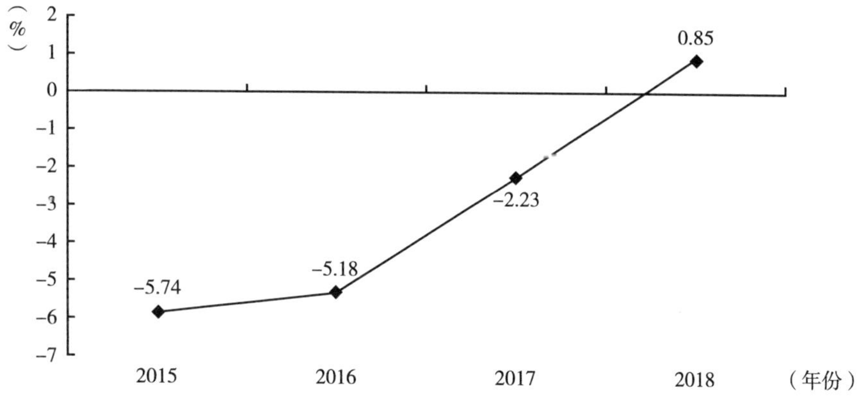

图6　会员单位劳务派遣员工人数同比平均增长率变化情况

3. 招聘

多年来，招聘业务一直是会员单位相对薄弱的业务板块。近年来，国内招聘服务市场需求活跃，增长稳定。作为最能体现人岗匹配职能的产品，招聘业务在人力资源服务产品链条中发挥的重要作用越来越得到会员单位的重视。在业务实践中，招聘业务是多项人力资源服务的龙头，招聘能力的表现对劳务派遣、外包等灵活用工业务的开展至关重要。2018 年，一些会员单位恢复或新建了招聘团队，开展招聘业务的会员单位数量连续三年实现增长（见图 7）。

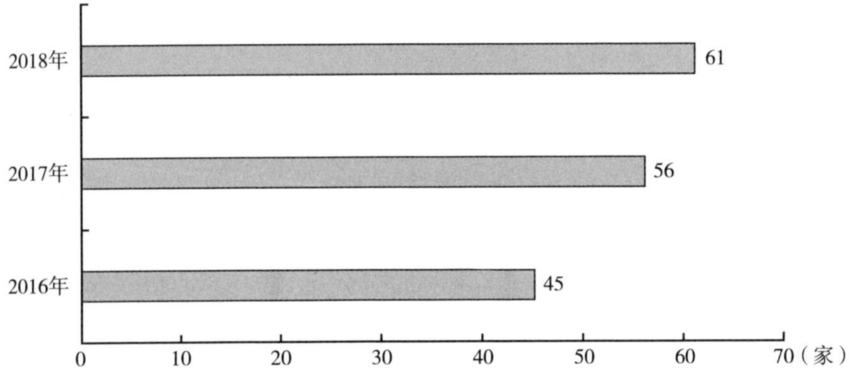

图 7　近 3 年开展招聘业务的会员单位数量

4. 外包

在经历了劳务派遣转型外包的政策红利期后，会员单位在外包业务方面的增长率逐渐放缓，但总体仍保持平稳（见图 8）。当前，人力资源服务机构开展的外包业务主要包括岗位类外包、业务流程外包以及生产加工类外包。相对劳务派遣业务而言，外包业务对流程管理提出了更高的要求，可以预见，专业化和精细化将是会员单位外包业务未来的发展之路。

5. 薪酬财税服务与弹性福利业务

近年来，除了传统的人力资源事务性外包以外，客户对薪酬财税类服务的需求呈不断增长的趋势。社保征收机制改革带来的不确定预期在对会员单位传统业务——社保代理服务造成影响的同时，也在一定程度上对会员单位

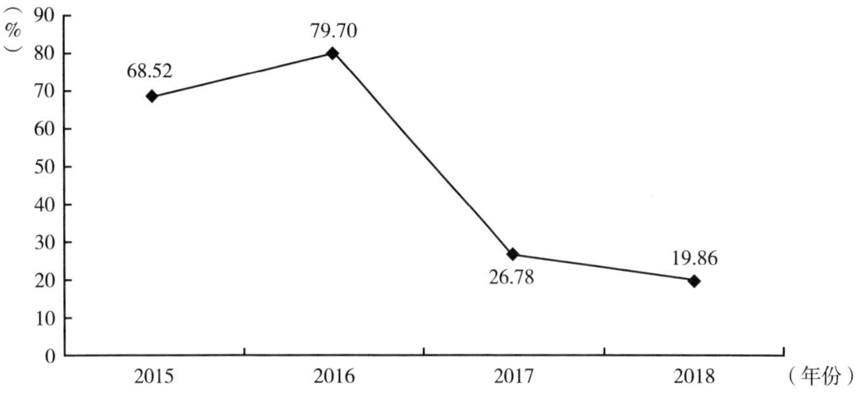

图 8　近年来会员单位外包业务在岗人员平均增长率变化情况

薪酬财税服务能力的拓展形成了推动力。薪酬财税服务是指客户将员工薪酬数据收集、薪酬计算、薪酬报表生成、报税以及其他合规性工作进行外包，从而降低薪酬处理的整体工作成本，提高薪酬处理的安全性、及时性、准确性。2018 年，外服协会有 57 家会员单位开展了薪酬财税服务业务。

弹性福利外包是指客户将员工的福利保障计划外包给其他企业进行管理。完善的员工福利计划是企业吸引并留住人才的重要手段。对员工而言，拥有周到全面的福利保障规划，可使员工全心工作、享受生活。目前，人力资源服务机构提供的弹性福利产品主要包括健康体检类产品、团体商业保险类产品以及网上商城。2018 年，外服协会有 32 家会员单位开展了弹性福利外包业务。

与传统业务相比，上述新业务增值空间更大，受政策变化影响也较小。数据显示，上述业务均呈现了较高的增长率。当然，上述业务的开展对会员单位相关领域专业人才的建设也提出了更高的要求。为了更好地带动会员单位开展上述业务，2019 年 3 月，外服协会专门成立了上述细分领域的分支机构——薪酬福利专业委员会。

当前，人力资源服务业正处于发展与转型的关键时期。新的经济形势以及政策、市场环境都对人力资源服务行业如何实现可持续、高质量发展提出了比以往更高更难的要求。党的十九大报告中提出了培育人力资本新动能的重要理念。从“人力资源”向“人力资本”的转变为未来人力资源行业的发展和转型提供了机遇，指明了方向。突破以往的事务型服务思维模式，围绕“人力”资本，将为客户办手续转化为赋能客户，为客户优化“人力资本”，提升“人力资本”的价值，将是未来人力资源服务机构实现高质量发展的重要路径。

B.19
人力资源大数据应用现状及趋势分析

王军宏　王建芳　赵　洁*

摘　要：　本文对企业在人力资源大数据与分析应用方面进行研究，调查不同企业人力资源大数据与分析应用的现状、面临的问题，分析发展制约因素及未来需求，为广大企业进行人力资源转型提供参考，促进企业人力资源管理水平的升级，提升人力资源管理效能。

关键词：　人力资源大数据　分析服务　应用

一　研究背景

知识经济时代，人力资源在经济社会发展中发挥着日益重要的作用。伴随着人力资源在全球范围内流动规模的不断扩大和流动频率日益增强，传统的人力资源管理模式受到强烈冲击，各类用人主体的人力资源管理面临诸多困境。

因此，企业需要重新审视自身面临的挑战，积极探索人力资源管理和服务的新模式、新技术，充分利用人力资源战略、大数据、云计算等技术推动

* 王军宏，博士，中关村创享人力资源大数据联盟秘书长，研究方向为数字化人力资源管理、人力资源数据分析；王建芳，北京双高国际人力资本集团人力资本分析师；赵洁，北京双高国际人力资本集团人力资本分析师。

人力资源管理转型，促进服务的精确度、高效率，提升人才服务的质量，为企业发展提供强有力的支撑。

在此背景下，了解不同企业在人力资源大数据与分析应用的现状、面临的问题及未来需求，对推动企业人力资源管理转型具有十分重要的意义。鉴于此，我们在2017年首次开展调查的基础上，通过问卷调查法继续开展了此项调查。此次调查旨在通过分析企业人力资源大数据与分析应用中存在的普遍问题和困惑，让更多的企业认识到人力资源管理的重要性。在此基础上，为企业进行人力资源数字化转型提供参考，促进企业人力资源管理水平的升级，提升人力资源管理效能。

二 样本概况

（一）企业基本信息

本次调查共收到121家企业的反馈，其中，私营/民营企业占比最高，为36.4%。其次是国有企业、外商投资或控股企业，占比分别为28.1%和19.8%。此外，合资企业、港澳台商投资或控股企业、其他企业分别占6.6%、3.3%、5.8%（见图1）。

在行业分布方面，被调查企业涉及十几个行业。其中，以会计/金融/银行/保险、服务业、计算机/互联网/电子、专业服务/教育/培训为主，占比分别为21.5%、16.5%、15.7%、12.4%。其次是建筑/地产、医疗/制药、贸易/制造/消费、能源/设备，占比为8.3%、7.4%、5.8%、4.1%。广告/媒体、能源/原材料占比较少，分别为1.7%和0.8%。此外，选择其他的占比5.8%（见图2）。

被调查企业的员工规模集中在101～500人、1001～5000人、100人及以内三个区间，占比分别为29.8%、22.3%、21.5%。其次是501～1000人，占比14.0%。5001～10000人和10001人及以上的比例较低，分别占4.1%、8.3%（见图3）。

被调查企业总部所在地分布范围较为广泛，但主要位于北京、上海、深

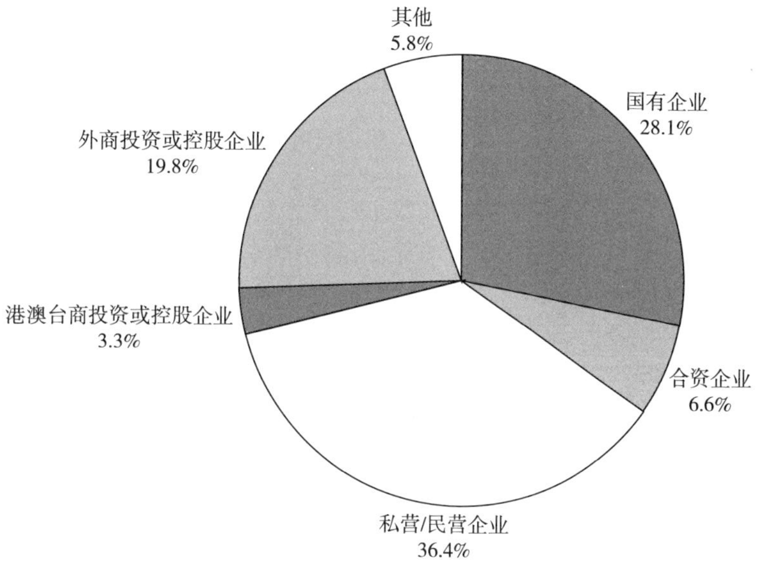

图1　企业性质分布

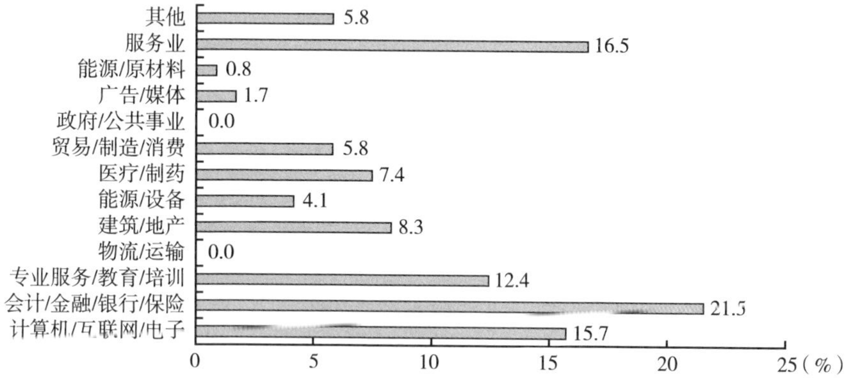

图2　企业所属行业的分布

圳、香港等经济发达城市，此外，南京、成都、太原的占比也相对较高（见图4）。

（二）受访 HR“画像”

调查发现，人力资源从业者呈现年轻化特征。25～35 岁的占比近六成，

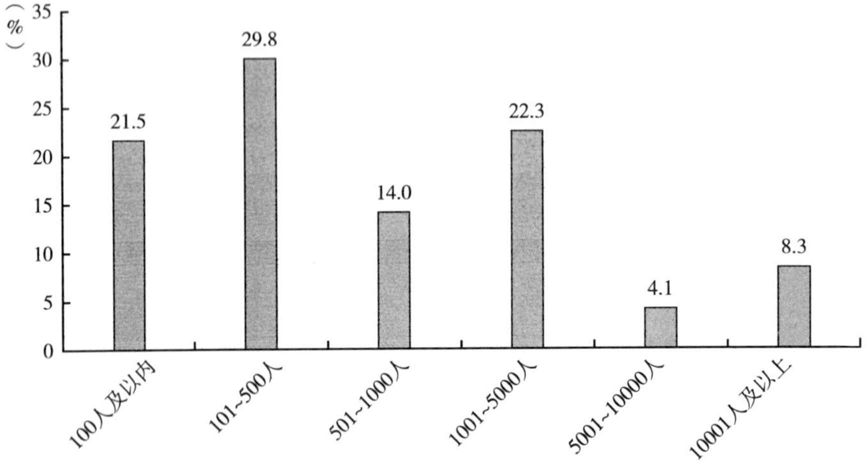

图3　企业的员工规模

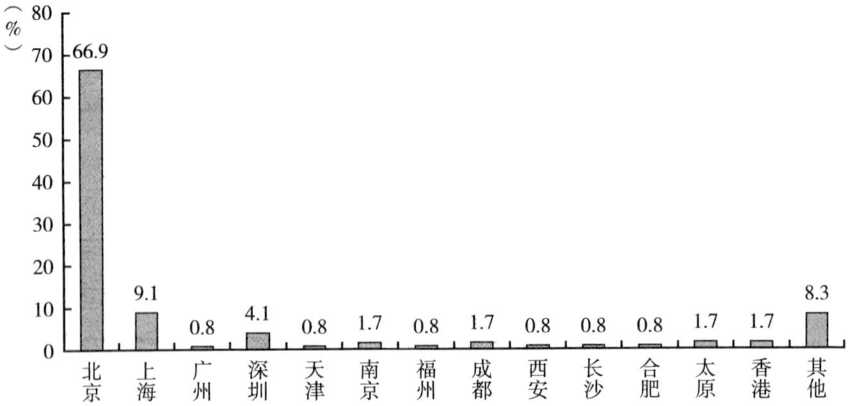

图4　企业总部所在地分布

位居首位。其次，36～45岁的占比为31.4%。45岁以上以及25岁以下的占比均较少，占比分别为3.3%和5.8%（见图5）。

在人力资源从业人员的学历分布方面，本科学历占比最高，为69.4%。其次是硕士学历，占比也超过1/4（26.5%）。大专学历占3.3%。占比最少的为博士学历，占比仅为0.8%（见图6）。

在所学专业方面，占比最高的是经济管理类，占57.0%。文史哲、法律类占19.0%。理工农医类占13.2%。此外，选择其他专业的占比为10.8%（见图7）。

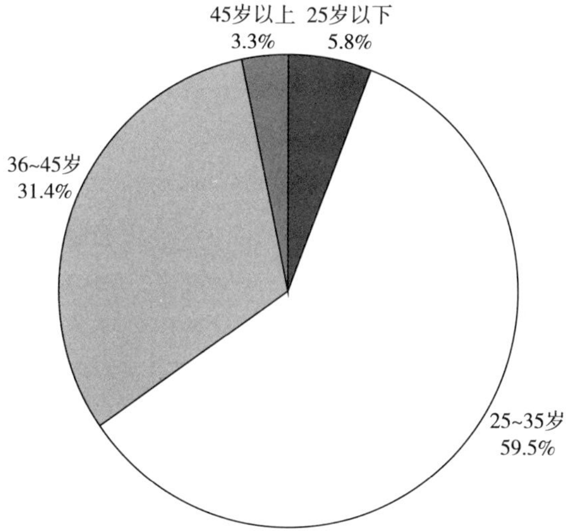

图5　人力资源从业人员年龄分布

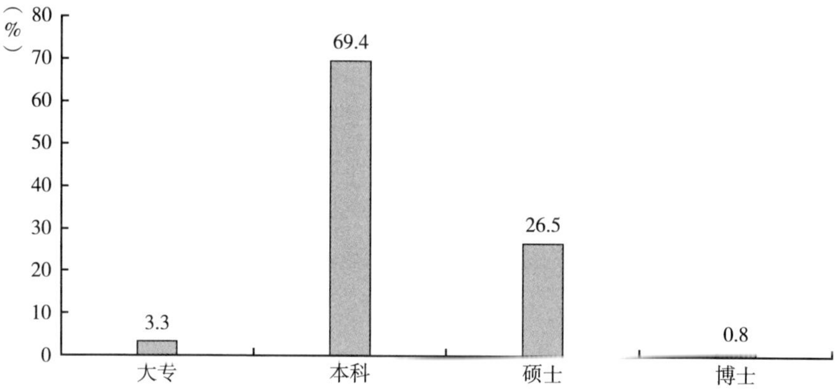

图6　人力资源从业人员学历分布

工作年限方面，具有5~10年工作经验的超过1/3。其次，具有1~3年工作经验的占30.6%。此外，具有3~5年工作经验的占比20.7%。具有10年以上工作经验的占比最低，为14.0%（见图8）。

在岗位级别分布方面，调查对象涵盖不同层级的人员，其中，总监及以上占8.3%，经理级别占28.9%，主管所占比例最高，为33.1%。此外，专员级别占比为29.7%（见图9）。

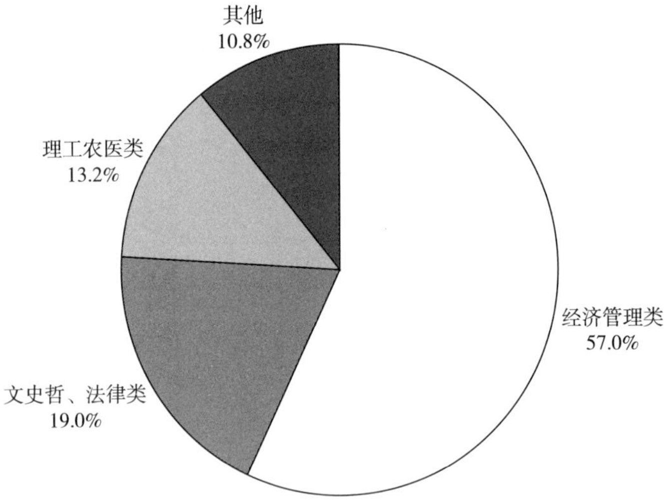

图 7　人力资源从业人员所学专业分布

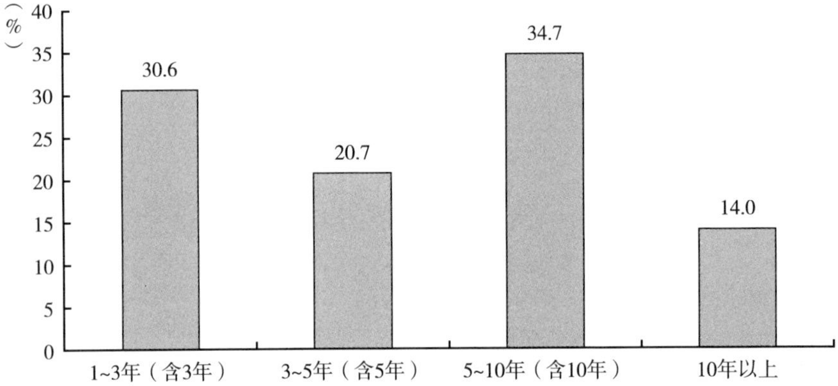

图 8　人力资源从业人员工作年限分布

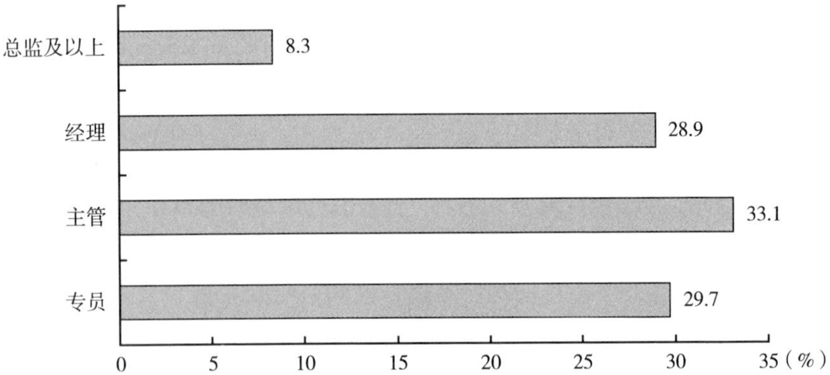

图 9　人力资源从业人员岗位级别分布

三　HR对人力资源大数据分析与应用的认识

（一）人力资源大数据与分析的社会认知度整体偏低

调查发现，人力资源从业人员对人力资源大数据与分析的了解程度整体偏低。其中，仅有0.8%人力资源从业人员选择"非常了解"，15.7%的人力资源从业人员选择了"较为了解"，两者之和不足1/5。相比明显的是，55.4%的人力资源从业人员选择了"一般"，也有28.1%的选择了"不太了解"和"非常不了解"（见图10）。

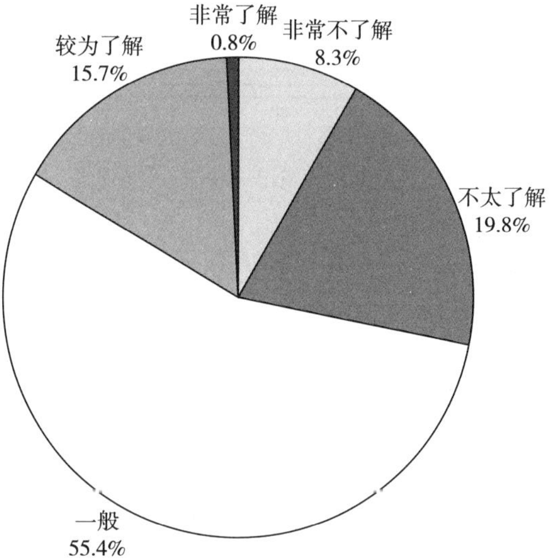

图10　人力资源从业人员对人力资源大数据与分析的了解程度

人力资源大数据与分析应用离不开统计知识和大数据技术的支持。因此，此调查设计了针对人力资源从业人员相关知识和技术的内容。调查发现，人力资源从业人员对统计相关知识的了解程度偏低。除"简单描述统计""方差分析""相关分析"之外，其余技能选择"不了解"的比例均超过40%。选择"仅了解部分概念"的比例也均在30%左右。人力资源从业人员在“简单描述统计”“方差分析”“相关分析”选择会简单应用的分别占39.7%、21.5%、22.3%，对其余技能选择“简单应用”的均较低。对各项统计技能“熟练应用并了解技术细节”以及“熟练使用”的比例大多数在10%以内（见图11）。

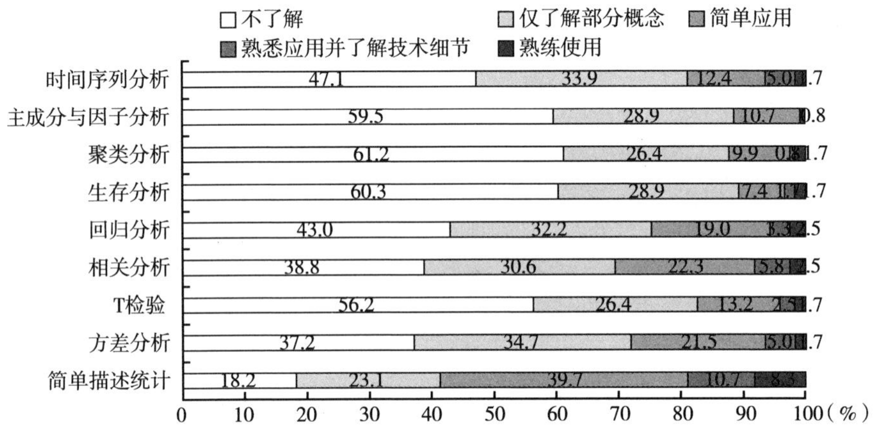

图11　对统计学相关知识的了解程度

调查还发现，人力资源从业人员对大数据相关技术的了解同样不高。在问及对大数据采集与储存技术、大数据分析技术、大数据结果呈现技术的了解程度时，选择“不了解”的占比均在40%以上。选择“仅了解部分概念”的也都在30%以上。形成鲜明对比的是，选择“简单应用”的仅在10%左右。而选择“熟悉应用并了解技术细节”的比例更少，均在5%以下。选择“熟练使用”占比最少，均在1%以下（见图12）。

（二）人力资源大数据的重要性及发展前景得到HR的普遍肯定

调查发现，尽管人力资源从业人员对统计学相关知识和和大数据相关技术的了解程度均偏低。但大部分从业者都认识到人力资源大数据的重要性，在问及“人力资源大数据对公司发展的作用”时，选择“非常重要”和“重要”的人力资源从业者占到总数的82.6%。认为“一般”和“不重要”的比例较小，分别为16.5%、0.9%（见图13）。

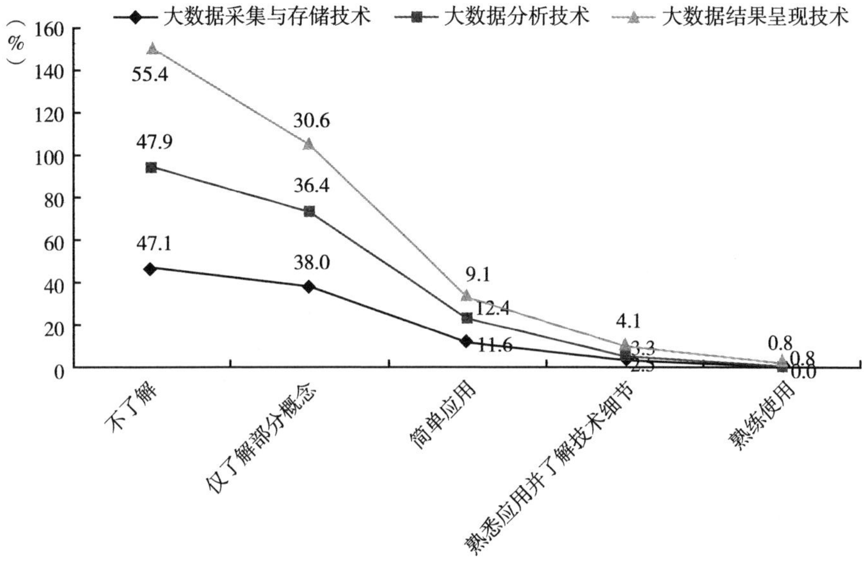

图 12　对大数据相关技术的了解程度

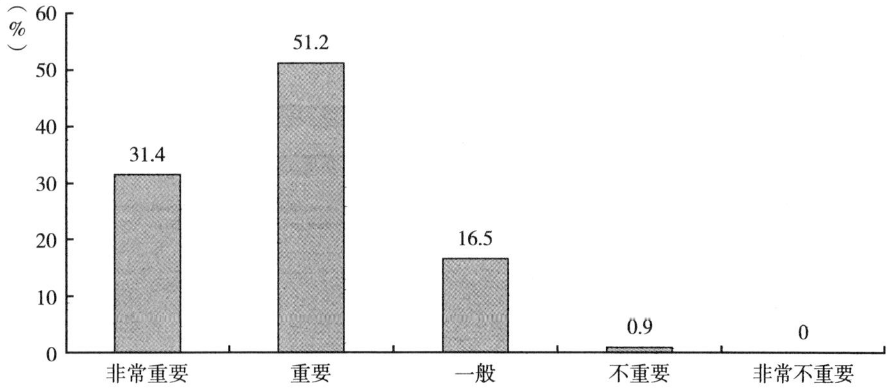

图 13　人力资源大数据对公司发展的作用

调查也发现，绝大多数人力资源从业人员看好大数据在人力资源管理领域的应用前景。其中，44.6%的认为“有较高的应用价值”。29.7%的选择了“有一定的应用价值”。超过1/5（21.5%）的认为“有革命性的影响”。认为“应用价值不大”和“不清楚”的占比均较低，分别为1.7%和2.5%（见图14）。

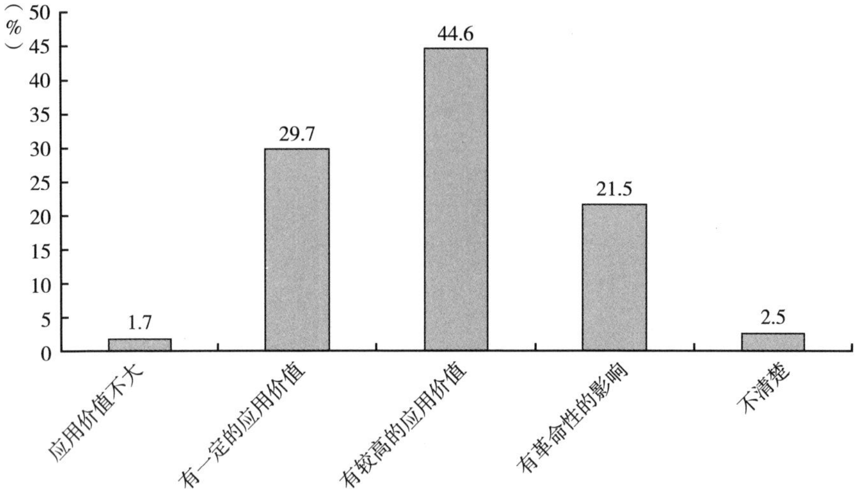

图 14　大数据在人力资源管理领域的应用前景

四　人力资源大数据分析与应用实践

（一）企业高层的支持度

企业高层作为企业的领导者，其态度和决策意愿对企业人力资源管理具有重要的影响。调查发现，企业高层对人力资源大数据与分析应用的态度较为复杂。仅有不足1/10（9.1%）的非常重视，35.5%的比较重视，两者之和占比不足半数。37.2%的认为一般，13.2%的不太重视，3.3%的非常不重视，1.7%的不了解（见图15）。

（二）企业在制度建设方面的表现

随着人才流动、用人制度的日益复杂化和人才对服务效率提升的期待，人力资源信息系统成为现代企业人力资源管理的重要工具。越来越多的企业对人力资源信息系统产生了需求。不同企业在人力资源信息系统建设方面存在较大的差距。调查发现，28.9%的企业自己建设了人力资源信息系统。

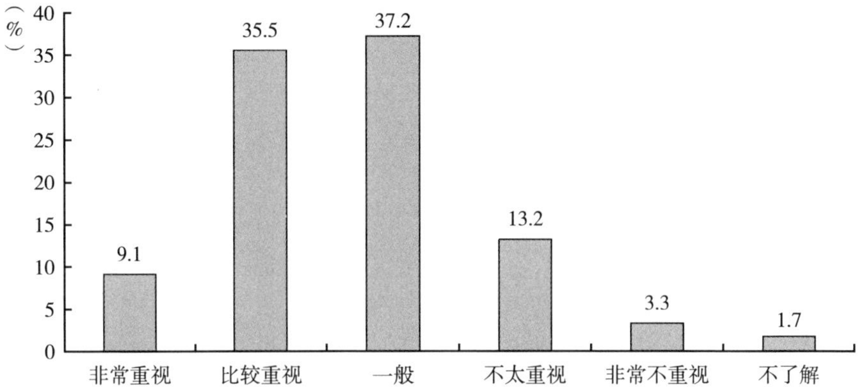

图 15　公司高层领导对人力资源大数据与分析应用的态度

29.8%的企业采用购买第三方服务的方式实现系统管理。同时，也有41.3%的被调查企业尚未建立人力资源信息系统（见图16）。

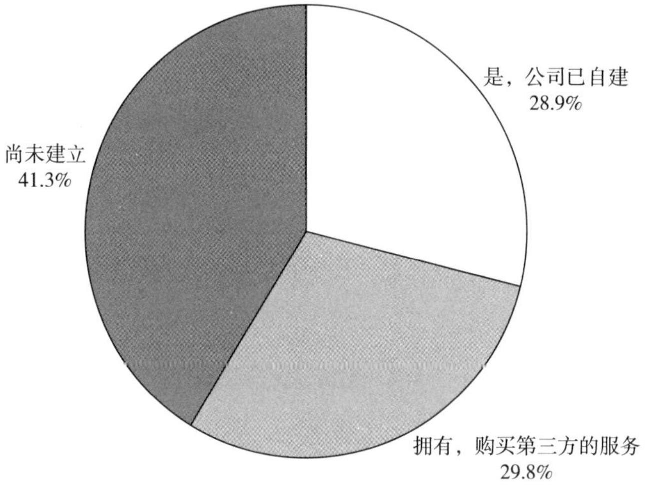

图 16　公司是否建立了人力资源信息系统

在问及公司是否有专门的HR分析人员或职能时，47.9%的企业由各模块自行负责，9.9%的企业由HRBP负责，8.3%的企业由HR共享服务中心负责，5.8%的企业由HRIS团队负责。此外，5.8%的企业选择了其他，也有22.3%的企业选择了不清楚（见图17）。

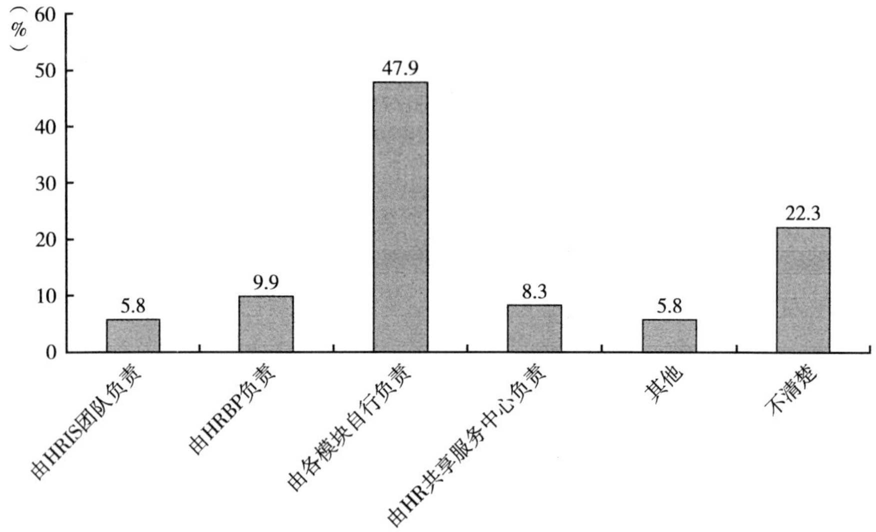

图 17　公司是否有专门的 HR 分析人员或职能

设置专门岗位是人力资源大数据分析在一个企业发展成熟的重要标志。调查发现，在人力资源大数据分析岗位设置方面，49.6% 的企业选择了“人力资源部员工兼职分析职能”，5.8% 的企业人力资源部设有专门的人力分析岗位，4.1% 的企业成立了独立的人力资源分析部门，3.3% 的企业商业分析部门设立有人力分析岗位。此外，选择“其他”和“不清楚”的企业分别占 5.0% 和 32.2%（见图 18）。

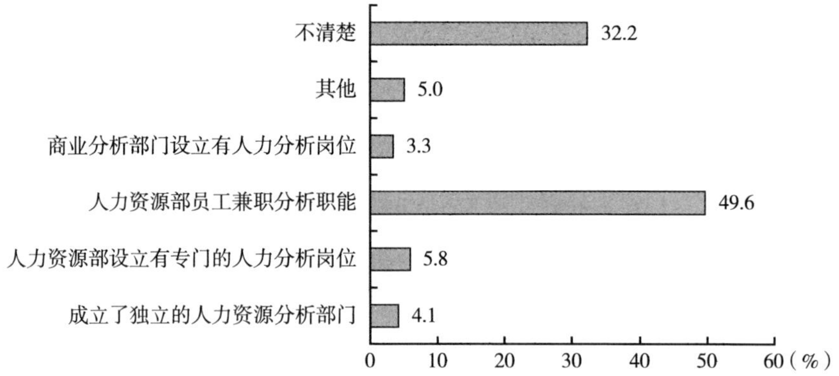

图 18　公司人力资源大数据分析岗位设置情况

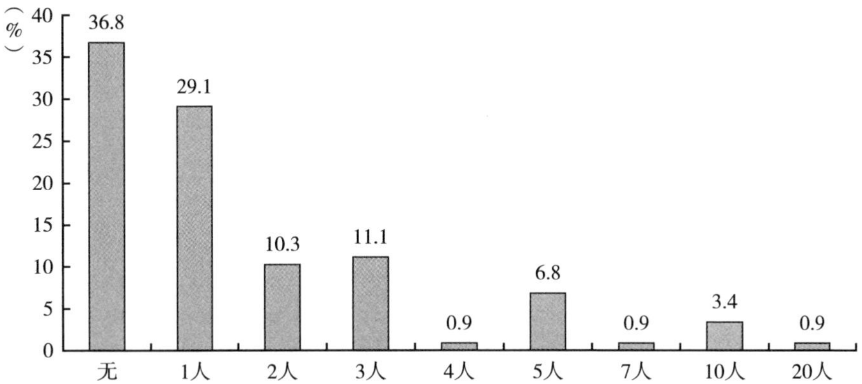

图 19　公司从事人力数据分析的人数

人力资源分析岗位的直接汇报对象在不同企业存在明显区别。调查发现，50.4%的企业是直接向人力资源部负责人汇报工作，9.9%的企业向 HRVP 汇报，3.3%的企业向商业分析部门负责人汇报。5.8%的企业选择其他，也有 30.6%的企业不清楚向谁汇报（见图 20）。

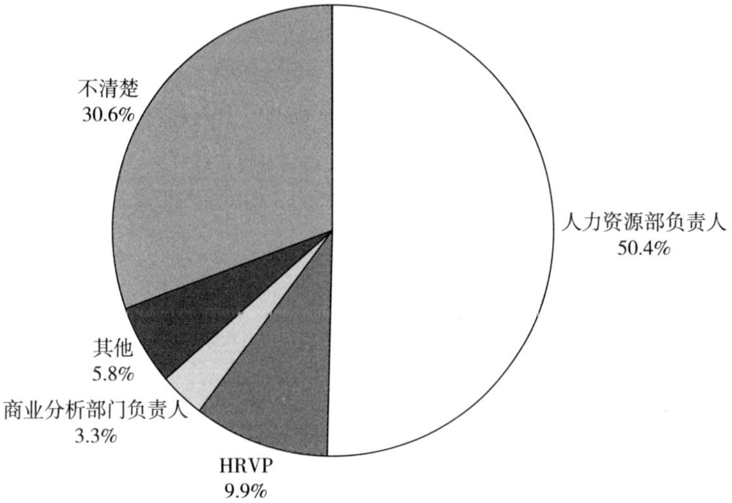

图 20　公司人力资源数据分析岗位直接汇报工作的对象

（三）企业的投入

为了解企业在人力资源大数据分析方面的投入情况，调查组设计了

“您所在企业开始尝试人力资源大数据分析距今已有多久”的问题。调查发现，22.3%的企业处于1～2年区间，19%的企业处于1年及以下区间，8.3%的企业在3～4年区间，也有6.6%的企业在5年及以上区间。此外，仍有43.8%的企业尚未应用人力资源大数据分析。

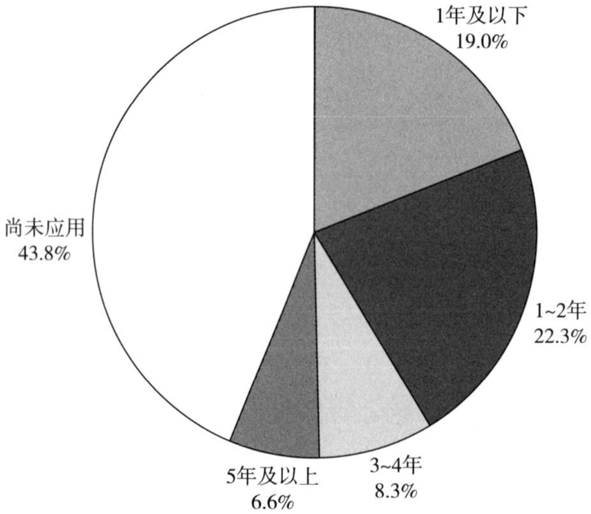

图21　公司尝试人力资源大数据分析距今的时长

整体而言，企业在人力资源大数据分析应用方面的经费投入偏低。调查发现，超过六成的企业尚未在人力资源大数据分析应用上投入经费。在已经投入经费的企业中，人力资源大数据分析应用经费投入占公司当年营业收入的比例主要集中在0.6%～3.0%，占被调查企业的16.2%，其次是3.1%～5.0%区间，占比为11.1%。接着是0.5%及以下区间，占比为10.1%。5.1%及以上区间的占比最低，为2.0%（见图22）。

（四）企业人力资源大数据的应用场景

调查发现，人力资源从业人员对公司人力资源大数据分析与应用的整体评价满意度偏低。其中，仅有2.5%的企业非常满意，11.6%的企业满意。超过八成的企业对自身的人力资源大数据与分析应用的整体评价为一般和不

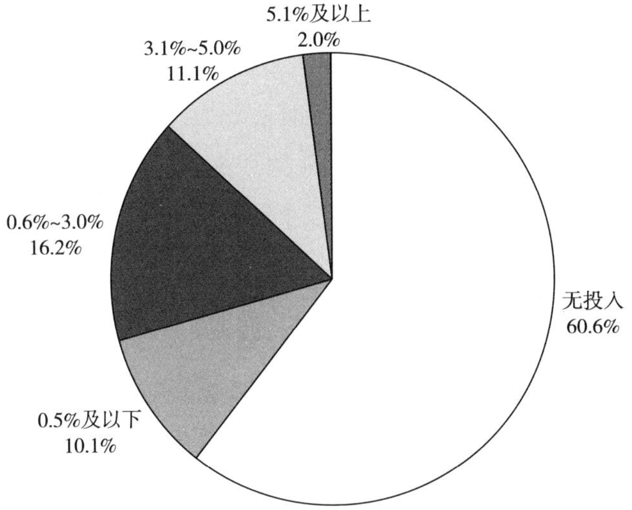

图 22　人力资源大数据投入占公司当年营业收入的比例

满，具体为，54.5%的企业表示“一般”，19.8%的企业选择“不满意”，也有11.6%的企业选择“非常不满意”（见图23）。

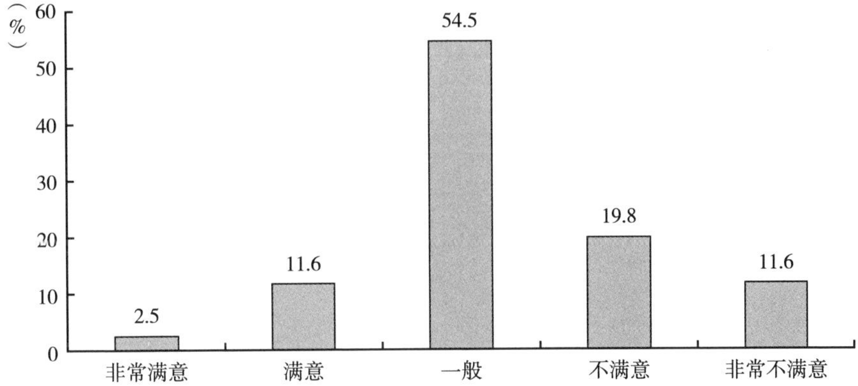

图 23　对公司人力资源大数据分析与应用的整体评价

为进一步了解企业人力资源大数据分析与应用在具体场景中实施情况，调查组围绕人才招聘、人才培训和人才保留、绩效评估设计了具体问题进行调查。调查发现，企业主要依赖经验和基本的汇总分析，进行相关分析、回归分析和构建复杂统计分析的企业占比均不超过 5%，尚未发现企业利用高级技术（如机器学习、人工智能等）进行前瞻性预测分析。在大数据日益发展的今天，这样的结果令人担忧。具体表现为，在招聘、培训和人才保留方面，分别有 61.1%、57.0% 和 55.4% 的企业主要用 Excel 对公司现有数据进行简单的汇总分析。同时，在上述三个环节，均有超过 1/5 的企业基本依靠经验和直觉，很少分析数据。与上年的调查结果相比，企业对数据的分析和利用程度并未出现明显好转（见图 24 至图 26）。

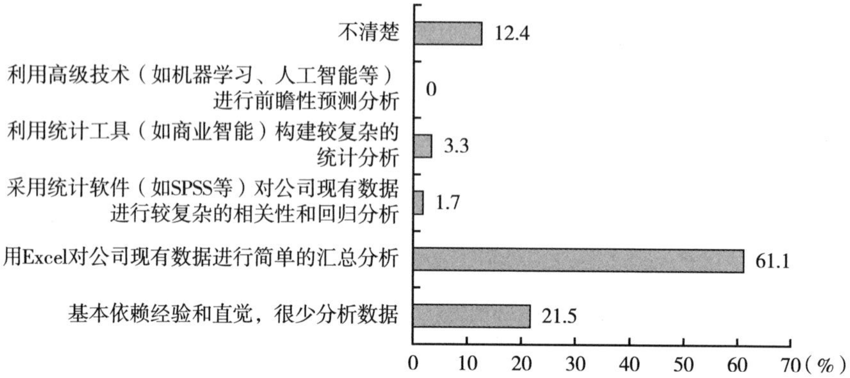

图 24　招聘环节对数据的分析和利用程度

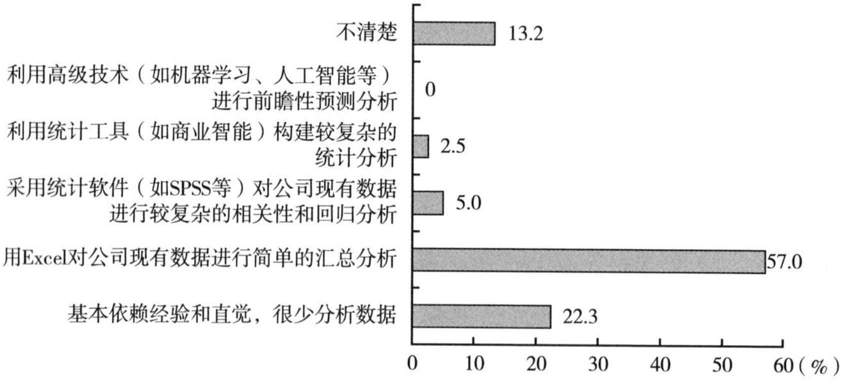

图 25　培训环节对数据的分析和利用程度

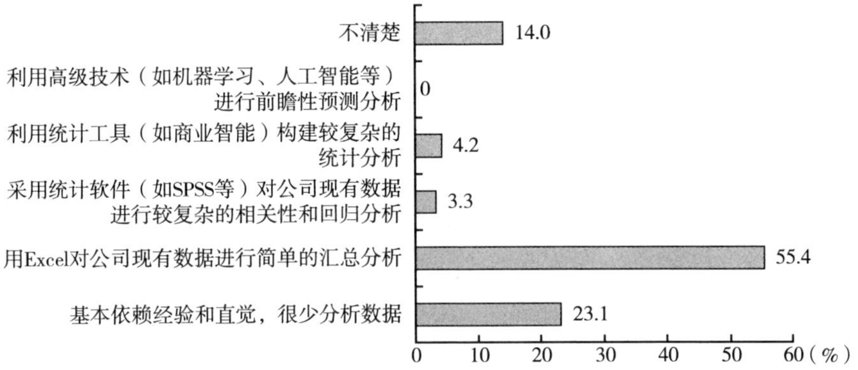

图 26　人才保留环节对数据的分析和利用程度

然而，当问及公司在人力资源招聘、培训、保留、绩效评估等方面是否已经实施相关措施时，45.5% 的企业采用自陈式问卷（如心理量表）进行人才测评。此外，超过 1/5 的企业在数据购买、自身数据整合、人才画像、精准投放广告和通过爬虫抓取公开渠道候选人信息等方面采取了措施。在人才测评、绩效考核、精准培训等方面采取措施的企业比例也在 14% ~20% 区间内（见图 27）。

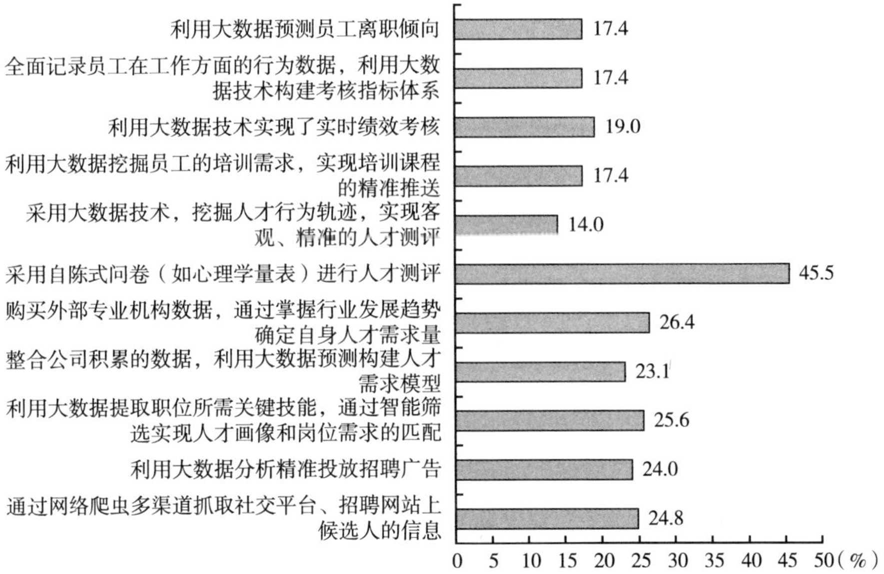

图 27　在人才招聘、保留等环节已经采取大数据分析措施的公司比例

（五）企业人力分析报告

数据积累是大数据分析的基础，本部分在调查企业人力资源数据存储格式的基础上，对企业人力分析报告的制作相关内容进行了分析。调查发现，45.5%的企业以原始数据形态存储，如Word、Excel文本或音视频等格式存储。也有26.4%的企业将数据经过结构化处理后以Excel形式存储。此外，9.1%的企业有专门人员进行清洗，经处理加工后存储（见图28）。

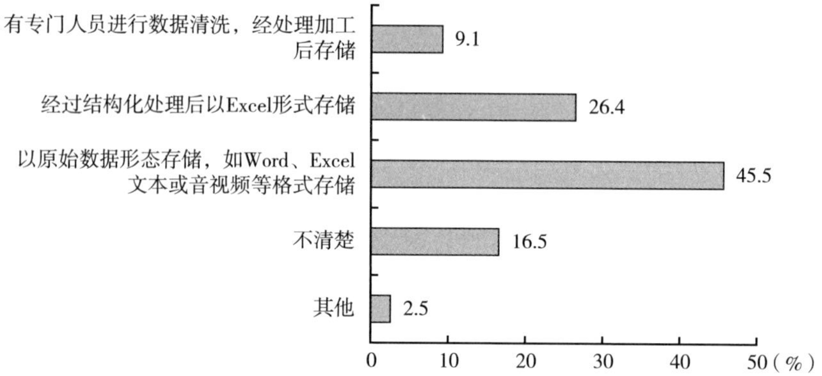

图28　人力资源相关数据存储格式

调查发现，企业人力资源分析报告的制作频率存在较大差异。其中，24.8%的企业每月一次，15.7%的企业一季度一次，12.4%的企业半年一次，10.7%的企业每年一次，仅有3.3%企业可即时生成。此外，还有33.1%的企业不清楚人力资源分析报告的制作频率（见图29）。

在问及制作人力资源分析报告所使用的工具时，调查组发现，56.2%企业采用基本数据分析工具（如Excel）进行数据分析，占比超过半数。仅有18.2%的企业采用专业HR软件厂商提供的HR软件（如SAP、Oracle、北森、用友、金蝶等）进行分析。利用专业统计处理软件（如SPSS、Stata等）进行分析的比例较低，仅为3.3%。也有2.5%的企业走在前列，利用人工智能类软件（如机器学习、智能语音分析等）进行了分析。此外，还有19.8%的企业不清楚所使用的分析工具（见图30）。

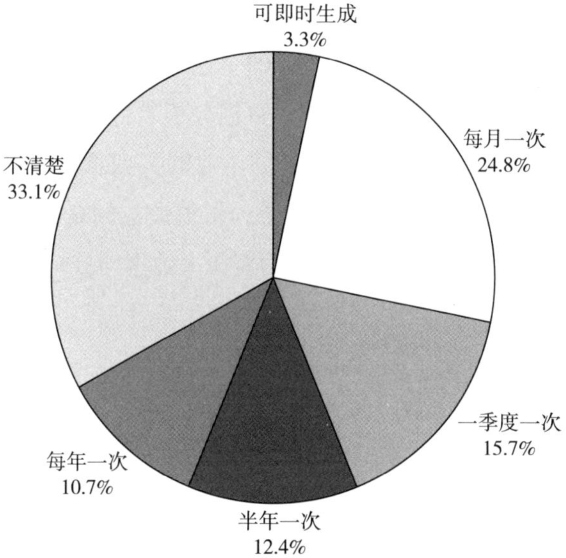

图 29　人力资源分析报告的制作频率

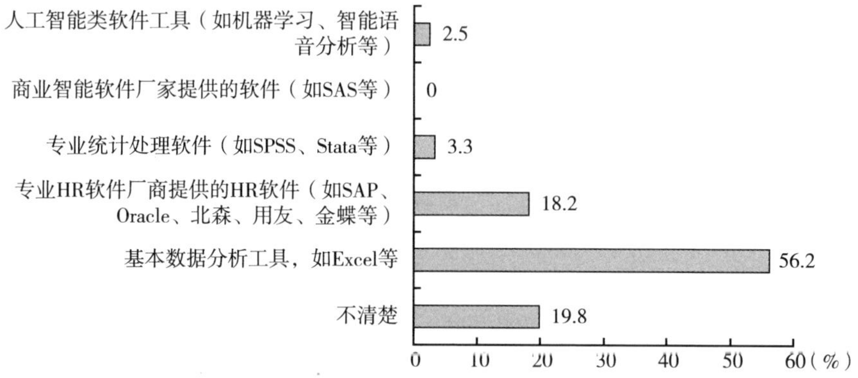

图 30　人力资源分析报告所使用的分析工具

五　人力资源大数据与分析发展制约因素及未来需求

（一）现有服务及制约因素

调查发现，在购买人力资源大数据与分析服务方面，结果性服务居第一位，超过1/5（20.7%）的企业购买了结果性服务，如确定最优招聘人选、培训措施、薪酬方案等。其次，14.9%的企业购买大数据，实时了解薪酬等行业数据。也有13.2%的企业购买HR数据分析软件或硬件，由公司内部人员完成分析。占比较少的是仅有1.7%的企业购买数据处理服务，聘请大数据公司对本公司数据进行分析处理。此外，值得注意的是，近半数（49.5%）的企业不清楚自身购买过什么类型的人力资源大数据与分析服务（见图31）。

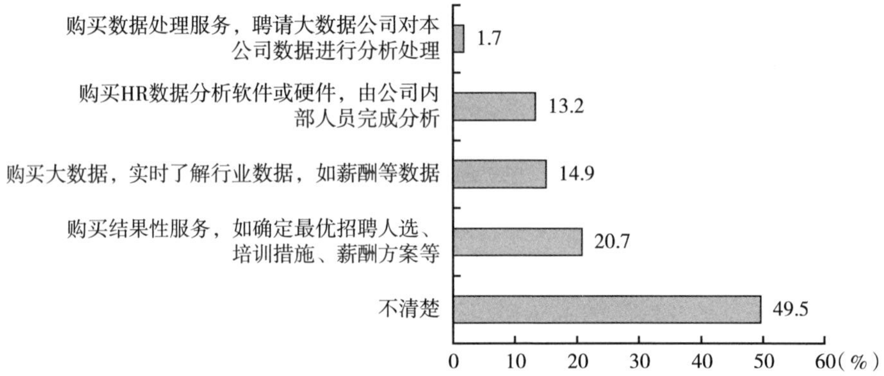

图31　公司购买过的人力资源大数据与分析服务

调查发现，缺乏大数据与分析专业知识或人才是企业面临的最大障碍（占比为62.0%）。其次，缺乏明确的规划、预算不足、高层重视程度不够、数据过于分散难以整合以及数据质量不高也是紧随其后的主要原因，分别占比43.8%、43.0%、42.1%、38.8%、33.9%。此外，作用有限也是部分企业认为的主要障碍之一，占比为24.8%（见图32）。

（二）未来需求

调查发现，仅有15.7%的被调查企业表示未来一年有购买人力资源大数据与分析的计划。这也许与企业在将大数据应用于人力资源管理时缺乏大数据与分析专业知识或专业人才密切相关，也与高层重视不够等有关。因此，出现了企业认识到人力资源大数据的重要性，但在满足需求方面缺乏必要的落地保障的尴尬局面（见图33）。

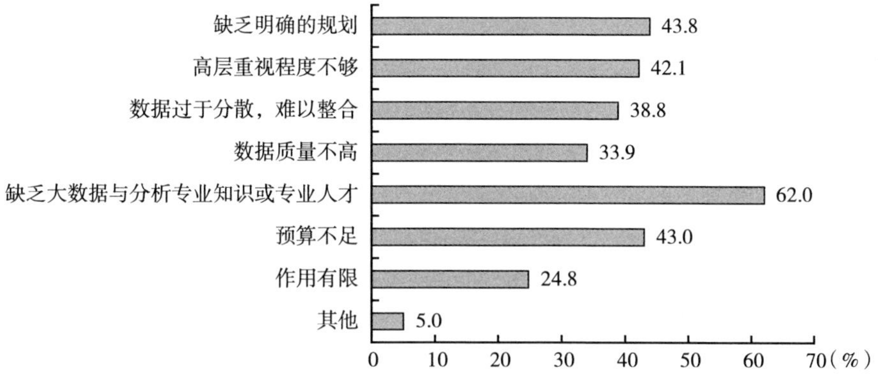

图 32　大数据应用于人力资源管理的主要瓶颈

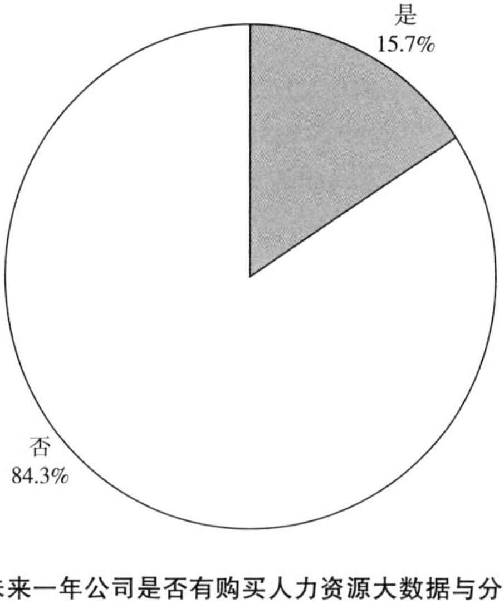

图 33　未来一年公司是否有购买人力资源大数据与分析的计划

在企业计划购买的人力资源大数据与分析计划的内容中，购买数据和购买数据分析服务并列居首位，具有这两项需求的企业占比均为 68.4%。位居第二是 52.6% 的企业希望购买分析工具。此外，36.8% 的企业希望雇用/聘用专业分析人员（见图 34）。

调查发现，企业购买人力资源大数据与分析服务的原因是多方面的，其中，居于首位的是 HR 希望运用新的工具、技术提高人力资源工作效率和价

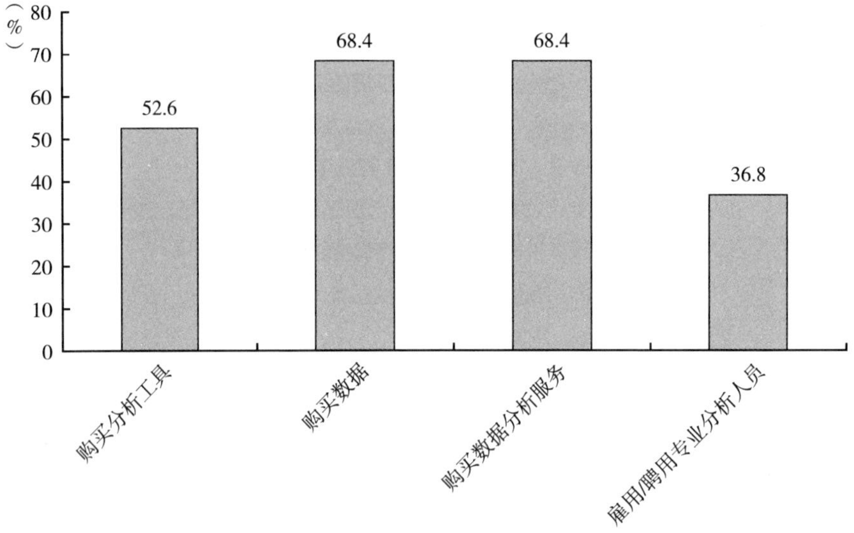

图 34　公司计划购买人力资源大数据与分析计划的内容

值（78.9%），第二位的是高层管理者希望进一步提高人力资源管理水平（68.4%），第三位是公司积累了越来越多的数据，需要对其价值进行深入挖掘（36.8%）。此外，就是市场竞争压力较大，对公司的人力资源管理提出了更高的要求（21.0%）。另有 5.3% 的企业的理由是看见别的公司选择，自己也想试试（见图 35）。

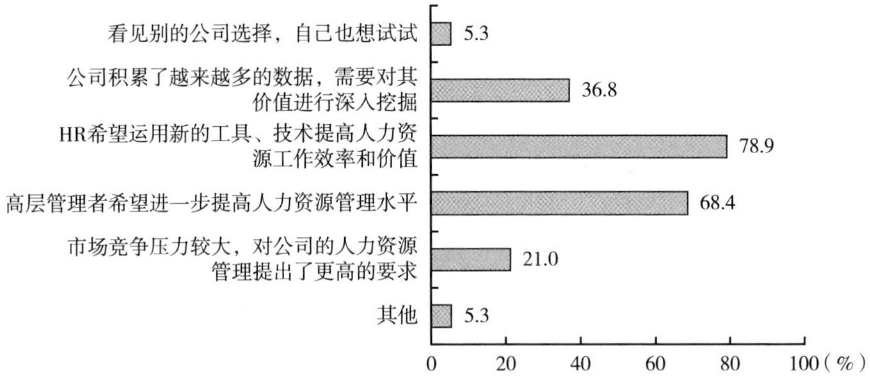

图 35　公司计划购买人力资源大数据与分析服务的原因

此外，调查也发现，82.6%的人力资源从业人员愿意参加人力资源大数据与分析培训，展现出积极拥抱行业新变化的态势。在具体的培训形式方面，57.0%的人员愿意接受面对面培训，43.0%的人员愿意接受在线课堂的形式。在问及是否愿意与调查组进一步分享人力资源大数据与分析方面的经验时，67.8%的人力资源从业人员表示愿意与调查组进行分享，展现了开放、包容的心态（见图36至图38）。

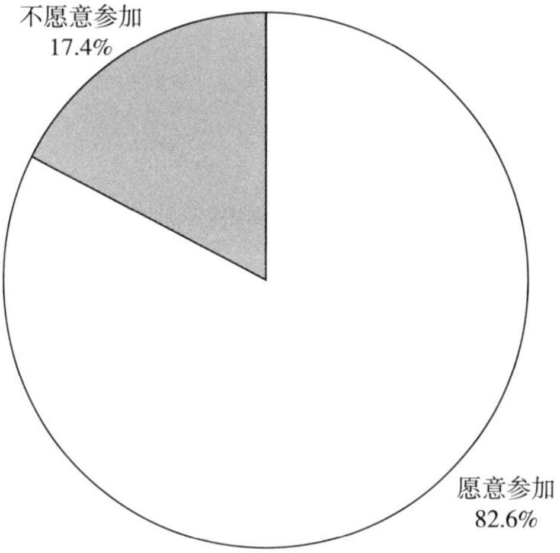

图36　人力资源从业人员参加人力资源大数据与分析培训的意愿

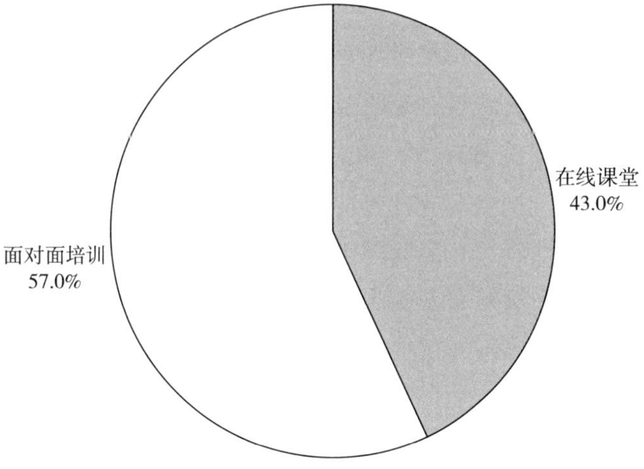

图37　人力资源从业人员对参加培训的形式的偏好

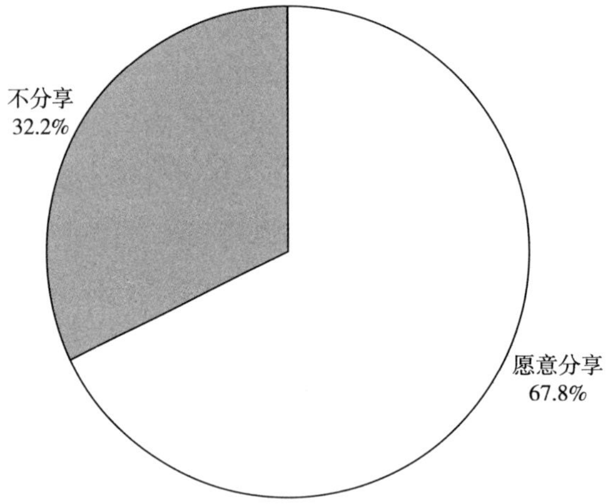

图 38　与调查组进一步分享人力资源大数据与分析经验的意愿

六　促进人力资源大数据与分析应用进一步发展的建议

（一）完善企业人力资源大数据分析应用的制度建设

制度建设对于保障新业务的发展具有十分重要的影响，通过设置专门机构，配置专业人员，制定数据采集、分析、使用及安全保护的制度对提升企业人力资源大数据分析应用水平具有重要的意义。此次调查发现，企业在人力资源大数据分析系统建设、专职人员配置与岗位设置等方面远远无法满足人力资源管理的需要，尚有较大的提升空间。因此，各企业要结合自身实际，在对标国内外人力资源管理先进企业做法的基础上，为自身的人力资源大数据分析应用制定个性化的制度体系，完善部门设置、人员配备、岗位设置和数据管理，为有效推进企业人力资源大数据应用水平提供制度保障。

（二）加强公司高层的重视，加大经费投入

领导重视是推进人力资源大数据分析与应用的重要推动力，提供充足的经费则是重要的物质保障。调查中我们发现，超过半数的企业公司高层的态

度为一般或不重视。在经费投入方面，超过六成的企业尚未在人力资源大数据分析应用上投入经费。可见，我国人力资源大数据与分析的发展面临十分不利的局面。因此，需要通过参观学习、专家讨论等方式让公司高层充分认识到人力资源大数据分析应用对企业发展的重要性，改变其原来的态度。同时，鼓励企业加大经费投入，为人力资源大数据分析与应用的发展提供资金保障，通过购买服务或研发系统，提升企业人力资源服务的效率和质量，全面提升企业的人力资源管理水平。

（三）重视现有人力资源分析人员的培训

调查中，超过六成的企业认为缺乏大数据与分析专业知识或专业人才是大数据应用于人力资源管理的最主要障碍。同时也发现，人力资源从业人员对大数据技术和统计技术了解甚少。此外，调查中也发现企业人力资源管理者对人力资源大数据分析与应用的相关技术具有较大的需求。因此，建议企业积极拥抱变化，通过线上培训、面对面教学等多种形式为其提供专业化培训，有效提升现有人力资源分析人员的能力，为实施企业人力资源大数据分析与应用破除人才方面的制约。同时，也可以通过引进专业人才、建立自身的人力资源大数据管理系统等方式带动现有人力资源分析人员的培训。多措并举，营造有利于企业人力资源大数据发展的人才保障环境。

（四）拓宽人力资源大数据的应用场景

调查发现，目前超过半数的企业在人才招聘、人才培训和人才保留环节对数据的利用还停留在用 Excel 对公司现有数据进行简单汇总分析的阶段。同时，在上述环节基本依靠经验和直觉，很少用分析数据的企业占比也均超过 20%。此外，调查显示，在人才测评、绩效考核、精准培训等方面采取措施的企业比例均不超过 20%。因此，企业要拓宽人力资源大数据的应用场景，通过技术创新和系统构建，将人力资源大数据分析应用技术拓展到员工规划预测、培训需求挖掘、培训内容精准推送、绩效考核分析、员工离职预测、员工关系管理等诸多环节，实现员工服务全流程智能管理，切实为员工提供高效、快捷、人性化的服务。

B.20

上海人力资源服务业业态发展趋势分析

朱庆阳　汪艳彦　孙　远*

摘　要： 人力资源服务业是国际朝阳产业，上海人力资源服务业是全国人力资源服务业产业化发展较为成熟、产业链发展较为完善、国际化发展较为充分的业态，自21世纪以来取得较快发展。本文根据协会对自身会员单位的年度营业状况统计，围绕近四年（2015~2018年）上海人力资源服务业各业态发展进行调研分析，得出行业呈现平稳较快发展，市场业态创新日趋多样化，行业主要力量更为多元化的行业健康发展态势，为推动人力资源服务业更好服务经济社会发展提供参考。

关键词： 上海　人力资源服务业　行业调研

人力资源服务业是国际朝阳产业，国务院规定的十大生产性服务业之一，现代服务业的重要组成部分，对人力资源流动、开发、配置等发挥着基础性作用。随着人力资源在经济社会发展中的战略地位不断提升，其越来越受到各界关注。

在此背景下，自党的十八大以来，党和国家政府高度重视人力资源服务

---

* 朱庆阳，上海人才服务行业协会秘书长，全国人力资源服务标准化技术委员会委员，中国人才交流协会副秘书长，上海现代服务业联合会副会长，上海市职教协会副会长，上海市劳动模范，主要研究领域为人力资源服务业；汪艳彦，上海人才服务行业协会副秘书长、研究室主任，主要研究领域为人力资源服务业；孙远，上海人才服务行业协会研究室副主任，主要研究领域为人力资源服务业。

业发展，于2014年国家发改委、人社部、财政部发布《关于加快发展人力资源服务业的意见》，在2016年《关于加快发展生产性服务业促进产业结构调整升级的指导意见》文件中被国务院列为十大重点发展的生产性服务业之一，并在十九大报告中提升到中国经济社会发展的“新动能”的高度以及构建协同发展产业体系“重要一环”的战略地位。2018年6月29日，李克强总理签署并发布了首部与人力资源服务业直接相关的行政法规，对建设统一开放的人力资源市场、打造健康规范的人力资源服务业具有里程碑的意义。

上海定位为“改革开放的排头兵，创新发展的先行者”，早在1994年便围绕自身城市定位和目标提出了“构筑上海人才资源高地”战略，并于1996年开始陆续出台了《上海市人才流动条例》《上海市人才中介服务机构管理暂行办法》等文件，并开展了人力资源服务许可制度、组织行规行约及标准化、品牌化建设，实现了上海人力资源服务业规范发展。在此环境下上海人力资源服务业实现跨越式发展，产业规模从2003年的40亿元跃升到2018年的4475亿元（见图1），上海人力资源服务业发展速度高于上海整体GDP增长速度两倍以上，表现出了强劲的增长力。

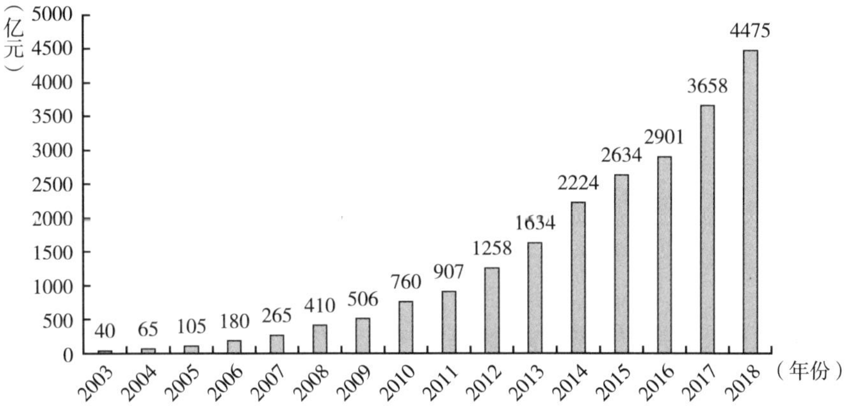

图1　上海人力资源服务业历年规模

随着国际形势改变，经济进入新常态，近年来各产业都出现了调整回稳的情况。而人力资源服务业依然保持逆势增长，发挥了良好作用。为进一步深入了解上海人力资源服务业各业态发展情况，协会每年在会员单位范围内开展年度运营情况统计工作，调研会员单位业务发展情况，并进行统计汇总，发布上海人力资源服务业指数报告，为社会各界了解人力资源服务业发展，加强与人力资源服务业合作，参与到人力资源服务业事业提供借鉴。

本文将从统计工作整体介绍、调研结果分享、行业趋势分析三个方面介绍上海人力资源服务业业态发展趋势。

一 统计工作情况简介

本次报告统计基础为每年3~5月在上海人才服务行业协会主要会员单位范围内开展的调研工作。统计采取问卷调研形式，通过电子邮件、电话、微信、网络等方式联系邀请各家会员单位填写，并统一到协会秘书处进行汇总。

（一）统计对象行业代表性较强

统计的会员单位包括国内领先的人力资源服务机构如上海外服、中智上海、中国四达等国有企业；博尔捷、智联易才、蓝海人力等民营企业；人力窝、薪太软、社保通等新业态企业以及国际知名企业如三家世界500强人力资源服务机构——德科（Adecco）、万宝盛华（Manpower）、任仕达（Randstad）；五大战略咨询兼猎头机构——海德思哲（Heidrick& Struggles）、光辉国际（Korn/Ferry）、亿康先达（Egon Zehnder）、史宾沙（Spencer）、罗盛（Russell Reynolds）以及世界前二十的人力资源服务机构——安德普翰（ADP）、必胜人力（Kelly Services）、怡安（Aon）、翰德（Hudson）、瀚纳仕（Hays）等。统计对象集聚了国际国内最优秀的人力资源服务机构，营业额覆盖上海人力资源服务业总体营业额95%以上，具有较强的代表性。

（二）统计业态分类依据性较严谨

协会在统计工作中，充分参照了行业发展的相关政策文件和上海人力资源服务业发展实际。在主要业态划分中，参考了《加快发展人力资源服务业的意见》，人力资源服务业主要包括人力资源招聘、职业指导、人力资源和社会保障事务代理、人力资源培训、人才测评、劳务派遣、高级人才寻访、人力资源外包、人力资源管理咨询、人力资源信息软件服务等多种业务形态。同时，结合市场化人力资源服务业特点和发展趋势进行梳理，确定了人力资源管理咨询、人力资源外包、劳务派遣、高级人才寻访、网络招聘及招聘会、人才培训、人才测评、人力资源信息软件八大主要统计业态，并对新型人力资源业态，如人力资源 SAAS、人力资源金融、人力资源房地产（人才公寓）等开展相应统计评估工作，在认为业态成熟后，也将作为行业主要业态纳入年度统计工作中。

（三）统计业态数据准确性较高

协会在统计工作中，要求会员单位提供盖章报表或者财务证明文件，保证了该项统计工作及后续相关活动的准确性和有效性，较大程度规避了统计工作中数据不准确从而造成结果和结论的偏差，经过不断努力，该项统计已成为行业最具权威和公信力的行业统计工作。

二 行业调研数据分析

（一）行业比例构成变化

从不同业态比例构成来看，由于劳务派遣和人力资源外包含工资性收入，为了更科学体现业务实际规模，协会对不同业态均仅对服务费进行比较，劳务派遣和人力资源外包根据业务平均包含的工资性收入与服务费的比例，去除代收代付部分，即核减 85% 的比例来计算。

其中，2015 年上海人力资源服务业主要业务构成中（即只统计主要业务、不统计其他未成熟业态，下同），劳务派遣占比 48.63%、人力资源外包占比 29.45%、网络招聘及招聘会占比 8.24%、高级人才寻访占比

6.07%、人力资源管理咨询占比4.77%、人才培训占比1.42%、人才测评占比0.68%、人力资源软件占比0.72%，具体情况如图2所示。

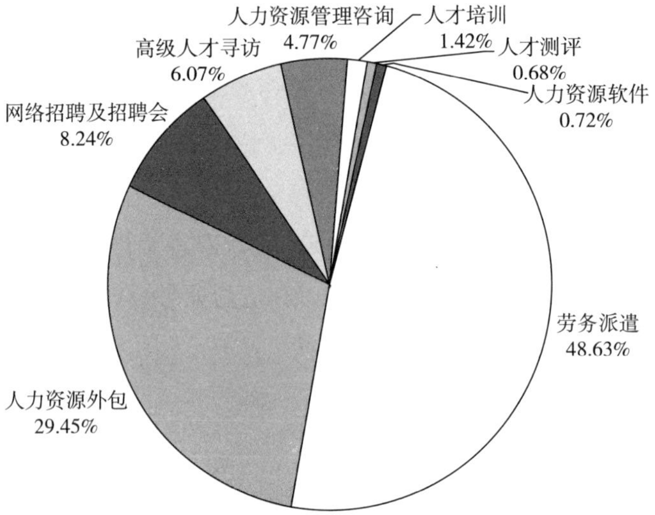

图2　2015年上海人力资源服务业比例分布

2016年上海人力资源服务业主要业务构成中，劳务派遣占比43.32%、人力资源外包占比24.61%、网络招聘及招聘会占比11.31%、高级人才寻访占比9.04%、人力资源管理咨询占比5.90%、人才培训占比2.5%、人才测评占比1.05%、人力资源软件占比2.28%，具体情况如图3所示。

2017年上海人力资源服务业主要业务构成中，劳务派遣占比39.10%、人力资源外包占比27.90%、网络招聘及招聘会占比10.86%、高级人才寻访占比10%、人力资源管理咨询占比5.98%、人才培训占比3.01%、人才测评占比1.02%、人力资源软件占比2.1%，具体情况如图4所示。

2018年上海人力资源服务业主要业务构成中，劳务派遣占比37.09%、人力资源外包占比34.05%、网络招聘及招聘会占比8.39%、高级人才寻访占比9.26%、人力资源管理咨询占比4.94%、人才培训占比2.92%、人才测评占比0.82%、人力资源软件占比2.53%，具体情况如图5所示。

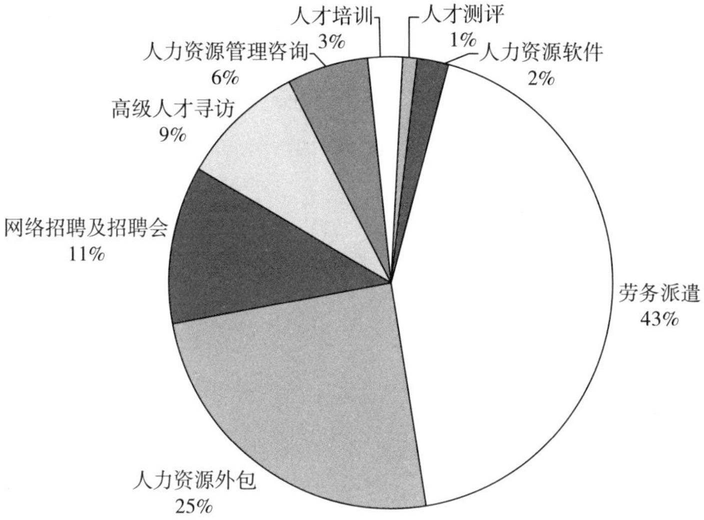

图 3　2016 年上海人力资源服务业比例分布

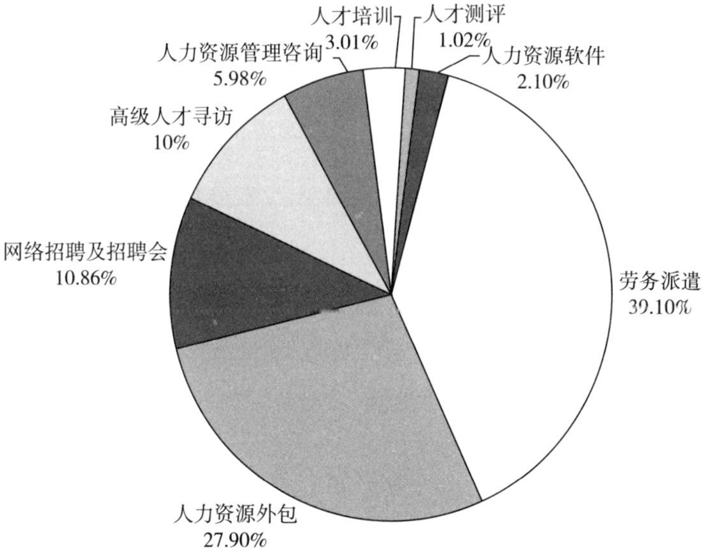

图 4　2017 年上海人力资源服务业比例分布

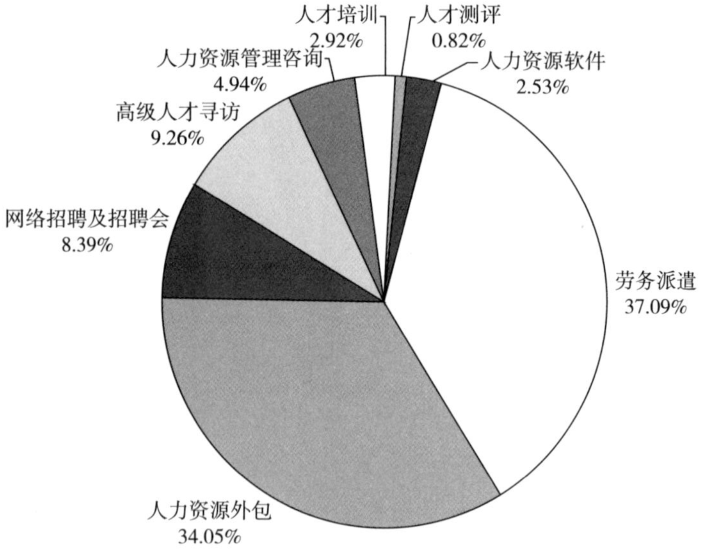

图5　2018 年上海人力资源服务业比例分布

（二）主要业态成长趋势

在前文中可以看到，从 2015 年到 2018 年，上海人力资源服务业规模从 2634 亿元快速发展到 4475 亿元，2018 年产值近 2015 年 1.7 倍，平均每年达到 19.32% 的增长速度，取得了较快发展。从单业态来看，也普遍呈现增长的趋势。

劳务派遣业态从 2015 年到 2018 年的营业规模分别为 1573.56 亿元、1719.86 亿元、1967.93 亿元以及 2141.24 亿元，年平均增速达到 10.81%，是目前上海人力资源服务业规模最大的业态（见图 6）。

人力资源外包业态从 2015 年到 2018 年的营业规模分别为 952.9 亿元、977.03 亿元、1404.06 亿元以及 1965.99 亿元，年平均增速达到 27.3%，是目前上海人力资源服务业规模绝对值增长最大的业态（见图 7）。

高级人才寻访业态从 2015 年到 2018 年的营业规模分别为 29.48 亿元、53.84 亿元、75.49 亿元以及 80.23 亿元，年平均增速达到 39.61%（见图 8）。

网络招聘及招聘会业态从 2015 年到 2018 年的营业规模分别为 40.01 亿

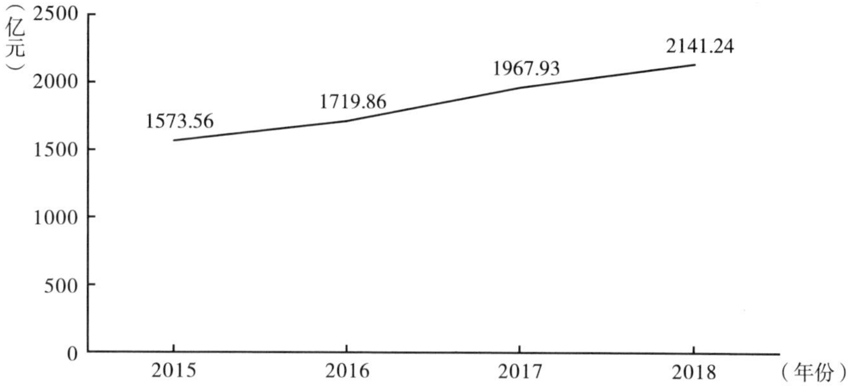

图 6　劳务派遣业态发展趋势

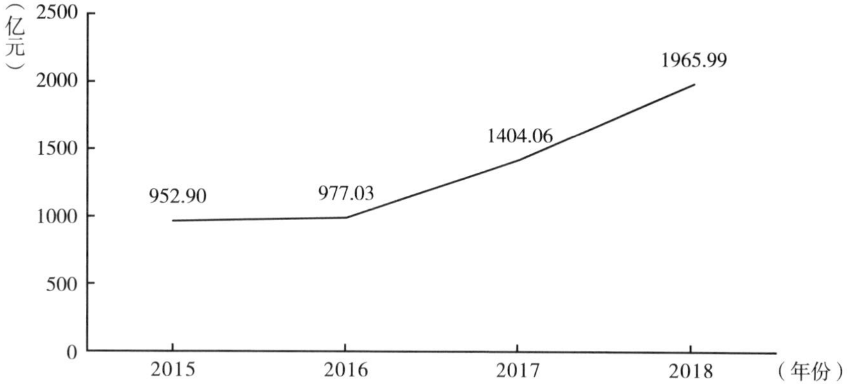

图 7　人力资源外包业态发展趋势

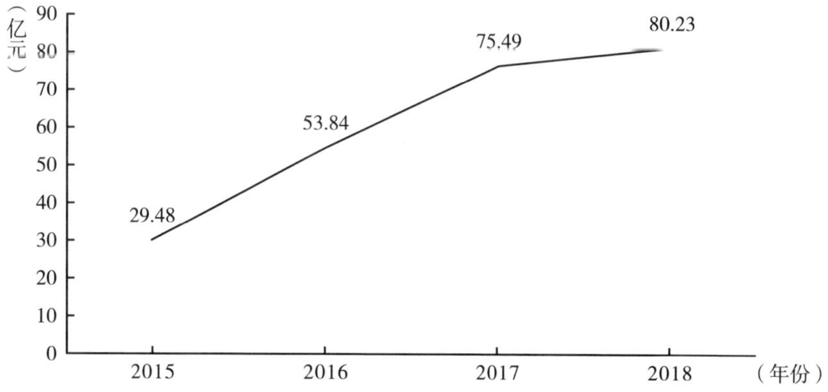

图 8　高级人才寻访业态发展趋势

元、67.36 亿元、81.99 亿元以及 72.66 亿元，年平均增速达到 22.00%，目前在所有上海人力资源服务业业态中位列第四（见图 9）。

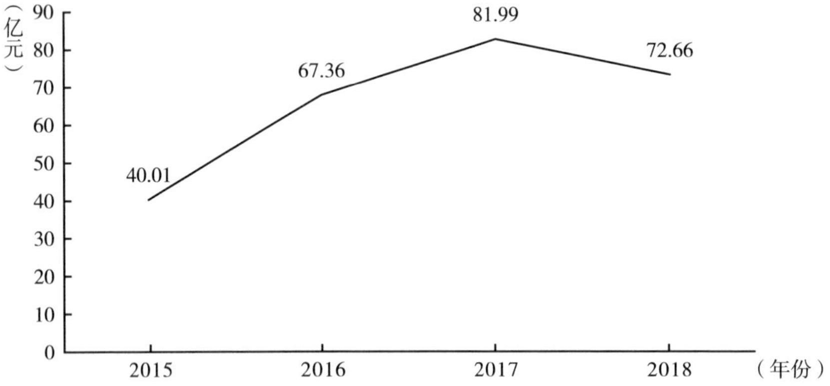

图 9　网络招聘及招聘会业态发展趋势

人力资源管理咨询业态从 2015 年到 2018 年的营业规模分别为 23.16 亿元、35.12 亿元、45.12 亿元以及 42.77 亿元，年平均增速达到 22.69%（见图 10）。

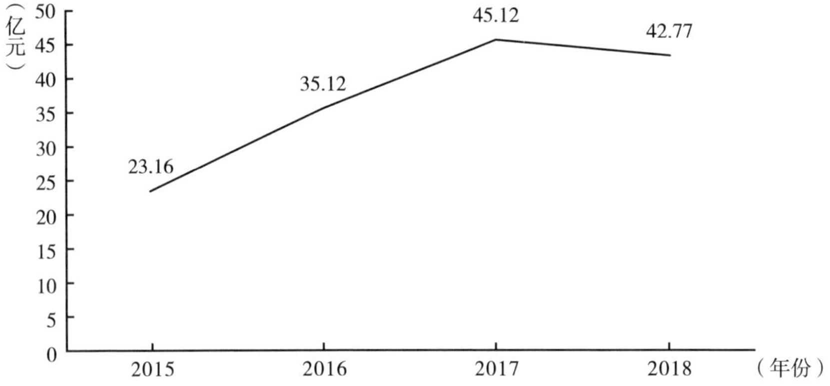

图 10　人力资源管理咨询业态发展趋势

人才培训业态从 2015 年到 2018 年的营业规模分别为 6.9 亿元、14.86 亿元、22.75 亿元以及 25.25 亿元，年平均增速达到 54.1%（见图 11）。

人才测评业态从 2015 年到 2018 年的营业规模分别为 3.3 亿元、6.23 亿元、7.69 亿元以及 7.07 亿元，年平均增速达到 28.9%（见图 12）。

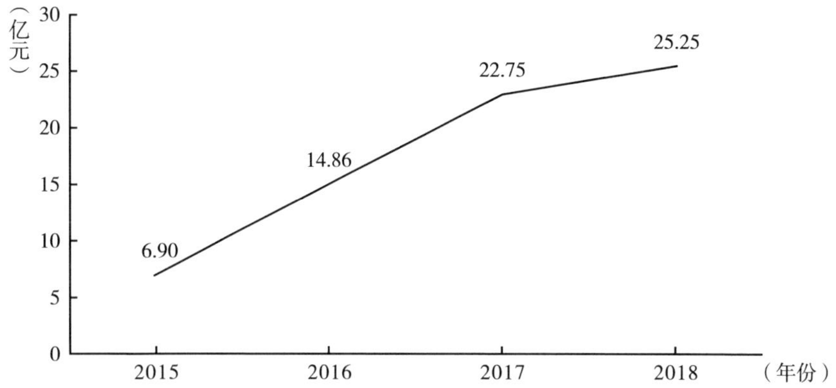

图 11　人才培训业态发展趋势

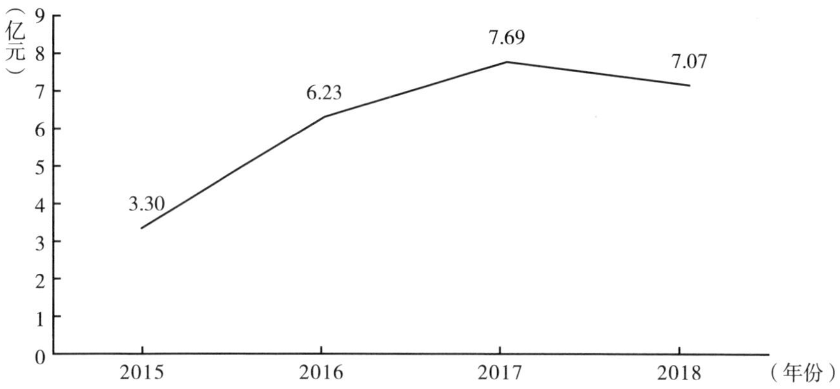

图 12　人才测评业态发展趋势

人力资源软件从 2015 年到 2018 年的营业规模分别为 3. 51 亿元、13. 6 亿元、16. 13 亿元以及 21. 9 亿元，年平均增速达到 84. 1%，是目前上海人力资源服务业规模增长最快的业态（见图 13）。

（三）主要行业机构分享

在年度统计基础上，协会每年基于行业机构的经济数据开展行业排名活动，列举 2015 ~2018 年的前 50 名行业机构（因经营个体数据不便公开，所以只列名字），并就各家单位主要业态进行统计，各年度上海人力资源服务业排名前 50 机构如表 1 至表 4 所示。

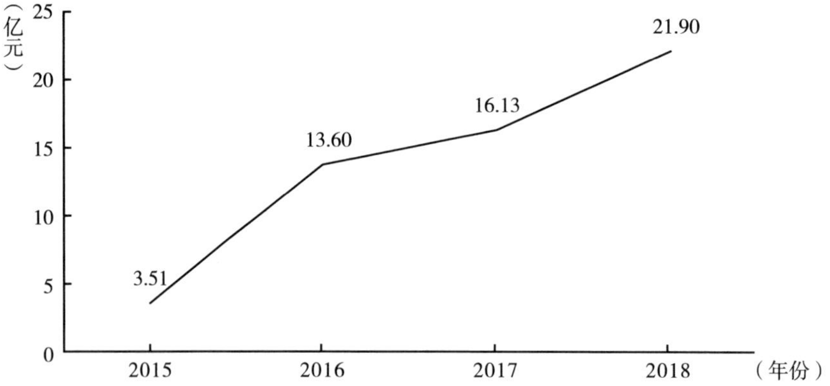

图 13　人力资源软件业态发展趋势

表 1　2015 年度行业机构经营数据统计排名

序号	机构名称	序号	机构名称
1	上海市对外服务有限公司	26	众大亚洲人才资源开发(上海)有限公司
2	中智上海经济技术合作公司	27	上海天都人力资源有限公司
3	前锦网络信息技术(上海)有限公司	28	上海华钦信息科技股份有限公司
4	北京外企德科人力资源服务上海有限公司	29	上海国际企业商务咨询服务有限公司
5	任仕达企业管理(上海)有限公司	30	上海开弈人才服务(集团)有限公司
6	薪得付信息技术(上海)有限公司	31	上海易昂人才服务有限公司
7	上海博尔捷人才服务有限公司	32	上海才俊管理有限公司
8	上海东浩人力资源有限公司	33	上海国际服务贸易(集团)有限公司
9	上海汇思人力资源有限公司	34	伯乐慧智人才服务(上海)有限公司
10	上海易盟企业(集团)有限公司	35	上海东浦人力资源有限公司
11	上海智联易才人力资源顾问有限公司	36	海德思哲(中国)
12	五八信息技术上海分公司	37	上海杰艾人力资源有限公司
13	上海蓝海人力资源股份有限公司	38	上海晨达人力资源股份有限公司
14	中国四达国际经济技术合作有限公司上海分公司	39	上海厂长经理人才有限公司
15	上海中企人力资源咨询有限公司	40	艾利安人才服务(上海)有限公司
16	上海优尔蓝信息科技股份有限公司	41	上海企源科技股份有限公司
17	上海临港漕河人才有限公司	42	上海欣亮人力资源有限公司
18	上海浦东新区人才市场	43	安捷尔外包服务(上海)有限公司
19	北京科锐国际人力资源股份有限公司	44	上海肯耐珂萨人才服务股份有限公司
20	上海力加力企业管理服务有限公司	45	上海力德人才服务有限公司
21	上海人瑞网络科技有限公司	46	上海慧恩人力资源管理有限公司
22	北京网聘咨询有限公司上海分公司	47	上海盈科人力资源服务有限公司
23	上海雇员人才服务有限公司	48	上海瀚纳仕人才管理咨询有限公司
24	光辉(上海)人才咨询有限公司	49	上海佩琪信息技术有限公司
25	上海瑞泓人才服务有限公司	50	上海世浦人才资源咨询有限公司

表 2　2016 年度行业机构经营数据统计排名

序号	机构名称	序号	机构名称
1	上海外服(集团)有限公司	26	北京科锐国际人力资源股份有限公司
2	任仕达企业管理(上海)有限公司	27	上海晨达人力资源股份有限公司
3	中智上海经济技术合作公司	28	浙江杰艾人力资源股份有限公司
4	前锦网络信息技术(上海)有限公司	29	上海临港漕河泾人才有限公司
5	薪得付信息技术(上海)有限公司	30	上海人惠商务咨询有限公司
6	北京外企德科人力资源服务上海有限公司	31	上海翰德人力资源有限公司
7	上海东浩人力资源有限公司	32	上海瀚纳仕人才管理咨询有限公司
8	上海博尔捷人才服务有限公司	33	上海满嘉电子商务股份有限公司
9	上海智联易才人才咨询有限公司	34	伊尚萨茵企业管理服务外包(上海)有限公司
10	上海汇思人力资源有限公司		
11	中国四达国际经济技术合作有限公司上海分公司	35	上海企源科技股份有限公司
		36	上海人服企业(集团)有限公司
12	上海邦芒人力资源有限公司	37	上海盈科人力资源服务有限公司
13	上海蓝海人力资源股份有限公司	38	上海汇聚创智人力资源有限公司
14	安捷尔外包服务(上海)有限公司	39	上海市卫生人才交流服务中心
15	上海中企人力资源咨询有限公司	40	上海广源人力资源有限公司
16	上海浦东新区人才市场	41	中国国际人才开发中心上海分部
17	上海雇员人才服务有限公司	42	海德思哲(中国)
18	上海优尔蓝信息科技股份有限公司	43	上海远茂企业发展股份有限公司
19	上海力加力企业管理服务有限公司	44	佑肯人力资源(上海)有限公司
20	上海易昂人才服务有限公司	45	上海地铁运营人力资源服务有限公司
21	上海才俊管理有限公司	46	上海劳林人力资源服务有限公司
22	上海开弈人才服务(集团)有限公司	47	上海雨生人力资源管理有限公司
23	上海外航服务公司	48	上海天都人力资源有限公司
24	上海合杰人才服务有限公司	49	上海东方国际传媒人才有限公司
25	光辉(上海)人才咨询有限公司	50	上海国际企业商务咨询服务有限公司

表 3　2017 年度行业机构经营数据统计排名

序号	机构名称	序号	机构名称
1	上海外服(集团)有限公司	26	上海杰艾人力资源服务有限公司
2	中智上海经济技术合作有限公司	27	上海中企人力资源咨询有限公司
3	前锦网络信息技术(上海)有限公司	28	上海易昂人才服务有限公司
4	北京外企德科人力资源服务上海有限公司	29	上海临港漕河泾人才有限公司
5	薪得付信息技术(上海)有限公司	30	上海晨达人力资源股份有限公司
6	上海博尔捷企业集团有限公司	31	上海企源科技股份有限公司
7	上海蓝海人力资源股份有限公司	32	上海瑞泓人才服务有限公司
8	上海东浩人力资源有限公司	33	上海广源人力资源有限公司
9	上海智联易才人才咨询有限公司	34	上海珺才企业管理咨询有限公司
10	任仕达(中国)	35	上海汇聚创智人力资源有限公司
11	上海邦芒人力资源有限公司	36	上海力德人才服务有限公司
12	中国四达国际经济技术合作有限公司上海分公司	37	亚洲人才人力资源开发(上海)有限公司
13	英创人才服务(上海)有限公司	38	社宝信息科技(上海)有限公司
14	上海浦东新区人才市场	39	上海慧恩人力资源管理有限公司
15	安捷尔外包服务(上海)有限公司	40	上海彦庆实业有限公司
16	上海龙艺企业管理服务有限责任公司	41	上海人服企业(集团)有限公司
17	上海优尔蓝信息科技股份有限公司	42	中国际人才开发中心上海分部
18	上海满嘉电子商务有限公司	43	上海远茂企业发展股份有限公司
19	上海雇员人才服务有限公司	44	上海雨生人力资源管理有限公司
20	上海力加力企业管理服务有限公司	45	上海必博人力资源服务有限公司
21	上海仁联劳务服务有限公司	46	上海劳林人力资源服务有限公司
22	上海合杰人才服务有限公司	47	上海厂长经理人才有限公司
23	上海外航服务公司	48	上海东方国际传媒人才有限公司
24	北京科锐国际人力资源股份有限公司上海分公司	49	上海国际汽车城人力资源有限公司
25	上海人惠商务咨询有限公司(人瑞集团)	50	上海国际企业商务咨询服务有限公司

表 4　2018 年度行业机构经营数据统计排名

序号	机构名称	序号	机构名称
1	上海外服（集团）有限公司	26	上海库卡劳务派遣有限公司
2	中智上海经济技术合作有限公司	27	上海易昂人才服务有限公司
3	前锦网络信息技术（上海）有限公司	28	上海中企人力资源咨询有限公司
4	北京外企德科人力资源服务上海有限公司	29	上海企源科技股份有限公司
5	薪得付信息技术（上海）有限公司	30	上海临港漕河泾人才有限公司
6	上海汇思人力资源有限公司	31	上海晨达人力资源股份有限公司
7	上海博尔捷企业集团有限公司	32	上海广源人力资源有限公司
8	薪太软（上海）科技发展有限公司	33	上海人服企业（集团）有限公司
9	上海蓝海人力资源股份有限公司	34	上海才俊人力资源（集团）有限公司
10	上海邦芒人力资源有限公司	35	上海东浦人力资源有限公司
11	上海智联易才人力资源顾问有限公司	36	上海汇聚创智人力资源有限公司
12	任仕达企业管理（上海）有限公司	37	上海中企人力事务服务有限公司
13	中国四达国际经济技术合作有限公司上海分公司	38	北京中科航天人才服务有限公司上海分公司
14	安捷尔外包服务（上海）有限公司	39	上海亚洲人才人力资源（集团）有限公司
15	上海浦东新区人才市场	40	上海慧恩人力资源集团有限公司
16	上海龙艺企业管理服务有限责任公司	41	上海必博人力资源服务有限公司
17	北京科锐国际人力资源股份有限公司上海分公司	42	上海远茂企业发展股份有限公司
		43	中国国际人才开发中心上海分部
18	上海仁联企业服务（集团）有限公司	44	上海力德人才服务有限公司
19	上海雇员人才服务有限公司	45	上海肯耐珂萨人力资源科技股份有限公司
20	上海合杰人才服务有限公司		
21	智阳网络技术（上海）有限公司	46	上海卓川人力资源有限公司
22	上海杰艾人力资源服务有限公司	47	上海彦庆实业有限公司
23	上海佩琪信息技术有限公司	48	上海优尔蓝信息科技股份有限公司
24	上海力加力企业管理服务有限公司	49	上海国际企业商务咨询服务有限公司
25	上海外航服务有限公司	50	上海广圆劳务服务有限公司

从榜单各单位主营业态来看，绝大部分（192 家次）都开展了人力资源外包和劳务派遣业务，完全不开展人力资源外包和劳务派遣机构仅有 8 家次，分布于 2015 年 5 家次、2016 年 2 家次及 2018 年 1 家次。

在其他主要业态中，从事高级人才寻访的家次数排名第一，有 87 家次开展一定规模的高级人才寻访业务，从事网络招聘及招聘会排名第二，累计有72家次，从事人力资源管理咨询的家次数排名第三，有69家次，其余业态每年均不足10家次（即累计不到40家次）。

三　行业发展趋势分析

（一）行业呈现平稳较快发展趋势

人力资源服务业作为现代服务业和生产性服务业的重要组成部分，对人力资源配置和流动发挥着基础且关键的作用。围绕产业维度，从2015年到2018年上海人力资源服务业整体行业规模来看，虽然上海人力资源服务业相比上一个四年（2011～2014年）年平均增长率有明显放缓（25.14%相比14.16%），但是在增长的绝对值上有明显增加（1317亿元相比1841亿元）。此外，从单个行业的趋势图我们不难发现，劳务派遣、人力资源外包、高级人才寻访、人才培训和人力资源软件是增长较为平稳的行业，其中劳务派遣、人力资源外包、高级人才寻访是上海人力资源服务业规模前三的业态，这三个业态的平稳增长有力保障了整体行业的平稳增长。

同时，从上海层面来看，上海人力资源服务业平均增长率超过上海近四年GDP年均增长率（6.8%）的两倍，体现了人力资源服务业在上海总体投资增长有力、业务发展较快、市场繁荣稳定，特别是在2017年以后，世界经济形势发生重大变化的背景下，人力资源服务业在上海各个产业不景气的情况下，逆势上涨（如2018年人力资源服务业增长率达到22.33%，整体上海服务业为8.70%，金融服务业为5.70%，住宿和餐饮业为-2.80%，交通运输、仓储和邮政业为10.4%，批发和零售业为3.30%，房地产业4.80%，领先各主要行业），已成为上海经济社会发展的重要新生力量。按照现有整体发展趋势来看，上海人力资源服务业将为自身2020年实现营业规模5000亿元、助力全国2万亿元目标提供坚实的支撑。

（二）市场业态创新日趋多样活跃

上海人力资源服务业不仅是国内规模最大的市场，同时在业态创新发展上有长足的进步。从前文各行业比例图不难发现，劳务派遣作为业务相对传统、技术含量较低的人力资源服务业业态，尽管绝对值在不断增加，但是在上海人力资源服务业的份额在不断减少，从2015年的48.63%下降到2018年的37.09%，而其他业态都有不同程度的增长，其中增长率最高的两个业态便是人力资源外包（份额增长4.6%）、高级人才寻访（份额增长3.19%），这与在法律变化背景下，上海率先研发和市场推广应用人力资源外包产品，以及作为定位为国际化现代大都市，上海率先提出“全球人才高地”并拥有相应国际国内领先的产业内容所带来的中高端人才需求逐步显现密不可分，特别地，人力资源服务外包作为人力资源外包重要组成部分，在系统统计的两年时间里（2017～2018年），每年实现将近一倍的增长速度，2018年已达到1552.41亿元，成为不可忽视的人力资源服务业中的新兴力量。

当然在此基础上，上海人力资源服务业不断向内横向发展，向外垂直发展，已经形成能够不断创造新鲜血液的人力资源服务产业生态。近年来，受科技化、信息化、个性化的影响，正呈现衍生化、跨界化、融合化发展的趋势。人力资源保险、人力资源健康、人力资源征信、人力资源金融、人力资源SAAS平台、人力资源房地产（人才公寓与人力资源服务产业园运营）等业态成为行业新兴力量，踏上行业历史舞台，正不断丰富人力资源服务业的服务内涵和外延，也吸引越来越多资本投入人力资源服务业中。

（三）行业主要力量更为多元化

从近四年行业前50名机构来看，尽管如前文所述，人力资源外包和劳务派遣机构居于主流，但是我们也不难发现作为行业主要力量，人力资源服务业不再是以国有力量为主、其他经济成分为辅的传统布局，虽然从具体份额来看，上海外服、中智上海两家合计仍超过整个上海人力资源服务市场

1/3 的规模，发展行业领军型民营人力资源服务机构仍然任重而道远。但同时据统计，上海近四年前 50 人力资源服务机构中，外资企业为 39 家次，央企和国企为 54 家次，民营企业为 107 家次，比例约为 1∶1. 4∶2. 8，从家数来看，民营企业已经成为行业最重要的持续新兴力量。

上海人力资源服务业经历三十余年的发展，已形成具有在全国范围内领先的行业经营规模、行业综合体系、行业国际商圈和行业服务平台。目前，上海人力资源服务业实现总体平稳较快增长，创新产品和新兴力量较为活跃，行业参与力量多元化，呈现持续健康发展趋势。

下一阶段，我们将继续积极配合政府，改善行业营商环境，出台对行业有利政策；建立行业诚信体系，树立行业品牌，扩大行业影响力；研究行业业态发展，定期开展行业统计，探索行业问题；搭建行业交流平台，嫁接各类商机，与各方共同推动行业做强做大，为推动我国人力资源服务业总体目标实现贡献自身的一分力量。

B.21

河北省人力资源服务市场分析

邢明强　刘京晶*

摘　要： 2018年底河北省人力资源市场行业规模逐步扩大，市场体系日臻完善，行业产值保持较快增长，市场化程度不断提高，人力资源服务水平不断提升，服务能力不断增强，效益日益攀升，促进就业效果明显，新兴业态发展迅猛，服务覆盖面不断扩大，全省各地齐头并进，省会地区辐射带动作用明显。同时仍面临着产业规模较小，市场竞争力较弱，从业人员素质偏低，创新能力有待提高，管理精细化水平有待提升，服务质量还不够高，服务层次和质量不高，产业集聚不够，资金投入支持仍显不足等困难和问题。河北省人力资源服务发展需要从以下几个方面着手改进：进一步加强人力资源市场体系建设，实施更为可行的服务发展行动计划，加快升级改造人力资源服务市场平台，扎实推进重点领域项目实施，加大政策和资金扶持力度，营造人力资源服务业发展的良好环境。

关键词： 河北省　人力资源市场　基本分析

2018年，河北省各级人力资源和社会保障部门按照中央及省委、省政府的部署，紧紧围绕就业优先和人才强冀战略，坚持省委确立的“三六八九”

---

* 邢明强，河北省人力资源社会保障科学研究所副所长、副研究员，研究方向为人力资源管理；刘京晶，河北省人力资源社会保障科学研究所助理研究员，研究方向为人力资源管理。

工作思路（抓好三件大事、打好六场硬仗、实施八项战略、深化九项改革），以实施人才强冀工程为总抓手，充分发挥市场在人力资源配置中的决定性作用，大力实施人力资源服务业发展行动计划，完善服务体系，提高服务质量，有效发挥政府作用，全省人力资源市场建设和人力资源服务业全面发力、多点突破、蓬勃发展，为加快建设经济强省、美丽河北提供了强有力的人力资源支撑。

一　河北省人力资源服务发展的基本情况

（一）行业规模逐步扩大，市场体系日臻完善

一是机构数量不断增加。河北省人力资源服务机构由2017年的1284家增加到2018年底的1500家，增长16.82%。二是从业人员规模不断扩大。从业人员由2017年的1.29万人增长到1.63万人，增长26.59%。三是民营服务机构占比最大。国有性质人力资源服务机构53家，占3.53%；民营性质人力资源服务机构1087家，占72.47%；外资及港澳台资、民办非企业等其他性质的服务机构27家，占1.8%（见图1、表1）。全省公共及行业所属人力资源服务机构333家，占人力资源服务机构总量的22.2%。目前，全省已基本形成以公共服务机构为基础、以民营服务机构为主体、公共服务与经营性服务协调发展的人力资源服务体系。

（二）行业产值保持较快增长，市场化程度不断提高

2018年，行业全年营业收入由2017年的184.3亿元增长到233.4亿元，增长26.6%。纯收入由2017年的24.6亿元增长到32.7亿元，增长33.0%。其中，公共服务机构0.66亿元，占比0.28%；国有机构72.9亿元，占比31.2%；民营机构159.9亿元，占比达68.5%，成为人力资源服务业发展的重要力量。其中，经营性人力资源服务机构营业收入占比高达99.7%，占绝对优势，成为人力资源服务业的中坚力量。

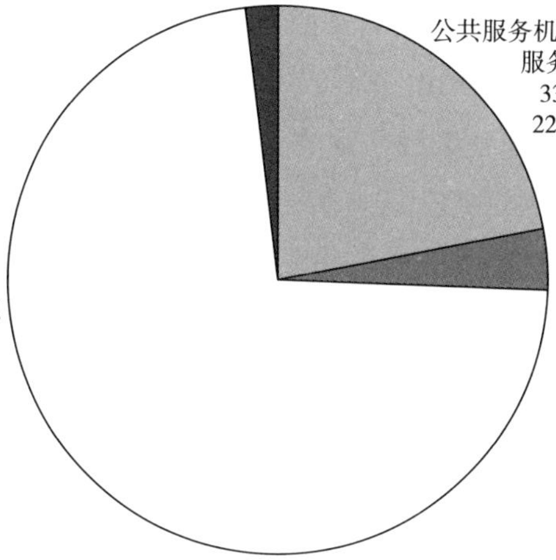

图1　2018年全省人力资源服务机构基本情况

表1　2017～2018年各类人力资源服务机构变化情况

单位：家，%

年份	公共机构	占比	国有机构	占比	民营机构	占比	外资及港澳台、民办非企业	占比
2017	344	27	48	4	864	67	27	2
2018	333	22.2	53	3.53	1087	72.47	27	1.8

（三）新兴业态发展十分迅速，服务覆盖面不断扩大

人力资源服务业呈现线上和线下融合发展的局面。2018年网络招聘服务发布岗位招聘信息336万条，发布求职信息327万条，人力资源管理咨询服务3.4万个用人单位。高附加值业态服务覆盖面逐步扩大，人力资源外包服务14752个用人单位，人力资源培训29万人次、人力资源测评10万人次、猎头服务成功推荐人才5540人，业务量比2017年分别增长9.45%、14.23%、45.28%、31.31%。

（四）全省各地齐头并进，省会地区辐射带动作用明显

2018 年各地人力资源服务业发展迅速，全省 11 个设区市营业额均破亿元（见图 2），石家庄、唐山、廊坊、沧州、邯郸等地有效促进市场建设和产业发展双提升。石家庄区域（含省管机构）机构数量和营业额均居全省第一，机构数量 466 家、营业额 137.8 亿元，分别占全省 31.07%、59.04%。石家庄市作为省会城市强化产业引导、政策扶持和环境营造，人力资源服务机构集聚效应明显。

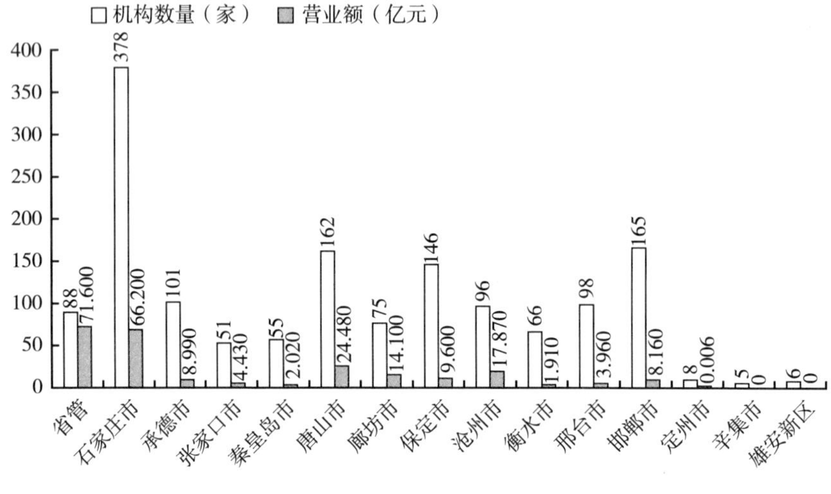

图 2　各地人力资源机构数量和营业收入情况

二　河北省人力资源服务的发展成效

（一）服务能力不断增强，服务效益日益攀升

河北省深入开展“双创双服”活动（创新创业、服务发展、服务民生），人力资源服务机构活力加速释放，经营环境不断改善，市场效益不断提升。2018 年，全省各类人力资源服务机构共服务各类人员 1135 万人次，

同比增长 84.49%；共有 379 万人次登记求职和要求提供流动服务，同比增长 35.82%；共帮助 253 万人次实现就业和流动，同比增长 7.16%。全省各级各类人力资源服务机构设立招聘场所 843 个，建立服务网站 321 个，建立数据库 716 个，举办现场招聘会 6063 场次。存放流动人员档案 373 万份，比 2017 年增加 6.87%，依托档案提供服务 236 万人次，比 2017 年增加 49.12%，市场在人力资源配置中的决定性作用充分发挥，服务就业和人才流动配置的能力进一步提高。

（二）创新服务模式，促进就业效果明显

聚焦重点群体需求，就业服务效果显著，各类人才就业面不断扩大。举办 2018 年“河北省毕业生就业市场”，参会人员达到 10.1 万人次；举办 2018 年“春（冬）季京津冀退役军人就业招聘会”，组织京津冀 300 家单位参会，提供岗位 2 万余个，京津冀地区 1.8 万名退役军人现场求职，1.2 万人次达成就业意向；举办 2018 年“河北省残疾人就业创业洽谈会暨首届全省残疾人互联网视频招聘会”，全省 13 个市同步开展活动，338 家用人单位提供岗位 3200 余个，进场求职残疾人 6800 人次，达成就业意向率 42.2%；举办“河北省民营企业春（秋）季人才交流大会”。发动全省 13 个市知名企业共同参会，组织 600 家单位参会，提供就业岗位 1.2 万余个，求职意向率 44.6%。完善“中国华北家庭服务业人力资源市场”行业引导和政策支持功能。举办京津冀家服行业对接洽谈会及 12 场“月度家政大集”，实施了“母婴护理师资培训班”“燕赵金管家”高端家服从业人员培训、家政职业经理人培训。

（三）加大招才引智平台发展，为经济社会发展提供人才智力支撑

紧紧围绕京津冀协同发展、雄安新区建设等战略任务，大力引进河北省经济社会发展急需紧缺的高层次人才。与“唐山中国陶瓷博览会人才技术交流大会”联合举办第八届“河北省沿海经济带高级人才洽谈会”，促成意向引才 2220 人，20 个技术项目现场签约。举办 2018 年“京津冀招才引智

大会”，组织京津冀及雄安新区 214 家用人单位参会，发动 3560 余名硕博士参会，促成意向引才 1948 人，25 个技术项目现场签约。举办“河北省高层次人才洽谈会高校行活动”，组织全省 88 家重点企事业单位，赴南京大学、浙江大学、兰州大学、中山大学举办组团引才活动，提供高层次人才岗位 4772 个，1000 余名硕博人才参会，均场意向率 22.43%。举办第九届“中国河北高层次人才洽谈会”，发动全省 210 家重点单位参会，提供岗位 6217 个，3900 余名硕博人才参会，1048 人与用人单位达成引才意向。举办“农业专家科技扶贫专项活动”，促成 50 项农业技术与 102 家单位进行对接，48 对次项目达成合作意向，19 对次项目进行了合作签约。

三　河北省人力资源服务业发展面临的挑战

河北省各地人力资源市场建设和人力资源服务业发展虽然有了较大的进步和提高，但距离人才强国和就业优先战略以及省委省政府确定的战略任务和经济发展对人力资源服务的要求还有一定的差距，对照先进省份的成效水平，河北省人力资源服务业发展仍面临着很大的困难和挑战，主要表现在以下方面。

（一）产业规模较小，市场竞争力较弱

从机构数量、发展规模和营业收入来看，人力资源服务机构规模普遍较小，市场竞争力弱，缺乏有影响的自主品牌，行业整体规模与人力资源大省的地位不相匹配。人力资源服务机构整体实力偏弱、规模普遍较小，缺乏有影响的、竞争力强的自主品牌。服务业态仍以传统项目为主，同质化较重；行业管理人员和从业人员能力素质普遍不高，人力资源服务产业园建设相对较慢，行业发展对国民经济贡献率还较低等。在援疆援藏工作方面，受机构改革影响，职能从未直接涉及改革的学校和医院征集岗位需求，范围比较小，面比较窄，招聘效果不是很理想。特别是西藏自治区高校毕业生受观念影响，不愿到内地就业，报名不踊跃，用人单位可选择的余地较小。此外，

虽然河北省民营企业需求量大，岗位丰富，但是大多数毕业生仍然不愿意选择到企业就业。

（二）从业人员素质偏低，创新能力有待提高

从业人员中，大专及以下学历人员 10563 人，占总人数的 64.79%；未取得职业资格 10842 人，占总人数的 66.51%。服务业态仍以传统项目为主，多数企业业务单一，同质化较重，缺少核心竞争力的自主产品。充分运用大数据分析、监测就业形势的能力不足，积极防控各类风险、完善失业监测的预警功能有待提升，及时掌握、监测在职人员变动情况，适时发布预警信息的及时性和有效性还不够。

（三）管理精细化水平有待提升

对照省政府“互联网 + 政务服务”工作要求，人力资源档案管理信息化水平有待增强，流动人员档案管理部分业务实现网上受理，距离“一网通办”的工作要求还存在一定差距。党员管理精细化水平有待增强，虽然流动党员基本信息已实现网格化管理，但流动党员在线学习、远程动态管理等精细化管理服务还不够。流动人员人事档案信息化建设进度有待加快，部分城市由于资金到位不及时，严重影响了全省工作进度，由于设备条件、人员更换等原因，人事档案数字化质量需要进一步提高。

（四）服务层次和质量不高，产业集聚不够

由于产业基础等因素的影响，各地发展尽管势头较猛，但服务层次质量均需不断提升。全国已有国家级人力资源服务产业园 15 家，省级人力资源服务产业园 60 余家，河北省人力资源产业园建设才刚刚起步，仅邯郸市一家挂牌运营，石家庄市、沧州市、唐山市人力资源服务产业园有实质性动作，其他地区尚处于规划阶段。从人员结构方面看，高校毕业生就业上，就业供大于求的格局未改变，结构性就业矛盾凸显，人才培养和人才需求存在差距。

（五）资金投入支持仍显不足

当前市场仍处于改革过渡时期，面临家底薄、队伍大、没经费、少资金、运营难的实际情况。各级人社部门虽然承担了服务人才、服务就业的公共服务职能，但所开展的绝大多数公益就业活动没有纳入就业资金支持范畴，人员经费更是没有保障，一些公益活动开展依赖市场收入反哺，在政府购买项目、公共服务业务开展及财政专项经费保障等方面亟需政策性倾斜支持。

四　河北省人力资源服务业的发展展望

当前，河北省正处于历史性窗口期和战略性机遇期，推动京津冀协同发展、雄安新区规划建设、筹办北京冬奥会等国家战略、国家大事为人力资源服务业发展提供了难得的历史机遇；结构调整、转型升级必然需要高质量人力资源服务提供新动能；支持民营企业发展、开展“双创双服”活动为人力资源服务业提供了有利发展环境。为此河北省应充分把握当前人力资源市场建设面临的机遇和挑战，加强顶层设计和统筹规划，站在新时代起点上开创河北省人力资源市场建设工作新局面。

（一）加强人力资源市场体系建设

健全完善人力资源市场法规体系，深入学习宣传贯彻《人力资源市场暂行条例》，研究起草《河北省人力资源市场条例》。加强人力资源服务诚信体系建设，做好“河北省人力资源诚信服务示范机构”认定工作，开展服务机构诚信服务主题创建活动，打造人力资源诚信服务品牌。加强行业标准体系建设，认真落实京津冀人力资源服务区域协同地方标准，引导和组织人力资源服务机构等级评定，完善京津冀人力资源市场管理区域协同机制。深化京津冀人力资源服务协同发展。引导人力资源服务机构对标达标和参加等级评定。完善三地人力资源市场管理区域协同机制，搭建人力资源流动平台，促进三地人力资源的合理流动和有效配置。进一步完善市场监管体系。要巩固“放管服”改革成果，理顺与行政审批部门的衔接配合，规范实施人力资源服务许可；要创新事中事后监管，主动接受社会群众监督，积极营造良好的市场环境；要加大执法监察力度，密切与劳动监察部门的协调配合。

（二）实施更为可行的人力资源服务发展行动计划

实施更为可行的人力资源服务发展行动计划，开展“双百十园两规范”建设，通过放宽市场准入条件、政府扶持引导、推进产业集聚发展、培育优质服务品牌、优化行业发展环境等主要措施，河北省人力资源服务行业年营业收入力争2020年突破300亿元，培育100家行业骨干企业、100名行业领军人才，建设10家人力资源服务产业园。以全省首家人力资源产业园——邯郸市人力资源市场·产业园已挂牌运营为契机，支持雄安新区、石家庄市筹建国家级人力资源服务产业园。依托已有的行业基础和产业优势，推进沧州市、唐山市产业园建设，打造人力资源服务产业创新发展平台，构建规模高、辐射力广、影响力强的多层次产业园区布局，以集聚发展带动整体跨越。

（三）加快人力资源市场平台升级改造

加强和改进全省公共就业服务平台，加快实现市场平台的招聘信息自动发布、“互联网＋”人力资源服务等功能，提升公共就业和人才服务的便捷化、信息化和专业化程度。完善“流动人员人事档案公共服务管理信息系统”，在技术应用和数据库建设方面实现与部系统的规范对接，做好信息系统在全省的推广应用工作，指导各市陆续开展档案信息化和数字化工作。制定河北省流动人员人事档案基本公共服务经办标准，提高人事档案管理服务的标准化、规范化水平。

（四）扎实推进重点领域项目实施

认真落实中办《关于鼓励引导人才向艰苦边远地区和基层一线流动的意见》和河北省《关于鼓励引导人才向艰苦贫困地区和基层一线流动的若

干措施》，推动人力资源服务机构引导各类人才向一线流动。深入推进京津冀人才一体化，深化三地间交流互通融合，制定雄安新区引进海内外高端人才的政策及细化配套措施，吸引集聚全球高端创新创业人才服务新区建设发展。针对冬奥会筹办人才需求，推进实施冬奥人才专项行动计划。对接发展亟需用好各类人才项目资源，加大人才助推产业转型升级力度，聚焦乡村振兴急需人才重点领域，着力创新人才培养、激励、流动机制，促进人才与土地、资金、产业汇聚融合，强化提升人才支撑保障成效。做好重点群体就业服务工作，多领域助力就业扶贫攻坚。利用好市场平台作用，积极开发适合贫困地区劳动力的公益性岗位，创新举措开展精准扶贫工作。

（五）加大政策和资金扶持力度

按照2016年7月河北省委、省政府在《关于深化人才发展体制机制改革的实施意见》及2019年1月人力资源和社会保障部在《关于充分发挥市场作用促进人才顺畅有序流动的意见》中明确提出的“推进人才管理服务市场化，安排专项资金扶持人力资源服务业发展”“支持各地设立人力资源服务业发展专项资金”等有关要求，严格履行各级政府培育和发展人力资源服务业的法定职责，学习江苏、山东、浙江等先进省份的做法，探索建立人力资源服务业发展专项资金，进一步推进行业快速发展，激发社会参与热情。

（六）营造人力资源服务业发展良好环境

深入实施省、市、县三级党委领导同志直接联系服务专家制度，大力开展“弘扬爱国奋斗精神、建功立业新时代”活动，落实“燕赵英才服务卡”制度。扩大人力资源市场对外开放，吸引知名人力资源服务机构在河北省投资设立企业。加强行业人才队伍建设，多层次、多渠道培养人力资源服务专业人才。加大执法监察力度，形成事中、事后监管机制，落实“双随机一公开”和年度报告公示制度，开展清理整顿市场秩序专项行动，做到对违法者“利剑高悬”，对守法者“无事不扰”，努力把各类人才团结凝聚在党的周围，引导激励各类人才为新时代建设经济强省、美丽河北贡献才智。

B.22
山东省人力资源服务业发展状况

张　龙*

摘　要： 人力资源服务业在大环境的波动下，增长保持良好势头，同时也显现阶段性特征，经济附生性特点在2018年表现较为明显。《人力资源市场暂行条例》的颁布为发展带来新的动力，政府继续加大推动力度，市场保持充足发展信心。人力资本服务新动能、新增长点研究实践破题，预计将会带来重大发展机遇。本文主要针对2018年山东省人力资源服务业综合状况，对行业发展做了简要分析。

关键词： 山东　人力资源服务业　行业监管

2018年山东省按照习近平总书记“走在前列、全面开创”的总要求，扎实推动全省高质量发展，围绕实施新旧动能转换、乡村振兴、海洋强省等重大战略，优化要素资源配置和生产力布局，着力发挥市场调节作用，构建协同发展体系。在这样的大背景下，如何以市场化的手段实现第一资源的有效开发配置、提升社会管理效率、增强市场主体综合竞争力，为高质量发展提供新动能，成为各界关注重点。作为全面服务于经济社会发展的人力资源服务业，也被各地寄予了厚望。在稳中求进的总基调下，山东省人力资源服务业同全国一样，保持了继续增长态势，行业预期保持坚定向好，产业园建

* 张龙，山东省人力资源和社会保障厅职业能力建设处处长，主要研究领域为人力资源市场和干部人事管理。

设向更高起点和更加精准化发展，相对薄弱地区政府推动力度加大、市场氛围升温。2018 年，全省人力资源服务业年营业收入达到 534 亿元，全年共为 1.3 亿人次的劳动者和 130 万家次用人单位提供了人力资源相关服务。同时，人力资源服务行业也跟随经济社会的转型发展，进入了质量提升、服务创新、优化调整的蓄势发展阶段。

一　2018年全省人力资源服务业主要发展指标分析

（一）行业规模

2018 年，全省人力资源服务业营业收入 534 亿元，与 2017 年相比增长 13.7%，总量在全国所处位置未发生变化，但增长速度低于全国 22.9% 的水平，这种情况为自 2014 年以来的首次出现。不考虑各地统计口径差异和其他影响因素，营收增长速度的明显降低，可能预示着山东人力资源服务业发展大概率渡过了新兴产业早期的快速膨胀阶段，进入了一个短暂的平台期。从外部因素上看，营收数据客观上也反映出行业发展的附生性特点，2018 年，山东处于新旧动能转换和结构性改革的调整攻坚时期，GDP 增速相对放缓，各类市场主体大都处于转型阶段，固有传统市场需求会有所下降。同时，大环境下社会资源向省内重大战略方向和重点产业集中，而起步相对较晚的省内人力资源服务业受高端服务结构性偏弱的制约，没有快速跟上宏观产业调整步伐，缺乏针对性研究和创新，主要业务仍然集中于传统人力资源服务领域，推动工作和服务机构都有反应滞后的情况，需要加大对高端人力资源创新服务的支持引导力度，加速人力资源服务业转型升级。

（二）营收结构

全省 534 亿元人力资源服务业营业收入中，代收代付部分为 447 亿元，占比 83%，比较分析近几年国内部分省份人力资源服务业营收结构和当前市场需求情况，这一比例应处于合理区间范围。对于产业门类齐全、产业链完整且人力资源丰富的国家，市场主体的基础人力资源服务需求量，如财务管理、社保服务、员工关怀等业务规模，将长期占据高比例状态。从绝对数量上分析，2018 年山东人力资源服务业的营收增长为 65 亿元，代收代付部分增长 77 亿元，贡献全部来自代收代付，其他部分还有所下降。相对低端意义上的服务增长占主导的现象，符合市场初期规模扩张阶段的普遍特征。同时这也与宏观经济层面上的转型调整相关，2018 年全省劳务派遣服务单位增加 35%，派遣人数增加 9%，一定程度上体现了转型期市场主体规避不确定风险对人力资源服务的映射。

（三）机构数量

截至 2018 年，全省人力资源服务机构达到 2660 家，增长 22%，明显高于 2017 年 15% 的增长速度，增长全部为民营机构，新增 494 家。在行业营业收入增速放缓的情况下，市场服务机构数量大幅增加，释放出了社会、资本对人力资源服务业预期向好的强烈信号。从宏观上，2018 年国家颁布实施的《人力资源市场暂行条例》，不仅仅是对人力资源市场发展的立法规范，更重要的是标志着人力资源服务行业经过多年的产业研究、市场发展、创新实践，明确得到了国家层面上的重视，以立法形式对全国人力资源服务行业的发展明确了政府推动职责，坚定了市场信心。同时，许可程序简化、许可事项减少、降低行业参与门槛等措施，也为人力资源服务行业注入了活力。机构数量的多寡与行业的发展并非始终存在正向关系，但在新兴产业上升初期，其正向含义明显，也是未来预期的基础。

（四）从业人员

与机构数量增长相对应，2018 年全省人力资源服务行业从业人员增长 16%，达到 4.88 万人，增幅大大高于 2017 年的 4.5%。其中，研究生以上人员增加 13%，本科生增加 11%，均高于 2017 年增长速度（研究生以上人员在 2017 年出现了负增长）。机构平均从业人数在 2016 年达到 21 人后，连续两年小幅下降，2017 年平均 19.3 人，2018 年平均 18.4 人，略高于全国机构平均 18 人的水平。总体看，在机构数量增加较快的情况下，机构平均从业人数基本保持平稳，表明新注册人力资源服务机构大多对行业前景看好，对机构经营业务抱有较好信心和预期。同时，在 2018 年由省级项目支持的从业人员培训班报名情况踊跃，尤其是人力资源服务业发展相对薄弱的西部地区，培训需求和培训意愿较高，也充分反映了人力资源服务机构规范化发展的普遍意愿。

二　人力资源服务业发展环境分析

人力资源服务业是新兴生产性服务业，但又具有其他典型性新兴产业所不具备的特征和价值。一方面其几乎服务于所有市场主体和社会主体，另一方面其部分甚至大部分价值效益是体现在直接经济指标贡献之外的。也正是这一特点，在推进发展过程中，往往会遇到政府重视程度不够、社会认知不足的问题，发展初期尤其突出。经过几年的历程，加上高质量发展的内在需求，对市场决定性作用的高度重视，人力资源服务业发展的环境也快速得到改观，发展共识逐步形成。

（一）政府推动效应引领环境优化

1. 持续政策引领

2018 年，省人力资源和社会保障厅着力落实《山东省人力资源服务业转型升级实施方案》，针对产业规模素质提升、市场供给充足、创新能力增强、自律体系健全、市场环境优良等发展目标，按照推进人力资源服务业集聚发展、培育骨干企业、鼓励产品创新、扩大行业影响力、加强行业队伍建设、支持规范行业组织、加快政府职能转移的工作路径，加大了人力资源服务产业园建设和省级扶持资金的引领作用发挥，年度支持全省 6 大类，共 73 个项目，有效激发了各地发展动力，尤其是西部薄弱地区，通过资助项目的实施，对人力资源服务业业态的重视程度和支持力度都有显著提升，对人力资源市场化配置作用以及增长点的认识逐渐明晰。

2. 高度重视产业园建设

2018 年，各地高度重视人力资源服务产业园建设，共新增省级产业园 5 家，全省累计已建设 1 家国家级、16 家省级人力资源服务产业园。省级产业园的发展坚持合理布局、适度超前，因地制宜、鼓励探索的原则，在布局选择上多为坐落于区域中心城市，与经济社会发展相匹配。17 家园区分布于全省 13 个地级市，在建设机制上多为政府主导，也有企业参与建设的探索。在管理模式上主要按政府主导、市场化机制运营的方向进行构建。产业园建设的加快也充分表明了人力资源服务业产业地位的提升，如济南市已经将人力资源服务业发展、人力资本创新研究作为市委、市政府主抓任务，专门立项建设建筑面积达 13 万平方米的人力资源服务产业园 CBD 核心园区，规划构建 CBD 核心园区加历下区省级产业园、高新区省级产业园的一园多区式济南人力资源服务产业园。目前，历下园区 1.7 万平方米、高新园区 5.9 万平方米均已投入使用并获评省级园区；CBD 园区计划将于年底封顶，重视程度可谓空前。更具发展意义的是，处于省级园区空白状态的西部三市已将人力资源服务产业园建设，作为产业突破手段优先加以推动。园区建设不仅是集聚产业，更直接反映了产业发展环境的优化。

3. 有效拓展市场

市场环境优化的一个重要表现，体现在社会氛围上，由于市场需求的不断释放和各界认知深度的提升，依托产业园组织的市场拓展活动已经由推动导向，逐步转向了市场需求导向。年度举办大型活动显著增加，且参会踊跃，“海洽会人力资源板块活动”“中国人力资本论坛烟台站”“济南人力资源服务高峰论坛”“日照人力资源服务业论坛”等活动的举办，不仅业界积极参与，也更多地得到了目标客户的关注。而在举办方式上则更加市场化，体现出更多的积极因素。

4. 缩小东西部差距

人力资源服务业对区域经济社会发展具有非常重要的基础支撑作用和引领作用，尤其是在高质量发展的要求下，发挥好市场配置资源的决定性作用、科学配置人力资源、提升人力资源管理水平至关重要，但人力资源服务业同时又具有典型的经济附生性，对于已经形成人力资源服务业薄弱局面的经济欠发达地区，一方面要快速提升人力资源配置管理市场化能力，同时又面临地方经济客观需求不足、吸引力不够问题，不易引起地方经济发展的重视，推动起来具有一定难度。这种情况在全省产业园建设过程中已得到改观，产业园建设除集聚人力资源服务机构、促进发展外，其对薄弱地区的观念转变具有立竿见影的作用；同时，相对发达地区人力资源服务产业园的直观示范作用也使建设共识更易达成。结合公共服务推动建设园区、集聚机构普及业态概念、业务示范更新客户观念进而达成发展共识，是相对薄弱地区加速弥补短板的有效路径。通过产业园建设的破题，薄弱地区人力资源服务业发展的行政环境得到了明显改观。

（二）市场供需双方活跃度向好

1. 目标客户积极参与

因为发展起步较晚，尤其是相对发达地区在人力资源配置和人力资源管理上存在的观念差距，山东的人力资源服务目标客户大多对市场化服务的接受度较差，属于市场需求释放不足的地区。国有企业人力资源管理普遍存在机关事业化倾向，而民营企业则对专业化服务机构的深度介入存有一定戒心。这种情况在2018年有了积极的变化，面向国有企业CHO及HR组织的专题培训班，得到了国资系统和国有企业非常的积极响应，面向人力资源服务机构的从业人员培训班也吸引了许多客户企业HR的积极参与。自2015年开始不断组织的论坛展会活动，近两年发动难度已经明显减小，许多企业高管已开始主动加入寻求合作、更新管理理念。表明各类市场主体已经对开放竞争市场环境下带来的管理效率压力产生了积极响应，寻求企业管理、人力资源配置服务的主动意识增强，这是人力资源服务业进入良性发展的重要前提。

2. 服务机构布局加快

从优质人力资源服务机构的近两年发展情况看，外来大型服务机构在经过进入山东市场的初期阶段后，加快了在全省各地设立分支机构的步伐，方式也由合作试水，逐渐加大了直接参与力度。本土优质机构在经历了外来机构的冲击、吸收先进理念后，有了重新定位发展的需求，开始更加注重与金融资本的结合。截至2017年，山东已有6家人力资源服务机构在新三板上市，体量相对较大、业务占有率较高的机构开始谋求主板上市融资，以求在将来的进一步发展中占据主动地位。另外，一些机构根据几年来的发展情况和新形势下的定位，主动进行了业务调整，通过收购加强主营业务、占领市场，通过剥离非主营业务，集中力量拓展主要关切，市场主体的自发调整和布局，预示着新兴产业膨胀发展后的第一轮洗牌过程可能临近。

3. 行业整体意识增强

相对于市域管理，省域管理面临的区域差别更为复杂，统一性较低。当行业发展到基本形成规模后，对于行业的监管、发展的推动以及理论实践，会出现效率不足和角色定位不清的问题，需要由行业组织承接部分职能发挥应有作用。按照上年的情况分析，以及行业自我规范发展意愿的增强，我们认为省级协会的建设时机已经成熟。本着政府指导、市场发起的原则，坚持避免形成个别机构利益绑架、保证协会组织公益责任目标的筹建方向，遵循行业协会的规范化筹建流程，开展了省级人力资源服务行业协会建设工作，目前前期协调和筹备已基本完成。同时，相对规范和具有代表性的部分市域协会组织，也逐渐开始发挥行业代表作用，组织活动明显增加。行业自身明显对维护形象、增加话语权、参与政府决策等发展大计更加重视。未来省级协会成立后，如何有效开展协会活动，真正发挥政府与市场的桥梁作用，仍需不断探索实践。

（三）法制建设填补空白

保证新兴市场发展的正确方向，避免形成无序状态，需要及时确立基础法制环境，国务院在2018年颁布实施的《人力资源市场暂行条例》及时填补了空白，为人力资源服务行业健康发展提供了法律保障。由于人力资源服务业务的跨地域特征，以及新技术带来的边界模糊现象，地方性法规已经不能有效解释一些跨地区的行为准则，以及不同地区的产品创新合规问题。国家《人力资源市场暂行条例》作为全国性上位法规，不仅确立了统一的市场行为准则、政府权力清单，同时，放宽了市场准入条件、明确了政府对人力资源服务业的发展责任，对于处于成长阶段的人力资源服务业发展环境是重大利好。

三　人力资源服务业发展面临的新问题

任何新兴产业在由小到大、由大到强的发展过程中，都会不断出现需要面对和解决的新问题，这其中有产业自身进步中的问题，也有宏观环境变化带来的挑战和机遇，需要政府和市场一道及时研究、及时应对。

（一）行业监管方面

1. 备案制度带来的新问题

《人力资源市场暂行条例》颁布实施后，除职业中介业务外，机构开展其他人力资源服务业务，只需要事后备案即可，这对政府监管提出了不小的挑战。目前对于备案管理的方式各省份都不尽相同，有作为比照实质性备案批复管理的，也有作为告知性备案处理的，各有支持理由。山东省目前正在梳理政府部门权责清单，思路上是采取备案批复告知的形式，一方面考虑到有利于市场运行中的执法监管；另一方面由于《人力资源市场暂行条例》刚刚实施不久，许多机构反映很需要行政机关的背书文件向客户证明合法性。但这种方式带来的现实问题是客观上增加了申请机构的工作量，按规定办理一次行政许可后，开展其他业务时还需要一次或几次办理备案。随着《人力资源市场暂行条例》贯彻的深入，我们比较倾向于网上开放式备案的方式，自主备案、社会公开，随机抽查、信誉挂钩。是否合理还需要探索实践以及较高层面上的研究。

2. 与行政审批制度改革的衔接问题

以山东省为例，当前正在实行许可事项集中审批制度改革，成立专门实体化的行政审批机构，一窗受理、一次办结，极大地方便了社会主体，但同时也带来了监管职能和职责的划分问题，现在看可能会带来行政层面和法律层面的责任交叉问题。同时，在业务划分上，对于备案事项的职能归属问题也出现了分歧，从避免机构多次办理的角度出发，我们目前是与行政审批一同归属办理来考虑，但也存在下一步的不确定性，仍需在实践中加以完善。

（二）产业发展方面

1. 对业态创新的规范问题

鼓励创新是国家的重大战略决策，尤其是作为具有引领性的人力资源服务业，面对时代变革没有固定经验模式可借鉴，只有不断创新实践，才能形成新动能、新增长点，才能为整个经济社会发展做出应有的贡献。在这一过程中，需要及时跟踪研究市场创新行为，做好保障工作。2018 年，省内有人力资源服务机构利用一些僵尸企业或代理客户的名义，与应届高校毕业生签订不实就业协议，客观上满足了高校就业要求，也帮助毕业生实现了城市落户或其他目的需求，表面上看似是因市场需求而产生的针对性服务，但加以分析就发现这种服务违反了《人力资源市场暂行条例》的相关规定，同时也对其他相关政策实施造成了负面影响。对这一问题的处理过程也提醒监管者，加强对产业深入研究，对违法违规行为及时甄别，为日益活跃的人力资源服务产品创新活动提供法律法规和政策保障服务。同时对诸如灵活用工产生的劳动关系管理等问题加强顶层理论研究，保证产业安全健康发展。

2. 对服务机构经营发展的挑战和机遇

2018 年对人力资源服务行业最大的震动，是社保征缴体制的改革，这项改革措施是保障基金安全运行、维护劳动者合法权益的重要举措，但同时也对人力资源服务机构传统业务造成了冲击。当前，占人力资源服务行业营收 80% ~90% 的代收代付业务，主要由工资福利和社保缴费组成，这也是众多机构的主经营业务或单一业务来源，影响较大。近多半年观察，一些机构正在考虑下一步的自我应对调整，预计可能成为行业优胜劣汰、提质增效的机遇期。由于行业特点决定了人力资源服务行业客户的黏性较强，对于优质服务机构而言，正是调整与客户关系定位、共同开发创新产品、升级服务质量从而走向高端合作的好时机。宏观预计将有效催动人力资源服务向高端转型。事实上在这一过程中，一些优质机构已经做出了调整，发现了新的商机，比如一些机构已经投入力量或跨界合作，开始介入预期将会爆发增长的个人税务代理服务。

（三）产业形象方面

无论是全国还是山东省，发展热度和指标数字都表明，人力资源服务业在政府重视程度和社会关注度方面都有了极大的提高，近几年，国内专家和实践先行者不辞辛劳，为行业的拓展做出了极大贡献，社会氛围不断升温。但繁荣背后的问题也需要引起高度关注，许多地方政府对人力资源服务业的重视，大多源自发达地区所呈现的营业收入、税收贡献等指标的样板效应，并没有真正认识到人力资源服务行业对经济社会运行、企业管理、人力资源配置、高质量就业、人力资本增长，进而对高质量发展和社会稳定所起到的关键基础性作用，而这些才是人力资源服务业的最大价值所在。同时在行业形象上，还普遍存在将人力资源服务业与职业介绍等同、与代理服务等同的现象，对管理咨询、深度嵌入式服务远远了解不够。发展到目前阶段，特别需要行业共同努力，尽快扭转这种情况。得到正确的对待，有了准确的定位，人力资源服务业下一步才能有更好的发展、才能充分体现其真实价值。对此我们已经开始尝试在一些培训活动中，增加前沿业务知识，抛出最新理论观点，以期逐步改变社会认知。也期待理论实践专家能对人力资源服务业的社会作用，重点做一些量化研究，完整呈现行业特点。

四　人力资本服务的破题探索

党的十九大提出在人力资本服务领域形成新动能、新增长点后，社会各界高度关注这一新命题，但目前更多的是处于较为朦胧的阶段。学术上没有统一完整的概念体系，实践中也没有产生明确的落实路径和目标指向。人力资本服务作为人力资源服务的目标价值定位，需要探讨宏观发展路径，也需要解析人力资本增长途径，更需要有人力资本价值实现的措施。人力资本无论是对经济社会发展还是对人力资源服务业务都是一座富矿，但需要挖掘。从2017年开始，济南市委、市政府将人力资本研究和人力资本服务实践工作提到了重点工作任务的高度，并率先落地实践。结合高新区产业集聚优势，市政府出资成立了济南人力资本研究院，依托高新区人力资源服务产业园，建立产研结合平台，探索人力资本价值与金融资本的对价信用机制，目前已经上线“人才有价”数据平台，实现了人力资本产学研的破题。人力资本概念的确立给出的既是战略方向，也是行动目标，济南市的创新模式是一种大胆的探索，迈出了第一步，也有望为全国范围的实践提供研究样本。

五　下一步人力资源服务业的发展预期

从山东的发展情况看，2017年报告所做的结构调整带来机遇、全球化发展空间广阔、国内需求持续释放、人力资源服务业角色定位不断明晰等远景分析，虽然面临当今国际环境变化的影响，但基本预期并不会改变。在微观层面上预计下一年度将有几个预期表现。

（一）与重大战略结合度将会提升

产业进步离不开大的发展环境，当前山东正在以新旧动能转换重大工程为引领聚焦乡村振兴、经略海洋、军民融合等重点工作，推动经济社会高质量发展。围绕重大战略领域，无论是政府投入还是社会资本都会有大幅的倾斜，相应地也会产生巨大的资源再配置需求，这对人力资源服务机构而言，一定蕴藏着很大的商机，也是考验人力资源服务机构市场反应能力和社会责任形象的时候，预计优质服务机构对此会更加关注。

（二）人力资本研究将开始由“热词”转向“热点”

由人力资源到人力资本，并不只是一个名词的转变，也不是完全同样的内涵，更多的是两个层面上的概念。当把要素的资本面作为观察视角时，必然带来相应的资本属性研究，又由于人力资本的特殊性，也必然在价值衡量、价值培育和价值实现上产生独具特征的体系化研究成果，并会迅速映射到实践之中。经过近两年的发酵，加上市场的需求，人力资本领域预计将开始成为理论实践热点。

（三）省级行业协会将会发挥重要作用

完成省级行业协会的组建，并规范化运转，是一项重要任务，如顺利达成并能够保持承担发展规范责任、维护行业利益、贯彻大政方针、参与政府决策的建设初衷，将为山东人力资源服务业发展增添关键动力。

（四）预期行业经营会存在一些不确定性

世界格局的变化，尤其是贸易保护主义的抬头，将为经济发展带来不确定性，作为关联各个产业门类的人力资源服务业也将有即时的联动反应。但中国前进的步伐已不可阻挡，人力资源服务业仍处于发展的黄金期，能积极应对的机构将脱颖而出。

B.23
挂牌“新三板”人力资源公司经营状况分析

郑怡玮　陈巍*

摘　要： 本文以“新三板”人力资源公司为研究对象，分析了其财务效益、发展能力等状况。研究显示：截至2018年12月底，在“新三板”挂牌的69家人力资源公司，盈利能力逐步增强，2016年、2017年、2018年三年的平均年利润超过500万元的有16家。外包派遣类公司总体规模偏小，盈利能力有所提升；招聘猎头类公司亏损较多；咨询培训类公司二八分化，个别公司业绩亮丽；HR软件服务及其他业务类公司总体盈利状况最好。

关键词： “新三板”　人力资源公司　经营状况

按照人力资源和社会保障部公布的统计数据，我国人力资源服务业2017年的营业收入达1.44万亿元，同比增长21.87%。快速增长的人力资源服务业，吸引了包括各类投资在内的各方关注，某某公司获得投融资等消息频频传出。但由于相关企业经营和财务等信息不透明，这些投融资信息难以被确认，对相关企业的经营发展情况也很难做有效分析。

目前，在“新三版”挂牌的人力资源公司已超过60家。这些“新三板”公司的信息披露相对规范，或可窥斑见豹，从一个侧面反映人力资源

---

* 郑怡玮，上海晨达人力资源股份有限公司董事会秘书助理；陈巍，上海晨达人力资源股份有限公司董事长，主要研究领域为人力资源服务产业发展。

服务企业的经营状况。

本文分析“新三板”人力资源公司的经营状况，数据全部摘自“全国中小企业股份转让系统”① 上各公司发布的年报、公开转让说明书及相关公告，或根据年报、公开转让说明书等披露的数据计算得出。

根据公司主营业务，结合各类业务营业收入占比，本文把人力资源公司分为外包派遣类、招聘猎头类、咨询培训类、HR 软件服务等其他业务类等四类②，四类共有 69 家。2018 年底前挂牌“新三板”的公司，包括外包派遣类 30 家公司③、招聘猎头类 12 家公司④、咨询培训类 19 家公司⑤，分析了这 61 家企业的财务指标，汇总详见文末附表 1、附表 2、附表 3⑥；HR 软件服务等其他业务类共 8 家公司⑦，因公司家数较少等，未按分类汇总财务指标。

---

① 参见全国中小企业股份转让系统官网，http：//www. neeq. com. cn。

② 对具体公司的归类可能与公司自述的主营业务有差异。

③ 包括智通人才（830969）、点米科技（831235）、快乐沃克（831662）、蓝海股份（831825）、企源科技（833132）、起点人力（833417）、前程人力（833486）、华勤互联（834067）、三人咨询（834143）、杰艾人力（834313）、中融股份（835041）、联通人力（835295）、南深股份（836122）、浙商企业（836418）、泛亚人力（836995）、慧博人力（837448）、晨达股份（837633）、圣邦人力（837953）、海峡人力（837983）、越吴股份（839359）、远茂股份（839551）、欧孚科技（839763）、聚英人力（839917）、华中人力（870557）、德衡人力（871674）、新联股份（871783）、华顺股份（871903）、腾飞人才（872522）、卓彩股份（872624）、天保人力（872779）等 30 家公司。

④ 包括万泉河（430434）、一览网络（833680）、倍智测聘（833907）、纽哈斯（834464）、东方网升（835191）、金色未来（836062）、九博科技（836761）、举贤网（836921）、经邦东学（837135）、云公社（838044）、联洋人才（838247）、百城人才（872448）等 12 家公司。

⑤ 包括景格科技（430638）、行动成功（831891）、汉哲咨询（832830）、希尔股份（833154）、起航股份（833380）、博商管理（836000）、北森云（836393）、鑫日科（836672）、上海功途（836974）、时代华商（838284）、罗科仕（838416）、中人网（838566）、华商智联（838863）、清大教育（839818）、传智播客（839976）、仁达咨询（870311）、华普教育（870385）、艾美迪（870587）、大业堂（872126）等 19 家公司。

⑥ 附表 1、附表 2、附表 3 的数据计算方式如下：①“合计值”为各公司数据加总；②“平均值”为合计值除以公司家数；③“人均值”为各公司人均值加总后除以公司家数。“公司人均值”为公司相应项目的值除以员工人数；“员工人数”为期初人数加期末人数除以 2，未公布期数人数的取期末人数，不包括派遣、代理、外包项目员工。

⑦ 包括宏景软件（831225）、山大地纬（831688）、万古科技（832085）、全美在线（835079）、紫极科技（836678）、大易云（837911）、北科天翼（870072）、关爱通（871282）等 8 家公司。

一　经营状况

（一）外包派遣类

1. 综述

（1）企业规模小，营业收入持续提高

2018 年平均每家公司的年营业收入为 62307.89 万元，比 2015 年增长 40.18%。2017 年上海外服营业收入为 1100 亿元，中智为 646.42 亿元，北京外企为 506 亿元①；“新三板”挂牌公司中营业收入最高的海峡人力为 30.27 亿元，仅为上海外服的 2.75%、中智的 4.68%、北京外企的 5.98%。

因外包派遣类企业的营业收入包含外包派遣等业务的代收代付部分，因此另外汇总了毛利数据。2018 年平均每家公司的毛利为 3667.96 万元，比 2015 年增长 262.79%，毛利持续增长，且增幅高于营业收入。

（2）盈利能力改善，趋于稳定

“新三板”挂牌的外包派遣类公司，除企源科技、海峡人力、智通人才等少数几家外，绝大部分盈利能力不强，但仅有少数几家呈下滑趋势。2018 年平均毛利率 9.82%，比 2016 年下降了 0.36 个百分点，比 2017 年上升了 0.87 个百分点，总体趋于稳定。

归属于挂牌公司股东的净利润，2018 年平均每家公司为 1117.41 万元；出现亏损的公司，2018 年没有，2017 年有 5 家，占 19.23%，2016 年 6 家，占 21.74%。归属于挂牌公司股东的扣非后净利润，2018 年平均每家公司为 809.15 万元；出现亏损的公司，2018 年有 4 家，占 20%，2017 年有 7 家，占 26.92%，2016 年有 12 家，占 42.86%。

---

① 上海外服、中智、北京外企的营业收入摘自中国企业家联合会（http：//www.cec－ceda.org.cn/）、上海企业家联合会（http：//www.shec.org.cn/）公布的“中国企业 500 强”“上海企业 500 强”相关数据。

依据归属于挂牌公司股东的净利润计算的加权平均净资产收益率，2018平均每家公司为17.97%，比2016年上升9.07个百分点；依据归属于挂牌人司股东的扣非后净利润计算的加权平均净资产收益率，2018年平均每家公司为9.72%，相比前两年呈上升趋势。基本每股收益，2018年平均每家公司为0.40元，比2016年上升48.15%。

（3）对政府补贴依赖度较高

平均每家公司历年归属于挂牌公司股东的净利润均高于归属于挂牌公司股东的扣非后净利润，2018年差额为308.26万元，2017年为288.76万元，2016年为270.20万元。各公司的非经常性收入（营业外收入），主要是各类政府补贴。

（4）资金进出量大，应收账款周转率高

平均每家公司2018年经营活动产生的现金流量净额为1365.98万元，平均应收账款周转率为41.62，明显高于其他行业。由于外包、派遣业务含代收代付部分，如应收账款的回款率过低，款项不能及时收回，可能会带给公司资金链断裂的风险。

2. 分类汇总的指标数据①

（1）营业收入

平均每家公司的年营业收入，2018年为62307.89万元，同比增长6.14%；2017年为58702.44万元，同比增长21.56%；2016年为48289.31万元，同比增长8.64%，2015年为44449.82万元。年营业收入最高的公司，2018年、2017年、2016年均为海峡人力，分别为353470.22万元、302600.77万元、259880.40万元。人均年营业收入，2018年为569.55万

① 纳入统计的公司，2018年为21家，蓝海股份（831825）、起点人力（833417）、泛亚人力（836995）、慧博人力（837448）、越吴股份（839359）、华顺股份（871903）因在2018年摘牌未计入，杰艾人力（834313）、欧孚科技（839763）因在2017年摘牌未计入，浙商企业（836418）因在2016年摘牌未计入。2017年为27家，杰艾人力（834313）、欧孚科技（839763）因在2017年摘牌未计入，浙商企业（836418）因在2016年主营业务变动，不再计入。2016年为29家，浙商企业（836418）因在2016年主营业务变动，不再计入。2015年为29家，天保人力（872779）因挂牌较晚，未公布2015年数据。

元，同比上升9.74%；2017年为518.99万元，同比增长6.22%；2016年为488.61万元。人均年营业收入最高的公司，2018年、2017年、2016年均为海峡人力，分别为3664.02万元、3236.37万元、3021.87万元。

（2）毛利

平均每家公司的经营毛利，2018年为3667.96万元，同比增长23.40%；2017年为2972.43万元，同比增长25.01%；2016年为2377.81万元，同比增长135.19%；2015年为1011.03万元。毛利最高的公司，2018年、2017年、2016年均为企源科技，分别为11610.90万元、11428.42万元、9681.23万元。人均毛利，2018年为25.29万元，同比增长18.96%；2017年为21.26万元，同比增长6.61%；2016年为19.94万元。人均毛利最高的公司，2018年为远茂股份，为62.72万元；2017年、2016年均为企源科技，分别为57万元、58.63万元。

（3）毛利率

全部公司的平均毛利率，2018年为9.82%，同比增长0.88个百分点；2017年为8.95%，同比降低0.98个百分点；2016年为10.19%。毛利率最高的公司，2018年、2017年、2016年均为三人咨询，分别为37.75%、42.38%、50.28%。

（4）归属于挂牌公司股东的净利润

平均每家公司的净利润，2018年为1117.41万元，同比增长75.69%；2017年为636万元，同比增长103.19%；2016年为313万元，同比下降27.81%；2015年为433.59万元。净利润最高的公司，2018年、2017年、2016年均为企源科技，分别为4082.28万元、4227.46万元、3558.47万元。人均净利润，2018年为9.67万元，同比增长60.19%；2017年为6.04万元，同比增长27.41%；2016年为4.74万元。人均净利润最高的公司，2018为新联股份，为51.43万元；2017年为远茂股份，为35.60万元；2016年为海峡人力，为24.23万元。

（5）归属于挂牌公司股东的扣非后净利润

平均每家公司的扣非后净利润，2018年为809.15万元，同比增长

133.02%；2017 年为 347.24 万元，同比增长 711.40%；2016 年为 42.80 万元，同比下降 84.58%；2015 年为 277.47 万元。扣非后净利润最高的公司，2018 年、2017 年、2016 年均为企源科技，分别是 3484.76 万元、3549.79 万元、2940.44 万元。人均扣非后净利润，2018 年为 5.79 万元，同比增长 68.42%；2017 年为 3.44 万元，同比增长，65.87%；2016 年为 2.07 万元。人均扣非后净利润最高的公司，2018 年、2017 年均为远茂股份，分别为 29.70 万元、21.91 万元；2016 年为海峡人力，为 24.05 万元。

（6）加权平均净资产收益率（依据归属于挂牌公司股东的净利润计算）

平均每家公司依据归属于挂牌公司股东的净利润计算的加权平均净资产收益率，2018 年为 17.97%，同比增长 4.86 个百分点；2017 年为 13.11%，同比增长 4.21 个百分点；2016 年为 8.90%，同比下降 6.21 个百分点；2015 年为 15.11%。依据归属于挂牌公司股东的净利润计算的加权平均净资产收益率最高的公司，最高 2018 年、2016 年均为新联股份，分别为 45.51%、71.83%；2017 年为快乐沃克，为 49.81%。

（7）加权平均净资产收益率（依据归属于挂牌公司股东的扣非后净利润计算）

平均每家公司依据归属于挂牌公司股东的扣非后净利润计算的加权平均净资产收益率，2018 年为 9.72%，同比增长 7.58 个百分点；2017 年为 2.14%，同比增长 139.05 个百分点；2016 年为 -136.91%，同比下降 141.79 个百分点。依据归属于挂牌公司股东的扣非后等利润计算的加权平均净资产收益率最高的公司，2018 年为圣邦人力，为 29.99%；2017 年为快乐沃克，为 46.14%；2016 年为新联股份，为 58.68%。

（8）基本每股收益

平均每家公司的基本每股收益，2018 年为 0.40 元，同比增长 45.39%；2017 年为 0.28 元，同比增长 2.93%；2016 年为 0.27 元，同比下降 17.95%；2015 年为 0.33 元。基本每股收益最高的公司，2018 年、2017 年、2016 年均为新联股份，分别为 1.95 元、1.30 元、3.66 元。

（9）两项费用

平均每家公司的两项费用，2018 年为 2509.47 万元，同比增长 7.10%；2017 年为 2343.06 万元，同比增长 23.13%；2016 年为 1902.89 万元，同比增长 22.61%；2015 年为 1552.03 万元。两项费用最高的公司，2018 年、2017 年均为点米科技，分别为 10637 万元、12053.02 万元；2016 年为快乐沃克，为 7859.63 万元。平均每家公司的人均两项费用，2018 年为 15.71 万元，同比增长 6.27%；2017 年为 14.78 万元，同比增长 7.52%；2016 年为 13.57 万元。人均两项费用最高的公司，2018 年、2017 年、2016 年均为企源科技，分别为 35.19 万元，32.51 万元，33.60 万元。

（10）经营活动产生的现金流量净额

平均每家公司经营活动产生的现金流量净额，2018 年为 1365.98 万元，与上年持平；2017 年为 1365.97 万元，同比增长 120.34%；2016 年为 619.94 元，同比增长 27.26%；2015 年为 487.13 万元。经营活动产生的现金流量净额最高的公司，2018 年为智通人才，为 5984.74 万元；2017 年、2016 年均为快乐沃克，分别为 5905.63 万元、5760.40 万元。

（11）应收账款周转率

平均每家公司的应收账款周转率，2018 年为 41.62，同比降低 2.31 个点；2017 年为 43.39，同比降低 6.38 个点；2016 年为 50.30，同比降低 8.23 个点；2015 年为 58.53。应收账款周转率最高的公司，2018 年、2017 年均为海峡人力，分别为 149.70、207.34；2016 年为前程人力，为 209.13。

（二）招聘猎头类

1. 综述

（1）营业收入持续增长，企业达到一定规模

平均每家公司的营业收入，2018 年为 3976.38 万元，比 2015 年增长 91.34%。科税国际 2018 年招聘业务的营业收入为 60660.26 万元（中高端

人才寻访44873.15万元，招聘流程外包15787.11万元）。[1] 猎聘2018年营业收入为122315.20万元。[2] 挂牌“新三板”招聘猎头类公司中营业收入最高的一览网络，营业收入是科锐国际的20%左右、猎聘的10%左右。

（2）盈利能力略有提升，持续亏损情况依旧普遍

平均每家公司归属于挂牌公司股东的利润，2018年为361.98万元，2015年亏损157.55万元。2018年出现亏损的公司有2家，占全部公司的22.22%。2015至2018年四年持续亏损的有1家，占1/12；四年中有三年亏损的为4家，占1/3。

2. 分类汇总的指标数据[3]

（1）营业收入

平均每家公司的营业收入，2018年为3976.38万元，同比增长23.76%；2017年为3212.94万元，同比增长33.68%；2016年为2403.45万元，同比增长15.65%；2015年为2078.15万元。营业收入最高的公司，2018年、2017年、2016年均为一览网络，分别为12325.38万元、8510.29万元、7389.45万元。人均年营业收入，2018年为20.31万元，同比降低28.72%；2017年为28.50万元，同比提高70.04%；2016年为16.76万元。人均年营业收入最高的公司，2018年为金色未来，为50.78万元；2017年为举贤网，为115.67万元；2016年为云公社，为39.15万元。

（2）毛利率

全部公司的平均毛利率，2018年为31.45%，同比下降16.15个百分点；2017年为47.60%，同比下降1.14个百分点；2016年为48.74%，同比下降13.40个百分点；2015年为62.14%。毛利率最高的公司，2018年、2017年均为万泉河，分别为97.10%、96.04%；2016年为东方网升，为94.07%。

① 数据摘自科锐国际在深交所（http://www.szse.cn）发布的2018年年度报告。

② 数据摘自猎聘在港交所（https://www2.hkexnews.hk）发布的2018年年度报告。

③ 纳入统计的公司，2018年为9家，云公社（838044）、举贤网（836921）、纽哈斯（834464）因在2018年摘牌未计入。2017年、2016年、2015年为全部12家。

（3）归属于挂牌公司股东的净利润

平均每家公司的净利润，2018 年为 361.98 万元，同比增长 191.01%；2017 年为 124.39 万元，同比增长 133.32%；2016 年亏损 373.34 万元，同比增亏 136.97%；2015 年亏损 157.55 万元。净利润最高的公司，2018 年为一览网络，为 1511.53 万元；2017 年、2016 年均为东方网升，分别为 1101.68 万元、783.83 万元。平均每家公司的人均利润，2018 年亏损 1.48 万元，同比增亏 42.47%；2017 年亏损 1.04 万元，同比减亏 78.91%；2016 年亏损 4.92 万元，同比增亏 135.78%；2015 年亏损 2.09 万元。人均利润最高的公司，2018 年、2017 年均为东方网升，分别为 5.06 万元、3.82 万元；2016 年为云公社，为 7.81 万元。

（4）归属于挂牌公司股东的扣非后净利润

平均每家公司扣非后的净利润，2018 年为 170.15 万元，同比增长 692.64%；2017 年亏损 28.71 万元，同比减亏 94.24%；2016 年亏损 498.42 万元，同比增亏 113.49%；2015 年亏损 233.46 万元。扣非后净利润最高的公司，2018 年、2017 年、2016 年均为东方网升，分别为 969.47 万元、665.68 万元、650.10 万元。平均每家公司的人均扣非后净利润，2018 年亏损 2.41 万元，同比增亏 4.68%；2017 年亏损 2.30 万元，同比减亏 61.10%；2016 年亏损 5.91 万元。人均扣非后净利润最高的公司，2018 年、2017 年均为东方网升，分别为 3.93 万元、2.31 万元；2016 年为云公社，为 7.69 万元。

（5）加权平均净资产收益率（依据归属于挂牌公司股东的净利润计算）

平均每家公司的加权平均净资产收益率（依据归属于挂牌公司股东的净利润计算），2018 年为 8.21%，同比增长 25.26 个百分点；2017 年为 -17.05%，同比增长 278.16 个百分点；2016 年为 -295.21%，同比下降 241.34 个百分点；2015 年为 -53.87%。加权平均净资产收益率（依据归属于挂牌公司股东的净利润计算）最高的公司，2018 年、2017 年均为东方网升，分别为 35.62%、31.54%；2016 年为百城人才，为 47.34%。

（6）加权平均净资产收益率（依据归属于挂牌公司股东的扣非后净利

润计算）

平均每家公司的加权平均净资产收益率（依据归属于挂牌公司股东的扣非后净利润计算），2018 年为 -0.37%，同比增长 39.99 个百分点；2017 年为 -40.35%，同比增加 282.02 个百分点；2016 年为 -322.28%，同比下降 264.73 个百分点；2015 年为 -57.65%。加权平均净资产收益率（依据归属于挂牌公司股东的扣非后净利润计算）最高的公司，2018 年、2017 年均为东方网升，分别为 27.69%、19.06%；2016 年为百城人才，为 41.87%。

（7）基本每股收益

平均每家公司的基本每股收益，2018 年亏损 0.09 元，同比增亏 3.27%；2017 年亏损 0.07 元，同比减亏 91.28%；2016 年亏损 0.83 元，同比增亏 118.86%；2015 年亏损 0.38 元。基本每股收益最高的公司，2018 年、2017 年为东方网升，分别为 0.49 元、0.43 元；2016 年为云公社，为 0.51 元。

（8）两项费用

平均每家公司的两项费用，2018 年为 2123.63 万元，同比增长 32.75%；2017 年为 1559.69 万元，同比下降 11.30%；2016 年为 1803.42 万元，同比增长 12.28%；2015 年为 1606.18 万元。两项费用最高的公司，2018 年、2017 年均为东方网升，分别为 4972.01 万元、4089.36 万元；2016 年为万泉河，为 4281.14 万元。平均每家公司的人均两项费用，2018 年为 12.71 万元，同比增长 13.17%；2017 年为 11.23 万元，同比下降 14.60%；2016 年为 13.15 万元。人均两项费用最高的公司，2018 年为东方网升，为 20.17 万元；2017 年为举贤网，为 19.51 万元；2016 年为纽哈斯，为 33.95 万元。

（9）经营活动产生的现金流量净额

平均每家公司经营活动产生的现金流量净额，2018 年为 429.90 万元，同比下降 3.16%；2017 年为 443.94 万元，同比增长 373.74%；2016 年亏损 162.17 万元，同比减亏 17.15%；2015 年为亏损 196.61 万元。经营活动产生的现金流量净额最高的公司，2018 年、2016 年均为一览网络，分别为 2010.98 万元、1128.35 万元；2017 年为东方网升，为 2024.23 万元。

（10）应收账款周转率

平均每家公司的应收账款周转率，2018 年为 145.72，同比增长 33.05 个点；2017 年为 112.67，同比增长 7.57 个点；2016 年为 105.10，同比降低 54.72 个点；2015 年为 159.82。应收账款周转率最高的公司，2018 年为百城人才，为 1600.78；2017 年、2016 年均为九博科技，分别为 709.24、895.80。

（三）咨询培训类

1. 综述

（1）企业规模较大，但增长缓慢

平均每家公司的营业收入，2018 年为 8033.46 万元，比 2015 年增长 34.36%，比 2017 年、2016 年均有所下降。有 2 家公司 2018 年的营业收入超过 1 亿元，最高的行动教育达到 4.38 亿元。

（2）大多数公司盈利能力不强

平均每家公司归属于挂牌公司股东的净利润，2018 年为 1096 万元，人均 2.18 万元。平均每家公司的基本每股收益，2018 年为 0.22 元。出现亏损的公司，2018 年 4 家，占全部公司的 40%；2017 年 5 家，占 27.78%；2016 年 7 家，占 36.84%。北森云、仁达咨询连年亏损，且亏损额成倍扩大。

2. 分类汇总的指标数据①

（1）营业收入

平均每家公司的年营业收入，2018 年为 8033.46 万元，同比下降 26.78%；2017 年为 10972.12 万元，同比增长 22.31%，2016 年为 8970.48

① 纳入统计的公司，2018 年为 11 家，华普教育（870385）、传智播客（839976）、华商智联（838863）、罗科仕（838416）、鑫日科（836672）、北森云（836393）、起航股份（833380）因在 2018 年摘牌未计入，博商管理（836000）因在 2017 年摘牌未计入。2017 年为 18 家，博商管理（836000）因在 2017 年摘牌未计入。2016 年、2015 年为全部 19 家。

万元，同比增长 50.03%；2015 年为 5979.03 万元。营业收入最高的公司，2018 年为行动成功，为 43767.69 万元；2017 年、2016 年均为传智播客，分别为 69812.10 万元、53985.01 万元。平均每家公司的人均营业收入，2018 年为 44.19 万元，同比提高 4.36%；2017 年为 42.35 万元，同比提高 6.33%；2016 年为 39.83 万元。人均营业收入最高的公司，2018 年为希尔股份，为 78.89 万元；2017 年为起航股份，为 84.68 万元；2016 年为罗科仕，为 99.83 万元。

（2）毛利率

全部公司的平均毛利率，2018 年为 55.69%，同比降低 1.98 个百分点；2017 年为 53.6%，同比降低 0.83 个百分点；2016 年为 54.50%，同比降低 2.57 个百分点；2015 年为 57.07%。毛利率最高的公司，2018 年为行动成功，为 73.53%；2017 年、2016 年均为华普教育，分别为 88.46%、89.13%。

（3）归属于挂牌公司股东的净利润

平均每家公司的净利润，2018 年为 1096 万元，同比增长 41.47%；2017 年盈利为 774.74 万元，同比增长 56.48%；2016 年为 495.10 万元，同比增长 68.37%；2015 年为 294.05 万元。净利润最高的公司，2018 年为行动成功，为 11318.93 万元；2017 年、2016 年均为传智播客，分别为 13995.24 万元、10125.54 万元。平均每家公司的人均净利润，2018 年为 2.18 万元，同比下降 3.46%；2017 年为 2.26 万元，同比提高 6.33%；2016 年为 1.28 万元。人均净利润最高的公司，2018 年、2017 年均为行动成功，分别为 16.69 万元、15.57 万元；2016 年为鑫日科，为 12.59 万元。

（4）归属于挂牌公司股东的扣非后净利润

平均每家公司的扣非后净利润，2018 年为 979.87 万元，同比增长 83.71%；2017 年为 533.39 万元，同比增长 158.93%；2016 年为盈利 206 万元，同比下降 29.50%；2015 年为盈利 292.21 万元。扣非后净利润最高的公司，2018 年为行动成功，为 10922.31 万元；2017 年、2016 年均为传智播客，分别为 13041.18 万元、9236.93 万元。平均每家公司的人均扣非后净利润，2018 年为 3. 02 万元，同比增长 112. 80%；2017 年为 1. 42 万元，同比提高 756. 34%；2016 年为 0. 17 万元。人均扣非后净利润最高的公司，2018 年、2017 年均为行动成功，分别为 16. 11 万元、12. 59 万元；2016 年为鑫日科，为 9. 21 万元。

（5）加权平均净资产收益率（依据归属于挂牌公司股东的净利润计算）

平均每家公司的加权平均净资产收益率（依据归属于挂牌公司股东的净利润计算），2018 年为 12. 77%，同比增长 107. 68 个百分点；2017 年亏损 94. 91%，同比下降 97. 32% 个百分点；2016 年为 2. 41%，同比下降 3. 10 个百分点；2015 年为 5. 51%。加权平均净资产收益率（依据归属于挂牌公司股东的净利润计算）最高的公司，2018 年为中人网，为 96. 40%；2017 年为罗科仕，为 69. 04%；2016 年为传智播客，为 118. 41%。

（6）加权平均净资产收益率（依据归属于挂牌公司股东的扣非后净利润计算）

平均每家公司的加权平均净资产收益率（依据归属于挂牌公司股东的扣非后净利润计算），2018 年为 11. 08%，同比提高 115. 20 个百分点；2017 年为 -104. 13%，同比下降 100. 03 个百分点；2016 年为 -4. 09%，同比降低 19. 29 个百分点；2015 年为 15. 20%。加权平均净资产收益率（依据归属于挂牌公司股东的扣非后净利润计算）最高的公司，2018 年为中人网，为 95. 82%；2017 年为罗科仕，为 69. 15%；2016 年为传智播客，为 108. 02%。

（7）基本每股收益

平均每家公司的基本每股收益，2018 年为 0. 22 元，同比下降 2. 40%；2017 年为 0. 22 元，同比增长 50. 14%；2016 年为 0. 14 元，同比下降 74. 69%；2015 年为 0. 57 元。基本每股收益最高的公司，2018 年是行动成功，为 1. 79 元；2017 年、2016 年均为传智播客，分别为 2. 54 元、1. 99 元。

（8）两项费用

平均每家公司的两项费用，2018 年为 3874. 36 万元，同比降低 28. 43%；2017 年为 5413. 49 万元，同比增长 23. 50%；2016 年为 4383. 41 万元，同比

增长36.79%；2015年为3204.57万元。两项费用最高的公司，2018年为行动成功，为19852.06万元；2017年、2016年均为北森云，分别为30713.31万元、22588.93万元。平均每家公司的人均两项费用，2018年为20.77万元，同比增长7.06%；2017年为19.40万元，同比增长1.91%；2016年为19.04万元。人均两项费用最高的公司，2018年为行动成功，为29.28万元；2017年为起航股份，为35.82万元；2016年艾美迪，为35.29万元。

（9）经营活动产生的现金流量净额

平均每家公司经营活动产生的现金流量净额，2018年为2708.24万元，同比增长14.61%；2017年为2362.97万元，同比增长33.67%；2016年为1767.78万元，同比增长45.15%；2015年为1217.94万元。经营活动产生的现金流量净额最高的公司，2018年、2017年均为行动成功，分别为26864.86万元、24575.66万元；2016年为传智播客，为22746.55万元。

（10）应收账款周转率

平均每家公司的应收账款周转率，2018年为83.43，同比增长21.19个点；2017年为62.24，同比增长0.52个点；2016年为61.72，同比降低4.92个点；2015年为66.64。应收账款周转率最高的公司，2018年为行动成功，为726.34；2017年、2016年均为大业堂，分别为468.73、663.66。

二　近三年年均利润超过500万元的公司

近三年年均利润（归属于挂牌公司股东的净利润）超过500万元的挂牌“新三板”人力资源公司共16家。其中，外包派遣类9家、招聘猎头类2家、咨询培训类2家、HR软件服务等其他业务类3家（见表1）。

（一）外包派遣类

外包派遣类公司归属于挂牌公司股东的净利润，2018年平均每家公司是1117.41万元，2017年是636.00万元，2016年是313.00万元。最

表 1　近三年年均净利润超过 500 万元的公司一览

单位：万元

公司	证券代码	2018 年		2017 年		2016 年	
		总额	人均	总额	人均	总额	人均
晨达股份	837633	1136. 15	9. 75	901. 24	8. 75	548. 23	5. 80
智通人才	830969	2104. 67	2. 15	2047. 14	2. 13	1992. 59	1. 89
企源科技	833132	4082. 28	19. 96	4227. 46	21. 08	3558. 47	20. 69
前程人力	833486	773. 77	3. 49	323. 97	1. 57	720. 53	4. 37
圣邦人力	837953	1647. 85	16. 64	1102. 68	14. 23	814. 76	13. 14
海峡人力	837983	2092. 67	21. 57	2055. 19	21. 98	2083. 58	24. 23
远茂股份	839551	3428. 23	40. 33	2847. 60	35. 60	1747. 91	22. 70
新联股份	871783	1954. 50	51. 43	1298. 56	31. 29	732. 10	17. 86
腾飞人才	872522	1503. 93	8. 29	846. 13	5. 05	468. 01	2. 89
一览网络	833680	1511. 53	2. 55	825. 54	1. 62	191. 65	0. 43
东方网升	835191	1246. 91	5. 06	1101. 68	3. 82	783. 83	2. 35
行动成功	831891	11318. 93	16. 69	9907. 47	15. 57	6559. 73	9. 85
时代华商	838284	979. 90	7. 29	1018. 21	8. 38	719. 15	6. 42
宏景软件	831225	672. 01	2. 52	492. 65	2. 55	369. 15	2. 07
山大地纬	831688	8896. 97	10. 33	5448. 49	8. 06	4654. 44	8. 31
关爱通	871282	2419. 30	5. 06	1188. 26	3. 06	861. 89	2. 62

近三年平均每年为 688. 80 万元。最近三年平均每年归属于挂牌公司股东的净利润，为 2000 万以上的公司有 4 家，分别是企源科技、远茂股份、智通人才、海峡人力；为 1000 万 ~2000 万元的有 2 家，分别是盛邦人力、新联股份；500 万 ~1000 万元的有 2 家，分别是腾飞人才、晨达股份。

（二）招聘猎头类

招聘猎头类公司归属于挂牌公司股东的净利润，2018 年平均每家公司是 361. 98 万元，2017 年是 124. 39 万元，2016 年亏损 373. 34 万元。最近三年平均每年盈利 37. 67 万元。最近三年平均每年归属于挂牌公司股东的净利润，为 1000 万 ~1500 万元的公司有 1 家，是东方网升；500 万 ~1000 万元的有 1 家，是一览网络。

（三）咨询培训类

咨询培训类公司归属于挂牌公司股东的净利润，2018 年平均每家公司 1096.00 万元，2017 年是 774.74 万元，2016 年是 495.10 万元。最近三年平均每年为 788.68 万元。最近三年平均每年归属于挂牌公司股东的净利润，超过 1000 万元的公司有 1 家，是行动成功；为 500 万～1000 万元的有 1 家，是时代华商。

（四）HR 软件服务等其他业务类

HR 软件服务等其他业务类公司归属于挂牌公司股东的净利润，2018 年平均每家公司 1982.13 万元，2017 年是 1195.22 万元，2016 年是 1951.42 万元。最近三年平均每年归属于挂牌公司股东的净利润，超过 2000 万元的公司有 2 家，是山大地纬；1000 万～2000 万元的有 1 家，是关爱通；500 万～1000 万的有 1 家，是宏景软件。

三　关于后续发展及投资价值的初步判断

2018 年我国经济总量增长 6.6%，挂牌“新三板”的四类不同业务类型的人力资源公司，外包派遣类公司增长量略低于该数值；招聘猎头类、HR 软件服务及其他业务类公司均远高于该数值。

外包派遣类公司总体规模及市场份额偏小，盈利能力（业务）近三年逐步提升但增长速度较慢。随着“互联网+”与各个行业的结合，很多可能的人力资源外包需求“消失”了。比如，饿了么的蜂鸟配送、美团的美团众包，已经把人力资源公司在外卖配送领域的招聘外包、服务流程外包等可能的业务机会挤占了，外包派遣类公司遇到新的挑战。反观目前挂牌的几家公司，其中规模相对较大的公司增长乏力，原地踏步；部分公司在 IT 系统研发等方面投入不小，但业务运营能力不强，能否实现技术突破进而带动业务突破，不确定性很高；还有个别公司存在操作财务报表的嫌疑迹象；等等。此类公司可能仍然难以吸引外部投资者，特别是机构投资的关注。

招聘猎头类公司盈利能力不强，2018 年人均净利润依旧呈亏损状态，继续发展难有大的空间。加之 2017 年科锐国际率先在主板上市，2018 年猎聘网在香港上市，或将显现马太效应，机构投资选择进入部分企业，推动合并重组整合。

咨询培训类公司总体盈利能力不强，但二八分化，个别公司业绩突出且已公告启动 IPO，或许真能出奇制胜，受到机构投资的青睐。“新三板”盈利能力最强的公司均在 HR 软件服务等其他业务类，看其主要产品和客户，不禁感慨其背景资源的深厚。私募蜂拥而上，转板 IPO 应该不难，或许就在不久的将来。

附表 1　外包派遣类公司财务指标汇总

项目	年度	合计	平均		最高值	人均		
			均值	增幅(%或百分点)		均值	增幅(%)	最高值
营业收入(万元)	2018	1308465.65	62307.89	6.14	353470.22	569.55	9.74	3644.02
	2017	1584965.77	58702.44	21.56	302600.77	518.99	6.22	3236.37
	2016	1400390.07	48289.31	8.64	259880.40	488.61	-17.75	3021.87
	2015	1289044.74	44449.82	3.14	248390.96	594.07	50.41	3066.56
毛利(万元)	2018	77027.23	3667.96	23.40	11610.90	25.29	18.96	62.72
	2017	80255.57	2972.43	25.01	11428.42	21.26	6.61	57.00
	2016	68956.60	2377.81	135.19	9681.23	19.94	183.68	58.63
	2015	29319.85	1011.03	-46.50	8110.93	7.03	-59.43	62.72
毛利率(%)	2018	—	9.82	0.88	37.75	—	—	—
	2017	—	8.95	-0.98	42.38	—	—	—
	2016	—	10.19	-1.87	50.28	—	—	—
	2015	—	11.79	-2.99	47.49	—	—	—
归属于挂牌公司股东的净利润(万元)	2018	23465.69	1117.41	75.69	4082.28	9.67	60.19	51.43
	2017	17172.03	636.00	103.19	4227.46	6.04	27.41	35.60
	2016	9077.01	313.00	-27.81	3558.47	4.74	5.64	24.23
	2015	12573.99	433.59	34.24	2548.74	4.49	101.57	27.29

续表

项目	年度	合计	平均		最高值	人均		
			均值	增幅(%或百分点)		均值	增幅(%)	最高值
归属于挂牌公司股东的扣非后的净利润(万元)	2018	16992.20	809.15	133.02	3484.76	5.79	68.42	29.70
	2017	9375.53	347.24	711.40	3549.79	3.44	65.87	21.91
	2016	1241.07	42.80	-84.58	2940.44	2.07	-39.71	24.05
	2015	8046.76	277.47	47.27	2092.45	3.44	459.99	26.54
加权平均净资产收益率(%,依据归属于挂牌公司股东的净利润计算)	2018	—	17.97	4.86	45.51	—	—	—
	2017	—	13.11	4.21	49.81	—	—	—
	2016	—	8.90	-6.21	71.83	—	—	—
	2015	—	15.11	-0.40	164.21	—	—	—
加权平均净资产收益率(%,依据归属于挂牌公司股东的扣非后净利润计算)	2018	—	9.72	7.58	29.99	—	—	—
	2017	—	2.14	139.05	46.14	—	—	—
	2016	—	-136.91	-141.79	58.68	—	—	—
	2015	—	4.88	-4.13	138.78	—	—	—
基本每股收益(元)	2018	—	0.40	45.39	1.95	—	—	—
	2017	—	0.28	2.93	1.30	—	—	—
	2016	—	0.27	-17.95	3.66	—	—	—
	2015	—	0.33	-8.04	2.19	—	—	—
两项费用(万元)	2018	52698.90	2509.47	7.10	10637.00	15.71	6.27	35.19
	2017	63262.73	2343.06	23.13	12053.02	14.78	7.52	32.51
	2016	55183.73	1902.89	22.61	7859.63	13.75	2.23	33.60
	2015	38800.67	1552.03	0.97	5251.14	13.45	10.04	31.66
经营活动产生的现金流量净额(万元)	2018	28685.54	1365.98	0.00	5984.74	—	—	—
	2017	36881.20	1365.97	120.34	5905.63	—	—	—
	2016	17978.27	619.94	27.26	5760.40	—	—	—
	2015	14126.89	487.13	—	5986.53	—	—	—
应收账款周转率	2018	874.02	41.62	-2.31	149.70	—	—	—
	2017	1186.04	43.93	-6.38	207.34	—	—	—
	2016	1458.78	50.30	-8.23	209.31	—	—	—
	2015	1697.46	58.53	—	496.30	—	—	—

附表 2 招聘猎头类公司财务指标汇总

项目	年度	合计	平均		最高值	人均		
			均值	增幅(%或百分点)		均值	增幅(%)	最高值
营业收入(万元)	2018	35787.41	3976.38	23.76	12325.38	20.31	-28.72	50.78
	2017	38555.24	3212.94	33.68	8510.29	28.50	70.04	115.67
	2016	28841.40	2403.45	15.65	7389.45	16.76	-5.83	39.15
	2015	24937.82	2078.15	-6.48	5769.43	17.80	-6.46	34.77
毛利率(%)	2018	—	31.45	-16.15	97.10	—	—	—
	2017	—	47.60	-1.14	96.04	—	—	—
	2016	—	48.74	-13.40	94.07	—	—	—
	2015	—	62.14	-1.92	95.40	—	—	—
归属于挂牌公司股东的净利润(万元)	2018	3257.78	361.98	191.01	1511.53	-1.48	-42.47	5.06
	2017	1492.65	124.39	133.32	1101.68	-1.04	78.91	3.82
	2016	-4480.12	-373.34	-136.97	783.83	-4.92	-135.78	7.81
	2015	-1890.62	-157.55	-196.66	964.77	-2.09	-106.69	2.59
归属于挂牌公司股东的扣非后的净利润(万元)	2018	1531.37	170.15	692.64	969.47	-2.41	-4.68	3.93
	2017	-344.53	-28.71	94.24	665.68	-2.30	61.10	2.31
	2016	-5981.05	-498.42	-113.49	650.10	-5.91	-148.18	7.69
	2015	-2801.52	-233.46	-362.95	518.51	-2.38	-723.68	1.39
加权平均净资产收益率(%,依据归属于挂牌公司股东的净利润计算)	2018	—	8.21	25.26	35.62	—	—	—
	2017	—	-17.05	278.16	31.54	—	—	—
	2016	—	-295.21	-241.34	47.34	—	—	—
	2015	—	-53.87	-94.87	29.92	—	—	—
加权平均净资产收益率(%,依据归属于挂牌公司股东的扣非后净利润计算)	2018	—	-0.37	39.99	27.69	—	—	—
	2017	—	-40.35	282.02	19.06	—	—	—
	2016	—	322.38	-264.73	41.87	—	—	—
	2015	—	-57.65	-96.26	21.52	—	—	—
基本每股收益(元)	2018	—	-0.09	-30.27	0.49	—	—	—
	2017	—	-0.07	91.28	0.43	—	—	—
	2016	—	-0.83	-118.86	0.51	—	—	—
	2015	—	-0.38	-126.41	0.72	—	—	—
两项费用(元)	2018	19112.69	2123.63	32.75	4972.01	12.71	13.17	20.17
	2017	19196.28	1599.69	-11.30	4089.36	11.23	-14.60	19.51
	2016	21641.01	1803.42	12.28	4281.14	13.15	8.17	33.95
	2015	19274.13	1606.18	21.12	4077.13	9.73	—	16.05

续表

项目	年度	合计	平均		最高值	人均		
			均值	增幅(%或百分点)		均值	增幅(%)	最高值
经营活动产生的现金流量净额(万元)	2018	3869.12	429.90	-3.16	2010.98	—	—	—
	2017	5327.26	443.94	373.74	2024.23	—	—	—
	2016	-1946.07	-162.17	17.52	1128.35	—	—	—
	2015	-2359.37	-196.61	—	1083.16	—	—	—
应收账款周转率	2018	1748.68	145.72	33.05	1600.78	—	—	—
	2017	1352.06	112.67	7.57	709.24	—	—	—
	2016	1261.19	105.10	-54.72	895.80	—	—	—
	2015	1917.79	159.82	—	1524.89	—	—	—

附表 3　咨询培训类公司财务指标汇总

项目	年度	合计	平均		最高值	人均		
			均值	增幅(%或百分点)		均值	增幅(%)	最高值
营业收入(万元)	2018	80334.57	8033.46	-26.78	43767.69	44.19	4.36	78.89
	2017	197498.24	10972.12	22.31	69812.10	42.35	6.33	84.68
	2016	170439.15	8970.48	50.03	53985.01	39.83	20.04	99.83
	2015	113601.50	5979.03	29.88	23212.05	33.18	0.18	65.70
毛利率(%)	2018	—	51.69	-1.98	73.53	—	—	—
	2017	—	53.67	-0.83	88.46	—	—	—
	2016	—	54.50	-2.57	89.13	—	—	—
	2015	—	57.07	4.38	88.68	—	—	—
归属于挂牌公司股东的净利润(万元)	2018	10960.01	1096.00	41.47	11318.93	2.18	-3.46	16.69
	2017	13945.39	774.74	56.48	13995.24	2.26	6.33	15.57
	2016	9406.93	495.10	68.37	10125.54	1.28	-55.64	12.59
	2015	5586.99	294.05	-17.14	2718.95	2.88	47.49	11.62
归属于挂牌公司股东的扣非后的净利润(万元)	2018	9798.70	979.87	83.71	10922.31	3.02	112.80	16.11
	2017	9601.04	533.39	158.93	13041.18	1.42	756.34	12.59
	2016	3913.94	206.00	-29.50	9236.93	0.17	-93.79	9.21
	2015	5552.07	292.21	-2.79	3359.53	2.67	71.40	11.49
加权平均净资产收益率(%,依据归属于挂牌公司股东的净利润计算)	2018	—	12.77	107.68	96.40	—	—	—
	2017	—	-94.91	-97.32	69.04	—	—	—
	2016	—	2.41	-3.10	118.41	—	—	—
	2015	—	5.51	178.83	83.86	—	—	—

续表

项目	年度	合计	平均		最高值	人均		
			均值	增幅(%或百分点)		均值	增幅(%)	最高值
加权平均净资产收益率(%,依据归属于挂牌公司股东的扣非后净利润计算)	2018	—	11.08	115.20	95.82	—	—	—
	2017	—	-104.13	-100.03	69.15	—	—	—
	2016	—	-4.09	-19.29	108.02	—	—	—
	2015	—	15.20	21.22	110.32	—	—	—
基本每股收益(元)	2018	—	0.22	2.40	1.79	—	—	—
	2017	—	0.22	50.14	2.54	—	—	—
	2016	—	0.14	-74.69	1.99	—	—	—
	2015	—	0.57	19.78	5.44	—	—	—
两项费用(元)	2018	38743.58	3874.36	-28.43	19852.06	20.77	7.06	29.28
	2017	97442.86	5413.49	23.50	30731.31	19.40	1.91	35.82
	2016	83284.79	4383.41	36.79	22588.93	19.04	27.81	35.29
	2015	60886.83	3204.57	-22.57	15020.20	14.90	-4.95	34.82
经营活动产生的现金流量净额(万元)	2018	27082.42	2708.24	14.61	26864.86	—	—	—
	2017	42533.37	2362.97	33.67	24575.66	—	—	—
	2016	33587.90	1767.78	45.15	22746.55	—	—	—
	2015	23140.92	1217.94	—	9257.26	—	—	—
应收账款周转率	2018	834.32	83.43	21.19	726.34	—	—	—
	2017	1120.39	62.24	0.52	468.73	—	—	—
	2016	1172.67	61.72	-4.92	663.66	—	—	—
	2015	1266.19	66.64	—	641.73	—	—	—

B.24

中国蓝领劳动力中介供应模式研究

——以苏州劳务中介市场为例

刘肖鲁　刘　猛*

摘　要： 调研发现，在各类求职渠道中，蓝领对劳务中介门店的评价最高，认为求职效果最好，劳务中介门店也是目前蓝领招聘市场最主要的劳动力供应模式。苏州是劳务中介较为发达的城市之一，苏州的劳务中介供应模式从全国角度看非常具有代表性，有较高的研究价值。因此，本文在多次对苏州劳务市场不同层次中介门店的走访调研基础上，对目前苏州蓝领和劳务中介门店的分布进行梳理和分类，并分析各类中介门店的软硬性特征，比如类型、位置、规模、人流量、装修、服务等。在此基础上对劳动力市场中介供应模式进行了分析，希望能够让人力资源从业人员对劳务中介市场的情况有所了解，并对劳动力市场工作的开展有所启发。

关键词： 劳务中介市场　劳动力供应　劳务中介门店

劳务中介门店是目前蓝领招聘市场最主要的劳动力供应模式，经过多年的发展和市场的洗礼，劳务中介门店从最小单元的外来人口聚集地的小门面，到生态链顶端的大型供应商，再到有客户资源的人力资源服

---

* 刘肖鲁，华中科技大学 MBA，英格玛人力资源集团助理副总裁，拥有多年人力资源管理、企业管理咨询及项目管理经验；刘猛，英格玛研究发展中心研究员。

务机构，已经形成了自下而上、层层汇聚的劳务中介服务链条。劳务中介模式在过去几十年为劳务市场的繁荣和地方经济的发展做出了巨大的贡献。

但是，在人口红利消失、劳动力流向越来越分散的大背景下，新的市场环境对传统的劳务中介商业模式提出了挑战，现有劳务中介模式的弊端愈加显现，业内外纷纷在探索新的更优的劳动力供应模式。而要想摸索出更好的劳动力供应模式，就必须对现有的劳务中介供应模式进行深入研究和剖析，才能有的放矢。

苏州是劳务中介较为发达的城市之一，苏州的劳务中介供应模式从全国角度看非常具有代表性，有较高的研究价值。因此，在对蓝领求职渠道的调研基础上，我们多次对苏州劳务市场不同层次中介门店进行走访调研，对目前苏州蓝领和劳务中介门店的分布进行梳理和分类，分析各类中介门店的软硬性特征，比如类型、位置、规模、人流量、装修、服务等。

一　调研区域分布情况

调研选取了苏州市劳务中介分布最密集的三个区域，主要涉及苏州市高新区、工业园区、吴中区三个行政区划。调研涉及的主要劳务中介门店聚集地共14个，各类集聚地和各类劳务中介门店均有覆盖，能够反映当前苏州乃至全国劳动力中介供应模式的实际情况。各区域细分地址见表1。

表1　劳务市场中介门店的调研区域

区划	细分地址	具体坐落
高新区	马涧市民广场及周边	太湖大道、华山路、建林路和湘江路围绕区域
	马涧农贸市场周边	马涧农贸市场及周边
	枫桥港龙商业街	华山路、枫津大街、杨家弄和珠江路围绕区域

续表

区划	细分地址	具体坐落
工业园区	娄葑人才市场	苏州工业园区东振路10号
	园区人力资源市场	苏州工业园区旺墩路168号
	跨塘劳务中介市场	苏州工业园区葑亭大道800号
	云顶花园周边	葑亭大道与渔泾路交接处
	青剑湖商业区	龙会街、唯新路、阳澄湖大道和星湖街围绕区域
	斜塘联丰广场	松涛街、敦煌路、莲葑路松江路围绕区域
吴中区	沈巷村(木渎)	金长路、珠江路、花苑路、汾湖路围绕区域
	红庄	东吴南路、吴中大道、南湖路、枫津南路围绕区域
	姜庄村(郭巷)	郭新西路、东环路、九盛港路和常台高速围绕区域
	凌港村(角直)	金鸡湖大道、角胜路和港升路围绕区域
	吴中汽车站周边	吴中汽车站周边

二　蓝领求职渠道调研情况

（一）蓝领常用求职渠道

据英格玛研究发展中心监测数据，人才市场、熟人介绍、劳务中介门店、上门询问、58/赶集等招聘类网站、QQ群/微信群等社交渠道等主要的求职渠道，在过去几年间有一些明显的变化。2010年从以上各渠道寻找工作的蓝领占比分别为29%、20%、27%、15%、5%、4%；2014年从以上各渠道寻找工作的蓝领占比分别为22%、13%、20%、8%、18%、19%；2019年，从以上各渠道寻找工作的蓝领占比分别为22%、21%、24%、5%、11%、17%（见图1）。

整体来看，2010年、2014年和2019年这三年蓝领求职渠道有明显的变化，随着时间的变化，蓝领对不同求职渠道的侧重略有不同。2010年，蓝领求职主要以劳务中介门店、人才市场和熟人介绍为主，也有部分蓝领通过上门询问求职，方式渠道较为集中和传统。2014年，随着“互联网+”在各行业的应用，58、赶集等线上求职渠道开始火热起来，但由于虚假类信息

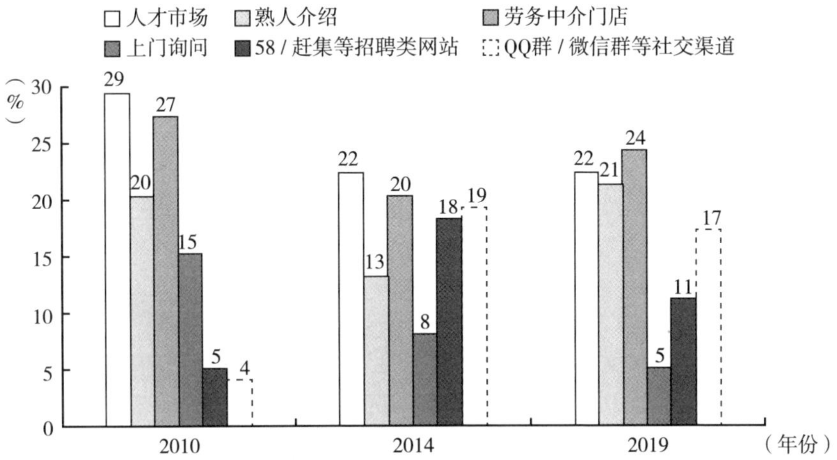

图 1　不同阶段蓝领常用求职渠道

较多，英格玛研发中心调研发现不少蓝领有过网络求职的受骗经历，于是在经历了一个短暂的高峰后，网络求职渠道又恢复了平静。同时，劳务中介门店也开始慢慢探索线上转型，主要以 QQ 群和微信群为主，以增强与蓝领间的黏性，成效显著。发展到现在，蓝领求职主要渠道为劳务中介门店、才市、QQ 群或微信群、熟人介绍等。

（二）各类求职渠道的效果和效率

调研显示，各类求职渠道中，100% 的调研蓝领可以通过劳务中介门店找到满意工作，91% 的蓝领可以通过人才市场找到满意工作，13% 的蓝领可以通过熟人介绍找到满意工作，88% 可以通过 QQ 群/微信群等社交渠道找到满意工作，25% 可以通过 58/赶集等招聘类网站找到满意工作，3% 可通过上门询问找到满意工作（见图 2）。

从所需时长看，在各类求职渠道中，劳务中介门店与人才市场的求职效率较高，蓝领基本上 4 天可以找到合适工作，若面试无问题，便能成功上岗，若需要找到优质、贴合自身需求的工作，则需要一周左右时间。时长最短的劳务中介门店，由于单家门店便汇聚了多家企业招聘信息，能够更方便快捷地为求职者找到合适的工作。

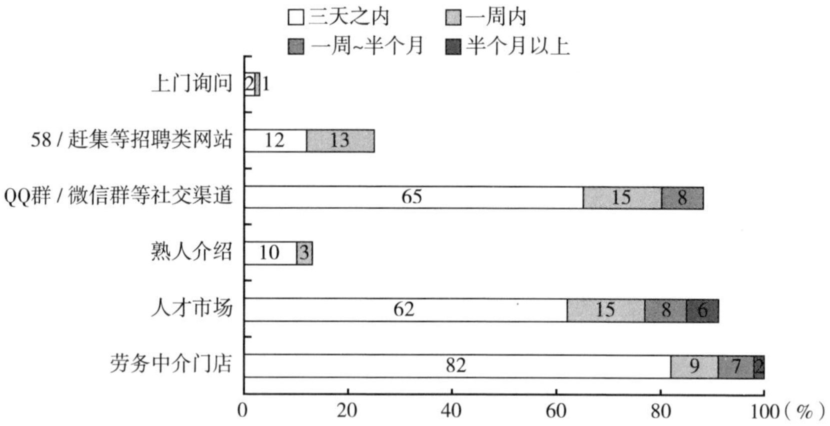

图2　各类求职渠道找到满意工作所需时长

（三）各类求职渠道提供的服务

从调研情况看，各类求职渠道中，劳务中介门店为蓝领提供的服务较为丰富。除了招聘信息外，劳务中介门店还为蓝领提供免费材料复印、免费拍照、行李安置、面试车接车送等服务，部分规模较大中介对每个求职者都会安排专人进行入职跟踪和离职后的再求职服务。可以看出，劳务中介门店相比其他渠道，更能完整地贴合蓝领的求职周期，为求职中各个环节的可能需求提供相匹配的服务（见表2）。

表2　各求职渠道提供服务对比

渠道 服务	劳务中介门店	人才市场	熟人介绍	QQ群/微信群等社交渠道	58/赶集等招聘类网站	上门询问
招聘信息	周边、真实	较多	优质、量少	较多	较多、虚假	少
材料复印	免费	收费	无	无	无	无
拍照	免费	无	无	无	无	无
行李安置	有	无	无	无	无	无
面试车接车送	有	无	无	无	无	无
入职情况跟进	有	无	无	无	无	无
离职后再求职	有	无	无	无	无	无

（四）蓝领对各类求职渠道的评分

蓝领对各类求职渠道的评价和排名中，劳务中介门店与人才市场对求职者的吸引力最大（见图3）。

• 劳务中介门店：贴近蓝领生活圈、招聘信息量大可选择性强、服务全面

• 人才市场：苏州市区才市以服务业为主，而新区和园区才市则以制造业为主，才市趋于技术工种招聘为主，普工招聘逐渐流向劳务中介门店

• 熟人介绍：可信度高，但想找到合适工作需要看机缘

• QQ群/微信群等社交渠道：群内信息较多，人员复杂，需要甄别真假

• 58/赶集等招聘类网站：线上招聘信息，需要求职者有自主甄别的能力，辨别出虚假信息，从线上引流线下，服务很难跟进

• 上门询问：时间和人力成本较高，现在蓝领利用该渠道的人数较少

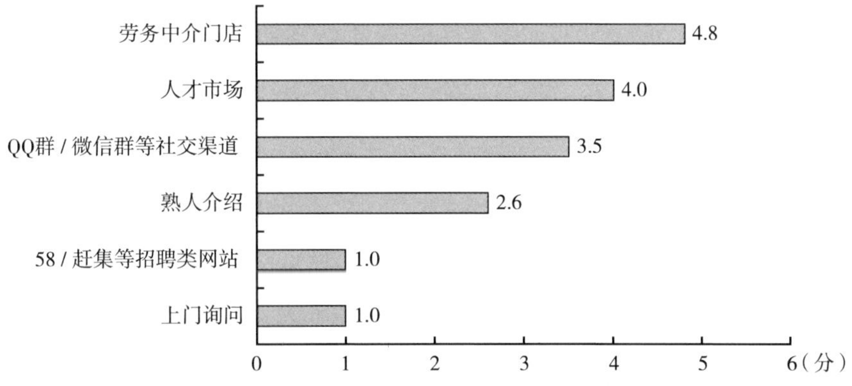

图3　蓝领对各类求职渠道的评分

综合来看，劳务中介门店和人才市场是最为贴合多数蓝领需求的求职渠道。劳务中介门店种类繁多，大小门店能够触达求职者聚集地，距离的缩短提高了蓝领的上门率；另外，劳务中介门店能够为蓝领提供求职全周期的服务，与蓝领黏性更强，部分互联网中介能够配备人工线上团队，与蓝领保持

更为紧密的联系。因此，在对蓝领求职渠道的调研基础上，我们多次对苏州劳务市场不同层次中介门店进行走访调研，对目前苏州蓝领和劳务中介门店的分布进行梳理和分类，分析各类中介门店的软硬性特征。

三　各类劳务中介具体情况

劳务中介门店主要可分为以下几类（见图4）：

- 传统类型中介

✓单体店

✓职业化门店

✓连锁店

- 互联网线上线下招聘平台

✓互联网中介线下门店

✓互联网中介线下集散中心

- 劳务中介市场

✓专业中介集聚市场

✓公办才市的中介区域

- 人才市场

✓公办人才市场

✓民营人才市场

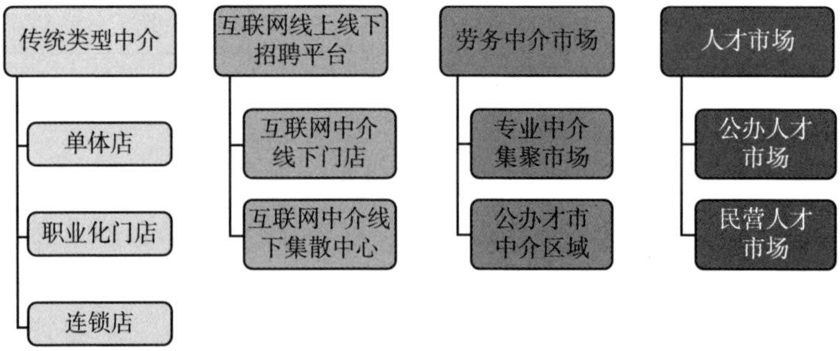

图4　劳务中介门店的类别

（一）传统类型中介

1. 单体店

（1）特征

这类中介门店没有直接的企业客户，均是转手给上游供应商。因此，一般会忽略求职者的真实需求和企业的实际情况是否匹配，而是通过诱导和“忽悠”，强烈推荐蓝领进返费高的企业。对求职者来说，这类门店提供的信息，真真假假、虚虚实实需要自己去分辨。

（2）位置

这类门店一般分布在蓝领集宿区（宿舍、动迁小区、城乡接合部等），基本上不会开在显眼的地段，因此，在房租成本方面比较有优势。

（3）门头

多为喷绘门头招牌，红蓝底颜色居多，较为醒目。这类材料较为简易，成本较小，但容易褪色，很多这类门店的门头都稍显破败。

（4）面积

实用面积 10 ~ 15m^2。

（5）功能区

招工信息墙（放置一些长期招工的企业信息，多为纸质打印版）。

休息位：一般有三四张座椅或两张沙发。

办公位：一般是一套老板桌椅、一台电脑，留作中介老板与面试人员交流用。

（6）门店人员

大部门店内有一个人在守着，以女性为主，年龄在四五十岁。有夫妻店但占比不高。着装偏休闲、非职业化。

（7）服务态度

服务态度热情但不职业化，沟通内容虚虚实实，需要求职者自身有一定的判断力。对于回头客，提供的信息会相对真实。

（8）职位情况

职位数量在 20 ~ 30 家，工作地点基本集中于苏州本地，以中介所在地点周边的热门企业为主。会附带有一些外地招工信息，如上海、盐城等地，尤其是高返费期间，外地招工信息较平时会更多。这类单人单店的小中介一般有一些压箱底的岗位，是大中介没有的，一般招聘需求量不大，但各类条件较为优越，一般情况下，这类岗位小中介要收取一定费用。

图5　单人单店劳务中介门店

2. 职业化门店

（1）特征

门店装修风格稍显讲究，看着也更新，对求职者具有较强吸引力。招聘人员较为专业，或直接或客套，使蓝领对其保留一定亲近感。招聘人员能够从蓝领需求出发，多维度地为其推荐企业，若蓝领没有具体的目标企业，会优先推荐返费高、流动率高的企业，对中介来说利润较高。

（2）位置

选址一般在较为显眼醒目地点，很远就能看到其门店和招牌。

（3）门头

门头较为讲究，多制作成LED发光字门头招牌或铝塑板门头招牌，成本较大，但经久耐用，不容易老旧。

（4）面积

实用面积70～90m^2。

（5）功能区

招工信息墙：有一些用的是纸质信息墙，但多数为LED显示屏滚动信息。

休息区：休息区较大，多有几排座椅，能够给等待面试的蓝领提供休息场地。

行李放置区：有些蓝领需要地方存放行李、或暂时不方便随身携带，这类中介会提供专门的行李放置区域。

办公区：办公区存在几种方式，有共享型空间，为蓝领提供一对多服务；另外一些以业务员方式，采取一对一服务。

（6）门店人员

门店工作人员在5～10人，年龄在二三十岁，少有40岁以上，较为年轻；多少会些妆容打扮，形象优良，着装以工作装（正装）为主，夏天身着统一短袖衬衫，类似于银行工作服。

（7）服务态度

态度较为职业专业，会多维度了解求职者的需求，对标性给出相应企业，供蓝领选择，如果蓝领较为犹豫会没有太明确的目标，会优先推荐高返费企业或与中介有密切合作的企业。

（8）职位情况

职位数目一般在30个以上，各类“当红辣子鸡”均在册，且会排列在名单首位。一般来说，这类中介会与一些工厂签订协议，需要满足工厂的用工需求量，因此，这些企业会被中介着重推荐。该中介处于该产业链的何等阶层，会直接反映在返费上。

图6　职业化劳务中介门店

3. 连锁店

从连锁店的门店分布范围，连锁店可分为两类，小型区域型连锁店和市域范围连锁店。市域范围连锁店在各类特征上与小型区域连锁店基本一样，只是在苏州市范围内门店数更多。

（1）特征

各方面与前两类传统型中介差不多，没有太多的创新点。主要通过业务员的模式提高与蓝领的黏性，不会主动加蓝领的微信。因为业务员人数有限，一般还是通过电话与蓝领保持交流，以笔记本来记录一些信息，没有通过 IT 系统来沉淀资源数据。

（2）位置

中介、蓝领聚集地。

（3）门头

多为 LED 发光字门头招牌，一般门牌较大。

（4）面积

面积大小不一，但普遍较大，最大的 $100m^2$ 左右，室内宽敞明亮。

（5）功能区

招工信息墙：LED 显示屏滚动播放。

休息区：预留给等待劳务安排的蓝领坐着休息用的。

交流区：工作人员与蓝领沟通交流的区域。

（6）门店人员

一个店一般 10 人左右，年龄基本在二三十岁左右，均以淡妆示人，注重形象，正装为主，秋冬会穿着印有公司 LOGO 的统一马甲或冲锋衣。

（7）服务态度

态度偏“商务”，公事公办的模样，算是尽心尽责。以蓝领需求为导向，为其推荐合适工厂，会尽量多维度推荐，增强蓝领报名率。

（8）职位情况

招聘企业数量高峰期在 40 个左右，淡季一般在 20 个左右，多数为周边工厂，附带有一些外地热门企业，一般是上海及江苏省内城市。

图 7　连锁劳务中介门店

（二）互联网线上线下招聘平台

1. 互联网中介线下门店

（1）特征

门店空间明亮，服务较为专业，态度亲近，这类线下平台一般都会辅助以“经纪人”的角色牢牢把控蓝领资源，黏性很强。一般都会有工作人员穿着公司 LOGO 的马甲在店外对来往人流进行引流，从监测看，成功率较高。

（2）位置

一般定位在蓝领集宿区和中介聚集地，且在工厂企业辐射范围内，其周边遍布着诸多制造型企业，不乏华硕、松下、佳世达等劳动密集型工厂。线下门店主要作用是线下引流和反哺他们线上的 App。

（3）门头

门头统一，但各家互联网平台用的颜色以黄底蓝字、蓝底白字或绿底白字为主，均为 LED 发光字门头招牌。

（4）面积

门店面积不等，但一般不会较大，实用面积一般在 $20m^2$ 左右。

（5）功能区

柜台区、信息墙、圆桌休息区、行李架、长条板凳、电视机。

（6）门店人员

门店内工作人员数量一般在2～3人，1个店长，1～2名服务人员，基本为“90后”，与蓝领交流流畅且不会让蓝领有较大压力，形象气质较优，有些许青涩的感觉。统一着装，夏天为短袖，秋冬为外套或马甲，皆印有公司的LOGO。

（7）服务态度

接待及服务态度较好，能够尽心为蓝领推荐合适企业，以满足蓝领需求为宗旨。会为蓝领推荐合适的企业，报名，免费复印身份证、打印照片，会为异地来的蓝领提供车接车送服务。

（8）职位情况

职位数量不定，以其App提供的信息为主。

图8　互联网招聘平台线下门店

2. 互联网中介线下集散中心

（1）特征

集散中心主要作用是迎来送往，基本上所处位于交通便利处，方便蓝领的聚集和接送。有些会将蓝领直接送进厂内面试，之后还会将蓝领接回。这种全程跟进给予蓝领更好的服务体验，使蓝领的依赖感更强。

（2）位置

均设置在中介聚集地和蓝领集宿区，周边有大量各层级中介。

（3）门头

门头为统一 LED 发光字门头招牌，颜色较为醒目。

（4）面积

集散中心面较大，一般在 200m^2 左右，已知最大的一家近 4000m^2。

（5）功能区

信息录入区、经纪人问询区、休息区、行李存放区。

（6）门店人员

每个门店标配汽车一般是 12 座，有主管、服务专员、司机。门店人员配置数量一般与规模成正比，规模越大，人员配置越多；200m^2 左右的集散中心一般有工作人员 5 名，负责迎来送往，也基本为“90 后”，着装与门店无异。

（7）服务态度

服务态度较优，有专车负责去地铁站或公交站台接送，但一般不会去火车站，会为蓝领交代具体乘车路线。

（8）职位情况

招聘企业数量较多，主要集中在昆山、常熟、无锡、常州和上海地区，苏州市内企业不多，但热门企业如华硕、佳世达、运达精密等企业均有招聘。

图 9　互联网招聘平台线下集散中心

（三）劳务中介市场

1. 专业中介集聚市场

（1）特征

这种模式基本已经没落了，即使是旺季，人流量也不多。少数来的基本是回头客。传统的中介集聚效应也几乎丧失殆尽。所有的中介全部是传统的门店，没有互联网线上线下结合的模式。

（2）位置

一般是该地区比较有名的劳务中介集散地，也是一级供应商带队面试的集合点。周围一般动迁小区围绕，工厂宿舍也不远，周边商业配套完善，是蓝领的经济生活圈。

（3）门头

基本为喷塑型门头，比较统一。

（4）面积

劳务中介市场位于一楼，内部总面积约为 1000 平方米，均等地分隔。

（5）门店人员

内部聚集劳务中介企业 50～60 家，每个店面内有 1～2 个招聘人员，门头内部陈设基本相同，内部密密麻麻全是招聘信息，一张桌子、一台电脑、一张沙发。场内均为正规中介，其中，部分中介有自己的客户项目，大部分为小供应商。

图 10　专业中介集聚市场信息墙

2. 公办才市中的中介区域

在各个区域的公办人力资源市场中，专门开辟了一部分区域，专门作为中介的摊位。但是，多次调研观察到，这种效果并不好，招聘量不大，每周定期开放 1 ~2 个半天，未来这种模式可能会逐渐退出市场。

（四）人才市场

1. 公办人才市场

（1）园区人力资源市场

特征：圆才是苏州人气最旺的人才市场，集聚了园区绝大部分的年轻求职者。大多为中介摊位。企业及求职者都以制造业普工为主，求职者男性居多。

宏观坐落：园区人气最旺的人才市场，也是苏州最集聚人气的人才市场。周边以商业区、写字楼为主，金融类、外资类、互联网类企业居多，周边环境相对比较高端。周边公交地铁较为方便。

人才市场的企业情况：以制造业的普工招聘为主，但是近一两年，服务业的各类职位明显增多。

人才市场的中介情况：大部分时候招聘摊位有一半是中介。中介一般会主动站到摊位外面走道中，热情主动地与求职者沟通，招聘人员基本是女性，十分热络。中介的招聘信息会存在企业虚假、岗位条件虚假、薪资虚假等情况，使求职者被表面的高薪和福利吸引过去。此次调研时，中介的摊位减少了很多，多为企业直招。可能与此时是劳务市场的淡季有关。一般年底或年初，人才市场里面对中介会管得比较严，每排摊位都有保安在巡视，对非求职者和非企业摊位招聘者加以管理。

人才市场的求职者情况：求职者以年轻人居多，外地人居多，年轻男性居多，当地的“4050”多到娄葑等区域性人才市场求职。招聘市场外面的广场上，会有一些求职者坐着等待中午厂车接过去面试。

圆才的求职者普遍更倾向于制造业企业，而认为服务业不太稳定或者不太安全。比如，餐馆服务员不交五险一金、销售工资不稳定、送餐快递在外面跑太危险、自己性格不适合做销售等。

刚来苏州的求职者基本上被圆才的中介教育几次后，就会对苏州的中介市场比较了解，普遍会希望找企业直招的，但是苦于没有渠道，想要进工厂，只能通过中介。

图 11　园区人才市场

（2）高新区人力资源市场

特征：新区人流量仅次于圆才，但凝聚力要欠缺许多，因为马涧商业街、港龙商业街及靠近蓝领集宿区的小中介对蓝领起到了很强的分流作用，所以新区人才市场的人流量受限。

宏观坐落：坐落于新区狮山路人才广场，周边以商业区、写字楼为主，金融类、互联网类企业居多。

人才市场的企业情况：多以制造业为主，招聘岗位多为普工和一线操作员，技术含量较低，但有部分专场为偏技工类型。服务业处于弱势地位，但近几年招聘摊位数量略有提升。

人才市场的求职者情况：求职者偏向年轻化，且外地人居多，河南、安徽占多数。求职者偏向于制造型企业，但近几年，新区人才市场服务业招聘信息逐渐增多，但优势不显，制造业占据主导地位。接近 11∶30，人才市场外便会有中介或劳务将求职者集合在一起送去厂区面试。

2. 民营人才市场

（1）特征

苏州比较有代表性的民营人才市场，一般线下以在蓝领集宿区设立招聘分部的模式拓展，以公众号发布招聘信息及返费名单的形式，形成蓝领与线上公众号之间的黏性。以此种方式，线上线下进行互补，贴近蓝领，形成更强的信任感。

（2）位置

一般周边是商业街或老式小区，蓝领多居住生活于此。

（3）门头

门头稍显气势，一般为 LED 发光字招牌，白底黑字。

（4）面积

一般面积约 300m^2。

（5）功能区

设前台、等候区、招聘区、信息墙，招聘区域占据 60% 以上面积，招工信息墙（放置一些长期招工的企业信息，有些是纸质打印版，有些是 LED 电子显示屏，招牌信息滚动播放）、休息位（一般有三四张座椅或两张沙发）、办公位。

（6）门店人员

一般前台 1 名，有人数不等的内部招聘员，人数一般不会超过 5 名；另外，也会有许多中介人员在内为企业代招，人数随行情变化。年龄基本在 20～40 岁，内部招聘员为统一工作服，多为正装，基本为“90 后”或“85 后”，形象较优。

（7）服务态度

招聘员会主动招呼蓝领，稍显热情，有专车负责送蓝领进场面试。

（8）职位情况

职位数量较多，但人才市场总部内各个招聘摊位挂出的招聘信息与其实际招聘企业并不完全一致，体验感欠佳。

图 12　民营人才市场

四　劳动力中介供应模式小结和分析

1. 中介供应模式的核心价值在于快速提供合适的岗位

整体来看，劳务中介门店的核心价值在于快速提供合适的工作岗位。蓝领群体在选择中介门店时首要因素依然是快速找到合适的工作，不存在乱收费和欺诈行为，能够按时领取薪资。即便是互联网平台，也需要线下门店提供相应的服务。

2. 劳务中介门店主要位于蓝领集聚地

不论是传统的劳务中介门店，还是互联网劳务中介的线下门店，均位于蓝领聚集地，比如：城中村、城乡接合部的动迁小区、偏远村庄、车站（火车站、汽车站等）。这些地方集聚着大量的蓝领人员，也是劳务中介门店的聚集地。同时，这些地方离周边工厂距离尚可，也是厂车的停靠地。

3. 劳务中介门店的人流量

劳务中介门店人流量的高低峰与蓝领的工作时间密切相关。80% 的蓝领上下班时间在早 8 点和晚 8 点，即作息为两班倒，8:00～20:00、20:00～8:00 是大部分工厂里蓝领的上班时间。因此，劳务中介门店里，人流量的高峰主要集中在早上 8 点前和晚上 8 点后。

从人流量来说，一般上午八九点是等待面试的求职蓝领到劳务中介门店集合的时间段，这个时间段也是一天中劳务中介门店人流量最多的时候。中午 11 点左右所有人员都去工厂面试，相对来说是门店人流量最少的时候。下午一般到店人流量也较少，晚上流量比下午稍高。

4. 线上线下融合主动引流是未来趋势

传统中介门店开设地点较为集中，与互联网线上线下的模式相比，传统中介门店主要依靠蓝领路过形式获客的形式有很大的局限，一些人流量较大的门店也是基于长期的回头客积累。而互联网中介平台通过通过线上平台和微信群不断引流，门店的人流量要明显大于传统的中介门店。未来，线上线下相融合是一个趋势。

5. 传统中介与互联网平台线下门店服务存在差距

传统中介门店的功能都大同小异，互联网模式的招聘企业，门店的功能主要是线上线下导流，同时为人员聚集及分拨。传统的中介与互联网平台中介之间的服务有很大差距，互联网中介平台工作人员着装统一、年龄相仿，服务相对比较热情，也会定期追踪回访，容易与年轻蓝领之间建立长期友好关系。传统中介门店，尤其是个体中介，服务态度较为随意。随着更多的新一代的年轻打工者加入求职大军，未来服务的优劣也会成为中介供应模式下各类中介门店发展的分水岭。

6. 劳务中介门店可提供蓝领需求的合法合规服务

蓝领除了找工作以外还有很多其他强相关的需求。对于拍照、复印、茶水、WiFi 等需求，这些大部分劳务中介都可以直接提供服务。一些小黑中介会为蓝领提供其他部分需求，如办理各种证件、代办各种进厂手续、代取公积金、信用卡套现、花呗套现、信用卡办理等，这些可能是未来需要加强监管的。

参考文献

国家统计局：《2017 年农民工监测调查报告》，http：//www. stats. gov. cn/tjsj/zxfb/

201804/t20180427_ 1596389. html。

李城伟：《2019 年后劳务市场会比往年更坏吗?》，https：//mp. weixin. qq. com/s/i6UU9SAkNAppGMYSRXlehQ。

《劳务黑话，弄懂这 35 个词，你就算入行了，很多人用了一年才明白》，https：//mp. weixin. qq. com/s/urynX37BfIR29NRWkaTUHw。

庄志：《中国人力资源服务业外包业态观察（2016 ~ 2017 版）》，苏州大学出版社，2016。

B.25

2016 ~2018年度校园招聘素质测评报告

苏永华*

摘　要： 本文对近三年诺姆四达校园招聘素质测评的真实结果进行分析，反映不同行业、性别、学历、学校的毕业生人群的素质特点，以及不同行业对毕业生素质的关注侧重点，以期帮助企业更精准地把握毕业生素质特点。本文从校园招聘素质综合指数、校园招聘素质单项指数、企业最关注的素质指标等三个方面进行分析，发现毕业生的整体素质逐年提高，不同性别、学校的毕业生素质大体相同，本科与硕士及以上学历的毕业生素质差距较小。不同行业在人才吸引力上呈现差异，在素质指标使用频率上也存在不同，但企业更为关注的是毕业生的通用素质能力。

关键词： 校园招聘　素质指数　素质指标

校园招聘是企业获取新生力量的重要途径和人才梯队建设的重要环节。但是，企业在校园招聘活动开展中常遇到招聘效率低、毕业生简历筛选难、新入职大学生流动性大、淘汰率高、新入职大学生适应期长等问题。这往往与企业对毕业生素质要求不明、对毕业生的素质特点把握不准有关。为此，

* 苏永华，心理学博士，诺姆四达集团董事长、总裁，教授，主要研究领域与方向为组织管理心理学、人才评价与选拔、领导心理学与领导力发展、企业人力资源管理体系构建。

越来越多的企业将人才测评技术和工具引入校园招聘活动中。人才测评作为一门科学和技术，能够帮助企业提高校园招聘效率，快速甄选出合适的人才。为了帮助企业更为精准地把握毕业生素质特点，本报告对近三年诺姆四达校园招聘素质测评的真实结果进行了分析，反映不同行业、性别、学历、学校的毕业生人群的素质特点，以及不同行业对于毕业生素质的关注侧重点，为企业提高校园招聘活动质量提供了有效参考。

一　校园招聘素质测评指数

（一）校园招聘素质测评指数定义

为了更直观地反映毕业生的素质情况，诺姆四达提出了校园招聘素质测评指数这一概念。本指数报告将校园招聘素质测评指数分为校园招聘素质测评综合指数（以下简称综合指数）和校园招聘素质测评单项指数（以下简称单项指数）两个方面。

校园招聘素质测评综合指数：以大学生在校园招聘素质测评中的综合得分作为综合指数，选择具有代表性的行业、企业、学校的校园招聘综合测评分数进行统计，反映毕业生整体的素质水平及其变化趋势。校园招聘素质测评综合指数越高，表示毕业生整体的素质越高。同时，不同行业和企业的综合指数高低，也反映了不同行业和企业对大学毕业生的吸引力，企业可以从中了解自身对毕业生的吸引力是高于还是低于行业水准，为精准招聘提供参考。另外，对学校学生的培养目标及培养方式的调整也有较高的参考价值，通过对不同学校学生的综合指数高低比较，也可以反映学校在学生素质培养方面的优势与短板。

校园招聘素质测评单项指数：基于各单项指标测评得分的统计结果，反映毕业生在各素质指标维度上的高低及特点。校园招聘素质测评单项指数越高，表示该项素质越高。

关于指数数值的说明：在指数分析之前，我们对数据进行了标准化处理，即将各种素质测评分数转换成标准正态分布，各项指数的得分也转换成标准分数，5是标准正态分布的中值，我们以此作为分数比较的参照基点。为了便于大众理解，并能显现指数得分细微差异，我们用标准分乘以1000得到该指标的指数值，指数的基数值为5000。大于5000则说明人才素质指数高于整体均值，素质较高；反之则说明低于整体均值。本次指数报告意在通过综合指数与基数值比较，反映近三年毕业生的综合素质情况。通过不同行业校园招聘素质综合指数在近三年的波动，反映愿意投身不同行业的毕业生群体在三年间的素质情况。另外，通过素质单项指数在不同行业、性别、学历、学校等条件下的波动，反映不同毕业生群体在各素质指标维度上的特点和差异。

（二）数据来源与分析对象

本部分的数据来源于诺姆四达校园招聘测评系统中的真实测评数据。数据选取的时间为2016年1月至2018年12月，选取的样本为在行业内具有代表性的企业，且性别、学历、学校等信息填写齐全的测评数据。数据总量为566794，其中有效数据量占88%。

对测评数据的统计显示，测评企业主要来自金融、汽车、快销、地产、互联网、能源、制造行业，其中汽车（24.30%）、金融（22.20%）、地产（14.70%）、快销（13.50%）行业占比较大。超过五成（58.24%）的测评者为女生，男生占41.76%。将近半数（49.50%）的毕业生为本科学历，硕士及以上的占46.26%，大专及以下仅占4.24%。毕业生主要来自国内普通院校（46.43%）和国内重点院校①（44.01%）（见图1至图4）。

（三）校园招聘素质测评综合指数

如图5所示，2016～2018年，校园招聘素质测评综合指数均超过基数值，且呈逐年上升之势。特别是2017年，校园招聘素质测评综合指数有了

① 本报告所指国内重点院校为985/211院校。

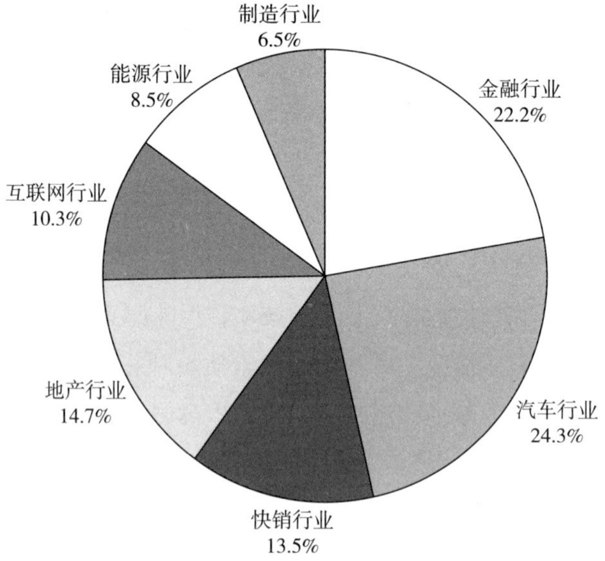

图1　行业分类

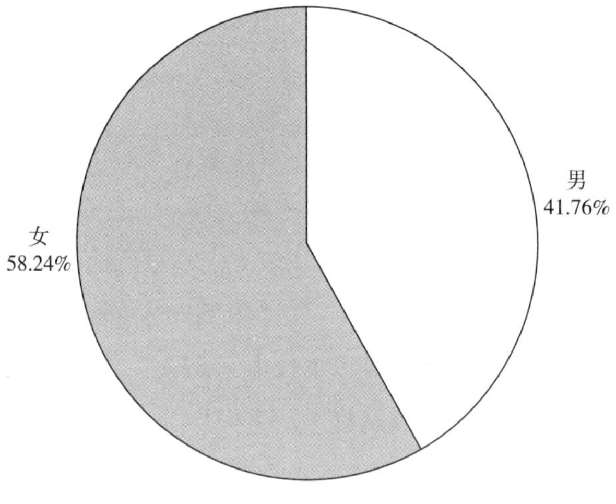

图2　性别分类

明显的提升。这说明，由于近年我国高等院校教育质量的提高以及年轻人在"微时代"下更快速、更便捷地获取知识和信息等原因，毕业生整体的素质逐年提高。

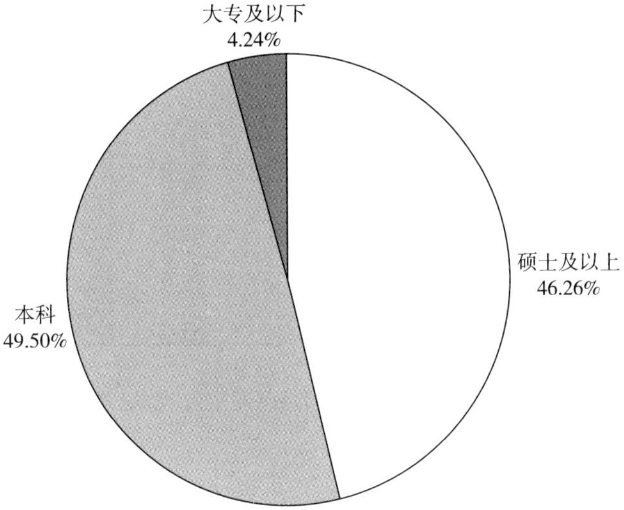

图3　学历分布

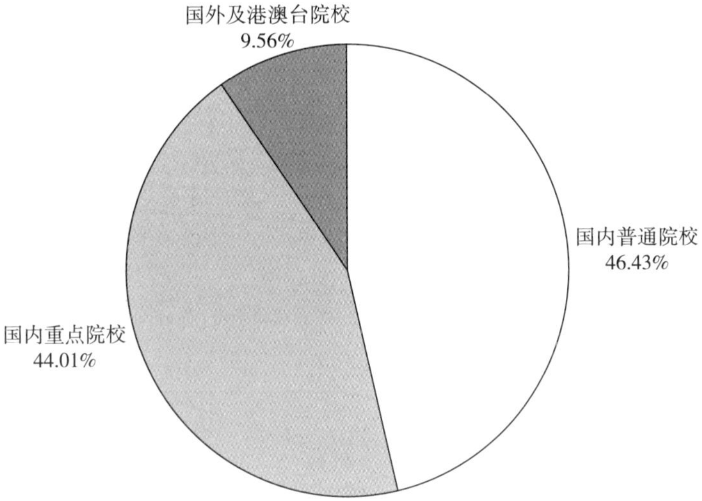

图4　学校分布

（四）四大行业校园招聘素质测评综合指数

从不同行业的校园招聘素质测评综合指数中可以看出不同行业对毕业生

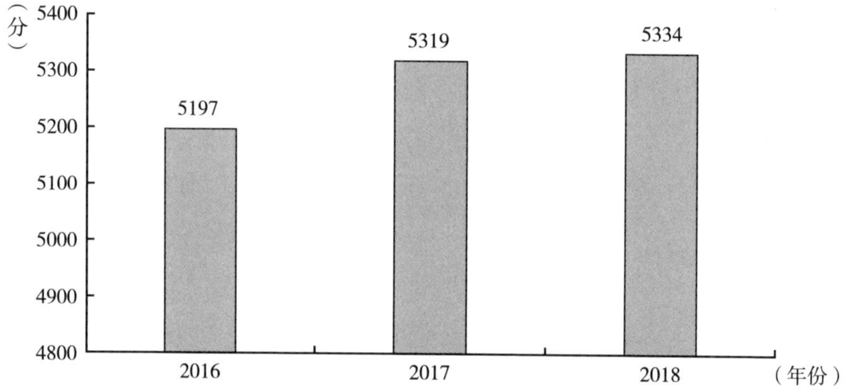

图 5　2016～2018 年校园招聘素质测评综合指数

的吸引力。在行业维度上，我们选取了在测评数据中占比较大的汽车、地产、金融、快销四大行业。从 2016～2018 年四大行业校园招聘素质测评综合指数的波动情况看（见图 6），金融行业每年吸引的毕业生整体素质较高。汽车、快销、地产行业在 2016 年吸引的毕业生素质较为接近，但地产行业校园招聘素质测评综合指数呈大幅上升之势，每年都持续吸引着更为优质的毕业生。快销行业校园招聘素质测评综合指数的波动较为平稳，该行业每年吸引的毕业生素质相差不大，但指数较低，吸引力较弱。汽车行业校园招聘素质指数在 2017 年有较大幅度上升，但在 2018 年又大幅回落。如何持续稳定地吸引优质人才是汽车行业目前面临的问题。

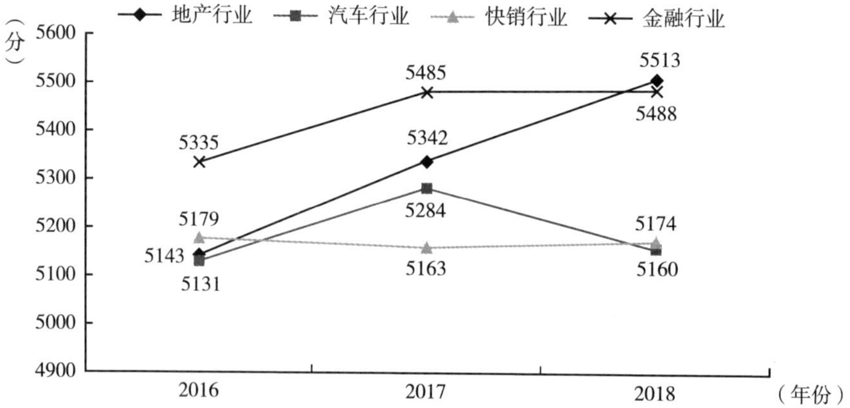

图 6　2016～2018 年四大行业校园招聘素质测评综合指数

（五）校园招聘素质测评单项指数

校园招聘人才标准反映了企业对人才的诉求和期望，是当前企业生存和未来企业发展对企业未来的生力军所提出的要求标准。因此，了解企业最希望毕业生具备哪些素质是企业和毕业生们共同关注的问题。本次分析对企业校园招聘中使用人才素质模型所包含的素质指标进行了梳理，发现出现频率在50%及以上的素质指标依次为责任感、创新精神、自信、情绪控制、进取心、沟通意识、人际洞察、自觉自律、积极主动、压力承受、积极倾听、思维策略、推理判断、原因分析这14个指标（见图7）。总体而言，企业更关注责任心强、自信上进、能承担压力、思维清晰的毕业生。

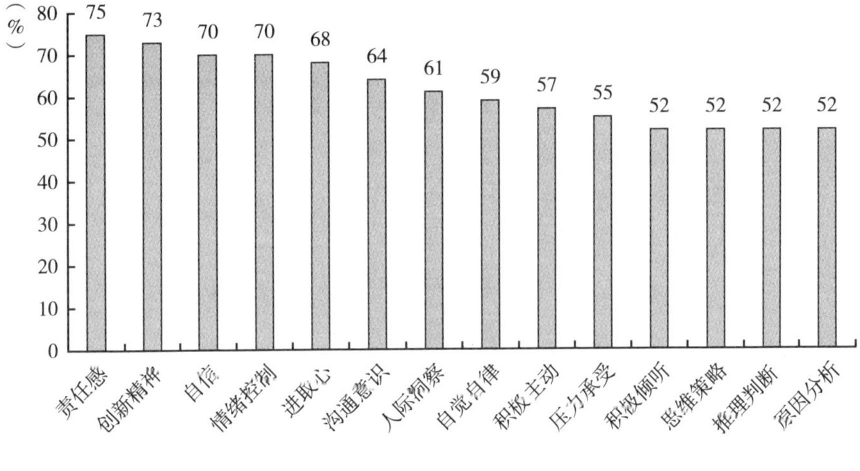

图7　校园招聘素质指标使用频率

校园招聘素质测评单项指数采用标准9分制，平均分为5分。指数越接近9分，说明该项素质越好，低于5分则说明该项素质表现不足。如图8所示，企业最关注的14项素质指标中，毕业生整体表现较好的是自觉自律、积极倾听、推理判断、沟通意识。这表明，大部分毕业生自我约束能力强，能够积极与他人进行沟通和交流，同时具有对事物的推理和判断能力。毕业生在责任感（4.95分）、创新精神（4.94分）、人际洞察（4.83分）、积极主动（4.57分）上的指数得分相对较低。由于独生子女的现象比较普遍，部分毕业生比较自我。可能因为在学校的环境相对单一，一些毕业生尚缺职场意识，仍需提高工作的主动性和责任感。

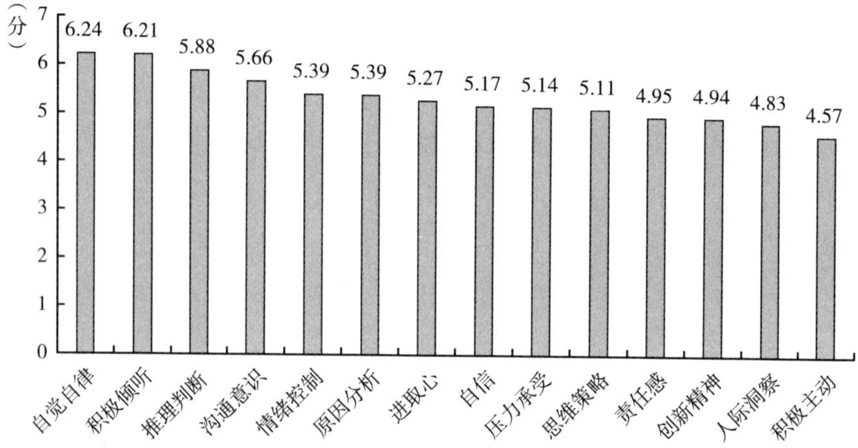

图8　校园招聘素质测评单项指数得分分布

1. 校园招聘素质测评单项指数——性别对比

从对不同性别的统计结果看（见图9），男生和女生的素质在整体上相差不大，但在进取心上，男生与女生的差异最大。这可能是由于社会普遍对男生在工作和事业上有更高的期待，男生更有上进心。但随着社会的进步，“男女共擎一片天”已经得到广泛认可，女生仍需增强工作进取心，坚持不懈地追求新目标。

2. 校园招聘素质测评单项指数——学历对比

从对不同学历的统计结果看（见图10），大专及以下学历的毕业生在素质上明显低于本科毕业生、硕士及以上学历的毕业生。硕士及以上学历的毕业生与本科毕业生的素质差距较小，且素质指数略高于本科毕业生。总体而言，学历与素质成正比，毕业生的学历越高，其素质越高。

3. 校园招聘素质测评单项指数——学校对比

从对不同学校的统计结果看（见图11），内地普通院校、内地重点院

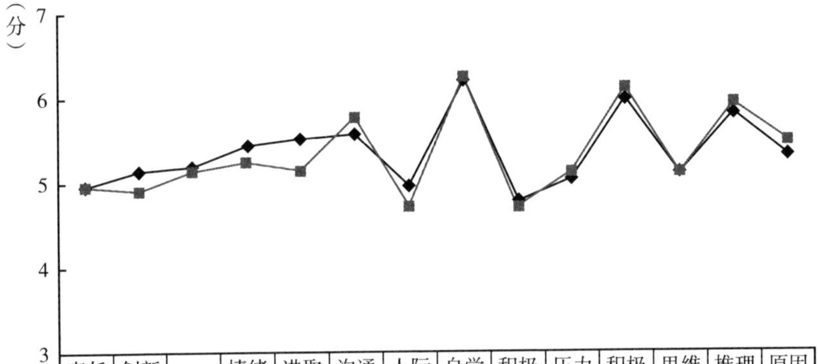

	责任感	创新精神	自信	情绪控制	进取心	沟通意识	人际洞察	自觉自律	积极主动	压力承受	积极倾听	思维策略	推理判断	原因分析
男	4.96	5.14	5.20	5.42	5.52	5.61	4.95	6.23	4.76	5.05	5.97	5.11	5.85	5.34
女	4.94	4.88	5.14	5.23	5.13	5.73	4.68	6.22	4.70	5.09	6.07	5.13	5.86	5.47

图9　校园招聘素质测评单项指数——性别对比

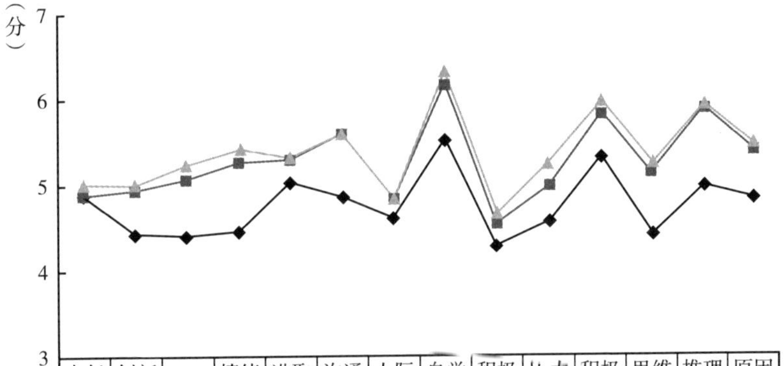

	责任感	创新精神	自信	情绪控制	进取心	沟通意识	人际洞察	自觉自律	积极主动	压力承受	积极倾听	思维策略	推理判断	原因分析
大专及以下	4.91	4.43	4.40	4.46	5.02	4.86	4.61	5.53	4.28	4.57	5.33	4.40	4.97	4.84
本科	4.85	4.92	5.05	5.25	5.27	5.56	4.83	6.16	4.53	4.97	5.82	5.14	5.87	5.38
硕士及以上	5.04	5.00	5.24	5.43	5.32	5.61	4.85	6.35	4.65	5.23	5.99	5.23	5.91	5.47

图10　校园招聘素质测评单项指数——学历对比

校、国外及港澳台院校的毕业生在大多数素质上差别不明显。但在沟通意识、思维策略、推理判断、原因分析上，内地院校生的指数高于国外及港澳台院校毕业生，且内地重点院校毕业生更胜一筹。这说明，内地重点院校毕业生的沟通和思维能力较好。在责任感上，内地院校毕业生不及国外及港澳台院校的学生。这可能是由于国内外院校环境不同，对学生培养侧重点不同等原因，来自国内外院校的学生各具素质优势。

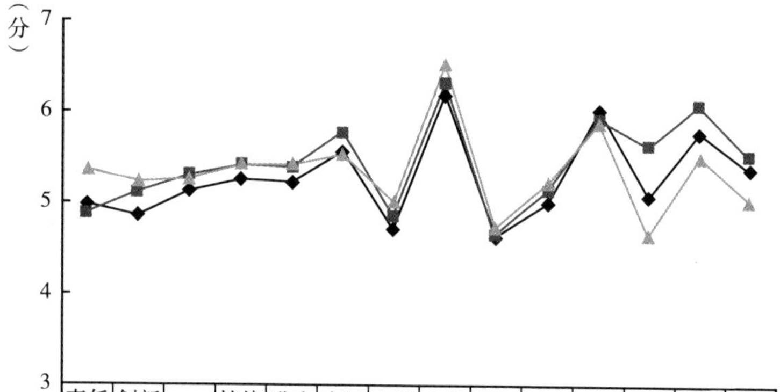

	责任感	创新精神	自信	情绪控制	进取心	沟通意识	人际洞察	自觉自律	积极主动	压力承受	积极倾听	思维策略	推理判断	原因分析
内地普通院校	4.97	4.87	5.14	5.27	5.21	5.56	4.71	6.19	4.64	5.01	5.99	5.08	5.80	5.38
内地重点院校	4.89	5.11	5.29	5.41	5.38	5.76	4.86	6.33	4.64	5.13	5.92	5.61	6.09	5.49
国外及港澳台院校	5.37	5.24	5.28	5.44	5.44	5.55	5.01	6.55	4.74	5.24	5.90	4.65	5.56	5.03

图 11　校园招聘素质测评单项指数——学校对比

（六）四大行业校园招聘素质测评单项指数

本部分分别展示了汽车、地产、金融、快销行业的校园招聘素质测评单项指数，并收集了互联网、金融、建筑、地产等三十多个行业的测评数据，形成全行业素质单项指数。将这四大行业与全行业的指数进行比较，尝试揭示不同行业吸引的毕业生在素质上的特点和差异，以期为各行业在校园招聘时提供有价值的参考依据。由于对样本的严格筛选，所选地产行业的测评数据缺少积极主动这项素质指标，但不代表地产行业不重视该项素质。

1. 汽车行业校园招聘素质测评单项指数

从想要进入汽车行业的毕业生素质单项指数看（见图 12），责任感、自觉自律、积极倾听是他们的三大优势，其中责任感、积极倾听超过全行业平均水平，特别是积极倾听，明显高于平均水平。而创新精神、沟通意识、积极主动、压力承受是他们的不足项，同时也低于全行业平均水平。其中沟通意识与其他行业的差距较大。

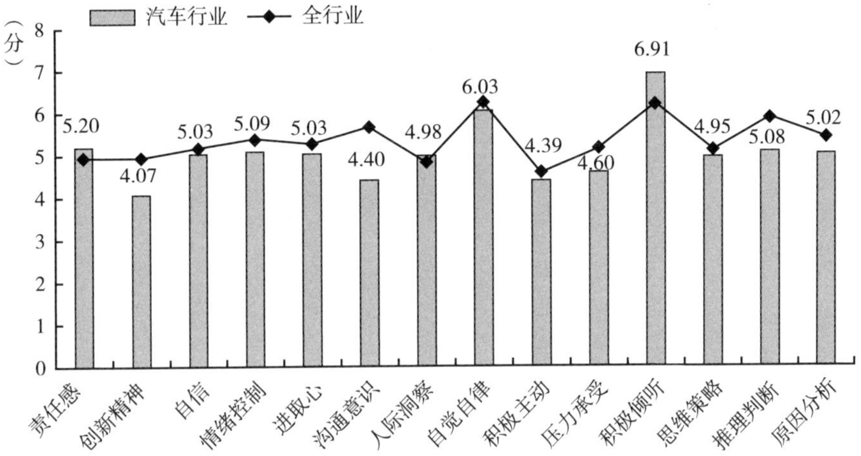

图 12　汽车行业校园招聘素质测评单项指数

总体而言，汽车行业求职的毕业生具有强烈的责任感和自律性，也愿意积极倾听他人的想法和意见，但工作的创新性和积极性不足，抗压能力较弱，与人沟通的意识也有所欠缺，这可能使其难以承受高强度工作，也会影响其与客户或同事的沟通效果。

2. 地产行业校园招聘素质测评单项指数

从想要进入地产行业的毕业生素质单项指数看（见图 13），沟通意识、自觉自律、积极倾听、思维策略、推理判断是他们的优势项，且进取心、沟通意识、思维策略明显高于全行业平均水平。人际洞察是他们的不足项，低于全行业平均水平。

总体而言，地产行业吸引了优质的毕业生，他们思维缜密，积极进取，严格自律，具有良好的沟通能力，如能提高人际洞察的能力，则会更具竞争优势。

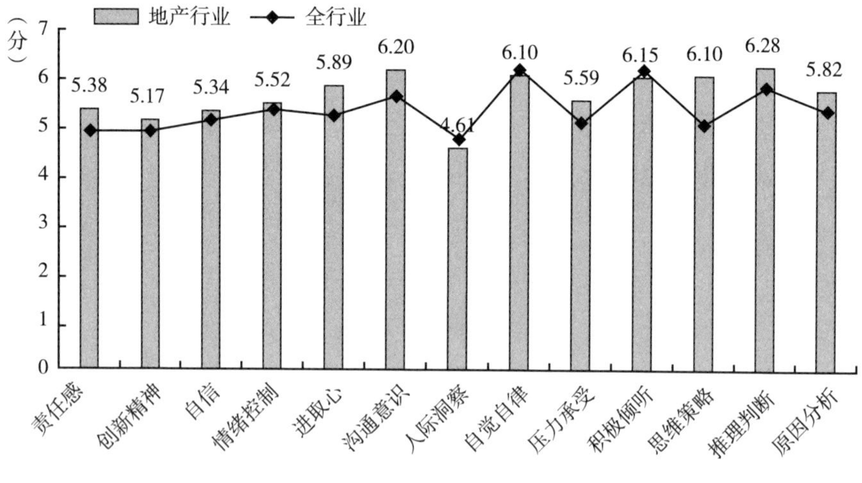

图 13　地产行业校园招聘素质测评单项指数

3. 金融行业校园招聘素质测评单项指数

从想要进入金融行业的毕业生素质单项指数看（见图 14），沟通意识、自觉自律、推理判断是他们的优势项，且均超过全行业平均水平。其中，沟通意识远远超过行业平均水平。而人际洞察、积极主动、进取心、思维策略是他们的不足项，其中人际洞察、进取心、思维策略低于行业平均水平，且进取心与全行业平均水平的差距较为明显。

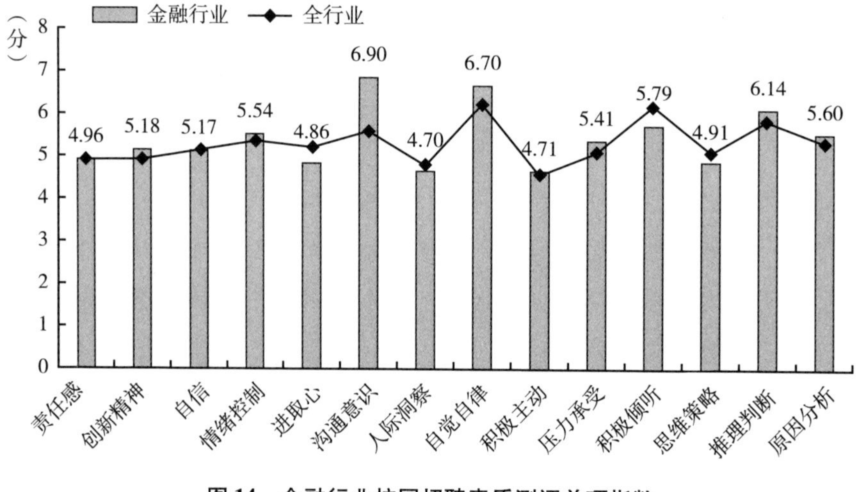

图 14　金融行业校园招聘素质测评单项指数

总体而言，愿意投身金融行业的毕业生，在沟通意识上远高于其他行业求职的毕业生，并且他们能严格要求自己，对工作中出现的问题具有一定的分析和判断能力，但他们对人际关系不够敏感，在解决问题的过程中缺少策略性思考。需要特别关注的是，进取心与其他行业的差距较大，这方面的表现不足可能会使他们难以招架未来可能面临的挑战和风险。

4. 快销行业校园招聘素质测评单项指数

从想要进入快销行业的毕业生素质测评单项指数看（见图15），自觉自律、积极倾听、推理判断是他们的优势项，但自觉自律、积极倾听略低于行业平均水平。责任感、积极主动、思维策略是他们的不足项，其中责任感、思维策略远低于全行业平均水平。沟通意识与全行业平均水平的差距也比较大。

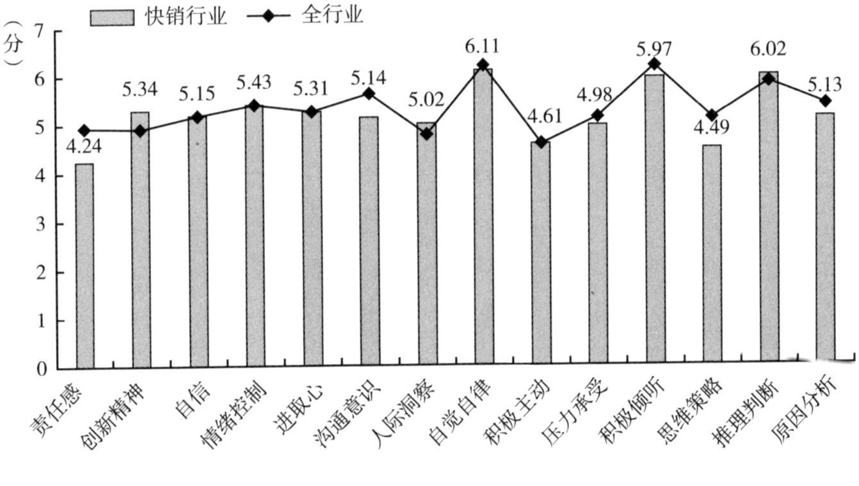

图15　快销行业校园招聘素质测评单项指数

总体而言，快销行业的求职者在推理判断上的表现达到了全行业平均水平，能够对一般性的问题进行推断和分析。但他们缺乏责任感和沟通意识，对问题的策略性思考较弱，这可能使其不能妥善且高效地完成工作任务。

二　企业最关注的素质指标

（一）数据来源与分析对象

本次指标报告的数据来源于2017年1月至2019年5月诺姆四达校园招聘测评系统中的真实测评数据。经过筛选，受测者主要来自中国500强及世界500强企业求职的高校毕业生群体。数据总量为351246，其中有效数据占85%。如图16所示，报告所使用的数据覆盖了四大行业，分别是金融行业（31.43%）、地产行业（25.72%）、快销行业（25.71%）、汽车行业（17.14%）。

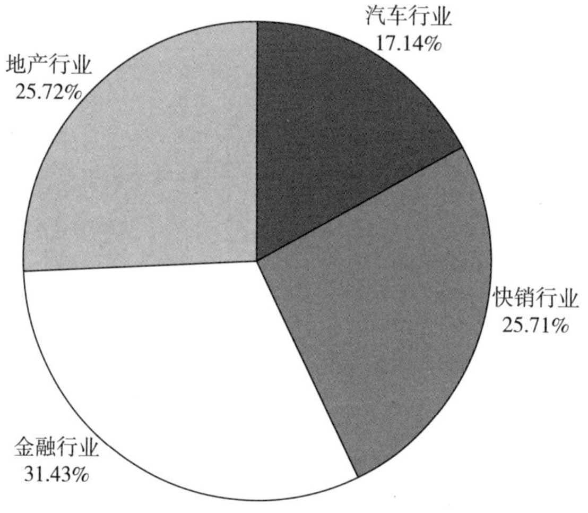

图16　行业分布

（二）四大行业最关注的素质指标

本部分选取汽车、地产、金融、快销行业在校园招聘的人才素质模型中出现频率为50%及以上的素质指标，重点分析这四个行业对毕业生素质的期待和要求。

1. 汽车行业校园招聘素质指标使用频率

如图 17 所示，在汽车行业中，积极倾听、沟通意识的使用频率最高，均为 100%；其次是人际洞察（88%）、情绪控制（75%）、责任感（75%），自信（75%）。

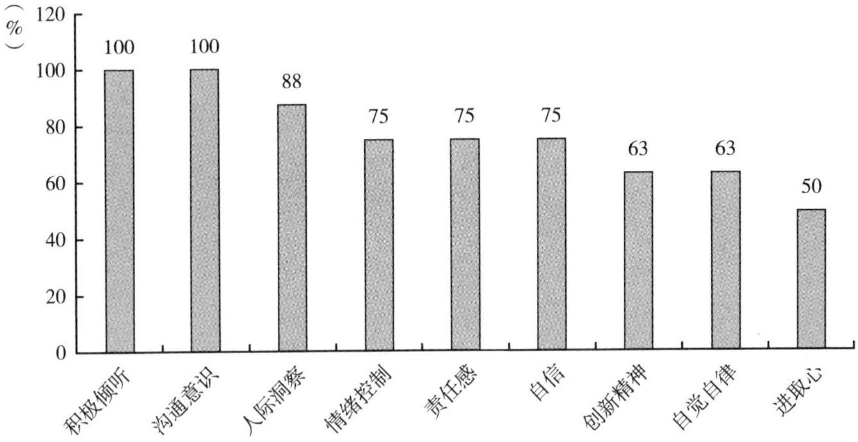

图 17　汽车行业校园招聘素质指标使用频率

2. 地产行业校园招聘素质指标使用频率

如图 18 所示，在地产行业中，创新精神、进取心、责任感、自信的使用频率最高，均达 100%；其次是思维策略、推理判断、原因分析、自觉自律、情绪控制，使用频率为 91%；再次是压力承受（82%），积极主动（73%）。

3. 金融行业校园招聘素质指标使用频率

如图 19 所示，在金融行业中，创新精神的使用频率最高（67%），其次是积极主动（60%）、进取心（53%）、情绪控制（53%）、责任感（53%）。

4. 快销行业校园招聘素质指标使用频率

如图 20 所示，在快销行业中，使用频率最高的几项指标为人际洞察、沟通意识、自信、责任感，达 80%，其次是积极倾听、进取心、情绪控制，使用频率是 70%，再次是压力承受、思维策略、推理判断、原因分析、创新精神，使用频率是 60%，积极主动、自觉自律的使用频率为 50%。

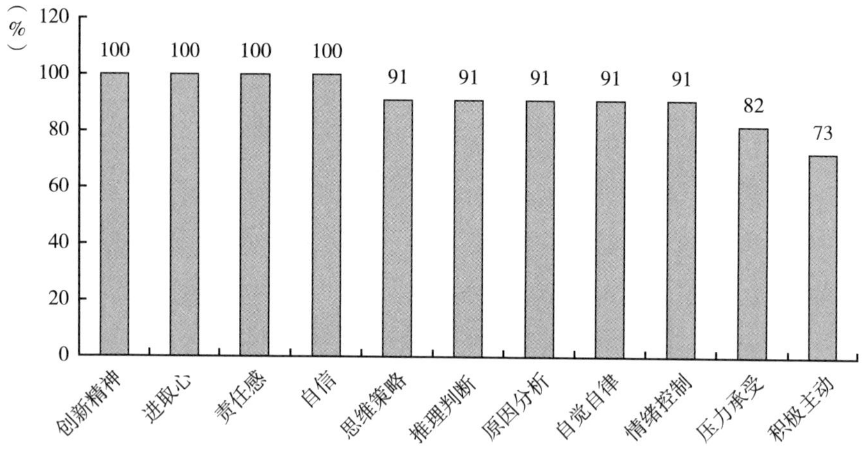

图 18 地产行业校园招聘素质指标使用频率

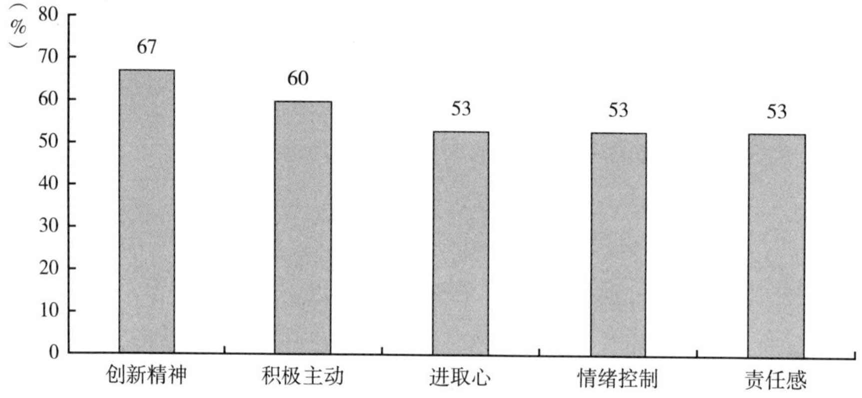

图 19 金融行业校园招聘素质指标使用频率

汽车行业对积极倾听、沟通意识的关注度相对更高，这可能是由于汽车行业在校招中对销售类和服务类岗位的人员需求较大，因而，更关注懂得聆听、能言善道的候选人。

地产行业对创新精神、进取心、责任感、自信的重视程度更高，这可能是由于近年来国家加大了对地产市场的调控力度，促使地产行业寻求改革创新和高质量发展。因此，在校招中该行业更关注具有创新精神，且能在工作中承担责任、不断进取、信心十足的候选人。

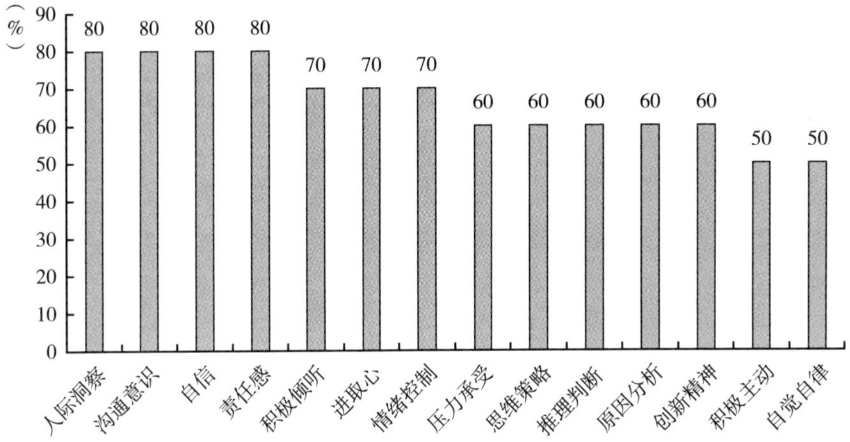

图20　快销行业校园招聘素质指标使用频率

金融行业更为看重创新精神，这可能是由于金融行业需要不断创新服务方式与功能以满足人们日益增长的金融服务需求，因此，在校招中，更注重对候选人创新精神的关注。

快销行业使用频率最高的是人际洞察、沟通意识、自信、责任感，这可能是由于受行业特性影响，销售和市场营销类职位在校招中是热门的职位，因此，该行业更关注沟通意识强、人际洞察能力强、自信热情、有责任心的候选人。

不同行业间的素质指标使用频率存在一定差异，但是，在校园招聘中，共性大于特性，因为毕业生社会工作经验相对欠缺，对应聘岗位的认知也较为模糊。所以，企业更为关注的是候选人是否具备做好相关工作的可能性，更为看重人才的潜力，主要考察的是毕业生由“学校人”向“职场人”转变所需要的通用素质能力。

三　调研关键发现

（一）校园招聘素质测评综合指数特点

2016～2018年，毕业生整体的素质逐年提高。从行业来看，金融行业每年吸引的毕业生整体素质较高。地产行业持续吸引着更为优质的毕业生。快销行业每年吸引的毕业生素质相差不大，但吸引力较弱。汽车行业校园招聘素质指数在2017年有较大幅度上升，但在2018年又大幅回落。如何持续稳定地吸引优质人才是汽车行业目前面临的问题。

（二）校园招聘素质测评单项指数特点

从性别上看，男生的进取心高于女生，但在大多数素质指标上两者大体相同。

从学历上看，学历与素质成正比，毕业生的学历越高，其素质越高。但硕士及以上学历的毕业生与本科毕业生的素质差距较小。

从学校上看，不同类型院校的毕业生在大多数素质指标上差别不明显。由于国内外院校环境不同、对学生培养侧重点不同等原因，来自国内外院校的毕业生各具素质优势。内地院校毕业生的沟通和思维能力较好，且内地重点院校毕业生更胜一筹。国外及港澳台院校毕业生相对内地院校毕业生而言，责任感更强。

综上所述，男生和女生素质大体相同，企业在校招时应秉持男女平等的性别中立观。本科和硕士及以上学历的毕业生在素质上大体相同，不同类型院校的毕业生在素质上差别也比较小。中小企业在校招时不必一味地看重毕业生的学历背景，也不必盲目地追求“双一流”重点院校的学校背景。

（三）四大行业校园招聘素质测评单项指数特点

汽车行业求职的毕业生具有强烈的责任感和自律性，也愿意积极倾听他人的想法和意见，但工作的创新性和积极性不足，抗压能力较弱，与人沟通的意识也有所欠缺，这可能会使其难以承受高强度工作，也会影响其与客户或同事的沟通效果。

地产行业吸引了优质的毕业生，他们思维缜密，积极进取，严格自律，具有良好的沟通能力，如能提高人际洞察的能力，则会更具竞争优势。

愿意投身金融行业的毕业生，在沟通意识上远高于其他行业求职的毕业生，并且他们能严格要求自己，对工作中出现的问题具有一定的分析和判断能力，但他们对人际关系不够敏感，在解决问题的过程中缺少策略性思考。需要特别关注的是，进取心与其他行业的差距较大，这方面的表现不足可能使他们难以招架未来可能面临的挑战和风险。

快销行业的求职者在推理判断上的表现达到了全行业平均水平，能够对一般性的问题进行推断和分析。但他们缺乏责任感和沟通意识，对问题的策略性思考较弱，这可能会使其不能妥善且高效地完成工作任务。

（四）企业关注的素质指标特点

根据对校园招聘中使用频率最高的素质指标的梳理，可以发现企业更关注对待工作认真负责、自信上进、能够承担压力、思维清晰的毕业生。从行业来看，汽车、地产、金融、快销行业在校园招聘中的素质指标使用频率存在一定差异，但是共性大于特性，因为毕业生社会工作经验相对欠缺，对应聘岗位的认知也较为模糊，所以，企业更为关注的是候选人是否具备做好相关工作的可能性，更为看重人才的潜力，主要考察的是毕业生由“学校人”向“职场人”转变所需要的通用素质能力。

B.26
应届毕业生能力现状、留用与发展策略分析

许　锋*

摘　要： 本文就企业在校园招聘中如何选准、留住、用好人才的问题，对10个行业的350家企业进行了调研。同时，结合倍智数据库中近35万名2018年度应届生的测评数据进行了综合分析，总结得出了2018年应届生的整体能力现状，并提炼出优秀应届生能力画像及留用与发展管理的关键点，为企业优化校园招聘和内部人才造血机制提供有价值的参考。

关键词： 校园招聘　人才测评　人才画像　人才供应链

引言

近年来，校园招聘受到企业的热烈追捧。校园作为企业抢夺高潜人才的稳定渠道，已经成为人才抢夺战中的必争之地，以至现在的校招开始陷入企业耗财力、拼人力的误区中。本文希望通过对大量的测评数据进行分析，摸清2018年应届生的整体能力现状及优秀人才画像，为企业打赢校招这场硬仗提供有价值的参考。

本文的研究成果基于倍智2018年2月至7月开展的调研（调研数据来

---

* 许锋，博士，广东倍智测聘网络科技股份有限公司创始人兼CEO，主要研究领域为人力资本工作和咨询。

自10个行业350家企业），以及倍智数据库中近35万名应届生测评数据，综合分析得来。

近十年来应届生的数量不断扩增，2018年更是创历年新高，达到820万人。这对企业而言本是万里挑一的好机会，但调研数据表明，大多数企业校园招聘的失败率都很高，招不到、用不好、留不住人才等各种问题困扰着企业。这是因为大多数企业依旧在用传统的校园招聘手段，而随着应届生数量的不断扩大，企业没有一个确定的方向、目标，表面看是万里挑一、优中择优，实则是大海捞针、无从下手。

为帮助更多企业摆脱以上困境，本文将从以下几个方面对2018年应届毕业生整体现状进行研究：第一，我们需要了解2018年应届生的整体能力现状究竟如何，不同学历背景的应届生能力差异在哪里；第二，研究优秀应届生的能力画像长什么样，应届生的实际能力是否能够满足企业期待；第三，研究应届生的最大离职风险是什么，在这过程中有什么关键要素可以帮助企业提高应届生的成才率；第四，越来越多的企业开始在校园招聘中使用测评，我们将通过研究标杆企业的校招项目来分析人才测评在校园招聘中的重要作用。

一 2018年应届生的整体能力现状

哈佛教授麦克利兰提出，拥有某些特定个人能力的员工比其他人更有可能获取持续的高绩效表现。越来越多的企业也开始将这套理念运用到实际工作场景中，选择用测评的方式来考察应届生的各项能力素质。

倍智调研数据显示，2018年企业在校园招聘过程中，最关注应届生的这12项能力。其中，有4项人际互动类能力和8项任务执行类能力（见表1）。

表1　企业最关注应届生的12项能力

类别	能力
人际互动类	善于社交、客户导向、说服影响、团队合作
任务执行类	行动力、商业敏锐度、分析能力、创新意识、制订计划、成就导向、抗压能力、认真负责

（一）本科、硕士应届生的能力差异

企业在校园招聘的筛选过程中，往往比较看重学历。实际在招聘中，硕士与本科应届生是否真的有显著差异？调研发现，硕士与本科生的整体能力倾向基本趋同，但也存在部分差异（见图1）。

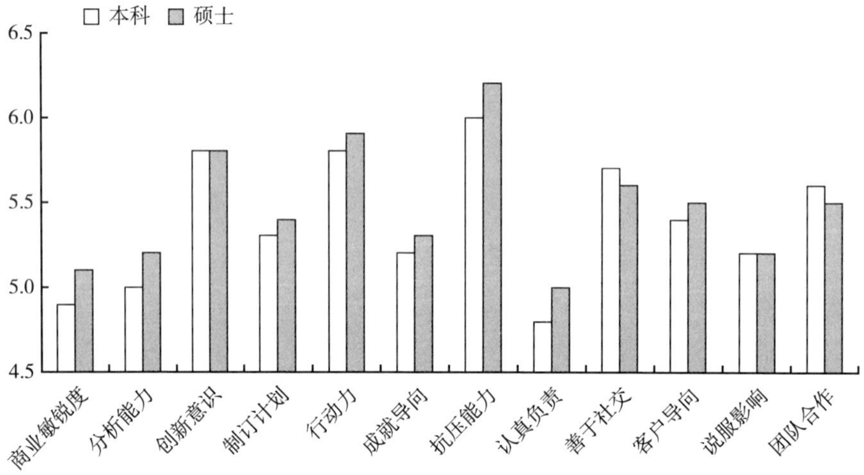

图1　本科、硕士应届生的能力倾向差异

硕士研究生的商业敏锐度、分析能力、抗压能力得分较本科生高，说明研究生分析思考能力更佳，能够更有效地处理复杂概念和事物，更善于发现问题背后的商业价值和客户价值，面对压力情境能够更加积极乐观、冷静处理。

硕士研究生在善于社交上的得分较本科生低，说明很多研究生更倾向于与事物打交道，没有本科生那么喜欢和擅长社交活动。与此同时，本科生与硕士研究生在创新意识、说服影响方面差异不大，企业如果在以上三种能力方面有所侧重，设置学历门槛就没那么重要了。

（二）企业最关注的12项能力梯度图

倍智根据企业对这12项能力的关注度排名，得出2018年企业期待应届生的能力梯度图。从图 2 中，我们可以看出企业在校园招聘中对行动力、客户导向、团队合作和认真负责这四项的能力要求最高。

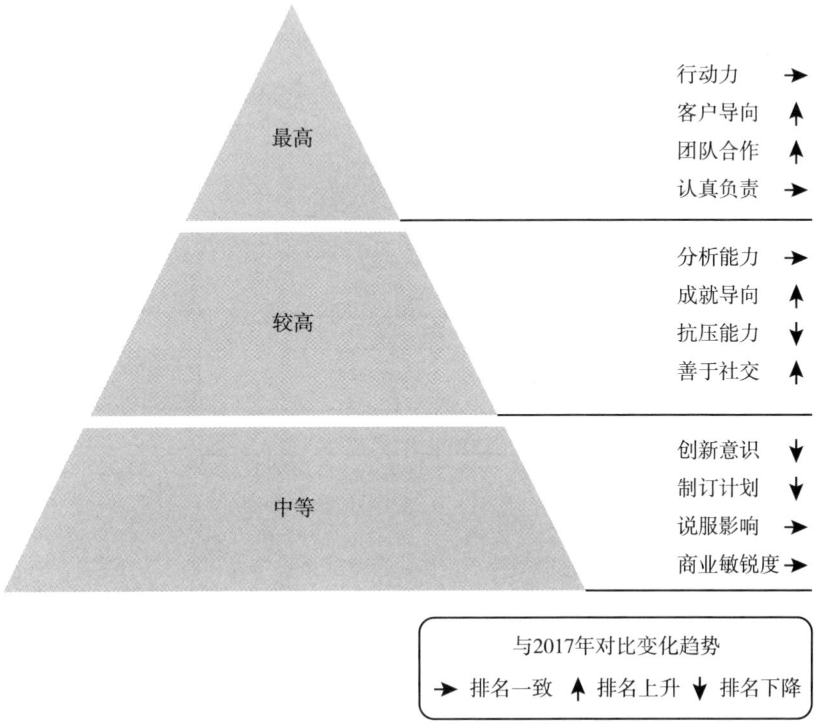

图 2　企业期待能力梯度图（与 2017 年对比变化趋势）

值得关注的是，与 2017 年的能力梯度图对比分析表明，客户导向和团队合作是较高水平的第二梯队提升为最高水平的第一梯队。相比 2017 年，企业更看重应届生以客户为导向和团队协同合作的能力。

这也与当下整个市场环境和时代特点有着重要关系，市场环境变化快，行业内竞争越来越大，企业想要在激烈的市场竞争中脱颖而出显得尤为艰难。找准客户痛点，提高客户满意度是企业增强竞争力的关键。在企业中虽然没有完美的个人，但可以打造完美的团队，让团队成员相互补足，提升团队效能，从而应对严峻的外部挑战，也是企业更看重团队合作的重要原因。

（三）企业期待与应届生实际能力差异

倍智将企业最期待应届生所具备的这12项能力与数据库中的35万名应届生实际测评数据做了差异分析，得出了以下九宫格图（见图3）。

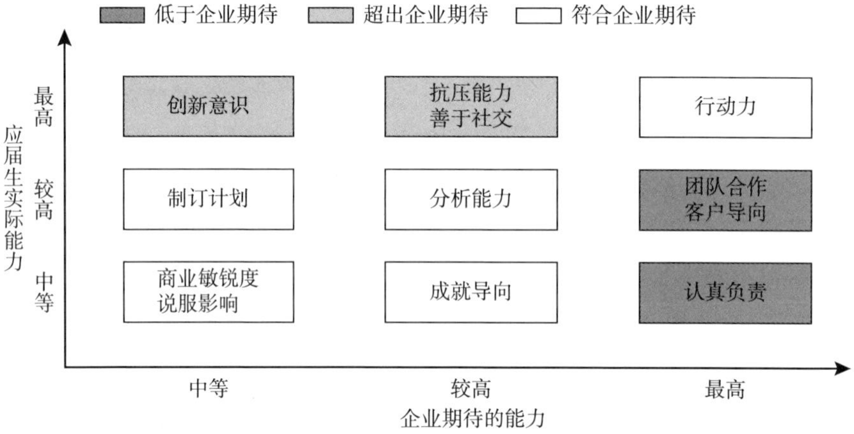

图3　企业期待与应届生实际能力差异九宫格

数据表明，行动力、分析能力、成就导向、制订计划、商业敏锐度和说服影响这六项能力刚好能够满足企业的期待。其中行动力是企业最期待的，同时也是应届生实际水平最高的一项能力。这说明绝大部分的2018届毕业生能够较为迅速地响应工作需求，能够符合企业的期待。

创新意识、抗压能力、善于社交这三项能力得分高出了企业期待，属于应届生较为充裕的能力。这表明他们有更多新鲜的想法和创意，交际能力也很强，善于表达。这样的行为表现在校招场景下更容易脱颖而出，因此企业在招聘过程中，更要厘清对招聘岗位的需求和对候选人的标准，避免光环效应，错失真正匹配的人。

认真负责是应届生实际水平与企业期待差距最大的一项能力，说明2018届应届生在对待工作任务上缺少一定的责任意识和主人翁意识，对于这项特别看重的企业更要在校招中擦亮眼睛，同时不可忽视后续的相关培养，帮助其快速适应职场氛围，找准位置。

团队合作和客户导向是应届生相对比较稀缺的能力，还没有完全达到企业的要求，企业在招聘中要看准人，在后续的培养中也应该着重关注这些短板问题，进行针对性培养提高。

二　优秀应届生的能力画像

基于近 35 万名优秀应届生的实际测评数据，我们得到各个岗位序列优秀应届生的画像，包括管培生、销售类、市场类、产品类、研发类、财务类和人力资源类这 7 个岗位。这些画像可以帮助企业更加精细化地定义自己校园招聘的能力模型和能力要求，实现精准招聘。

此处以管培生为例进行研究分析，管培生项目已有几十年历史，很多企业都会投入大量的资源来招聘培养管培生，为公司储备未来的管理人才。

（一）认知能力画像

数据显示，管培生各项认知能力在全体毕业生中均处于较高水平，在三项认知能力中，数字推理能力最强。作为企业未来的骨干，管培生也需要一定的数据分析能力，要能够从外部大量的数据资源中提取出自己需要的关键信息，而企业在选择管培生时也非常看重这项能力（见图 4）。

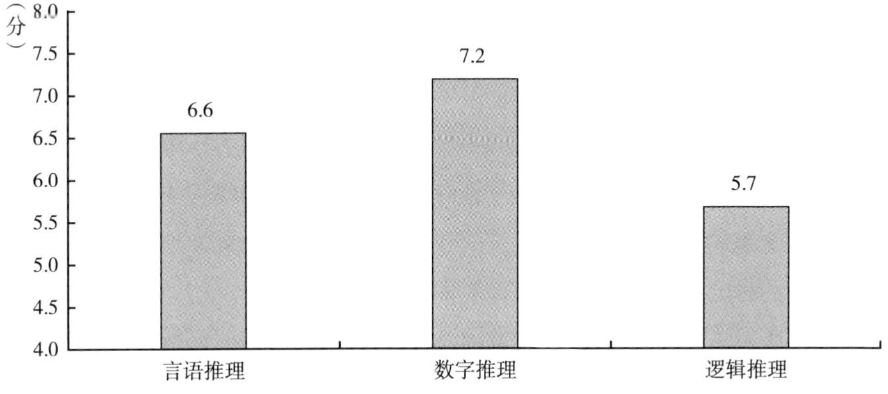

图 4　优秀管培生的认知能力画像

（二）能力倾向画像

抗压能力、行动力、创新意识、善于社交是管培生的优势能力。企业重视管培生，对他们寄予厚望，往往会安排轮岗、培训和多项考核，促进他们成长，拥有良好抗压能力能够帮助他们更好地适应工作。

制订计划是管培生群体相对较弱的能力，企业在后续的培养发展中，可以加强对这一短板问题的关注，在重大工作任务中，适当加强对他们的把控，促进管培生们成才（见图5）。

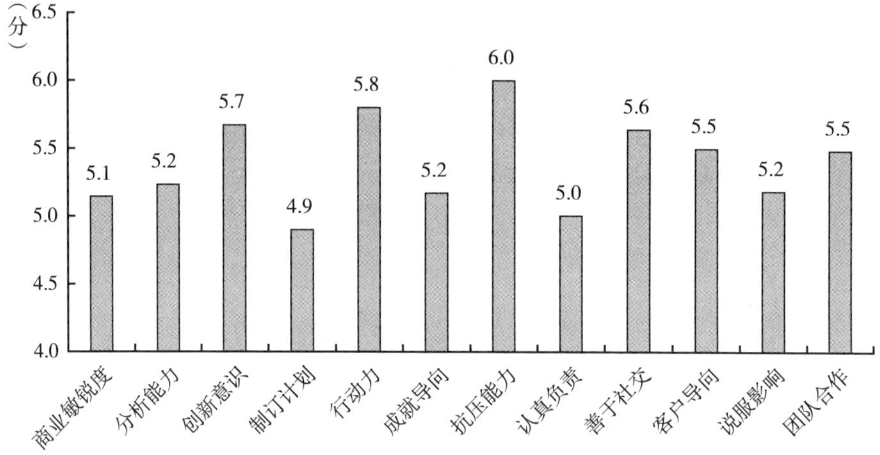

图5　优秀管培生的能力倾向画像

（三）性格画像（基于倍智大五人格职业性格测评结果）

管培生的典型特点是有较高的社交性、乐群性和活力，说明他们有较高的适应性，能快速融入团体，建立人际关系，有充沛的精力去了解和学习各岗位的新鲜事物，即使面对多岗位的快速轮岗，也能比较好地应对；同时具有较高的同理心，能够更好地去理解同事和客户的感受。

管培生具有较低的忧虑、对抗性和责任感，说明他们能够比较乐观地面对挑战，面对冲突倾向于用比较温和的方式解决问题，并且敢于挑战权威或传统的想法，但有时候可能显得不够踏实和负责（见图6）。

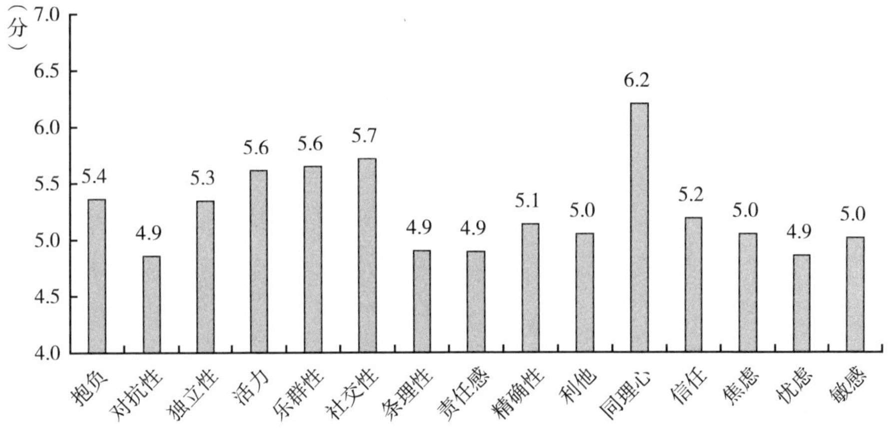

图 6　优秀管培生的性格画像

三　有效的应届生留用与发展策略

倍智调研数据显示，只有 27.3% 的应届生留任意愿超过一年。虽然在一年内企业应届生的实际离职率有 21.3%，有离职意愿的却高达 72.7%，说明有超过一半的应届生虽然留在了公司，但仍旧存在很高的离职风险。

高离职风险的员工不仅对自身的工作绩效产生严重的负面影响，同时还会降低其他员工的工作积极性，破坏整体团队的氛围。企业想要提高校园招聘的成功率，降低应届生的离职率和离职风险，需要从了解他们的离职原因和能够留住他们的因素开始。

（一）应届生离职原因分析

应届生人才流失主要受到两方面的因素影响，一个是外部拉力的作用，一个是内部推力的作用。通过本次调研发现，内部推力主要由以下因素构成：复杂的人际关系、迷茫的职业发展方向、难以融入新团队、难以适应组织文化及无法快速掌握工作技能。

对于应届生而言，影响他们离职的关键原因在于内部推力，即企业内部缺乏有效的激励机制，难以满足应届生的内在驱动因素，最终导致他们的离职（见图7）。

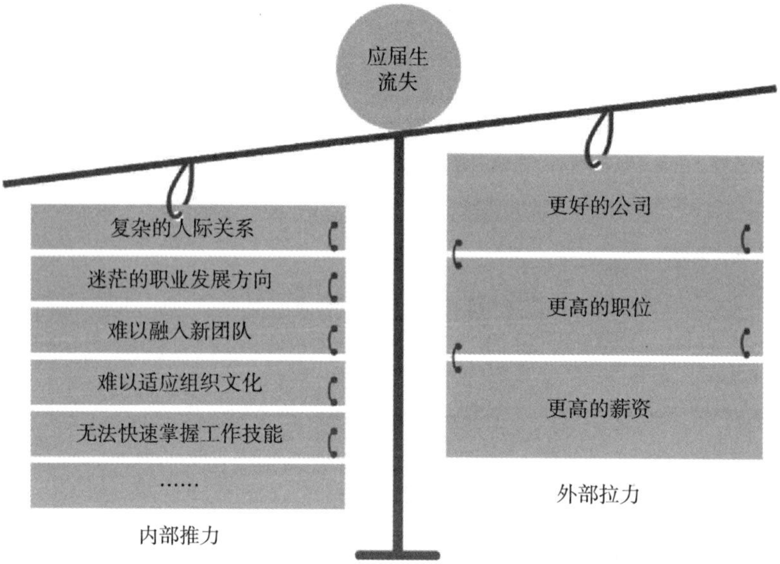

图7　应届生离职原因分析

（二）应届生驱动因素分析

2018年应届生最看重的驱动因素有积极性、成长机会、多样性、商业和灵活性。他们是从小伴着互联网成长的“95后”，渴望看到更大的世界，探索更多的新鲜事物；他们尝试更多样的生活方式，把兴趣和生活紧密融合，无论是社交还是择业，他们都选择把兴趣放在第一位，是“兴趣至上”的一代，所以工作是否多元化、有趣、刺激，决定了他们是否有动力努力工作。

他们不仅关注兴趣还关注“变现”，即工作能不能创造出商业价值。在“大众创业、万众创新”的教育背景下，很多“95后”在上学期间就追求资金独立，更多时候希望能够通过自己的努力赚钱去追求自身的兴趣，早早地就接触商业，因此，工作之后也更希望能够创造商业价值、实现自身的价值。

这与大多数企业管理者对应届生的认知有所差异。在调研中，我们让企业的一线管理者（应届生的直接上级），对应届生的驱动因素进行了排序，发现他们以为能够激励应届生的因素与实际情况相差较大。两个群体仅在成长机会与多样性这两项激励因素中达成一致，而其他真正能激励到他们的积极性、商业和灵活性等因素都被忽视或低估了（见表2）。

这说明企业管理者对应届生的管理理念与方式已经出现了较大的偏差，而这种偏差会极大程度上影响应届生的入职体验及成长，甚至会导致应届生的离职。

表2　上级管理者与应届生自身对激励因素的认知差异

排名	管理者	2018 年应届生
1	多样性	积极性
2	薪酬福利	成长机会
3	成长机会	多样性
4	工作氛围	商业
5	获得认同	灵活性

（三）应届生留用管理建议

企业最大的成本在于人才的成本。据估计，一个员工的离职成本是其月薪的 15 倍左右。假设一个应届生的月基本工资是 8000 元，那么每流失一个应届生，至少会给企业带来 12 万元的损失。

想要留住、用好应届生，关键在于应届生与企业的匹配程度。人企匹配度高，工作投入度自然高，留任意愿也更强；人企匹配度低，工作积极性低，离职风险就会升高。想要提高应届生的留任意愿，加强人企匹配度，我们认为有以下三种方案。

①在源头上选择驱动因素与企业文化相一致的应届生，减少应届生入职

后难以适应企业文化和组织氛围的情况；②调整管理制度，营造合适的工作环境和组织氛围，来满足应届生的内在驱动力诉求；③调整一线管理者的领导风格和管理方式，帮助上级领导者更好地了解应届生的驱动因素，合理用人育人，提高应届生的成才率。

四　在校园招聘中引入人才测评的意义

调研结果显示，在校园招聘中最常使用的 4 个在线测评工具分别是认知能力测评、性格测评、驱动力/价值观测评和心理健康测评，并且测评工具的使用可以大大提升企业对应届生的满意度，减少试错成本；可以降低应届生的流失率和离职风险，减少离职成本；可以提高校园招聘的精准度，为后续的培养发展和来年的校园招聘指引方向。

（一）认知能力和性格测评从源头上选对人

数据显示，使用了认知能力测评的企业对应届生的满意度为 64.3%，而未使用的满意度则为 54.2%；使用了性格测评的企业对应届生满意度为 70%，未使用的满意度则只有 53.6%，均显著高于未使用测评的企业。

其原因在于校园招聘与社会招聘不同，应届生在具体工作岗位的经验和知识技能几近空白，考察性格、学习力和潜力的认知能力测评和性格测评能给企业提供更多的信息去了解和筛选应届生。

（二）驱动力价值观测评和心理健康测评从源头上降低应届生离职率

调研发现，在离职率的对比上，使用了驱动力/价值观测评的企业中应届生的离职率为 18.5%，低于未使用该测评的企业的离职率 22.3%；使用了心理健康测评企业中应届生的离职率为 16%，低于未使用该测评的企业的离职率 23.2%。

其原因在于，未使用这些测评工具的企业仅关注应届生与企业、与岗位的匹配度，而忽略了候选人与企业的文化匹配度和心理健康程度。

在进行校园招聘的时候，使用驱动力/价值观测评和心理健康测评一方面了解应届生的激励因素和心理健康状态，客观上协助了企业选择最符合自己企业文化、最能够投入工作的应届生；另一方面，个人风格与组织氛围的贴近，也有助于应届生创造出最佳的工作绩效。测评结果也能帮助企业更科学地制订培训计划、一对一辅导计划以及定岗计划，这些计划都能在客观上促进应届生的职业生涯获得长远的发展。

（三）人才测评数据闭环分析，大大提升校招精准度

人才测评工具的使用，并非单纯拘泥于一次性应用。测评数据的不断积累和挖掘，才能为企业创造更多意义的价值。

以著名互联网电商平台的校招项目为例，该企业每一年都会对测评数据与绩效数据进行综合对比分析，通过绩优组和绩差组对比，找到两组员工在各能力倾向上的关键差异点，并以此为基础制定高绩效的应届生画像，为下一年的校园招聘提供标准和方向（见图 8、图 9）。

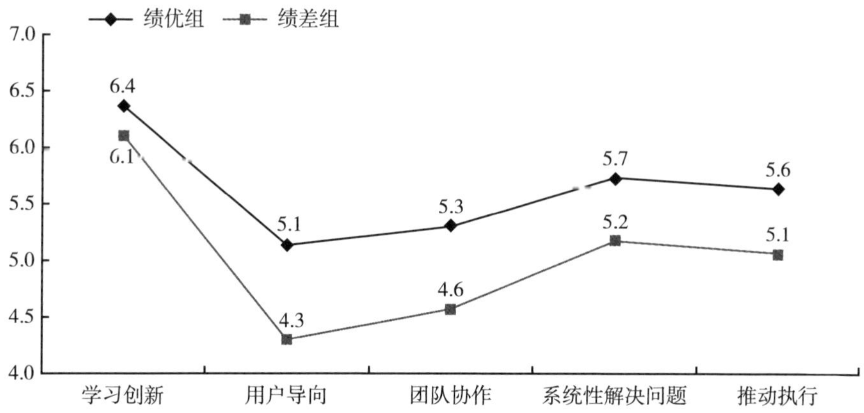

图 8　绩优组与绩差组的能力对比分析

数据的不断积累和挖掘，高绩效的应届生能力画像不断更新迭代，才能真正提高校园招聘的精准度，提高应届生的成才率。

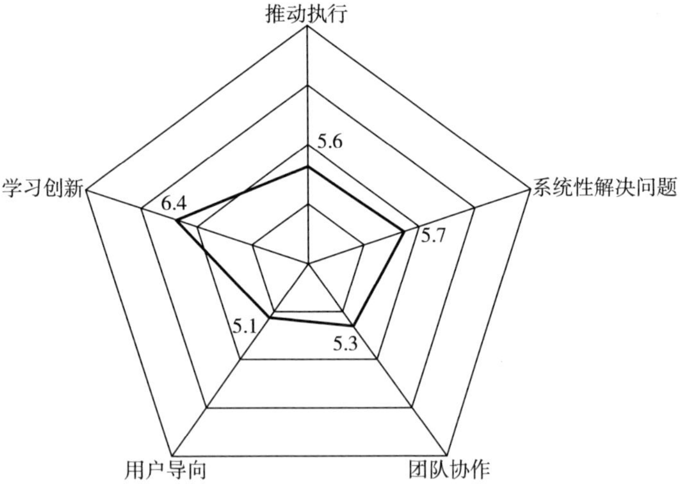

图9　高绩效应届生能力画像

B.27 青岛市机关处长岗位培训效果的调查分析

王 填　郑永新*

摘　要： 随着经济全球化的发展，人才全球化趋势进一步增强，人才问题益加突出，公务员队伍作为重要的人才资源，在政府职能运行中，担负着社会主要现代化建设事业的规划、组织，指挥和贯彻执行的重要责任，在国家改革发展稳定中发挥着至关重要的作用。高素质的公务员队伍是事业开展和正常运转的保障，历史实践表明，培养优化一支高素质的公务员队伍，是我国政府一项重要的工作和任务。处长岗位作为公务员职级中承上启下的级别，在培养、优化、造就高素质公务员队伍方面的作用重大，强化处长的培训职责，使用培训标准化技术，提升处长培训能力，充分发挥处长的培训作用，将对提升公务员队伍综合素质、履职能力和专业能力起到重要作用。

关键词： 机关处长　公务员　培训现状　能力　标准

公务员是党的路线、方针、政策和国家法律法规的执行者，因此，建设

---

* 王填，北京首经人力资源开发中心主任，中国人才研究会副秘书长，主要研究领域为教育培训、人才素质测评、人才资源开发建设、招聘与甄选；郑永新，青岛市公务员局培训教育处处长。

高素质的公务员队伍是增强党执政能力的内在要求，也是提高政府行政效能和服务水平的需要。目前我国经济社会的发展已进入新常态，改革发展稳定任务日益艰巨繁重，这对公务员队伍的专业化能力也提出了更高的要求，如何积极推进公务员教育培训改革创新，按照党的事业发展需要开展能力和水平培训已成为公务员队伍建设中越来越突出的问题。作为公务员职级中承上启下的级别，强化处长的培训职责，充分发挥处长的培训作用，提升处长培训能力，将对提升公务员队伍的履职能力、专业能力及综合素质有着重要的意义和现实作用。

一　培训对象的基本情况

本课题由青岛市公务员局与北京首经人力资源开发中心共同完成，以青岛市直机关作为研究对象，针对市直机关公务员处长岗位发挥培训作用的现状进行了研究和探索。

（一）问卷调研

2016 年 7 月至 8 月，青岛市直机关公务员参加了调研问卷在线填写工作，发放调研问卷 1194 份，回收有效问卷 1192 份。

1. 学历分布情况

本次课题调研的对象其学历层次分布情况如图 1 所示，本科及以上学历公务员人数达到总人数的 92.63%。其中本科学历人数占比为 75.21%，硕士研究生学历人数占比为 16.75%，博士研究生学历人数占比为 0.67%（见图 1）。

2. 职务层级分布情况

参加问卷调研的人员共计 1194 位，受访人员职务层级分布情况符合本次研究的客观要求，其中处级以上领导 17 人，占比为 1.42%；处级干部（含处长、副处长、调研员、副调研员）人数为 394 人，占比为 33.00%；处级以下人员为 783 人，占比为 65.58%（见图 2）。

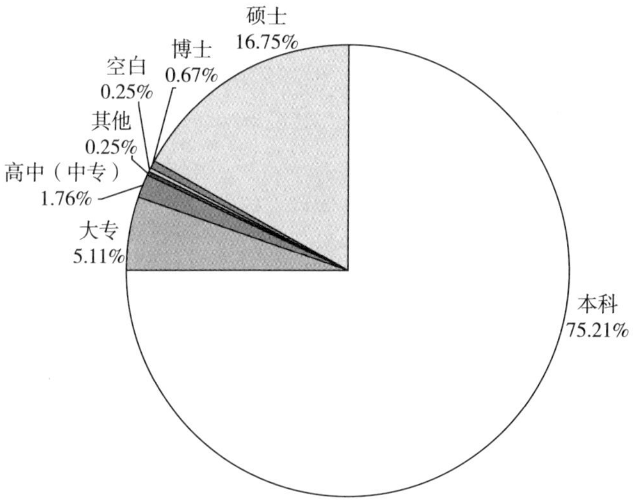

图 1　调研对象学历分布情况

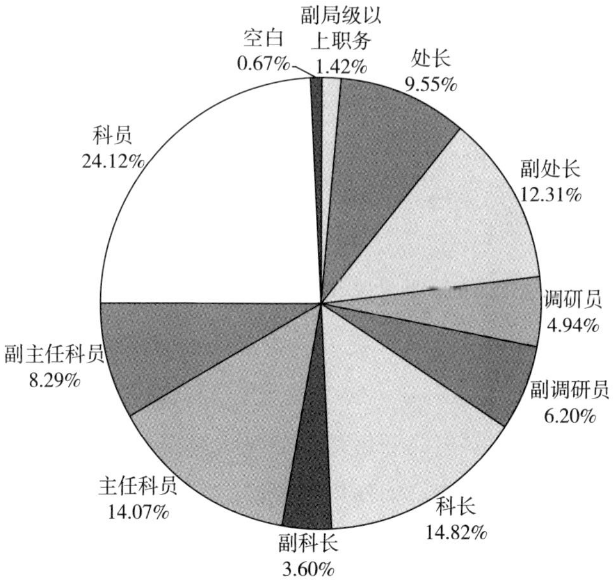

图 2　调研对象职级分布情况

3. 工作年限分布情况

从调研对象工作年限的分布情况来看，工作年限在 10 年以下的有 348 人，占比为29. 15%，有10 年以上工作年限的人数为846 人，占调研人数的70. 60%（见图3）。

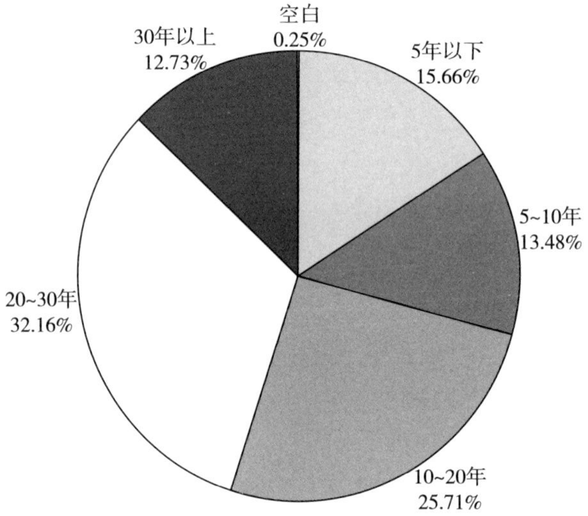

图3　调研对象工作年限分布情况

（二）现场访谈

2016 年9 月，课题组组织了青岛市教育局、青岛市发改委、青岛市科技局、青岛市民政局、青岛市国资委、青岛市残联等6 家单位参加现场访谈，访谈处长22 位。

访谈的内容涉及处室当前开展培训的情况、开展培训采用的方式方法、存在的问题及针对处长发挥培训作用的建议。

二　培训的实施和效果分析

当前大部分机关处室均开展了岗位培训工作，处长在开展岗位培训过程中发挥了一定的作用，但还有提升空间。在调研期间，受访公务员也提出了改进建议。客观分析如下。

（一）处室开展岗位培训情况分析

1. 培训方式

现阶段青岛市公务员系统各处室开展岗位培训使用频率较高的方式有组织集体学习、开会、组织研讨、对发生的问题现场指导、言传身教，占比情况分别为 82.41%、67.00%、56.53%、54.52%、51.93%（见图 4）。

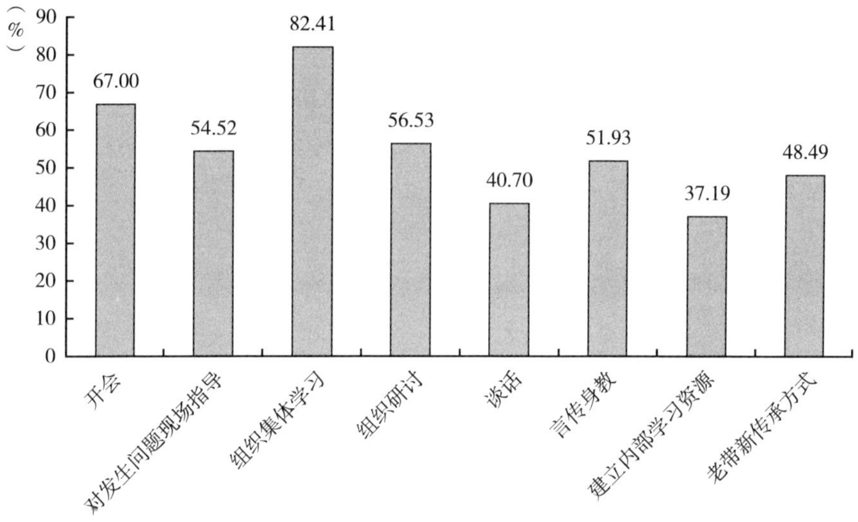

图 4　处室开展岗位培训的主要方式

从访谈的结果分析来看，使用微信和微群进行培训，共享式及同步式学习、相互交流带动，借助互联网和专家开展培训也是当前各处室开展岗位培训常采用的方式。

2. 培训效果

我们对机关处室开展岗位培训的频率、效果好坏、参与度高低分别用 5 分制的形式进行了评价。处长普遍认为所在处室工作人员岗位培训的参与度还不错，能够达到 5 分的占总比例的 65.55%，达到 4 分的占总比例的 17.84%（见图 5）。

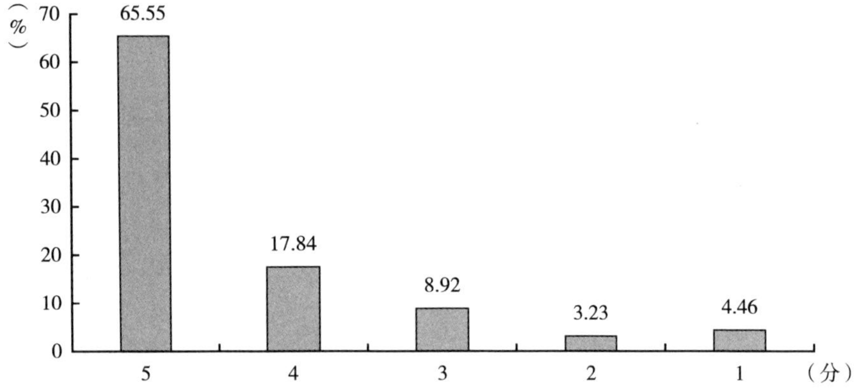

图 5　处长对处室工作人员岗位培训参与度自评情况

绝大多数处长对培训效果表示满意，能够达到 5 分的占总比例的 53.85%，达到 4 分的占总比例的 21.07%。但还有 25.08% 的处长认为所在处室的培训效果还有待提升（见图 6）。

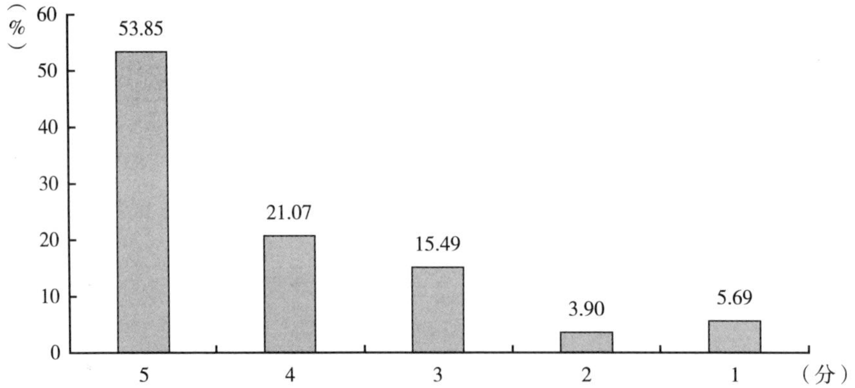

图 6　处长对处室岗位培训效果自评情况

3. 培训频率

55.19% 的处长对所在处室的培训频率的设置感到满意，18.05% 的处长认为所在处室的培训频率设置是适当的，可以达到 4 分的水平（见图 7）。

调查分析的对比结果显示，处室工作人员对培训频率设置的评价认同度与处长评价情况大体相同。56.43% 的工作人员对所在处室的培训频率设置

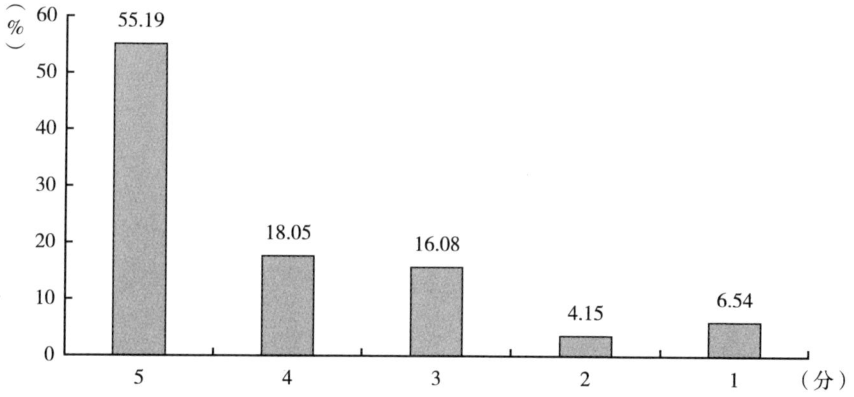

图7　处长对处室岗位培训频率设置满意度自评情况

感到满意，16.39%的工作人员认为所在处室的培训频率设置是适当的，可以达到4分的水平（见图8）。

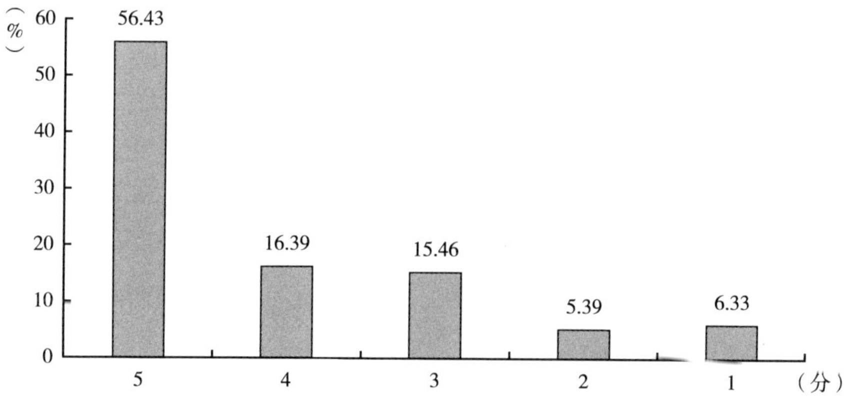

图8　工作人员对处室岗位培训频率设置满意度评价情况

（二）处长在处室开展岗位培训过程中发挥作用情况分析

1. 培训制度建设

有77.39%的单位已经建立了处长培训制度或对处长发挥培训作用提出了要求，绝大部分单位严格执行了此项制度，只有0.84%的单位虽然建立了处长培训制度，但未被执行，还有12.23%的单位没有建立相关制度（见图9）。

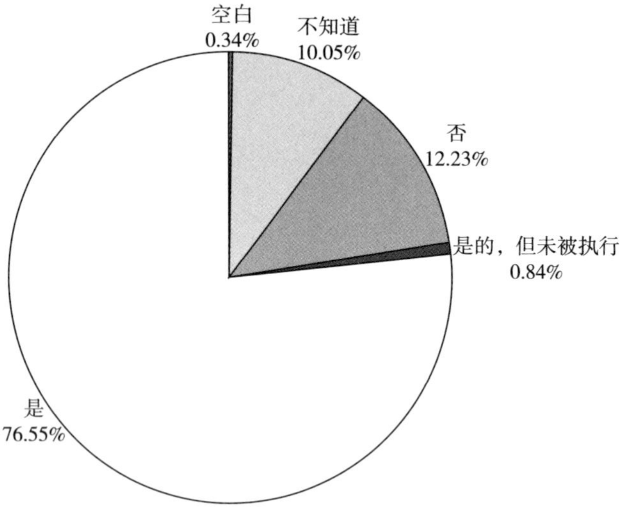

图 9　处长培训工作制度或要求建立情况

在建立了处长培训工作制度或对处长发挥培训作用提出了要求的单位中，有 65.33% 的公务员对此项制度实施效果给予了肯定（见图 10）。

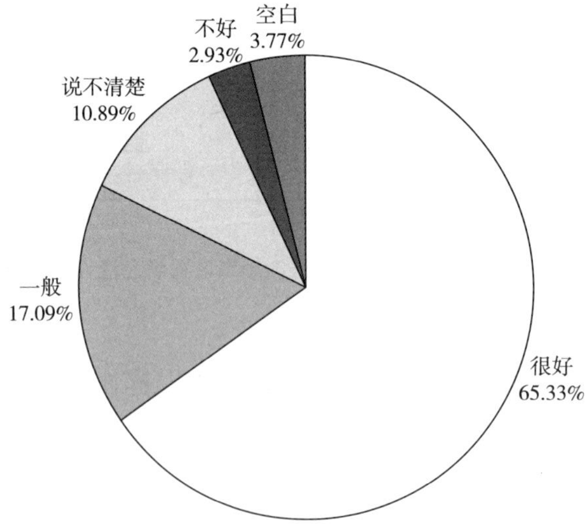

图 10　处长岗位培训制度实施情况

2. 处长培训能力

在调查的过程中，超过85.00%的受访公务员对其所在处室处长开展岗位培训方面的能力给予了肯定。59.55%的受访公务员认为其所在处室处长开展岗位培训方面的能力非常好（见图11）。

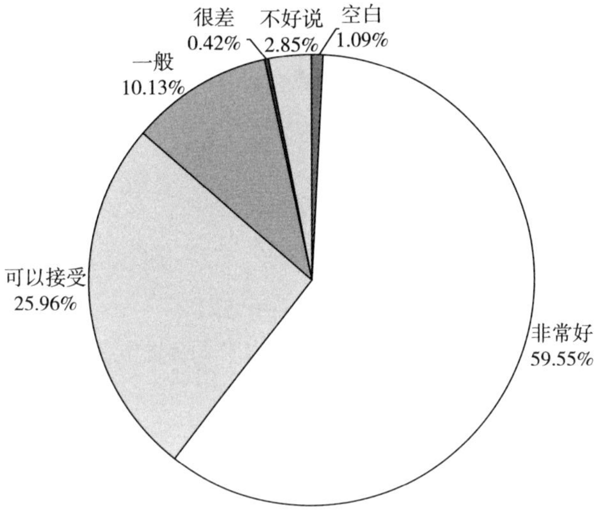

图11　处长开展岗位培训能力情况

从调研的结果分析来看，超过96.00%的受访公务员表示开展处长岗位培训对工作有促进作用。其中68.51%的受访公务员表示对于处长在岗位培训中所发挥的主导作用、指导作用和督促作用非常重要（见图12）。

3. 处长培训方法

在建立了处长岗位培训制度的单位中，受访公务员对所在处室处长开展岗位培训的方法表示认同。超过75.00%的受访公务员认为处长掌握了一定先进的培训理论，培训方式新颖灵活多样，处室工作人员参与度很高。22.11%的受访公务员认为处长开展岗位培训形式单一，不够吸引人，还需要掌握更多的理论，避免仅凭工作经验进行传授。此外，还有7.29%的受访公务员认为处长开展岗位培训常以命令式、灌输式的方式为主，往往只追求结果而不在意学习过程（见图13）。

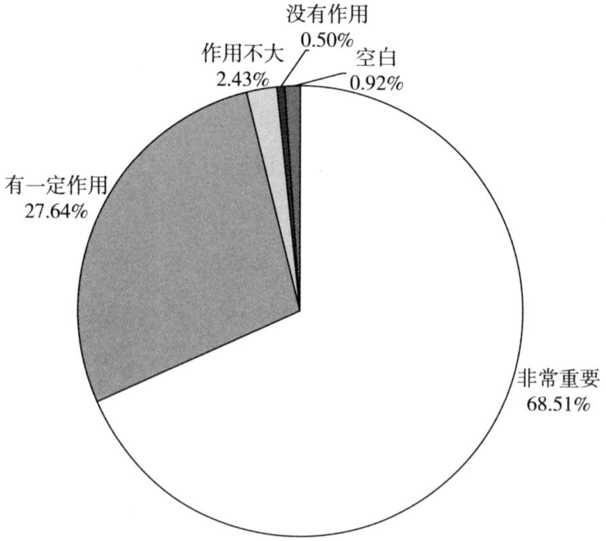

图 12　开展处长岗位培训对工作的促进作用情况

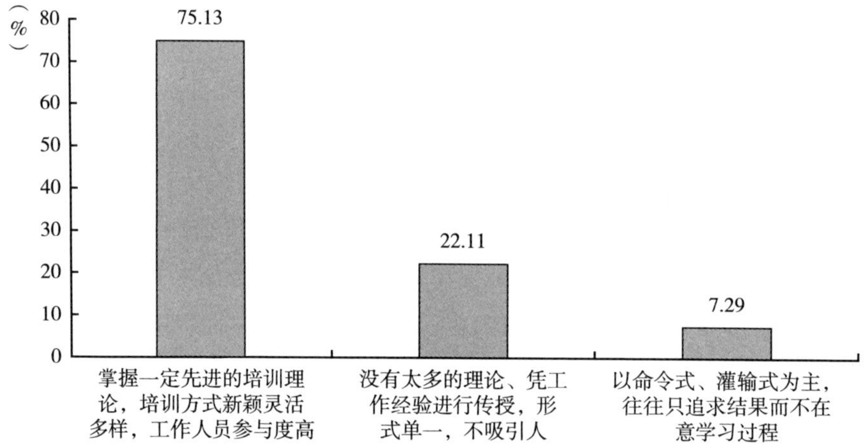

图 13　处长开展岗位培训方法

调研结果显示，在建立了处长岗位培训制度的单位中，处长在开展岗位培训工作方面，做了很多准备工作，主要集中在：建立了内部培训的有关要求、邀请外部专业讲师为处室员工开展培训工作、定期与员工交流、参加专业培训以提升自身水平。具体比例数字见图 14。

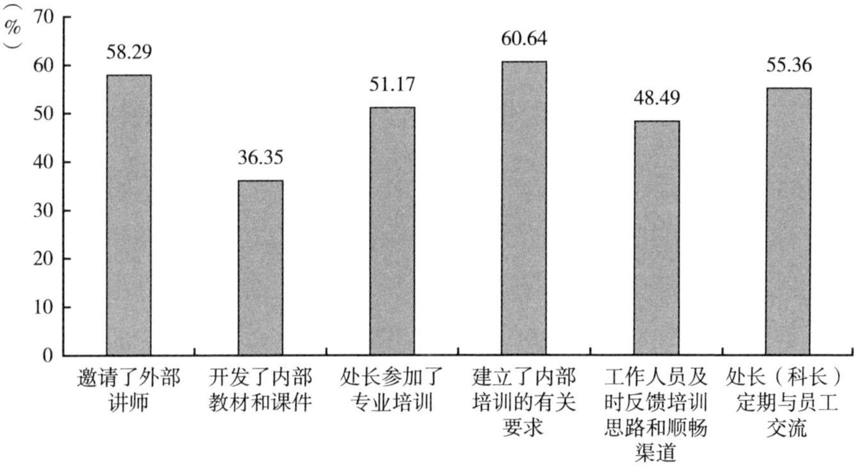

图 14　处长开展内部岗位培训准备工作情况

4. 培训标准和目标

在处长开展岗位培训的过程中，有 77.55% 的受访公务员表示所在处室处长对岗位培训的培养标准和培养目标很清晰，这对正确开展岗位培训有重要的意义，避免岗位培训内容偏离培养标准和培养目标。但还有 22.45% 的受访公务员认为所在处室处长对岗位培训的标准和目标比较含糊或不知道（见图 15）。

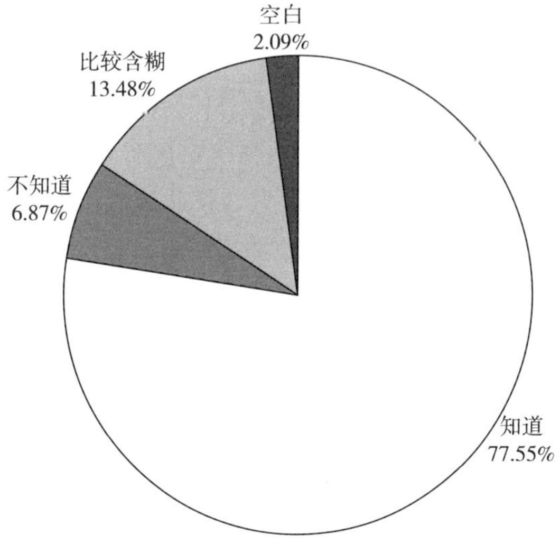

图 15　处长对岗位培训的培养标准和培养目标知晓情况

5. 处长自我认知

在处长承担岗位培训所需具备能力认知方面，77.81%的处长对自身承担岗位培训所需具备的能力非常清晰，但还有22.19%的处长应该提升对承担岗位培训所需具备能力的认知。然而只有清晰认知岗位培训所需能力，才能更好地发挥自身在岗位培训中的作用（见图16）。

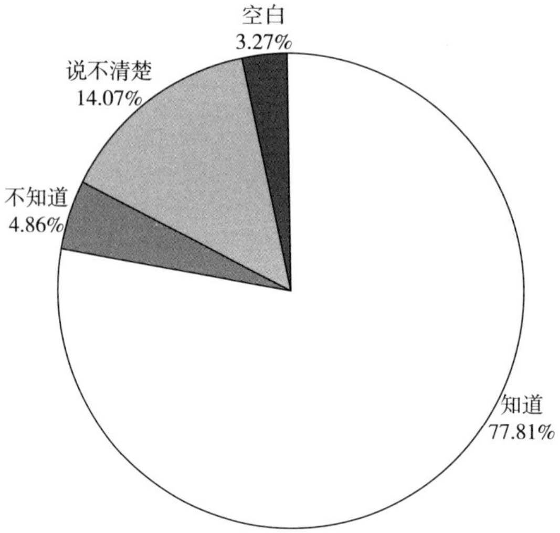

图16　处长对承担岗位培训所需具备能力的认知情况

6. 培训职责落实

为了更好地发挥处长岗位培训的作用，提升处室岗位培训效果，近80.00%的受访公务员认为应当建立关于处长开展内部岗位培训职责的有关标准化要求，还有12.65%的受访公务员认为最好建立关于处长开展内部岗位培训职责的有关标准化要求（见图17）。

关于处长开展内部岗位培训职责的有关标准化要求应该包括的内容受访公务员表示应该主要涵盖以下几个方面：处长开展内部岗位培训职责标准化目标、处长开展内部岗位培训的职责、处长开展内部岗位培训的任务、处长开展内部岗位培训所应具备的专业水平、处长开展内部岗位培训所需的能力要求及处长开展内部岗位培训所需的培训技能要求（见图18）。

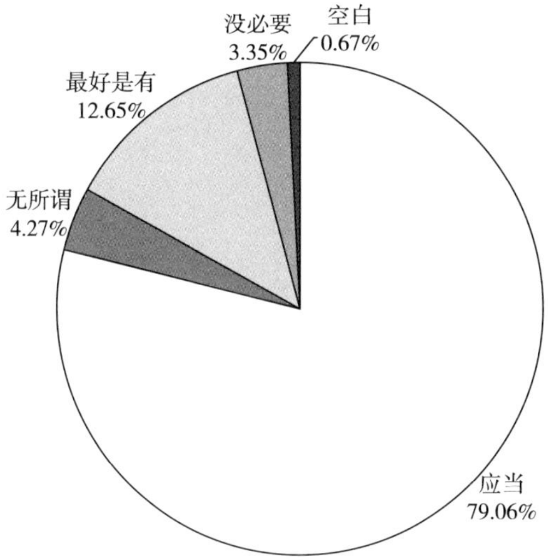

图 17　处长开展岗位培训职责标准化建立需求

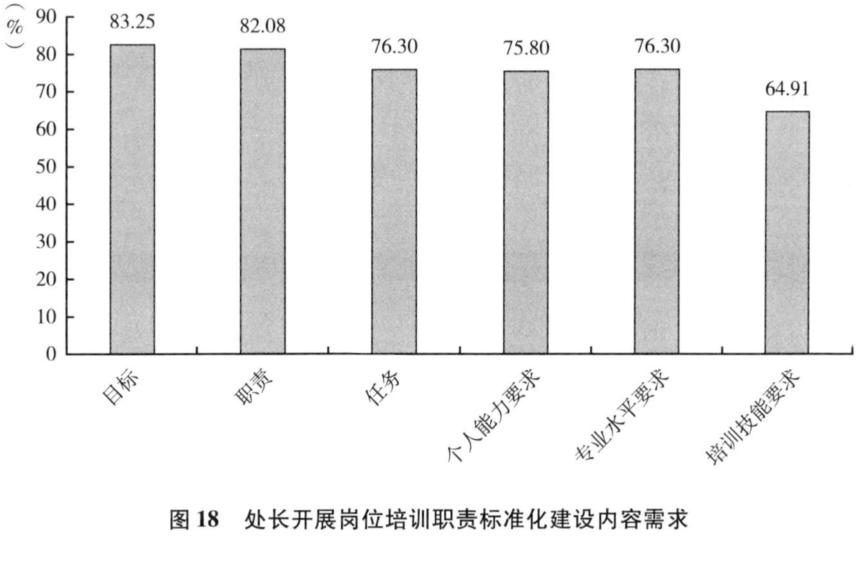

图 18　处长开展岗位培训职责标准化建设内容需求

7. 培训目标贯彻

对于岗位培训标准和培养目标近 94.00% 的受访公务员表示应该让本人知道，这样能够让受训公务员更好地明晰组织培训需求，掌握自身应该努力的方向（见图 19）。

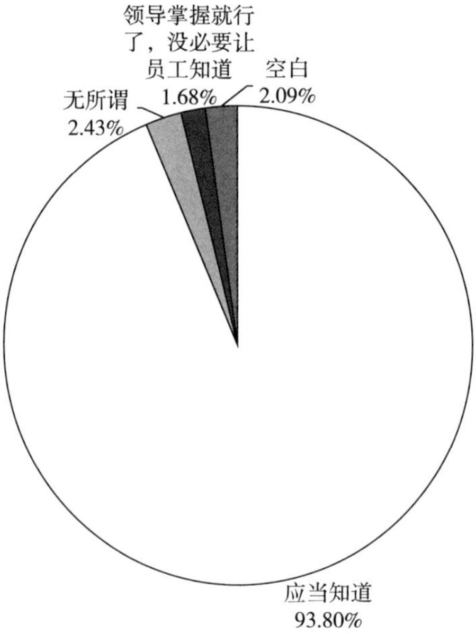

图 19　岗位培训培养标准和培养目标个人知晓需求

从调查的结果分析来看，67.00% 的受访公务员表示明确知道自己未来的培养目标和方向，还有近 1/3 的受访公务员对自己未来的培养目标和方向比较含糊和不清楚，对处长设定的自己未来的培养期望缺乏清晰的路径（见图 20）。

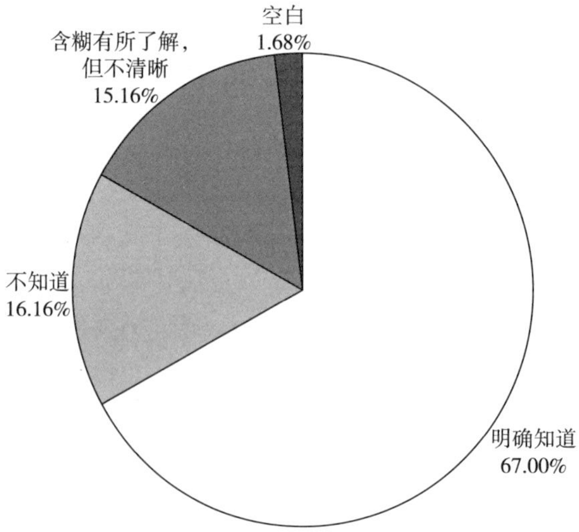

图 20　个人对自己未来培养目标和方向知晓程度

关于培养目标和方向，超过90.00%的受访公务员认为需要建立这样的标准（见图21）。

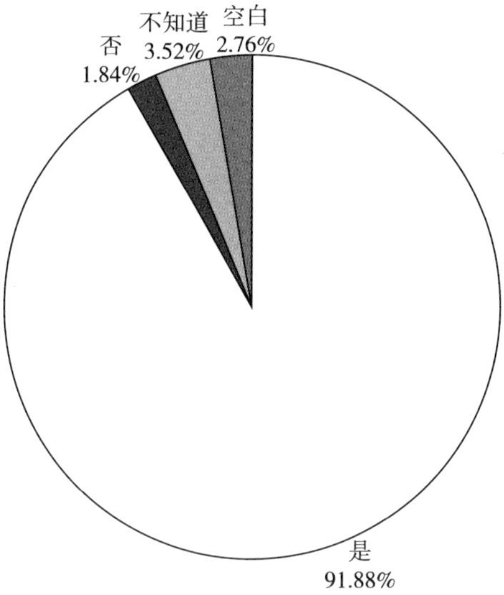

图21　建立培养目标和方向的需求

培养目标和方向的建立应该至少满足以下内容：岗位培养内容要求、岗位培养质量要求、开展有效的岗位培养所应具备的制度保障、岗位培养周期要求和开展形式，有效开展岗位培养的人员保障和资金保障也是应该考虑的内容（见图22）。

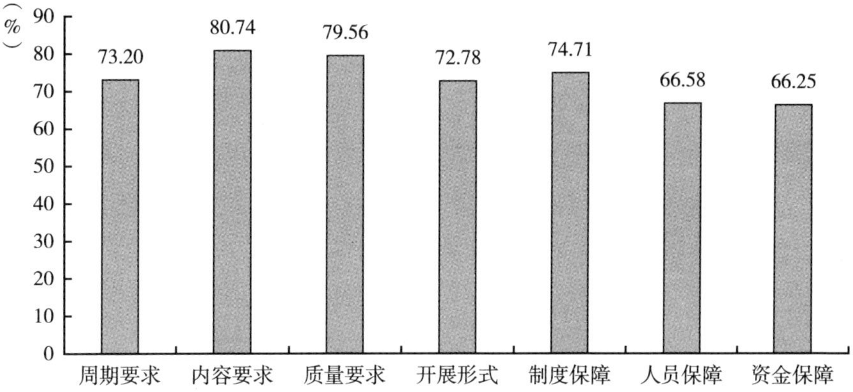

图22　培养标准和培训目标的内容设定

三　处长在岗位培训中发挥作用的情况

（一）关于处长培训能力的提升

超过92.00%的受访公务员表示需要为处长开设专门的培训提升培训能力。其中70.77%的受访公务员表示非常需要这样的专门培训来提升处长的岗位培训能力，说明现阶段处室公务员在对处长开展岗位培训能力给予肯定的同时，认为处长在岗位培训方面还有提升的空间（见图23）。

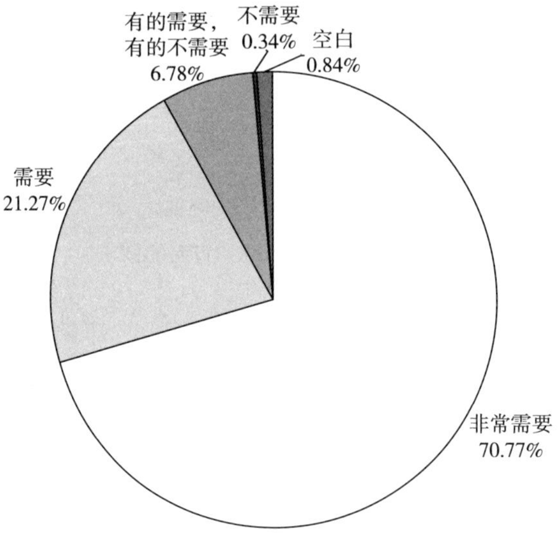

图23　处长培训能力提升需求

关于岗位培训，受访公务员表示处长最应当加强的方面应该包括：将自己的累积积淀并传承下去的能力、建立良好的学习氛围的能力、与下级互动交流的能力。此外，在培训下级的积极意识方面和授课技巧方面也要适当地加强，以更好地提升处长岗位培训的潜能（见图24）。

（二）关于培训模式的提升

1. 培训内容方法等

从访谈的结果来看，培训内容不宽泛；培训方法传统、陈旧、落后；工

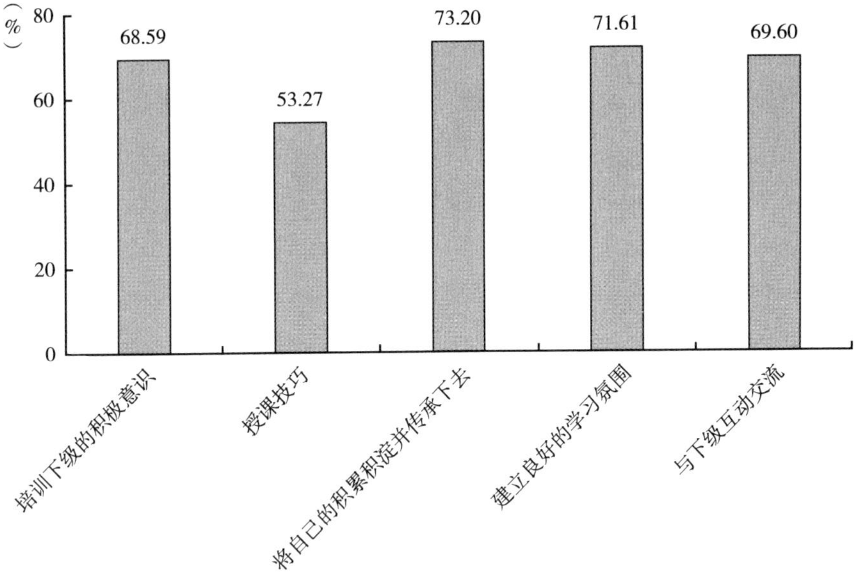

图 24　关于岗位培训处长需提升的短板

学矛盾问题；缺乏专门的培训方式；经费受到限制；培训不成体系缺乏规范化；创新方式不足等也是处长发挥岗位培训作用应该改进和提升的方面。

受访的公务员表示处长在岗位培训中最应该扮演鼓励员工的激励者角色、知识技能的传承者角色、引领培训的引导者角色（见图 25）。

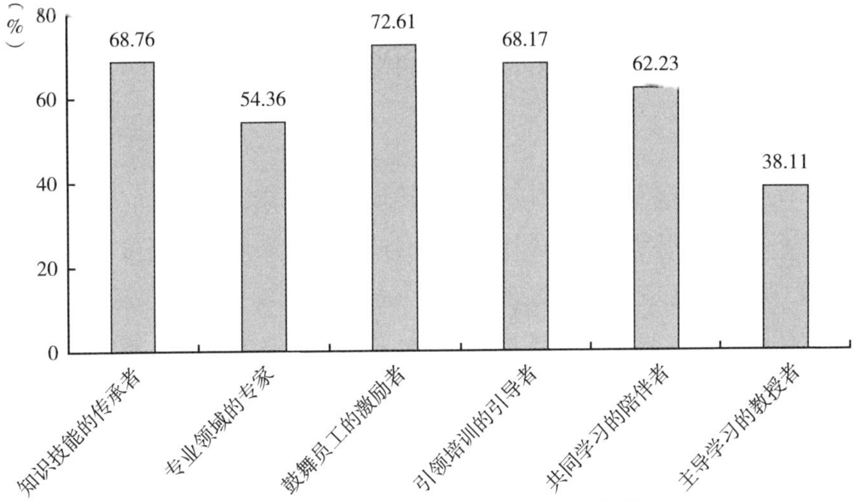

图 25　处长在岗位培训中应当扮演的角色

2. 培训机制建设

在开展岗位能力培训过程中，除了处长应当担任应有的角色和具备应有的能力素质外，公务员系统还应当在处长岗位发挥培训作用方面制定相关制度、提升处长充分认识岗位培训的重要性方面下功夫来提升处长开展岗位培训的主观能动性，从主客观两个方面促进处长岗位培训的作用发挥（见图 26）。

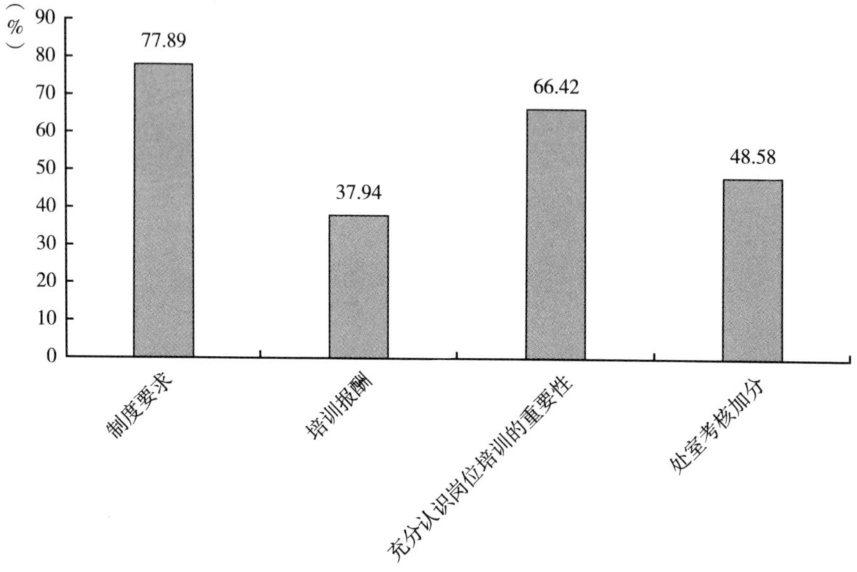

图 26　如何发挥处长开展岗位培训的主观能动性

3. 培训保障

在提升处长岗位培训能力方面还应该做哪些工作。有 3/5 的受访公务员表示处长还应该接受培训，同时发挥自身的主观能动性，在岗位培训中起带动作用。此外，还应该定期与处室工作人员进行学习交流，广泛接纳建议，增强责任意识。在制度和机制方面要将处长培训工作制度化，制定相关培训工作的工作目标和考核指标，规范业务流程，从制度上保证处长在岗位培训中发挥应有的作用；同时建立激励机制，确保处长在岗位培训工作中发挥更好的积极性。

四　提高机关处长岗位培训作用的相关举措

在实践中，我们发现，工作节奏的加快和工作压力的加大，工作理念偏重结果而轻过程，导致处长在岗位上对处室工作人员开展培训的动能不足和弱化，培训的作用发挥得不到位，部分处长的培训能力和手段难以满足处室新进年轻化、高学历人员日益增长的需求。调研中，受访公务员表示处长最应当加强的方面应该包括：将自己的累积积淀并传承下去的能力、建立良好的学习氛围的能力、与下级互动交流的能力。此外在培训下级的积极意识方面和授课技巧方面也要适当地加强，以更好地提升处长岗位培训的潜能。

根据机关处长岗位发挥培训作用的调研分析结果所挖掘的短板和不足，我们针对调研的结果，从客观性、科学性、可行性的角度出发，认为除了处长自身提升培训的主观意识外，要最大化处长岗位培训作用的发挥，需要从标准、培训、激励三个方面进行强化与加强。

（一）客观的培训标准建设是基础

处长岗位自身培训标准的建设是为了让处长清晰地认识自身岗位的要求、需要达成的目标及任务；处长所辖工作范围涉及的所有岗位培训标准的建设能够让处长清楚地明确各岗位达标的要求，可以促使处长在岗位培训中找准方向、抓住重点、对症下药。

标准的建设应当以共性与个性原则、总体与个体原则、统一与差别原则为建设依据。统一标准设定要充分考虑各单位具体实际，避免过细的条框设置，给各单位设置本单位标准留有余地和灵活性。培训标准建设应该涵盖岗位胜任标准、学习达标标准、能力达标标准和考核标准。

岗位胜任标准的建设可依据分层分类的原则进行，充分考虑各层级各类岗位初任合格标准、能力胜任标准和持续发展标准，针对到岗不同阶段分别设定不同的培训标准和培训内容。有针对性地发挥培训作用的实效。做到培训开展有依据、培训实施有方向、培训效果有对照。

能力达标标准建设是学习达标标准建设的基础。学习达标标准和能力达标标准的建设以学习地图与能力地图的建设为工作成果。能力地图是在岗位标准基础上，通过能力地图的建设可以对不同层级、不同类别公务员干部应该具备的核心能力和标准进行说明，是建设后续培训相关资源的根本基础。能力地图的建设内容要充分考虑能力地图的结构、模块、能力维度与要素设定、能力评定方法等相关指标，来实现公务员队伍高效培训成长。学习地图的建设是在明确能力地图中个人能力素质要求的基础上，针对具体的能力要求建设学习标准，它是开展公务员干部培训工作的知识大纲体系。学习地图对应能力地图，将能力要求转化为学习要求，清晰地指明了公务员应该具备的知识和技能等对应的学习内容、学习方式和重要程度，确保培训与能力定位相匹配。

考核标准的设立应该注意区分两个层次，首先是岗位培训效果的考核标准，其次是处长发挥岗位培训作用的考核标准。岗位培训效果考核标准的建设一方面为培训效果评估确立了达标要求，另一方面为岗位培训效果设立了潜在的激励目标，能够激发公务员培训的动力和主观意识。处长发挥培训作用的考核标准是衡量处长在岗位培训中发挥作用的达标要求，其指标项设立的目的是把处长引导、教育和培养处室工作人员纳入处长的工作考核中，来衡量处长在岗位培训中作用发挥的到位程度。

（二）完备的培训资源建设是支撑

培训资源建设是培训工作的重要目标，也是培训工作中难度较大的一项系统工作。针对当前青岛市公务员处长岗位发挥培训作用的短板，我们认为要提升处长培训作用的发挥应当补足岗位培训资源的建设，包括培训课程体系的建设、培训教材与课件开发建设以及培训师资队伍的建设。

根据青岛市处长职级公务员的实际情况和青岛市公务员队伍建设发展的目标要求，我们认为，在岗位培训课程体系建设过程中，对课程建设要区分不同的课程类别：基础能力课程类别、核心能力课程类别、能力延伸课程类别。基础能力课程类别是作为本岗位必须具备的专业能力开发的受训课程；

核心能力课程类别是作为本岗位必须具备的业务能力而开发的受训课程；延伸类课程类别是和岗位内容相关的，为提升本岗位公务员素质能力开发的课程内容。三种类别的课程设置可以提升岗位培训内容的完整度和规范化程度。此外，课程体系的建设除区分课程类别，还要对应课程类别、明确课程名称、规划课程内容大纲、设定科学合理的培训课时及授课形式，以便能够准确清晰认知岗位培训的内容，开展规范化的培训。

从调研的数据分析结果和访谈资料的整理提炼结果来看，当前青岛市处长岗位乃至各职级公务员的培训教材和培训课件都相对分散化，缺乏标准化的开发流程和管理，教材和课件的获取与制作也相对封闭化，导致培训的交互性相对较差。

鉴于此，我们认为应当对现有培训教材和课件资源进行规范化、标准化整合；对比培训标准的要求，建设标准化的培训资源开发流程，对未开发的教材和课件资源进行规范化开发。同时要积极融合外有资源，借鉴或外购其他省份已开发的课程资源，在符合本土化的基础上，节约开发成本。

从问卷调研和访谈的结果分析来看，当前岗位培训处长发挥作用的短板主要集中在缺乏培训技巧和方法，方法比较传统、陈旧、落后，培训的方式主要是以会代训、以事代训、集中学习、专题学习等方式。处长岗位在处室开展培训的过程中这种内训师角色的薄弱面需要依靠培训师资队伍的建设来完善。

师资队伍的完善要从内外部师资队伍的建设出发，将担任内训师角色作为处长工作内容的一部分，清晰界定内训师的责权，建立内训师考核标准与考核内容以及内训师资质的审核制度。

（三）信息化平台建设是举措落地的承载和助力

当前，青岛市各局委办岗位培训相对独立，形成了各单位各自培训、各自为政的局面，造成培训资源的浪费，基于“互联网+”的培训信息化平台建设可以充分整合培训资源，使培训信息和资源形成全市的资源共享模式，改变传统的培训格局。

在培训信息化平台建设的模式选择上，青岛市公务员局可考虑建立多终端一体化的培训信息化平台，在一体化培训信息化平台上为各局委办开设入口，一体化的培训信息化平台将通用的培训资源供各局委办使用，同时各局委办单独使用的端口可为各单位培训工作的开展提供后台的管理与使用。

在培训信息化平台建设过程中，可根据岗位职级划分平台管理权限，同时各单位可以将开发与建设完毕的岗位胜任标准、能力地图、学习地图以及教材与课件成果、师资队伍建设成果全部活性移植到培训信息化平台各单位后台做统一管理，实现功能与数据的互动。各局委办领导及有关管理人员可以通过后台管理端口，根据自己的不同权限，随时了解本单位培训整体运行情况，以进行培训资源合理配置。公务员也可通过平台检索个人本岗位培训目标、能力要求，自由组合学习资源。

在建设培训信息化平台的同时可以考虑终端使用的特点，开发 PC 端和移动端的使用界面，以及学习 App、微信微博专用账号，实现“白加黑”和“5 +2”的全天候实时、跨平台学习。此外基于“互联网 +”培训信息化平台可以减轻培训组织、考核等方面繁重的工作，这在一定程度上将释放处长繁重的培训职责，促进处长岗位培训作用的发挥。

（四）强化岗位培训的考核与激励

培训的实施及培训效果的好坏，需要科学的培训机制建设作保障。

1. 考核机制

岗位培训是公务员队伍建设和管理的一个环节，应当将教育培训的结果和公务员培训管理与队伍建设的考核、奖励等环节进行对接，形成动态的培训考评机制。考核标准的设立应该注意区分两个层次，一个层次是岗位培训效果的考核标准，另一个层次是处长发挥岗位培训作用的考核标准。岗位培训效果考核标准的建设一方面为培训效果评估确立了达标要求，另一方面为岗位培训效果设立了潜在的激励目标，能够激发公务员培训的动力和主观意识。处长发挥培训作用的考核标准是衡量处长在岗位培训中发挥作用的达标要求，其指标项设立的目的是把处长引导、教育和培养处室工作人员纳入处长的工作考核中，来衡量处长在岗位培训中作用发挥的到位程度。

2. 激励机制

根据公务员的具体实际情况，从内在激励和外在激励两个方面进行激励机制的建设。内在激励的建设要充分考虑培训与公务员职业发展紧密结合，根据公务员晋升路径和职业发展目标进行设立，使各单位公务员参与培训的主动性和积极性得到充分的激励，这在某种程度上为处长岗位培训作用的发挥起到了助推作用。外在激励一方面是将受训的公务员的岗位培训结果与晋升体系和薪酬体系相配合，另一方面是对处长岗位培训作用的发挥给予一定的薪资激励或津贴补助。

公务员主管部门以及各单位要积极探索，大胆创新，通过岗位培训创新机制的建设来提升培训效率，增强培训效果，着眼于建立一个更加开放、更有活力的公务员岗位培训体系，实现培训效益的最大化，全面提升公务员岗位培训的整体效果和质量。

参考文献

刘莉：《经验学习圈：一种有效地成人培训方法》，《北京石油管理干部学院学报》2017 年第 3 期。

杨斌、黄创：《行动学习法是公务员培训模式创新的有益尝试——行动学习法在我国西部地区公务员培训中的实践》，《攀登》2019 年第 1 期。

S 基本子库
UB DATABASE

中国社会发展数据库（下设 12 个子库）

全面整合国内外中国社会发展研究成果，汇聚独家统计数据、深度分析报告，涉及社会、人口、政治、教育、法律等 12 个领域，为了解中国社会发展动态、跟踪社会核心热点、分析社会发展趋势提供一站式资源搜索和数据分析与挖掘服务。

中国经济发展数据库（下设 12 个子库）

基于"皮书系列"中涉及中国经济发展的研究资料构建，内容涵盖宏观经济、农业经济、工业经济、产业经济等 12 个重点经济领域，为实时掌控经济运行态势、把握经济发展规律、洞察经济形势、进行经济决策提供参考和依据。

中国行业发展数据库（下设 17 个子库）

以中国国民经济行业分类为依据，覆盖金融业、旅游、医疗卫生、交通运输、能源矿产等 100 多个行业，跟踪分析国民经济相关行业市场运行状况和政策导向，汇集行业发展前沿资讯，为投资、从业及各种经济决策提供理论基础和实践指导。

中国区域发展数据库（下设 6 个子库）

对中国特定区域内的经济、社会、文化等领域现状与发展情况进行深度分析和预测，研究层级至县及县以下行政区，涉及地区、区域经济体、城市、农村等不同维度。为地方经济社会宏观态势研究、发展经验研究、案例分析提供数据服务。

中国文化传媒数据库（下设 18 个子库）

汇聚文化传媒领域专家观点、热点资讯，梳理国内外中国文化发展相关学术研究成果、一手统计数据，涵盖文化产业、新闻传播、电影娱乐、文学艺术、群众文化等 18 个重点研究领域。为文化传媒研究提供相关数据、研究报告和综合分析服务。

世界经济与国际关系数据库（下设 6 个子库）

立足"皮书系列"世界经济、国际关系相关学术资源，整合世界经济、国际政治、世界文化与科技、全球性问题、国际组织与国际法、区域研究 6 大领域研究成果，为世界经济与国际关系研究提供全方位数据分析，为决策和形势研判提供参考。

法律声明